珍藏本
纪念版

汉译世界学术名著丛书

伟大的德国农民战争

上册

〔德〕威廉·戚美尔曼 著

北京编译社 译

李逵六 总校

2017年·北京

Wilhelm Zimmermann
DER GROSSE DEUTSCHE BAUERNKRIEG
Dietz Verlag Berlin
1980
根据柏林狄茨出版社 1980 年版翻译

汉译世界学术名著丛书
（120年纪念版·珍藏本）
出 版 说 明

2017年2月11日，商务印书馆迎来120岁的生日。120年前，商务印书馆前贤怀揣文化救国的理想，抱持“昌明教育，开启民智”的使命，立足本土，放眼寰宇，以出版为津梁，沟通中西，为中国、为世界提供最富智慧的思想文化成果。无论世事白云苍狗，潮流左右激荡，甚至战火硝烟弥漫，始终践行学术报国之志，无改初心。

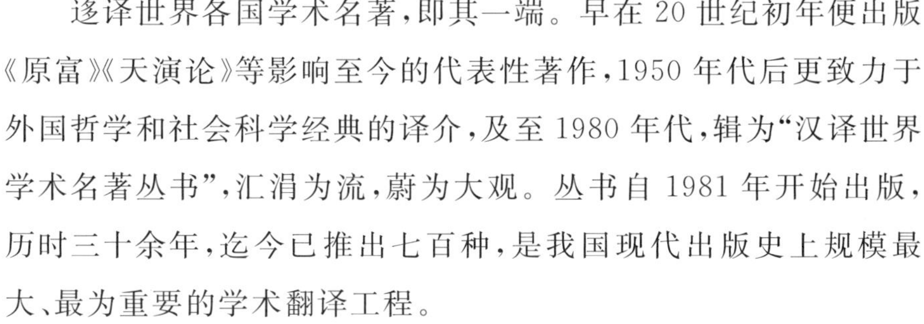

迻译世界各国学术名著，即其一端。早在20世纪初年便出版《原富》《天演论》等影响至今的代表性著作，1950年代后更致力于外国哲学和社会科学经典的译介，及至1980年代，辑为“汉译世界学术名著丛书”，汇涓为流，蔚为大观。丛书自1981年开始出版，历时三十余年，迄今已推出七百种，是我国现代出版史上规模最大、最为重要的学术翻译工程。

丛书所选之书，立场观点不囿于一派，学科领域不限于一门，皆为文明开启以来，各时代、各国家、各民族的思想与文化精粹，代表着人类已经到达过的精神境界。丛书系统译介世界学术经典，引领时代思想，为本土原创学术的发展提供丰富的文化滋养，为推动中国现代学术和现代化进程做出了突出的贡献。

为纪念商务印书馆成立120周年，我们整体推出“汉译世界学术名著丛书”120年纪念版的珍藏本，寄望既利于文化积累，又便于研读查考，同时向长期支持丛书出版的译者、编者和读者致以敬意。

两甲子后的今天，商务印书馆又站在了一个新的历史时间节点上。我们不仅要铭记先辈的身影和足迹，更须让我们的步伐充满新的时代精神。这是商务人代代相传的事业，更是与国家和民族的命运始终紧密相连的事业。我们责无旁贷，必须做好我们这代人的传承与创造，让我们的努力和成果不仅凝聚成民族文化的记忆，还能成为后来人可以接续的事业。唯此，才能不负前贤，无愧来者。

商务印书馆编辑部

2017年10月

出版说明

威廉·戚美尔曼(1807—1878)是德国资产阶级进步历史学家和诗人,出身于斯图加特的一个手艺人家庭,受过高等教育,曾在杜宾根工艺学院任历史、德国语言和文学教授,当过牧师。在1841年至1843年期间,他写了《伟大的德国农民战争》这部历史名著。在这之前,他还在1832年写了《诗集》,1836年写了《德国反拿破仑的解放战争》。1847年至1850年,他曾是法兰克福议会议员,由于他站在当时的极左派一边,曾被反动当局解除了教授职务。

这部书是作者依据广泛的文献档案、文物记载和民间传闻并经过本人细心考察分辨,详尽地、真实地、生动地叙述了从1476年维尔茨堡主教辖区的农民骚动直到1526年萨尔斯堡和蒂罗尔农民起义被镇压为止的农民战争和农民起义。在作者笔下,可以看出,戚美尔曼向往德国的统一,反对封建诸侯割据的局面,深切同情被压迫、被剥削的人民大众,热情颂扬起义农民,鞭挞反动统治势力。但是,由于作者的阶级局限和历史条件的限制,正如恩格斯指出的那样,戚美尔曼"所作的论述还是缺乏内在联系",未能"把这个时代的宗教上政治上的争论问题作为当时阶级斗争的反映表现出来","在这个阶级斗争中只看出压迫者和被压迫者、凶恶者和善良者以及凶恶者的最后胜利”等等，这一切正是“这本书问世的那个时代特有的错误”。虽然有上述缺点，恩格斯认为“这本书是德国唯心主义历史著作中值得嘉许的一个例外，就当时来说，它还是写得很富于现实主义精神的”，“不失为一部最好的资料汇编”。(《马克思恩格斯全集》第十六卷，第四四七页)

本书共六卷，分上、下两册，由北京编译社译。由于作者文墨细腻，寓意深奥，文字晦涩，典故难找，译者虽经努力，仍有许多试译部分。经过全体参加译稿校订工作同志的协作，某些译文作了较大改动。第一、二卷由杜美、赵蓉恒、吉宝航三位同志校；第三、四卷由赵蓉恒、吉宝航同志校，参加部分校订的同志还有马文韬、韩万衡、赵汤寿、董俊新、佟秀英和黄立亚；第五、六卷由李逵六同志校；本书附有插图一百一十五张和地图两幅。地图译名和本书的人名、地名索引的制作是由吉宝航同志完成的。全书由李逵六同志总校。

本书中译本承成仿吾同志写序言，又承陆世澄同志审读，提出了很多宝贵的意见，对此我们一并表示感谢。

商务印书馆编辑部

1980年12月

中译本序言

威廉·戚美尔曼的《伟大的德国农民战争》是出版于十九世纪四十年代初的历史名著，它体现了德国历史编纂学上资产阶级民主主义的优良传统。几百年来，德国封建统治阶级对于 1524—1526 年的农民战争极尽污蔑之能事，例如在 1573 年出版的一本书中，就把这场农民战争称为“一种荒谬而狂妄，甚至恶魔似的事件”。[①] 封建统治阶级还力图从人们的头脑中消除对农民战争的记忆，以致人们“讲述人民战争的事迹和历史也会遭到危险”。[②] 但是，戚美尔曼站在为被压迫阶级辩护的立场上，细心地从封建统治阶级的叫嚣中分辨出被压迫者的真实而正义的声音，他依据广泛的文献资料，重新描述了农民战争中起义者的革命传统，并且使他们享有正当的荣誉。正是在戚美尔曼的这本书中，德国历史上的这一伟大事件获得了重新评价，把颠倒了的历史重新颠倒过来。

值得注意的还有：戚美尔曼认为历史学家应当自觉地参与现实斗争。他写作《伟大的德国农民战争》就是以历史为武器向当时的反动统治者——德意志各邦封建君主所进行的一种战斗。

---

① 转引自陆世澄：《值得嘉许的现实主义精神》，载《世界历史》1979 年第 5 期。

② 见本书第 985 页。

恩格斯高度评价了戚美尔曼的这本书，在指出这本书的缺点的同时，认为它“不失为一部最好的资料汇编”，特别称赞“这本书是德国唯心主义历史著作中值得嘉许的一个例外，就当时来说，它还是写得很富于现实主义精神的”。[①] 可见，戚美尔曼的《伟大的德国农民战争》一书不仅为历史研究提供了这方面的丰富资料，而且作者的现实主义精神和研究历史的目的也是值得借鉴的。现在这本书的中译本的出版，一定会对我国德国史的研究产生很好的影响，我期待着更多更好的有关德国史的译作和著作问世；因为历史，本来就是生活的教科书。

成 仿 吾

1981 年 11 月

① 恩格斯：《德国农民战争》，人民出版社 1976 年版，第 1、1—2 页。

目　　录

第一卷

第二卷

第三卷

原出版者说明

本书是威廉·布洛斯所编、斯图加特的狄茨出版社 1891 年(1921 年新版)普及版的翻版。布洛斯在他的普及版里把该书 1856 年第二版中的许多地方删去,现在重新把它们收编进来。

关于插图,也没有选择新画题,插图者的任务只是重新描绘 1891 年版的插图。

狄茨出版社

导　言

各民族的历史像外部自然界一样，经历着它自身的狂风暴雨。民族的风暴犹如地震海啸戏弄着城市和人类的生命，人们惯于以憎恶与恐惧的心情只把它视为一场流血的灾祸。但在史学家的眼里情况就迥然不同了。科学以及通过科学而扩展的特有的心胸使他超脱时代的恐怖；像天文学家观察星象运行那样，史学家以冷静的眼光审慎地综合地观察着世界事态的进程和人类生活的动向。他甚至在毁灭中重又认识到再生，甚至在看来只由粗暴的自然力控制的地方，也看到了精神的作用。对史学家来说，对别国的征服和各民族的革命，战争和战役的轰响，只是那称为人类历史的世界伟大诗篇中的交响曲。反抗的人们必然会谋求他们崇高的目的，美好的东西也必然会从邪恶势力的统治中、从激烈的动乱中诞生。

人类必须不断地自我创新，各民族必须努力提高自己的能力，必须通过斗争争得自己的最终目的。这个目的就是自由。席勒[①]说，只有在自由里，才可能有生活的一切尊严和光彩，只有在自由

---

① 弗里德里希·席勒(Friedrich Schiller)(1759—1805)德国大诗人、剧作家、历史学家。——译者

里，才可以希望有人类真正的高贵与伟大。亚历山大·冯·洪堡[①]说，只有在明智的法律和自由的机构保护之下，一切文化的花朵才能盛开。英国人芬利[②]说，人类要在完善过程中得到进步，政治上的自由是必不可少的。但是，这个自由——当它长大的时候，是多么温柔和可爱——却孕育在艰辛时世，并且在诞生之时，往往不得不经历一次十分痛苦的分娩。之所以如此，是因为多数大权在握的人不去认识或伸张正义，甚至还骄横残酷地不给人民公平合理和合
乎时代的东西。但是争取权利的斗争将持续下去或再度掀起，直至 8
权利得到确认，要不就是真正意义上的人民在一个国家里被消灭。

许久以来，自由不同时就是斗争的旗帜、胜利的犒赏吗？可是对于自由这个词，正如对于一切简单而深奥的道理一样，在任何时代都普遍存在着不理解或误解的情况。自由并不局限于某一种类型的政府；唯一造福于人类的国家形式是没有的。哪里治理得当，哪里的法律开明，从而使人类的尊严在一切方面都得到最大程度的维护，哪里就有最多的自由。

人们常常把民众的武装起义视作一桩极不幸的事件、一次盲目的自然力对德意志国家的侵袭，而这样一次武装起义是以伟大的农民战争这一个并不十分合宜的名称闻名于世的。人们惯于把它看作只是起义者粗壮的拳头对德意志祖国的心脏挥舞着凄惨的战争和死亡的火炬，因为人们往往只注意个别的现象和行动，而不去把握内在联系和这一联系的精神。

① 亚历山大·冯·洪堡(Alexander von Humboldt)(1769—1859)德国卓越的自然科学家和洪堡大学创始人。——译者

② 芬利(Finlay)(1799—1875)英国历史学家。——译者

人们往往忽视的，主要有三点：第一，人们特别归咎于农民战争的那许多东西，通常是战争的产物，也就是那一时代任何其他战争都有的产物；第二，正是那些大人先生们使人民吃尽了苦头，而在斗争中他们背信弃义迫使人民走向极端；最后，人们必须十分小心地从胜利者，即从僧侣和贵族那种震耳欲聋的狂热喧嚣声中，听出真理的微弱声音，甚至被击败的一方失败之后不得已也附和这种鼓噪，为的是以思想相同的假象规避迫害。倘若人民胜利了，同一时期的报导就会大不相同：叙述的内容就会像解放了的瑞士人的史书，或是像自由英国的史书那样。但是人民失败了，人民的运动遭到多方诽谤，它的真正伟大之处或者被埋没、或者被污蔑，但正是人类的伟大事业和崇高利益构成了运动的基础，并在运动中表现出来。

有人很有见识地把这一运动称之为近代世界史上有预见的准备工作[①]。它是在近代史舞台上演出的那首悲壮戏剧的雄伟序曲。欧洲以后的社会运动的一切现象都包含在1525年运动之中：
9 它不仅是多次欧洲革命的起点，而且是它们的缩影。此后几个世纪里使各国面貌发生变化的一切现象，以及在现代酝酿着社会变革的种种现象，不论是某些个人，还是某些思想，都可在1525年的运动中找到先例。特赖奇克称托马斯·闵采尔[②]的精神是预示以

---

① 参看格奥尔格·卡尔·特赖奇克所著有关托马斯·闵采尔的历史一书，莱比锡，1811。——编者

② 托马斯·闵采尔（Thomas Münzer）（1490—1525）德国的伟大革命家，宗教改革时期及1525年农民战争中农民和平民的领袖，宣传空想平均共产主义的思想。——译者

后各时代现象的一面镜子，这是正确的。

以后几个世纪的和现代的涉及政治革命以及宗教革命的全部思路都被闵采尔部分地预示出来，部分地明确表达出来。在闵采尔思想中尚未完成而只是倏忽一现的东西，在一个多世纪以后的英国革命中却轮廓鲜明地出现了。在日耳曼祖国即在图林根开创的、失败了的事业，首先在大西洋两岸的两个盎格鲁撒克逊大国里实现了，也就是在英国土地上和在北美洲的同族人民中实现了。

1525年的伟大运动既有美好的一面，也有阴暗的一面；在其中活动的既有纯洁和高尚的力量，也有混浊和黑暗的势力。全部斗争所赖以产生的精神是自由和光明的精神。即使个别现象暗淡无光，但是力图在其中为自己劈山开路的精神仍然不失它的本色。这种精神最后必然同所有一切和谐相融。

这一运动也不是什么突如其来的事件、偶然的事件；它是经过长期准备的，并在民众的境遇中和时代中有它的根源。因此它迅速扩展蔓延，几乎遍及整个欧洲。人民从受压迫的第一天起就倾向于这一运动。即使在桎梏的束缚下，对自由的热爱也是强烈的。

长期以来撰写历史的人对这个伟大事件，有的是不屑一顾，有的虽然触及这一事件，但由于缺乏公正和崇高的立场而使它受到歪曲。即使某些撰写者具有比较自由的思想，在处理他们的题材时，也几乎是畏畏缩缩，不敢把历史事件的本质，即一方面是统治者的滔天罪恶，另一方面是被逼走上绝路的人民的伤痕累累的心灵，充分揭示出来。

笔者并不期望本书的描述不会冒犯任何人。研究历史的人，必须为真理和人类幸福献身，而不应阿谀奉承。适合于当世，固然很好；但使将来满意，那就更好了。

威廉·戚美尔曼博士

第　一　卷

第一章　尼克拉斯豪森的鼓手传布普遍的平等和自由 13

在整个中世纪，农民时常奋起反抗贵族领主和教会领主，部分是为了捍卫他们古老而固有的自由，部分是为了抗拒领主们的任意宰割，因为领主们企图以暴力迫使无自由人的负担愈益加重，把依附农变为农奴。

在整个欧洲的许多地方都出现了这一斗争。然而农民们最终总是没有取得武装斗争的胜利，原因之一是，他们在散居于僻远的各地和不能同时在一个广泛的地区内以其全部力量和相互取得联系的情况下就试图进行斗争；另一个原因是，他们没有好的领导或是被人出卖了；还有一个原因是他们不习惯于使用武器。

取得斗争胜利的，在上德意志是迪特马尔施和克内马雷尔两地的农民；在下德意志是瑞士人。无论前者和后者，其地理条件有利于他们取得胜利：前者有河流、海洋和沼泽；后者有阿尔卑斯山的山岭和隘道。

自从瑞士人获胜，并把其联邦一直推进到博登湖和黑森林以来，整个士瓦本，甚至远达法兰克尼亚[①]的心脏地区，都为之震惊。一方面，比较自由和比较开明的思想广为传播；另一方面，领主们

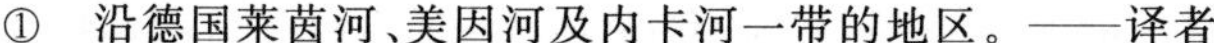

① 沿德国莱茵河、美因河及内卡河一带的地区。——译者

贪图享受和豪华奢侈的生活日盛一日，为满足这种贪欲和奢侈，增添和加重了负担，这两方面就促使人民怀有迫切改变现状的愿望。十五世纪中叶，印刷术的发明[①]，使许多传单散发到农村；村里总有这么一个人，把传单读给不识字的人听；这些传单往往具有同一内容，即反对教会领主或世俗领主，而多半是同时反对他们两者。

在群众深处酝酿和沸腾着的各种图谋或起义，一部分先后爆发，另一部分在遥远的一些地区同时爆发。

14 1476年，法兰克尼亚爆发了第一次重大起义。起义的真正原因是对日益高涨的租税的愤激和对僧侣的憎恶。僧侣们卑鄙无耻的腐化行为，尤其使他们在这个地区成为嘲笑、普遍鄙视和公愤的对象。维尔茨堡最后的几个主教，都自封为法兰克尼亚的公爵，他们争相聚敛财物，从而积累了这种意识直到起义爆发。胡斯战争[②]早已吞噬了国内最优秀的力量，尽管如此，约翰·布鲁纳主教仍像东方的王公贵族那样，过着所罗门式[③]的穷奢极欲、挥霍无度的生活。人民在挨饿呻吟，而寻欢作乐的宫廷却成了佞臣、亲族、情妇爱妾及其子女的集聚场所，布鲁纳主教极为放肆地把国家收入挥霍在他们身上。他的继任者约翰·冯·格鲁姆巴赫，由于同阿尔布雷希特·冯·布兰登堡侯爵进行过多次不幸的冲突斗争，使已经羸弱的人民更加消耗殆尽。在其之后登上主教宝座的西格

① 印刷术最早是由我国隋朝发明的，在公元600年左右。——译者

② 约翰·胡斯(Johannes Huβ)(1369—1415)布拉格大学教授，捷克宗教改革领袖，主张没收教会财产、收归国有。他的宗教改革活动引起罗马教廷和贵族的憎恨，1414年他遭到宗教会议审判，被定为犯了异端之罪，并于次年受火刑死去。他死后被誉为捷克的民族英雄。——译者

③ 意指公元前960—前927年以色列国王的奢侈浮华的生活。——译者

蒙德，出身于萨克森公爵家族，他的父兄所以要他献身于僧侣阶级，“是因为他的理智有些失常和迟钝”。因此，国家和人民，“由于暴虐统治、名目繁多的苛捐杂税、种种争斗、敌视、战争、焚烧、谋杀、监禁等等早在 1443 年就陷入极为贫困的境地；没有人能处理上帝赐给他的东西，他既不能使这些东西以合理的价值与利益供自己使用，也不能适当地转给他人。倘若以为尔后事情会有好转，那就大错特错了。因为战争、焚毁、劫掠、绞杀、逮捕、滥施刑罚、横征暴敛比以往更加严重和恶化”。以上就是维尔茨堡档案馆里一份几乎是当时的文稿所叙述的国情。

此外，还有对较为美好的精神食粮、令人敬仰的宗教状况的朦胧渴望，长期来就蕴藏在人民心中。实质上，这是一种政治上的变革尝试，是有其政治原因的，但它像过去暗藏在桃金娘树枝下的利剑一样[①]，而今是在狂热的宗教外衣下隐藏着政治的倾向。然而那些总想只从新教中推论出人民运动的人所不该忽视的，就是这种宗教狂热丝毫不掺杂新教成分，就它的基本点和整个色彩来说，纯粹是天主教的。

1476 年，正当鲁道夫 · 冯 · 舍伦贝格任维尔茨堡主教的时候，在法兰克尼亚公国尼克拉斯豪森地方，出现了一个牧人，他竟然自诩为传教士和预言家。这个年轻人，名叫汉斯 · 贝海姆，人们 15
都称他鼓手或笛子吹奏者小汉斯，因为他经常沿着陶伯尔河流域来来往往，参加教堂集市节和婚礼，并在舞会上击鼓吹笛。几年以

① 桃金娘系常绿灌木，夏季开花，淡红色。古时德意志妇女用以编扎成新娘头戴的花冠。——译者

前，这一带曾有一个从外地来的、名叫卡皮斯特拉努斯的赤脚僧，在这里做过许多生动热情的忏悔布道，试图移风易俗，尤其是他每到一处，就烧毁赌牌和盘子棋。一种类似忏悔布道的精神和热忱把这个青年牧人吸引住了。他同样感到，迄今他的活动和生活是有罪的，他陷入梦幻，在梦幻中，他多次见到圣母玛利亚显圣。适值四旬斋中间的某日，他心血来潮，在陶伯尔河畔的尼克拉斯豪森当众焚毁了他的鼓，并从这时开始，对老百姓布道，宣示一个新的天国。他说，至尊的圣母玛利亚曾经向他显圣，叫他焚毁乐器，而且应当勤勤恳恳地以布道侍奉老百姓，正像他迄今侍奉跳舞和侍奉亵渎神明的狂欢一样。圣母玛利亚指令每个人都应戒除罪过，摒弃一切珠宝、项圈、银线丝带、尖头鞋和一切虚荣的服饰，前往尼克拉斯豪森朝拜。谁去那里，并朝拜了圣母玛利亚，谁的罪孽就能得到赦免。

不久，就有很多人拥到这位新的预言家的身边。可是他并不只是忏悔布道，也转到世俗的话题上去。

他说，圣母还命他来布道说，今后不应再有皇帝、诸侯、教皇、世俗官厅和教会官厅，而要全部废除，人人都将亲如手足，靠自己双手劳动谋生，任何人都不应比别人多占。所有一切息金、地租、接租税、徭役、关税、赋税、租税、什一税以及其他杂税和劳役均应废除；各地森林、水源、泉井和牧场均应自由使用。

对老百姓来说，这些千载太平的思想是颇有魅力的。于是，所有附近地区的人民比以往更热切地向这位预言家蜂拥而来。他们来自陶伯尔河沿岸各村和许普弗尔格伦德，还来自遥远的奥登瓦尔德和美因河谷，甚至来自内卡河和柯赫尔河流域。的确，这种新的传教布道的名声传播得这样快，这样广，致使无数男女老少朝拜者，甚至从莱茵河，从遥远的地方，从士瓦本和巴伐利亚等地川流不息地向他涌来。手工业帮工跑出作坊，农奴们抛下犁耙，割草女手持镰刀离开田地，他们没有向师傅、主人和管事者请假，像着了魔似的为狂热式好奇心所驱使，都去尼克拉斯豪森朝拜。16
大多数人没有带口粮，他们沿途投宿的人家，也像他们那样信奉新天国，供给他们吃喝；他们彼此见面问好时，只以“兄弟姊妹”相称。

笛子吹奏手小汉斯在布道

数月以来，这一青年圣徒就这样布道，他们都称他“我们圣母的使者”。他选定礼拜日、节假日和其他惯常举行盛大民众集会的日子来进行布道。布道台是一只倒置的大桶，他头戴一顶绒毛蓬乱的便帽，他本人是个目不识丁的人。可是当地的牧师同他过从甚密并且同他建立信任关系。还有一些其他聪明人也把切身利益暗自寄托在他身上的。尤其是两个贵族,孔茨·冯·通费尔特和他的儿子,被认为特别活跃。到尼克拉斯豪森去的信徒都携带着丰盛的祭品。几乎每个妇女和少女,都在那里留下一根“辫子”[1],每个城市、每个乡村都携来一支大蜡烛,此外还有丰厚的供品,如金钱、珠宝、衣服和其他物品。他宣讲,人人都应自由享用森林、水源、飞禽和鱼类,都应豁免息金、租金、赋税和什一税,都应摆脱任
17 何压迫和任何统治,人人都享有兄弟般的平等,这在穷苦人听来,是真正的福音,布道者本人在群众心目中,也成了一个新的救世主。每次布道结束时,他邀请人们下一个礼拜日或节日再来,并且预言下次前来朝拜圣母玛利亚的人将比今天多一倍。他的预言总是应验的。有一天,竟有近四万人聚集在这位布道者周围。在那些日子里,简直像在一个大兵营里一样,厨师、旅店主、杂货商和手艺人等,在成百的货摊上和帐篷里忙得不亦乐乎。人群狂热得甚至通宵达旦地仰卧在旷野草地和园林地上,很多人还向他下跪并呼喊:“啊,你这上帝派遣来的天使,愿你保佑我们、怜悯我们吧!”他们争相拔取他便帽上的蓬乱的绒毛,谁要是有幸能得到一根绒毛,就感到像获得了一件珍贵的圣物一般。

其他地方的修道士竭力使人民同他疏远,就散布流言,说他的布道是受了魔鬼的驱使。他们说,这个新预言家偶遇一个穿白色衣服、扮做圣母玛利亚的江湖术士和驱妖灭魔的人,这个人怂恿他

---

① “辫子”:在这里并非真指辫子,而是一种类似“辫子”的点心,如麻花,那时人们把它作为祭品,以示虔诚。——译者

以上帝的名义并把上帝的话作为依据，通过布道来散播反对神圣的等级，即教会等级和世俗等级的毒草。他们这样做只是火上加油。他所创造的奇迹早就成了人们谈论的话题。修道士们徒然想把他的布道说成是妖言惑众或胡言乱语。美因兹和维尔茨堡的主教和纽伦堡市政会以严刑禁止其臣民到尼克拉斯豪森去朝圣，可是禁令没有产生预期的效果。这些地区的臣民曾有一段时期没有前往尼克拉斯豪森朝圣，但是不久他们又去了。

在这期间，无论是布道者抑或其追随者都感到人民的狂热情绪，已足以把暗藏在桃金娘树枝里的利剑拔出来，发动一次重大的政治行动。那天是圣基利安节[①]前的礼拜日，当汉斯·贝海姆在布道结束时，邀请所有信徒在下礼拜六，即圣玛加累特节的傍晚再到这里来，不过，他只要男人来，来时要全副武装，让妇幼留在家里。一直静观事态发展的主教得知这一情况后，就决定要防止这个迫在眉睫的危险突变。他秘密地派遣了三十四名武骑兵到尼克拉斯豪森去，夜里他们撞进青年圣徒的卧室，把他抓出来捆绑在马上，急速押解到维尔茨堡。

将近四千名朝拜者已经到达尼克拉斯豪森和近郊，在得知发 18
生了突然袭击后，就紧追这些骑兵，可是为时已晚；有一个农民已经追上了骑兵队，并向其中一个骑兵的马冲去，把它击倒在地，然而主教所派的人还是把他们的俘虏带到维尔茨堡宫里去了。

---

① 圣基利安是公元七世纪左右基督教的圣人，基督教为了纪念他，每年7月8日定为圣基利安节。——译者

截至预定集合的礼拜六那天为止，汇集到尼克拉斯豪森来的农民将近三万四千人。他们的预言家被捕的消息使他们感到十分沮丧，有好几千人又回家去了。但是，队伍中略知政治谋略的那些人，仍然设法推动别人向维尔茨堡行进。其中有一人宣布，神圣的三位一体[①]曾向他显圣，并且命令他对弟兄们说，要他们携带朝拜的蜡烛和武器，到维尔茨堡宫前去解救他们的预言家——青年圣徒，宫门会在他们面前打开的。当晚约有一万六千个弟兄起来响
19 应这一号召，连夜进发，在翌日礼拜日一早，手持点燃着的蜡烛和简陋的武器，来到维尔茨堡宫前。骑士孔茨·冯·通费尔特和他的儿子米夏埃尔是农民的最高首领，在他们下面还有几个农民领袖。

主教派他的骑兵首领格奥尔格·冯·格布萨特尔从宫城山上下来，叫他问农民们，他们因何来此。农民们回答，他们强烈要求释放青年圣徒；如果心平气和地把他释放给他们，那就好；要不然，他们就要用武力来解救他。主教应该从中选择。队伍中一些人为骑兵首领所激怒，抓起石块，只是由于对方急速后撤，才使此人逃脱殴打。此时，主教命令向农民开枪，接着派出康拉德·冯·胡滕向他们转达训令，他将要依法审理他们的布道人事件，凡是对教堂和修道院骑士团承担义务的，都应按照自己的义务和誓约离此回家。胡滕通过软硬兼施的言辞居然成功地说服了维尔茨堡的农民一齐离去。至于韦特海姆和陶伯尔河其他地区来的农民，也跟着分成小股队伍各自返回乡里。

① 圣父上帝、圣子耶稣及圣灵称为三位一体。——译者

主教看到农军大队已经分散，并各自成群结队、心平气和地上路时，就命令他的骑兵从背后袭击他们，杀死或活捉为首的人。但是，农民们奋起自卫，十二人阵亡，很多人负伤逃走，有些人逃进比特尔布隆教堂，在那里备受炮火和饥饿的威胁，终于被捕。俘虏们悉数被递解到维尔茨堡，并被投进监狱。过了一些时候，俘虏们宣誓决不报复后才获释，未获释的只是汉斯·贝海姆，佯称神圣的三位一体曾向他显圣的那个农民，以及在主教骑兵带走鼓手时将骑

主教的骑兵首领在同农民谈判

兵的马刺死的那个人。这三人当中后两人在 7 月 19 日礼拜五那天，从主教宫城里押解到刑场上被斩首，青年圣徒汉斯·贝海姆在同一地点被烧成灰烬。农民的最高首领孔茨·冯·通费尔特是被主教封赐采邑的臣属，已逃离本乡，直至他的诸兄弟、表兄弟、叔伯

父、姻兄弟以及朋友们替他向他的领主恳切求情,并在他将自己的财产都交给修道院的条件下,他才重新受到宽赦。

到尼克拉斯豪森去朝圣还持续了数周;由于官厅的严厉禁令,半年之后朝圣才完全销声匿迹。但是,产生朝圣的精神却未曾泯灭。

第二章　肯普滕的自由农民怎样失去了他们的自由

20 肯普滕修道院位于阿尔部[①],院内的文献和这地区的档案都生动地叙述了农民是怎样逐渐地、一点一点地失去了他们的自由、遭受不合理负担的重压。

优美的阿尔部高居于博登湖东面,沿蒂罗尔山脉北麓,向累赫河绵延下垂,再向前就直接与阿尔卑斯山衔接。自古以来,就有众多的自由农民在这里生息。这些“生来就是自由的”农民,部分散居在四周,部分形成一系列互有联系的村落和庄园。他们的人身和财产原先同贵族的一样完全是自由的。他们可以自由地选择庇护人,也可以随时随地迁徙,对庇护人,他们只受其裁判和向其纳贡。与他们稍有区别的是一个同样为数众多的阶级——自由佃

① 部是地理区域名称,Allgäu 可称为阿尔地区,阿尔部在今西德巴登-符腾堡州和巴伐利亚州,在博登湖与累赫河之间。——译者

农:像前者一样,自由佃农享有人身自由,并有权立遗嘱,由法定继承人继承遗产,签订契约,完全自主地处理自己的财产,可以自由地向各处迁徙而无需以劳役和财产来纳税,充其量,每年不过交很少一些钱给祭坛,给保护人交一笔保护金。至于庇护人,他们可以随自己的意愿而更换。他们既无需服兵役,也无需交纳接租税、献出部分遗产或日常值勤等等。只有当一名男的或一名女的自由佃农死亡时,才把最好的衣服献出来作为死亡税。渐渐地他们成了修道院、贵族和城市的臣属。下面便是肯普滕地区发生的情况:

起先在这段时期里,除了合法的死亡税外,也还要增收接租税。以后,接受或持有教堂田产的那些自由佃农,也要和其他教堂农奴一样,交纳息金、地租和服劳役;人们开始把这样的自由佃农慢慢地如同教堂农奴一样加以看待,并把他们与教堂农奴一齐纳入到一个阶级;那些逆来顺受、未能及时维护其自由地位的权利的人,几年之后,就被列为农奴,并遭受农奴一般的待遇。绝大部分田产通过上述途径不久都成了修道院的产业,所以,很多自由佃农也就同时成为修道院的租种者。正因为如此,就有很多自由人不久都变成了农奴并被当做农奴对待了。他们最先被剥夺的自由是 21
结婚自主的权利。修道院禁止在它那里持有租地的自由佃农同完全自由的人,或者同隶属于另一个领主的人结婚,因为依照阿拉曼尼法[①]同自由的妇女所生的孩子是完全自由的;反之,修道院鼓励自由佃农同它的农奴结婚,因为这样出生的子女就是教堂的农奴。

① 阿拉曼尼指古阿拉曼尼部族在士瓦本地区建立的公爵领地,所谓阿拉曼尼法律即士瓦本法律。——译者

据文献记载，在十二世纪中叶，还有许多农民完全自由而直接地在皇帝保护下居住在他们的庄园中，除去服兵役以外，没有其他义务。诚然，教堂千方百计地也把他们置于自己的保护下，以便保护人易于逐步使他们受到与无自由人的同样待遇，并使他们日益受到钳制与束缚。由于时世不佳，致使一些自由人采取容忍态度，并使恢复他们自由和权利的要求延宕下来，因而对自由人长期行使的非法行为终于被打上了根深蒂固的合法印记。

教堂有计划地着手这样干。修道院院长在其前任限制农民自由的基础上，利用一切有利时机继续照此办理，直到最后要农民同修道院农奴一样承担同样的义务。自由农民和佃农拒绝了这种种极其苛刻的豪取强夺。于是，修道院院长采取粗暴的诈骗手段。他让人伪造一份文件，伪称这是查理大帝的创立书，其中载明所要求的贡献是教堂自古以来的权利。农民们感觉到，并也意识到，他们遭到粗暴的不公正待遇，但是一纸公文，一份古老的羊皮文献是违背他们的情感和意愿的。他们无法揭穿这一骗局；因为首先当时——十五世纪初叶——在这些乡村中还未充分启迪到能够相信一个身居高职的虔诚教徒会干出这种欺骗勾当。其次农民也缺乏必要的科学知识来证明文献是不真实的、伪造的。本来可以援助农民的僧侣，在这些事情上，绝不会自相攻讦的。当危急时，自由佃农试图使用一项古老的权利，即一项有文献依据的权利来挽救自己，这一权利就是，当他们为非法行为所迫时，可以为自己另行选择一个庇护人。于是，他们投身于威廉·冯·蒙特福尔特-泰特南伯爵的庇护之下。此时，修道院院长因其权利受到侵犯而叫嚣
22 不已。根据路德维希·冯·拜恩公爵的命令应由贵族和市民共同

组成一个高级法庭来裁决。但是乡村贵族和市民针对农民作出决定:不准伯爵庇护农民。

于是,农民们又选择住在沃尔肯贝格的教堂监管人——骑士冯·弗赖贝格为他们的庇护人,并反抗修道院而以武力保卫他们古老而美好的权利。修道院向教皇马丁五世乞援,受到开除教籍威胁的骑士冯·弗赖贝格被命令不得庇护教堂所属的人,而且要他在两周内当面向康斯坦茨的教皇代表答辩。他没有到场,于是 23
他和他的仆役、臣民们都被革除教籍,并被围困于沃尔肯贝格的城堡。自由佃农本身,如果他们决心不向教堂缴付拖欠的租金、什一税和息金等,或者在两周内不到康斯坦茨去申辩,也要被革除教

肯普滕修道院院长宣誓

籍。由于争端一直拖延到1423年春季，以贵族贝特霍尔德·冯·施泰因为首席仲裁员、乌耳姆市民乌尔里希·勒夫和贵族彼得·冯·霍恩埃克为仲裁员组成的仲裁法庭，就要求修道院院长宣誓，证实他的前任和他像对待农奴一样用赋税、息金、徭役以及一切暴力——正如他扬言的那样——占有了教堂佃农；随后应由该院两个高贵的修道院住持宣誓，证明修道院院长的誓言是不是真实的。修道院院长要求给予时间考虑，延期举行宣誓；农民则催促他立即宣誓，但最后还是准予延期。1423年7月4日修道院院长宣誓，农民败诉。住在城市的自由佃农却较为幸运：尽管德国高原地区各地的修道士相互支持反对农民，可是城市却在保护他们，少有的是，甚至连罗马教皇也在保护他们。

因为所有的修道院和寺院都把自由佃农同肯普滕修道院院长之间的争讼，看作他们自身的事件，所以就有四十个上层僧侣联合起来，要用十二年或更多的时间共同对农民进行诉讼斗争，共同负担一切费用，并以各种方式互相帮助。

为了使受到攻击的人失去教皇的保护，修道院院长在致教皇的一封呈文里竟然谎称，自由佃农从记不清的时期以来就和农奴一样服劳役，许多上层僧侣还拿出证件和印章来支持这种谎言。

但是，自由佃农也派遣了一个使者到罗马去，揭发院长呈文的虚伪，因此修道院院长不得不请求各城市从中斡旋。在这以后，自由佃农才没有在教皇那里把事情继续进行下去。

修道院院长在同农民的争执中一味采用的假誓、谎言和种种卑劣手段，渐渐使他的良心感到惊慌。他因良心恐慌而向教皇乞
24 援，教皇在听取了修道院院长两次忏悔之后，赦免了他的罪过。然

而，修道院院长对上帝和农民犯下的罪孽并未予以纠正，就这样他通过明目张胆的假誓和讹诈欺骗了自由农民，使他们失去了自由和古老权利。

几年之后，修道院得知皇帝下达谕旨，任何人不得违背修道院院长，并不得未经其同意而保护教堂农奴、自由佃农或农村中的祭坛侍役。这样，皇帝就切断了自由佃农赖以摆脱修道院压榨的最后一条路，并把他们一旦遭受非法迫害时可以迁居和放弃当佃农的古老权利一笔抹煞。这种种压迫不但没有消除，反而有增无已。这一带地区的史料证明，正是这个修道院院长在受到皇帝的这一许可之后，如何迫使许多自由农民彻底成为农奴，其继任者，即他的侄子又是如何变本加厉地像勒索农奴一样向自由佃农勒索，让他们服劳役，交赋税、死亡税和鸡禽等贡品，在各方面他们所受的待遇无异于农奴。如果一个自由的少女或妇女同修道院的佃农结婚，她就被排斥在圣餐典礼之外，甚至被拒之于教堂大门之外，直到她甘愿当教堂佃农为止；如果自由佃农同农奴结婚，就用同一套办法对待他们，直到他们甘愿也成为修道院的农奴为止。

如果这种昧心的强制行为在各种场合里不起作用，新郎就被投进监狱，直到新娘向修道院屈服为止。凡是依据古老的特许诏书起诉或上诉的，就受到鞭笞或入狱的回敬。在这样危难的情况下，仍有二十六户自由佃农家庭，不顾皇帝的最新诏谕，冒险寻求异地庇护人。他们说，西格蒙德皇帝的裁决和诏书对他们不适用，因为它们全然违背他们的古老的文书，而且皇帝并不了解事情的真相。有几家援引一些特殊文书，但大家都是依据一本古籍和一份载于该书的 1144 年的文献，在这份文献里毋庸置疑地记载着，自由佃农除了应负担一些息金和死亡税而外;无需交纳任何其他贡赋。他们说,与此相反,修道院院长却强制他们服兵役、纳赋税和做其他的事务,其中一些人迫于入狱和处死的威胁,因而依据文书完全允许的范围,寻找了另一个庇护人。

以往在与农民发生争执时曾颁布过各项不利于农民的判决书,如今修道院力图用它来作为反对农民的法律依据,但是枉费心机。以后那些使不法行为披上合法外衣的文件,比起农民们重新
25 发现的古老原始文书来是站不住脚的。修道院院长不得不承认其前辈的古老的文书和佃农迁徙择居的自由。他所做的,无非是通过宣誓来确证那些古老文献尚未包括进去的佃农们还有服劳役的义务而已。他做了宣誓,而这一誓言就使佃农服劳役的义务这一部分永远成了修道院的合法权利。

第三章　十五世纪末叶肯普滕人保卫权利的斗争

此后,肯普滕修道院管辖的农民,再次起来反抗他们的领主。一些农民为摆脱奴役和压迫而逃亡瑞士。然而,留在教区里的农民仍然遭受着和过去一样的待遇,因而不满情绪日益激昂,终于酿成普遍的反抗。由于教堂住持们的压制和嚣张,很多教堂臣民家破人亡。

1481 年年底,修道院院长约翰内斯二世接掌了侯爵和主教牧

杖，他行事机警谨慎，像是要采用温和的方法来医治他的属民的创伤。至少，他的属民开初是这样希望的。但不久以后，诚如教区编年史所载，“羊变成了狼”。在他治下，早已严酷不堪的全部劳役和赋税更为加重了。他以重大的规模和范围推行压迫制度，俨然要迫使他辖区里的最后一个自由农民也成为佃农，迫使所有佃农都成为农奴。谁不听摆布，谁就会受到教会法庭连续几周的恣意审讯，或是投进监狱，处以极刑，被迫交出抵押品，或将佃农从他的田地上赶走；长时间的折磨和百般虐待使比较坚强的人也软化下来，使他作出不报复、不受他人保护、服从纳赋税、服兵役、从事劳役、忏悔节供鸡、纳死亡税和人头税的誓言。佃农的原是自由的妻子儿女，无例外地都要受教堂的差遣使用。倘若自由人租用教堂田产，也必须承受与佃农相同的负担。农奴还必须在死后把遗产半数交给修道院院长。失去双亲的孤儿的遗产被剥夺，受保护赡养 26
的儿童被迫立字据声明自己是农奴。不从者课以罚金，罚金可以达到一百古尔盾①，甚至高达全部财产的三分之一。这些罚款作为永久息金被强加在自由承袭的田地上。田产和佃农的赋税过去只需缴纳两个先令，而这时却根据其田产的息金面积强行增加到两个、三个以至四个古尔盾。加倍征收各村镇的赋税和远征税，以及增加法院罚金的传统数额，这还算是最轻微不过的。对诉苦的人则说：“不只是农民负担着过重的赋税和其他义务，就连诸侯和贵族现在也感到自己负担沉重，甚至皇帝和君王们如今也常常不得不违背自己的意愿行事，为什么农民就该

① 古尔盾(Gulden)是十四世纪以来德意志的古金币名。——译者

例外呢?”

而且,修道院院长及其辩护士们直截了当地替自己辩解说,“他所做的,只不过像其他贵族所做的一样罢了!”

修道院院长针对贵族阶级的这一辩解是一篇令人生畏的证词,既无人反驳他,也无人为此而责备他。尽管这话道出的真理并不适用于所有的贵族,但是对这个阶级的整体来说,还是恰当和切中要害的。1489 年发生的那场大灾荒,从德国高原地区一直蔓延到尼德兰[①],以致有些地方一马尔特[②]黑麦售价达四公斤重的赫勒[③]。修道院院长竟无视这场连续两年灾荒所造成的饥馑,还要臣民缴纳新的赋税。

他们无力支付,但还是要他们缴纳。1491 年 11 月 15 日,洛伊巴斯古老的马尔施塔特的全体农民集会,讨论组织一个“根据古老文书和权利相互保护的协会”。一周之后,他们就在离杜拉赫不远的一个营寨里聚会,互相发誓永不分离,并首先在他们反修道院院长这件事情上,要求士瓦本联盟[④]的贵族和各城市主持正义。他们选举翁特拉斯里德的耶尔格·胡格为首领,胡格就成为农民们在士瓦本联盟会议上的发言人。封为侯爵的修道院院长意味深长地称这位农民首领胡格为“翁特拉斯里德的胡斯”。

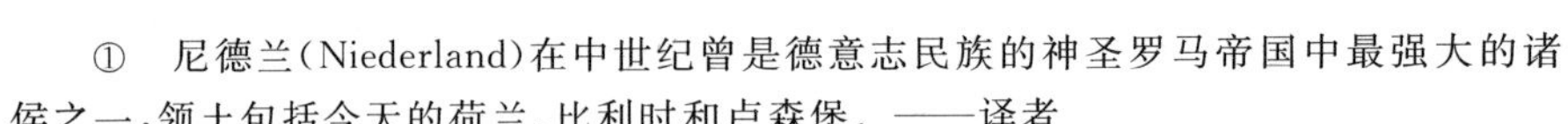

① 尼德兰(Niederland)在中世纪曾是德意志民族的神圣罗马帝国中最强大的诸侯之一,领土包括今天的荷兰、比利时和卢森堡。——译者

② 马尔特(Malter)是德国古时的谷物计量单位,约合 6.6 公升。——译者

③ 赫勒(Heller)是德国十三世纪在士瓦本地区发行的一种银质辅币,此处意一马尔特黑麦等于四公斤银子。——译者

④ 士瓦本联盟建于 1488 年,参加者为德国西南部帝国直辖市的王公、贵族和贵族上层人物。其主要目的是镇压农民和平民运动。——译者

然而，贵族们和各城市①却把修道院院长的事看作自己的事； 27
因为农民的骚动已经波及他们的地区，他们为使“骚乱的”臣民重守本分已经答应以武力援助修道院院长。持反对意见的只有诺尔特林根城，要求依法审查农民的控诉。为此，联盟的使节们在肯普滕市政厅集会，由明德尔海姆的骑士，有名的格奥尔格②的叔父汉斯·冯·弗龙茨贝格主持。

农民的代表们跪在市政厅前呼吁主持正义：倘若他们错了，他们理应受到谴责，甚至，倘若发现他们的要求是不义的，他们宁愿献出自己的头颅。但是“士瓦本联盟”的贵族们只听利己之见，无视正义的呼声。他们所做的唯一好事，就是劝阻封为侯爵的修道院院长不要对农民施行血腥报复。而他们在利本坦宫却达成了完全有利于修道院院长的和解。因此农民虽然放下武器，却不理会这种裁判，而是直接向皇帝提出控诉。他们推举洛伊巴斯的海因里希·施密德，让他就他们的特许诏书向皇上提出申诉，因为按照皇帝在加冕典礼时所做的誓言，他对维护自由和穷苦人是负有义务的。不料这个农民使者在前往皇宫途中，竟遭修道院院长派人谋害暗杀；此后，这个使者再也没有出现了。

---

① 各城市同样是土地所有主，在这些土地上住着交付佃租的农民。因此，各城市的利益都在于不取消农民的负担。可是城市市民的利益并不统一。城市中的贫苦人与农民有相同的利益，正是在农民战争时期，许多城市里也进行着激烈的社会斗争。在一系列起义中，城市中的穷苦人——城市平民——夺得了城市的管理权力，随后这些城市才立刻同起义的农民结成联盟。——编者

② 格奥尔格·冯·弗龙茨贝格（Georg von Frundsberg）（1473—1528），“士瓦本联盟”的雇佣军首领，曾参与镇压1525—1526年士瓦本和萨尔斯堡大主教辖区的农民起义。——译者

农民的第二个使者是肯普滕的塞巴斯蒂安·贝歇雷尔，他比较幸运。人们正在怀疑他能否返回时，他居然回来了，并且带来消息说，皇帝将召见这个侯爵，要他对自由佃农和修道院的穷苦人所提出的控诉进行答辩。

由于修道院院长继续采取多种手段对农民代表和农民们施以暴行，农民们重新集结起来。修道院院长为了对付反抗的臣民，再次向士瓦本联盟求援。联盟威胁地警告农民要放下武器、唯命是听。农民们再次信誓旦旦，把自己的控诉提交给在埃斯林根举行的一次联盟会议。但是他们在这里得到的裁决，当然还像先前那样，使他们不得不加以拒绝。

联盟如今决定“用暴力强迫农民服从，首先要把暴乱的首领缉
28 拿治罪，因为继续宽容下去，一切显贵和官厅都要遭到危险；倘若此后农民仍不安分服膺，就用战争手段镇压他们”。

联盟军队集结于京茨堡，修道院院长的雇佣军驻扎在明德尔海姆。可是他们总还不敢贸然动武。几个礼拜、几个月过去了，他们意在麻痹农民，农民们满以为相安无事，但在米迦勒节[①]的晚上，农民们突然发现他们的村庄遭到联盟雇佣步兵、骑兵的袭击，他们被打伤，有的遭致残废，许多人生命垂危，他们家产遭劫，住宅被焚。估计损失超过三万古尔盾。起事的首领被缉拿归案，投入监狱；数百名农民逃亡到瑞士。

联盟在这些前奏曲演过之后，就给农民指定一个日期在梅明

① 米迦勒(Michael)是圣经中三大天使之一，每年 9 月 29 日是信徒们追念他的节日。——译者

根依法谈判。此时此刻，农民不但家产惨遭浩劫，而且更感到严重的是，他们的首领、头目和代言人都已被捕，然而还是有二十二个村庄的二百五十二名佃农和教堂农奴作为代表前来谈判。

在这里，人们对代表们说：你们这些臣民应当服从修道院院长，受他管辖，为他服劳役，向他纳贡，就像你们在他开始治理时向他所做的誓言那样；解散你们的结盟，不得重新组织；你们每年要承担和缴纳赋税、息金、地租、杂税、人头税和其他等等，这些项目到目前为止都是你们必须承担和交付的，直到你们依法证明，这一项或那一项的全部或一部分并无亏欠为止。

肯普滕的农民怎样实现他们的权利

人们对代表们还说，侯爵（指修道院院长——译者）必须把他对臣民的控告，而农民们则应把对他的控告，尤其是涉及远征税

（战争税）和其他事项的争端都提交仲裁法庭，以便取得和解协议或法律裁决。大家都应回去，双方应该相互保证不咎既往；协议达成之后，被监禁的人应该获释，被放逐的人应该得到赦免，每个出走的人在一定时期内也可以加入协议。但是每一个人也可以不接受协议。对那些不接受协议的人，应通盘维持协议前的原状，教堂也应让其所有属民保持他们原有的地位。

少数外逃的人回到家乡，来到修道院宣誓愿意履行协议。但是，大部分农民不接受协议：理由是他们对依法裁决早已失去信心。因此他们并未继续控告和申诉；他们认为目前情况不利于
29 他们继续这样做。表面上，这是修道院院长和一部分臣民之间达成了的一种和解，一种暂时的平静态势；内里，不满情绪依然存在，正如引起不满情绪的各种原因依然存在一样。对农民的申诉并未做出最后裁决。但事隔不久，修道院院长又继续进行其种种逼迫了。

“鞋会”的最初消息就是在这一时期传开的。

肯普滕地区的农民在他们的营寨里挂起了“鞋会”的标志这件事，迄今还没有任何记载提到过。不过，据说在这个时期，鞋会以农民鞋作为起义的标志，早就在民间盛传。这一标志由来已久，人们却不知道它在何时何地首次被采用。正当农民和封为侯爵的修道院院长发生争端之际，大约有两百名市民，在一次婚礼上酒后放
30 肆，将一只“农民鞋”挂在市郊大钟旅店前的一根长杆上。老百姓都跑来了，看到它很高兴。人民渴望有朝一日该“同修道院院长清算了”。

市政会得知，城郊挂起一只“农民鞋”，市政长官立即率领雇佣

兵来到旅店，扬言高挂着一只农民鞋是一起极为严重的事。经他告诫，这一玩笑才收起了。此事发生在1492年。

农民鞋作为旗帜的标志是有其渊源的：骑士的特殊标志是穿长靴；而农民，至少是非自由的农民，穿着用皮带从脚踝向上编结起来的鞋，其外表像栅栏式的格子，作为臣属和无自由的标志。农民通常穿的这种鞋，因其这种扎结方式而称为用皮带绑扎的鞋。

第四章　亚尔萨斯的鞋会

在城市里，每遇饥馑，穷人们不得不依赖公家施舍度生。然而，城市中施给穷人的煮了又煮的一星半点稀粥，农民们却没有份。而翌年，饥馑穷困比上年更为严重。

眼前的这种饥荒和贵族领主们愈益贪得无厌的需求迫使亚尔萨斯的市民和农民们在1493年结成一个社团。这个社团隐蔽得异常秘密。神秘的标志和礼仪把会员们联结在一起。新会员在举行特有的仪式上，宣誓对背叛者必予严惩，然后才被吸收入会。在深夜，他们沿着小道悄悄来到集会地点——孤寂的洪格尔贝格。不久，施勒特施塔特、祖尔茨、达姆巴赫、埃普菲希、安德劳、施托茨海姆、克斯滕霍尔茨、蒂芬塔尔、舍尔魏勒及周围其他地区都有参加这个社团的人。他们不只是来自属于下层阶级的农民和手工业工人，而且还有一些在城市里有地位的人。诚然，正如报告所述，其中也有“许多立誓要搞密谋活动的渣滓”，然而正是这些报告把他们敌视老百姓的情绪暴露无遗。

该社团章程上载有两项原则：一项是考虑改革宗教和政治状
况，另一项是准备吸引老百姓赞助这一改革。属于后一项的内容
31 有：计划掠夺犹太人以至消灭犹太人[①]；举行一次取消一切债务的
欢乐年；废除关税、杂税和其他负担。属于第一项的主要内容有：
有目的地实施对僧侣的限制，取消教会法庭和罗特魏耳法庭[②]，要
求赋税批准权和村镇自治以及组成陪审法庭。

章程第五条规定：“对于占有一份以上俸禄的僧侣，应取消其多余的份额，每年只给他五十至六十古尔盾。”还有，秘密忏悔是僧侣统治人民的主要支柱，应该彻底废除。今后，人民只缴纳他们自愿承诺的赋税，各村镇均应实行自治。

为夺取一个反抗者们在战斗开始时能坚守的巩固据点，并获得大量钱财，决定先夺取坚固的施勒特施塔特，没收城市金库和该城修道院金库，然后由此城发难，占领整个亚尔萨斯。

好像一面旗帜含有一种神秘的力量，好像这样一面旗帜对

---

① 当时，为转移穷人对其切身事宜的注意，煽动穷苦居民去迫害犹太人，早已习以为常。犹太人是唯一获得当局允准收取借款的利息者。基督教禁止收取利息，然而富裕的市民和富有的僧侣生财有道：他们在放债时把各种零杂费用计算得很高，有时短期放债竟高达百分之六十的利息，甚至更高。此外，商人们往往只贷出大额款数。这样一来，穷人和农民在经济困难时只能找犹太人。犹太人一般只收取百分之二十到百分之二十五的利息；即使这样，这也是非常高昂的要价。因此，精心策划的煽惑得以赢得强烈的共鸣。参看本书第 452 页至第 455 页和第 614 页至第 616 页。——编者

② 设立在罗特魏耳城（今西德巴登—符腾堡州）的由祖尔茨伯爵当世袭主席的帝国法庭，它有权决定其他法庭管辖区的诉讼事件。——译者

起事极为必要，于是经过专门讨论作出决定，制定一面旗帜，旗上绘有独特的图案，以“吸引老百姓蜂拥而至”，并决定在旗上画一只农民鞋。一旦入会会员的数目达到足够多时，就马上动手。他们相信，许多城乡周围的老百姓将会参加他们的行动。万一他们本身的力量不足以为人民的事业战斗到底，就把瑞士盟友召来。

不久，就有“一批为数相当可观”的人宣誓入会。高举起义和
自由大旗的时刻可以确定下来了。那是耶稣复活节前的一周，预 32
定在这周初向施勒特施塔特发动攻击。

然而，秘密没有保守住。从一开始，密谋就存在一个缺点：鞋会吸收的成员不只是农民这一个等级的人，而是各种各样的人都有，如城市师傅和小市民，乡民和奴隶骑兵等；况且鞋会并未强制每一个了解鞋会内情的人向它宣誓保密①。

尽管鞋会对背叛活动施以最严厉的威胁，鞋会还是被出卖、被打散了。当时得悉密谋已经泄露的人纷纷向四处逃遁。可是许多会员未能得知实情就遭到突然袭击，施勒特施塔特的一些有威望的市民，在向巴塞尔逃亡中被捕，因指控为参与密谋，被处以四马分尸。另有许多人被斩首、被驱逐出境、被砍掉双手或指头。有些地方，有一些人得以隐蔽起来，逃脱了对谋反者的普遍追捕；但是各地政府只要发现一点线索，就不罢休，直到逃亡者被判刑治罪为止。射击手乌尔里希·冯·安德劳是一个奴隶骑兵，投奔贵族达

① 缺点不在于鞋会扩及各种不同的等级，而在于缺乏创立一个非法组织的经验，这样一个组织只有少数人互相认识，从而，当发生背叛时，只能危害鞋会的一小部分。——编者

维德·冯·兰德克以求保护。这个贵族居住在弗赖堡附近的埃布内特。他认识这个逃亡者，在宫中对他以客相待。但是，受施勒特施塔特催逼的弗赖堡市民在追逐他，直追到贵族的宫城。当地官吏和各城市联合在一起施加压力，要求引渡。冯·兰德克在弗赖堡具有市民权，因此，他受到该城市民和皇帝总督的压力，他只能找到他的同辈——乡村贵族，作为他的被保护人的唯一辩护人。好几个地方法院，经贵族多次造访以后，引起极大震动，它们挨次受理此事。然而，各城市终于坚持把那个逃亡者在入会宣誓时举起过的两个手指砍了下来。

第五章　瑞士人

33 许多人逃到了瑞士。在瑞士人那里，他们受到款待和同情。迄今瑞士人依然是、甚至愈益成为德意志各邦领主们的眼中钉，这些领主们把自由的精神称做“无赖行为”，不让它逾越莱茵河，并一再结成联盟，甚至把阿马尼亚克那帮野蛮的杀人强盗[1]诱到瑞士；但是瑞士人毫不容情地把这些“可怜的兵痞”赶回老家去，正如他们对待与之作战的德意志各邦领主们一样。瑞士人也极为蔑视这些领主们，把他们看作“放荡不羁、厚颜无耻、到处游荡的容克，他

① 指十五世纪法国阿马尼亚克伯爵指挥下的放荡不羁、毫无纪律的雇佣兵。——译者

们到外劫掠、吃喝、奸淫、赌博、挥金如土，他们在世上过的这种生涯似已习以为常。瑞士人认为，即使把这些容克们狠揍几顿，以致打死，也无人哀悼”。

然而，领主们却更加蔑视瑞士农民。在1499年的瑞士战争或士瓦本战争中就表现了这点。即使不因赋税和领土而发生特别争端，战争也会爆发，因为早在宣战之前，瑞士人和士瓦本贵族彼此早已钩心斗角、唇枪舌剑。贵族的傲慢往往以最气人的方式表现出来。他们说：“我们要在瑞士人的胸膛里找牛尾巴①！”或者说：“我们要在牛群的国家放一把火，把彩云中的上帝烧得烟熏火燎，使他眼睛迷惘，把脚缩回去！”可是这些领主们几乎到处吃亏，连连受挫，一次比一次败得更惨。

士瓦本人的一大部分由于受到瑞士精神的熏陶，在瑞士人首次冲进赫部时，倒向了瑞士人，整个布雷根次山林、整个瓦尔部都落入瑞士人之手。许多宫殿和城堡被瑞士农民捣毁，其中有兰德克、最富丽堂皇的宫殿之一——施塔林根附近的施泰斯林根—霍姆堡、弗里丁根、施陶芬、奥伯施塔德、罗泽内克、布卢门费尔德、海尔斯贝格、梅格德贝格、沃尔布林根。如果他们只摧毁贵族居住的城堡，而不去洗劫和破坏臣民的村落，那他们所到之处，老百姓都会倒向他们，并把他们当做救星来迎接。但是，他们是通过焚毁市
镇和村庄、毁坏田野而带来自由的。这就触怒了内心赞助他们、本 34
来也会支持他们的老百姓。现在老百姓反对他们，因为他们夺走

① 当时瑞士人盛行牧养牛群。这里是士瓦本人污辱瑞士人的话，意指对瑞士人要用刀子破开他们胸膛。——译者

了老百姓的茅屋和面包，失去了这些东西，老百姓就无法尝到自由的味道。此外，贵族对农民的极度残暴，自然也激怒了农民。当诸侯和贵族焚毁沙夫豪森附近的泰因根村、逢人便杀之时，三十个农民冲进坚固的教堂。但贵族纵火焚烧钟楼和教堂，使他们窒息致死。一个农民抱着他的孩子逃到钟楼顶端，顷刻间火焰上升，他抱着孩子从檐头纵身跳下。骑士们举起长矛迎了上去，把他刺死，但孩子却未受损伤。

经过瑞士人为争取自由而取得的这次最后的巨大胜利，在整个边境周围的农民中都产生了一种勇敢精神和无所畏惧的思想。在巴塞尔议和时，莱内塔尔的一个名叫比特勒的农民乃是一个贵族的臣民，他穿着长外衣和丝绒鞋，并在帽檐上佩着羽毛饰物穿城而过，这些东西本是在这次战争中被瑞士农民打死的冯·菲尔斯滕贝格伯爵的。他身后还跟着一群农民作为他的卫队。当沃尔姆斯的主教问他们究竟是些什么人时，他们回答："我们是惩罚贵族的农民！"

假如瑞士农民善于利用他们的胜利，他们本可以到处赢得土地和人民，并且把这些"无赖行为"带到帝国内部。在农民中瑞士化之风十分盛行，像施勒特施塔特鞋会的那些原则和图谋扎根愈益深长，其枝叶则愈益茂盛。这并非是谋反精神，而是政治上渴望解放的、深刻而普遍的情绪。这种情绪，从莱茵河的发源地到出海口，从博登湖到蒂罗尔地区的阿尔卑斯山直至波罗的海沿岸，早就渗透到遭受少数特权者压迫的绝大多数人民中去了。群众在政治和宗教上的情绪都是激昂而动荡的。为了人民的解放，一些人已经被四马分尸，一些人被烧死，另一些人被斩首或监禁，还有许多人被放逐和逃亡。有些人成为民众事业的殉难者，那些因逃亡而获救的人既不因为首次计谋失败而退缩，也不因为血腥和残暴的镇压而被吓倒。他们悄悄地继续进行活动。

马克西米利安①即位时，老百姓曾对他寄予美好的希望，愿他能有决心为人民做事。马克西米利安及其赞助者甚至民间制造一
种传说，说他要使每个人，哪怕是最下贱的人，都能获得权利，并且 35
要消除不安和压榨。但是这一切都没有兑现。甚至在重新整顿帝国司法制度时，也根本没有述及农民阶级。穷人走遍天下，也找不到一个在他们和他们的主子讲理时能够主持正义的法庭。许多教会领主和世俗领主依旧胡作非为，好像没有人管他们似的。当穷人无以自救时，他们也不知帮助该从何而来。因此，较有卓识的人便竭力创立兄弟会，把穷人们分散无力的愤怒的闪电汇合成一场大雷雨。

第六章　奥克森豪森宪章

早在十五世纪中叶，在教会诸侯们那里，就发出警告，指出有某种威胁来自德意志人民。红衣主教尤利安写信给教皇欧根四世说："这些滥用职权和混乱事件激起了人民对整个僧侣等级的仇

① 马客西米利安（Maximilian）一世（1459—1519）是德意志皇帝，于 1493 年即位。——译者

恨。如果不予矫正,恐怕人民将会效法胡斯信徒的先例来攻击僧侣。这种威胁已经可以公开听到了。人人都在紧张地期待着行将发生的事,已经有某些将要发生极为悲惨事件的兆头。他们对我们心怀恶意早已昭然若揭。不久,他们就会认为,把僧侣当做上帝和人类所共同仇恨的人而加以虐待和劫掠,就是在侍奉上帝。”

许多德国教堂对它们的佃农和自由农民滥用职权,并不像肯普滕的修道院院长们那样,总是由修道院院长和主教们本人负责,而往往只是由他们的官员负责,或主要由这些人负责。在农民中流传这样的谚语:“不论官职多小,绞死也不足惜。”大部分责任应归咎于这些官员和他们的法律顾问——罗马的律师们。

至于如何为教堂搜索新的财源以及如何贪婪地攫取遗产,除去在肯普滕所发生的事情,特别值得注意的,就是在奥克森豪森教
36 会统治中所发生的事件了;不仅因为在所有教会领地上农民的疾苦看来都有其相同的或类似的原因,而且因为那里制定了一种宪章,根据这个宪章解除了农民的疾苦。这些事实证明:在及时解除了农民疾苦的地方,即使战火和风暴在佃农们身边与周围发生,他们也会处之泰然。最终,这些事件之所以值得注意,因为事件的全部细微末节都被保存在文献中,比肯普滕地区的更为详尽。

富庶的奥克森豪森修道院也同肯普滕修道院一样,位于阿尔部境内罗特河畔,它的院长也是一个直属帝国的等级。

1466 年,地方和修道院院长之间举行过一次谈判,因为修道院院长不久以前曾用暴力非法剥夺农民从他们父母那里继承的遗产和田地。

几世纪以来,在这里的农民中完全自由的人只占少数,可是他们有许多自由。他们的古老权利世代相传，不只是作为空洞的回忆，而是作为实际的产业。甚至这里的农奴制也是徒有其名，其他地方农奴制所引起的各种后果，在这里大都没有。可是，不论修道院院长或佃农都没有关于权利或义务的文件：一切都只以几世纪以来的传统习俗为依据。

教堂妄自侵犯权利始于十五世纪初叶。个别农民通过法律途径对此提出控告，农民们胜诉，当然是耗费了巨款，因此教堂就定了一个原则：如果有人再敢耗费金钱和时间，通过法律途径来指控修道院，就不再让事件经过法律解决，而是力求和平解决，出钱了事。但是，当修道院院长要取得格奥尔格·哈恩的父亲遗留的财物和田产时，格奥尔格·哈恩却不愿意和解，而要诉诸法律。

原来修道院院长们声称，继承遗产的古老习俗是：在教堂地产上共同生活的夫妇，他们的婚生子女在父母生前已经结婚而且得
到了一份嫁妆，就不得在父母死后再继承遗产，遗产应归教堂。但 37
如果子女在父母死后尚未结婚，遗产就不是由教堂而是由子女继承，地产归最年幼者成为终身租地。

争讼结果，耶尔格[①]·哈恩胜利了：修道院院长只得把遗产和地产给他。

于是，教堂的官员们便将这件事暂时搁置一旁，力图对散居教堂后面的个别农民暗中施予恩惠，以使他们能够顺从教堂对继承遗产的看法。几年、几十年就这样过去了。教堂终于提出它对遗产的要求是一种通用的传统习俗。这时它可以提出证人，证明历

① 耶尔格为格奥尔格的简称。——译者

来如此。这些证人就是经上述途径顺从了这件事的那些父辈们的子孙。

现在,有些人也宁愿按照农民的方式顺从这件事,而不诉诸法律,多数人根本就无钱打官司。人们从那些诉诸法律的人里看到,有的败诉,也有的打赢了修道院院长。有时发生某一个地产的继承问题,一方是修道院院长,另一方是自认为继承遗产的人,他们“每一方都想尽其所能,攫为己有。”这样,由于修道院继承遗产的要求而引起的纠纷和争执持续了很长一段时间。但是,经过半个多世纪,也就是从那次同耶尔格·哈恩打官司以来的将近一个世纪,大约在十五世纪末叶,教堂决定了这样一个原则,干脆用暴力到处实施它僭越的要求;用暴力霸占遗产。

奥克森豪森有个名叫海因茨·丁克穆特的老年人,其岳父先于他的妻子去世,遗留下“可观的财产和田产,尤其在小钱袋里还有一笔可观的现款”。修道院院长的官员们前来,要为修道院院长和教堂取得这宗遗产。

丁克穆特认为他的妻子是合法的当然继承人,向邻近的帝国城市乌耳姆的仲裁法庭提出诉讼,修道院院长对此同意。双方当事人来到本城市长和市政会面前:原告海因茨·丁克穆特和他的律师乌耳姆市政会委员马丁·格雷克,被告修道院院长和他的律师、前任乌耳姆市市长维塔尔·欧文。传讯证人开始了。

这时,修道院和教堂的上空乌云密集。通过传讯证人,揭露出
38 了一系列教堂违反法律和传统而侵犯权利和滥用职权的事件。证人们,甚至大多数已经表示顺从而被传唤来的证人都纷纷指控修道院院长怂恿教堂征收某些“在他们父辈生前从未有过的”捐税,

其中如干草什一税，即对烧柴、建筑用材和放牧课税。所有宣誓作证的证人，甚至连在继承遗产方面完全顺应修道院院长而作证的那些人，在所有这些问题上都反对修道院院长。他们说，直到前几年，穷人们还可以不需酬报享有正当权益，现在的修道院院长却不再让穷人保持古老的传统习俗，而把从未有过的贡赋压在他们身上。甚至一个早年曾在修道院任过官职的白发老人也说，四十年前，他已经当了二十四年的教堂奴仆，那时，从来没有人阻碍过穷人使用现在必须付出代价的土地，穷人们使用这些土地一直是“许可的、无偿的，但是这种使用是否公平合理，他就不知道了”。

证人们向修道院院长指出，他“在不久前，才对五十多年来安稳地占有他们父辈死后的财产的人，以献礼和地租强加在他们身上，甚至还要对那些因用水而加重负担的荒地和古老的牧场向他们勒索沉重的、新的杂税，不让他们保持古老的传统习俗”。

证人们向修道院院长指出，就连修道院继承遗产的要求根本也不是自古以来的传统，而只不过是四位前任修道院院长提出的要求；但这些要求在这个领地内，从未被承认为传统，而教堂所属的穷人“为了这件事一直与修道院院长争执不休”。大多数宣誓作证的人表示：“他们从来没有听说过，也不知道由教堂继承遗产的习俗，这种臆造的传统一直是有纠纷和争执的。”

甚至仲裁法官们和原告律师都宣布，关于教会继承遗产普遍遵守的古老传统和通常习惯已被修道院院长的证人否定，并仅仅被证实，近五十年来教堂曾在某些穷人身上运用过这种风俗，而且这是一种异乎寻常的习俗；根据皇室的、自然的、宗教的、世俗的一切法律形式来衡量这种继承遗产的习俗，即便它是古老的传统，也是违反法律形式的。甚至顺从了修道院院长们处理新近继承遗产方式的那些穷人——依照证人的证词——“既不乐于听到、也不愿意有这种习俗”。凡是使穷人“在继承遗产问题上厌烦、不堪忍受
39 和难以容忍的,也就是对理性、法律和地方普通风俗的违背”。

甚至修道院院长的辩护士也对此不加反驳。但是,修道院院长本人却就地方风俗这一点提出申诉,并说:有一次他把邻近贵族中几位出类拔萃的明智人士和乌耳姆城以及其他城市的几位委员邀集到奥克森豪森。这些人竭力鼓动教堂所属的穷人,说他们愿意像其他佃农按地方法律住在教堂后面的教堂的田地上;然后他这位修道院院长愿意把继承遗产的传统留给他们。可是教堂的佃农们拒绝了。他们宣称,他们愿意像他们二三百年以来世代相传的那样,保持教堂的传统。这种有关田产的传统对于教堂是有害无益的。如果在奥克森豪森也依照地方习惯那样,教堂就会每年增收一千多镑赫勒地租而变得更加富有。如果穷人在这方面愿意和应该享有教堂的传统,并根据教堂传统保持租地和小额地租,那么教堂在继承遗产问题上保持传统也是公平合理的。因为谁想在契约或交易的这一方面享受利益,就必须在另一方面付出代价。继承遗产的古老传统非此莫属。这种继承遗产的传统既非臆造虚构而来,也非暴力的产物,而是二三百年来令人赞美地留传至今,因此它没有违反法律,反而成了法律,因为这种古老的传统是为一切法律所承认。

于是,他向法庭提出了教堂的一些原始记事录和赋予教堂某些特权的文献。他说,这些记载都是一百多年间历任修道院院长亲手写到古老的记事录上的。法院的法官们一向凭着这些记事

录和文书档案办事，皇帝和教皇也确认教堂的这些权利和古老习俗。

对此，修道院院长遭到了反驳：这些记事录并未盖印加封，每个修道院院长都可按其意愿与喜好随心所欲地加以记载。因此它们在法律上没有任何价值。谁也不能把非法的传统确认为法律；无论是教皇还是皇帝都没有权力批准或颁布违反法律的习俗与特权。在那次贵族会议上，修道院院长企图强行确定租地，穷人们据理拒绝了他的建议；因为修道院院长自己也承认，如果依照传统，40
修道院的农民每一块土地只交付一马耳特黑麦作为地租就够了，如果他们接受修道院院长建议的地方法律，那么，同样一块土地就得交付十马耳特黑麦。

为了证明其继承遗产的要求为合法，修道院院长激昂地援引和提出了他的几位前任院长记录下的条款。正是这些条款和他自己的发言证实了修道院院长在征收干草什一税上的要求，他对采伐修道院园林里的建筑用材和柴火而征收捐税的要求，都是与传统习俗和他自己援引的条文背道而驰的；同样，也证实了他以往一味以暴力来霸占各种遗产。

法庭最后裁决：修道院院长可以向上帝和圣徒们作一次庄严的宣誓，说明关于遗产继承的这些问题乃是教堂的权利和传统。他的两名官员和修道院住持应该继他之后宣誓，称修道院院长的誓言是“纯正的”，不是“不纯正的”；他应当享有这份遗产，而原告丁克穆特进行控告亦是无可非议的。如果修道院院长或者他的官员们不宣誓，就依法办理。

根据当时的法律原则，这样一宣誓就具有法律效力。

修道院院长同意宣誓。但是丁克穆特和他的律师也许是看到了肯普滕侯爵修道院院长及其所属人员在宣誓问题上有过前车之鉴，对这一判决表示不服而提出上诉。为了严格地遵循法律程序上诉，他们要求取得诉讼的案卷。

这次诉讼，在教堂农奴对待修道院院长的态度上是有影响的。他们坚持他们的古老传统和权利。他们只负担自古相传的义务，拒绝一切他们确信不应负担的、新的徭役。正如修道院院长向士瓦本联盟所控诉的那样，他们背着他，不经他的同意就在夜晚集会，相互约定并联合一致，就连迄今他们对他和他之前的上层僧侣承担过的劳役和其他义务，今后也不再对教堂履行。修道院院长控诉说，他们甚至通知他，如果教堂执事有反对行动，他们就披坚执锐地武装起来，尽其所能地反抗他。

有些地方教堂执事们想用暴力强行索取他们主人所要求的东西，教堂农奴就一再拿起武器进入戒备，齐心协力地驱逐他们。修道院院长指控农奴们对他抱着亵渎不敬和憎恶的态度。他以联盟成员身份恳求士瓦本联盟给予援助，以对付教堂农奴的威胁性的
41 武装联合；他告诫联盟应以联合的力量给予他武力援助，来对付这帮穷人，惩罚他们的反叛和桀骜不驯，使他们重新唯命是听。

联盟首领耶尔格·冯·弗赖贝格向各联盟成员召集军队，一支贵族和上层僧侣的庞大步兵和骑兵队向着修道院院长那里开去。

但是，“当乌耳姆和梅明根两城的谨慎、可敬、明智的市长和市政委员们察觉骚乱行动的时候，为防止因此可能产生的更大仇恨、暴动和恶果”，他们表示要委派最干练、最受农民欢迎的调停人为

全权代表到双方去，其任务是尽一切可能努力做到制止人们正在对穷人采取的惩罚和行动，促使双方和解，达成协议。

代表们终于使农民确信，他们的力量是不能对付联盟的力量的，如果他们一定要等待法律手续解决，那就要花很大的精力、费用、损失，并必然由此而产生不利和不快。为了永远消除农民和教堂之间的一切误解，农民们不应固执己见，而应同他们的修道院院长达成协议，根据协议选择六名德高望重的人担任裁判法官以达成和解；双方必须接受裁决，不得上诉。裁判法庭的主席团应有三名联盟法官。

这些调停人必定对农民许下了最好的诺言，使农民们接受了这个建议。他们也必定对修道院院长及其住持指出了事态的严重性；乌耳姆人曾率直地向他阐明："只有减轻负担，才能消除误解。"因此，修道院院长也只好同意调停建议。

裁判法庭选举出来了。修道院院长委任他的一个住持和两个执事参加；穷人们由民间选出三个德高望重的人士。于是法庭作出裁决。为了挽回威信，责成农民接受以下几点：首先，所有参加反叛的教堂农奴，在放下武器后，脱帽脱鞋，向修道院院长屈膝下跪，请求他宽恕他们的桀骜不驯，同时向他声明，他们过去不懂得不服从就是犯法，并应恭顺地恳求他今后仍做他们仁慈的主人。

其次，他们应当重新向修道院院长宣誓效忠。

第三，他们应缴纳费用三百古尔盾，但因反叛而受的一切惩罚 42
则应由联盟予以免除；只有当他们不接受协议或不遵守协议时，联盟才对他们进行惩处。

第四，他们应当解散相互承担义务的结盟，并应宣誓永远不再谋反或互订誓约以反抗修道院院长和教堂，也不再采取任何方式和方法反对他们。双方的一切不和、不满和不友好都应当消除，所有一切都应取得和解、宽容，双方都应宣誓遵守协议书，在协议书中裁判法官们“认真细致地，以新的体制和形式规定了双方的义务和权利。”

修道院院长、他的住持和官员们都对此举手宣誓并作出诺言。反叛的教堂农奴光头赤足，缴出武器，跪拜于修道院院长面前，一切都按规定方式办理了。修道院院长表示了他仁慈的宽恕。

这些都有利于修道院院长。但依事件本身而言，特别在申诉的主要各点上，却是教堂农奴们赢得了胜利。修道院院长迄今提出的、与传统习俗相抵触的一切要求全部落空，只有一点例外，即教堂农奴仍然要缴纳什一税，保留这一项是因为它存在的年代太久了。但修道院百年来阴谋猎取的遗产继承权，如今却永远丧失了。

第七章　布鲁赫莱茵境内温特尔格罗姆巴赫的鞋会

在执事并非都是信奉新教的那些主教辖区里，许多执事甚至天天像富人那样过着荣华富贵的生活；在施佩耶尔主教辖区尤为显著。僧侣阶级的辩护士曾叙述并以文献证明了，施佩耶尔主教马蒂亚斯如何肆无忌惮地与城市市民和皇帝陛下大开冠冕堂皇的玩笑。这个玩笑的对象是一条人命，一个无辜者的生命，此人经皇帝推荐，并被市民们称之为充任大教堂牧师空缺职务的最受人尊敬的人。这里是受马蒂亚斯的继任者路德维希·黑尔姆施泰特管辖的施佩耶尔主教辖区，也是亚尔萨斯秘密鞋会开展活动初露头角的地方。

在布鲁赫莱茵境内的温特尔格罗姆马赫，首先在属于施佩耶 43
尔主教辖区的布鲁赫扎尔，一些勇士着手从僧侣阶级和贵族的压迫下解放他们的同胞。还在1502年，施佩耶尔宫廷已在老百姓中掌握了一个新的、危害贵族的运动的踪迹和情报。但是，当局的注意使鞋会谨慎起来，政府再次失去有关鞋会的线索。

然而谋反者却愈益满怀信心地继续从事秘密活动。不久就有七千多人宣誓入会，约有四百名妇女也暗知鞋会的活动。谋反的联络网伸展到了莱茵河流域上游、中游、下游以及美因河与内卡河流域的所有地区。这并非一个局部运动，而是要把整个帝国的老百姓都逐步卷进来的范围广阔的运动：目的是推翻教会贵族和世俗贵族。

他们用以互相识别的口令已经把目的说得很清楚。一个人问："喂，怎么回事？"对方以相应的韵脚回答："有教士和贵族，就没有我们的活路！"他们的主要信条是：摆脱农奴制的一切桎梏，像瑞士人一样用利剑来解放自己，没收教会财产，分给人民，除罗马皇帝而外，不承认任何其他君主。

入会要通过宗教仪式，入会者必须跪着祈祷五遍主祷文和五遍万福玛利亚，作为会员还必须每天这样做。这是一种无论何时都有利于政治运动的宗教伪装，同时对散居各地的会员也是一种不致引起任何人怀疑注目的识别记号。

加入鞋会

每个人还有义务，尽力加强鞋会并在自己周围扩大鞋会。经过议定的条款规定不再向诸侯、贵族和教士缴纳息金或什一税，不再缴纳关税和赋税；像上帝为大家创造的一切一样，猎、渔、牧、林也应对大家开放，自由经营；除了保留少数修道院外，所有修道院和教堂财产都应没收与分配；这些条款必须把各地备受重压而劳动四分之一时间的成果不能归属自己的老百姓吸引到自己方面来。

在该城多半市民的赞同下，首先应当袭击和占领布鲁赫扎尔

城，借以作为运动的临时中心。然后，大队人马应毫不迟疑地向巴 44
登侯爵领地进军，随后应持续不断地向前推进，在任何地方的停留都不应超过二十四小时，直到全国都纳入同盟，使原始的自由和上帝的公道在世上得以实现；他们希望帝国的所有市民和农民都自愿地、出于对自由的热爱而倒向他们。

“上帝的公道至上！”也是他们鞋会旗帜上的题词。旗帜的颜
色半白半蓝，中间的画像是受难的耶稣基督在圣格奥尔格面前显 45
圣，在十字架前，画了一个跪着的农民和一只大农民鞋，周围写着上述题词。

首领们审慎地把那些必然会把鞋会的事业看作自己的事业的村落和小城拉入鞋会。然而，计划在实施之前被人泄露了。亚尔萨斯的同盟经过周密考虑曾确定一条禁止忏悔的条例。结果正是由于忏悔，使计划破产了。一个名叫卢卡斯·拉普的谋反者，在做忏悔时向一个牧师泄露了天机，这个牧师就将此事告知了各地施政当局。于是，所有教会的、世俗的诸侯、领主们，甚至担心运动会同瑞士人建立紧密联系的士瓦本联盟，都赶忙采取措施。

迄今，德意志帝国和帝位的基础仍然是脆弱或腐朽的；一个新的、更加宏伟的帝国的基础只有在老百姓的自由中，在德意志民族的、直接的统一中才能形成。

马克西米利安是出身于哈布斯堡家族的罗马国王，由于在他属下的尼德兰和瑞士发生的那些事件使他对任何人民运动心怀不满。而今当他有机会去实现他年轻时成为人民的国王的愿望时，他却把它忘得一干二净。而今他既不关心人民痛痒，也不消除农民疾苦，更不依靠他们对其政权的爱戴与支持，相反，当他得悉人

盟农民谋反的最初消息时，就命令对他们施以最残酷的迫害和惩罚。凡宣誓入盟而达到法定年龄的，其全部财产应一律没收；如果他有妻子或儿女，应把他们驱逐出境；至于他本人，一旦被抓住，就该活活肢解，而对运动的首领和联络人，则要绑在马尾上受到四马分尸的惩罚。

诸侯、领主和各城市的代表，在得悉老百姓威胁性运动的最初通报后，都赶到施勒特施塔特集会，在为时三天的会议上他们商讨了共同对策。与会者中有：皇帝陛下的顾问，法耳次伯爵的使节，主教和斯特拉斯堡城的使节，符腾堡公爵的使节，哈瑙、比奇、拉波尔施泰因等地伯爵的使节以及科尔马和其他城市及领主们的使节，在这些地区内，运动本身就有分支组织，或者诸侯、领主们有理由对运动感到惊恐。

但是，诸侯和领主们的军队按照决议侵入农民联盟的主要驻地之前，农民联盟中最优秀的成员得以趁机逃走了。由于长期抵抗的谋略尚未准备成熟，要进行战斗是毫无成效的。因此，大多数农民首领逃亡，因而有幸获救。只有一些一般的参与者在村里被军队逮捕，经严刑拷打后被送上刑场。但被处以死刑的只是少数；马克西米利安的血腥镇压的命令是无法完全实施的。倘若诸侯和领主们按照他的命令处死所有的参与者，那他们就等于毁了自己，因为许多村庄的全体农民都宣誓入会了。结果，只有少数人受刑致残，其他人处以罚金。然而，谋反本身是相当周密的，所以据说许多秘密领导人有一部分安然留在本地，也有一部分虽然逃亡，但他们甚至在皇帝统治的各邦内和曾在施勒特施塔特集会的那些诸侯贵族的辖区内，隐姓埋名，长年不受惊扰地找到住所，甚至找到职业。

第八章　勒亨的鞋会

布鲁赫莱茵的鞋会受到打击瓦解之后，农民中好几年像死一 46
样沉寂。然而这并非因为农民已经失去勇气或是对事业表示绝望，而是因为他们想使领主们感到忧患已绝。他们的思想和他们的处境一样照旧未变。多数逃亡者前往自由的瑞士，很多人来到黑森林进入布莱斯部[①]和符腾堡地区。他们处处有朋友，处处赢得朋友，无论走到哪里，他们发现同样的贫困、同样渴望变革。早在 1503 年，布鲁赫莱茵的鞋会就已深入到符腾堡的心脏地区。1514 年，“穷康拉德”的一个被俘者供称，他们在乡村的结义早在十一年前就已开始，最初称为鞋会。

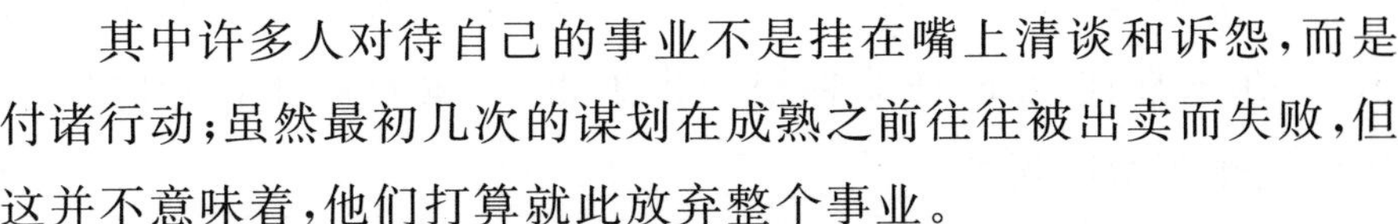

其中许多人对待自己的事业不是挂在嘴上清谈和诉怨，而是付诸行动；虽然最初几次的谋划在成熟之前往往被出卖而失败，但这并不意味着，他们打算就此放弃整个事业。

他们当中的约斯·弗里茨，在温特尔格罗姆巴赫出生并定居，是当地鞋会的“真正发起人”之一。他也是在逃遁中得以躲避监
禁，免于惨死在刽子手的屠刀之下，多年来他隐姓埋名流落在德国 47
南部，但纵然在放逐和逃亡中，他也从未丧失意志和希望。谁要是有明确的目的，谁就会具有坚强不屈的毅力，就会在遭到哪怕是十

① 今德国西南角与法国、瑞士接壤地区。——译者

次失败以后，还会在第十一次鼓足勇气和希望去从事他的事业。约斯·弗里茨也就是这样始终念念不忘他首次失败的计划，在远方流落；可是他认为在尚未出现适当的时机、地点、志同道合者之前，他懂得要使他的思想秘而不宣。

他生来有一副令人喜欢的仪表，这仪表又因他善于选择服装而颇为增色。他有时穿黑色的法国式上衣和白色长裤，有时穿红黄两色，有时又穿灰色和绿色的衣服。他的举止仪态在老百姓面前也很显著突出。他当过兵、打过仗，因此又具有一个军人的风度与威严。此外，他具有雄辩、乔装和其他一些不知不觉地掌握人心的才能。他善于激起失去信念者的信念和希望，激起胆怯者的勇气和信心，懂得使他的谈话适合任何与之交谈者的性格，对一些人从生活处境方面，对另一些人则从宗教方面来争取他们赞成他的思想。为了使其断了线的计划再次在各地连结成一个新的网，他不是数周或数月，而是长年不辞辛劳地工作着。

他在湖滨，在伦茨基尔希，在他与埃尔泽·施密德结婚的施托卡赫，在黑森林里外，在菲林根和霍尔布，都要轮流作较长时期的居住或作短暂的逗留。

大约在 1512 年前后，他来到布莱斯部的弗赖堡附近，定居于离附近城市一小时路程的勒亨村，该村属于贵族巴尔塔扎尔·冯·布卢默内克。在这里他甚至设法谋得一项土地看守人的职务。他感到这里的天时地利都不错。

当他在酒店里或在茅屋前同老乡们交谈的时候，最初他只是一般地对当时的伤风败俗和处境恶化表示不满。这个走过许多遥远地方的土地看守人约斯·弗里茨新近来到这里，贫苦农民们并肩围坐在他身边，倾听他的讲话，他善于口述，讲了为人正直和对上帝的虔诚在世上越来越少，而亵渎上帝、重利盘剥、奸淫酗酒和各种各样的罪恶行径都在显著地有增无已，官厅方面对此视而不见，不予惩处。接着他把话题从宗教道德方面转到政治上，开始他 48
只是悄悄地揭露穷人受着统治阶级苛刻的深重压迫，如果继续这样下去，终究要出现严重的结局，那时穷人也只能听天由命了。他对于统治阶级在许多方面的犯罪都给予谴责。由于他只是率直地说出了每个农民感到切肤之痛的事实，又由于农民们感到、也看到，对他所谴责和要予以消除的那些事情而说的那些话不但是完全正确的，而且也是出自肺腑的。因此，他们不只是全神贯注地端详着他，并且也同他心心相印。凡是没有失却勇气、又没有失去对自己处境的感觉的人，都必然会和他共鸣。

他善于以极大的机智把他所追求的危险目的隐蔽起来。他经常不断地谈论的无非是处境的逼迫和时代的恶劣。他只是在摸清了土壤、把它翻松和平整之后，才把他谋划的种子一粒一粒地细心播种下去。当他活生生地看到他们已经意识到自己的贫困，并对他已经充满信任的时候，他才和盘托出：只要他们能对他发誓保密，他就愿意告诉他们一些对他们有利的、有好处的事情。

嗣后，他就与每个人按其不同特点个别交谈，如果一个比较胆小怕事的人问他所要发誓保密的事是否光明正大，倘若不是，他就不愿沾边，约斯就如调查案卷所载，“真诚地”对他说话，“说得那么迷人，简直能使每个人都觉得马上可以变得幸福富有起来”，“就像是受到魔鬼的驱使”。他说，他愿意告诉他们他所要说的是一件光明正大的事，无论是对他还是对许多虔诚的人来说都是一件光明正大的事业，是一件神圣、合理而正义的事业。如果这个农民发誓保密，他就陈述他关于把一切被压迫者结成一个团体的思想，并说已有许多人与他结成了一个团体，如果这个参与者还不愿下决心，约斯就向他保证他们要做的，不是别的，而仅仅是圣经中所包含的、对他们自身也是神圣的、公平的和正义的事情罢了。他讲过之后就走开了，先让他们各自抉择。

在一条从勒亨通向蒙登霍夫的公路地区，沿着德赖扎姆河对岸的一片森林，有一片幽静的草地，这里叫哈特马特。约斯约请了一些人来到这里秘密聚会，他选定从傍晚到黑夜这段时间聚会。在这里，他说，要想过好日子，今后就不能再有领主。除了上帝、皇帝和教皇之外根本不需要任何其他领主，每个人都应由他所在地的法官来受理有关债务，而无需到处奔波、长途跋涉。因此必须取
49 消罗特魏耳帝国法庭，教会法庭只可处理宗教事务。牧师薪俸的混乱情况也必须整顿，任何享有双份或三份薪俸者只给留下一份，其余份额需拨给没有薪俸的人。他们负担赋税和关税也是不公平的。领主间无休止的争斗使人民遭受灾难，因此必须在整个基督教世界实现持久和平，而每个老百姓都必须重新获得他古老的、原有的自由，森林、牧场、水源和猎场必须为大家共用。教堂和修道院的多余财物必须用来救济贫民。

与会者对此都感到满意，因为来到哈特马特的人都是些穷人、农奴、破落户或满腹牢骚的人。但是，当他向他们建议组织一个新的鞋会是实现这个思想的唯一手段时，有些人对此顾虑重重。他们请教当地牧师约翰内斯长老，问他对于约斯建议的鞋会有何看法。但是约翰内斯先生早已同约斯有默契，因此对他的忏悔者说：

约斯·弗里茨在哈特马特对密谋者讲话

“这是神圣的事情，正义可因此获得伸张；这是主所希望的，在圣经中也可以看到必须伸张正义的话。”首批加入约斯组织的鞋会的勒亨农民有：奥古斯廷·恩德林、基利安·迈尔、汉斯·弗罗伊德尔、汉斯·海茨、卡里乌斯·海茨、彼得·施蒂布林和雅各布·豪泽尔，其中特别是汉斯·胡梅尔，他是生于符腾堡公国斯图加特附近福伊尔巴赫的一个裁缝，多年来居住在亚尔萨斯和布莱斯部。约斯的首批信徒们在他们各自的地区内，与志同道合的人在家里、田间、酒店里和教堂庆典上集会时继续为鞋会发展会员。一个名叫希罗尼穆斯的人，他是用约斯·弗里茨的名义在勒亨从事鞋会活动最积极、最能干的人；和约斯本人一样，他也是一个外地人，一个来自阿迪杰地区[①]的面包坊工役，如今在勒亨的磨坊里做工。他走遍了许多国家，而且是一个机敏的演说家。

50

这些信徒善于用自己的方式，把他们相识的人争取过来，共同进行密谋活动。他们先是一般地对新参加的人做些思想工作，然后引荐他们去见约斯，以便从他那里更深刻地了解他们的事业。约斯则亲自向他们说明，应当怎样通过鞋会来支持正义，夺取神圣的墓地。他所说的神圣的墓地，其中正埋藏着人民的自由。为了

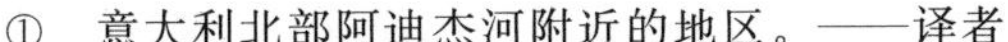

① 意大利北部阿迪杰河附近的地区。——译者

使胆怯的人鼓起勇气，谋反者们告诉这些人，“鞋会”已经在各个阶层和各个地区有了很多分支组织，贵族和非贵族、教士、市民和农民都已纷纷加入，它一直向北扩展到科隆。

鞋会的分支组织之所以能遍及各地，不是完全没有原因的。约斯·弗里茨在带着他的计划来到勒亨之前的几年间，早在莱茵河两岸、黑森林、巴登侯爵领地和符腾堡公国的广阔地区重新捡起了施佩耶尔骚动时的旧线索，并把它联成新的线网。

同他保持紧密团结以扩大这个秘密组织的另一个领导人物，是一个时而叫费尔特林、时而称弗赖堡的施托费尔的人。他经常住在瓦尔德基尔希城郊离修道院代理院长住宅不远的一家旅店内。他化装成一个骑士，穿戴各种各样衣帽，他那件黑天鹅绒里的白色大衣使他特别显眼，便帽上有一银色线条，骑一匹白色骏马巡回各地，周游莱茵河上游、金齐希山谷、黑森林，沿着多瑙河直到士瓦本的埃因根，特别是埃因根，是他常到的地方。

就这样，他们两人逐渐在远近各地结成一党，成员之间相互的
51 关系作了十分巧妙的安排，每个人只知道他周围最接近的一些人的姓名。由于他们所处的环境，他们甚至并不排斥利用职业乞丐或流浪者做来往传递信息的人、中间人和助手，并准备在发难时派这些人担当特殊而危险的任务。当时这个人数异常众多的庶民阶层仿佛专门游历全国各地并且通行无阻，他们成了一种公认的行业，有自己选出来的特别首领和头目。约斯和施托费尔同这些乞丐头领建立联系，头领们就向他们提供乞丐队伍。

乞丐头领们总共获得两千古尔盾的报酬，只要他们按规定时刻在侯爵领地、在布莱斯郜和亚尔萨斯放火，在亚尔萨斯—查伯尔区的年市节或教堂庆典那天，至少派两千人到罗森城来，以便夺取该城。约斯充作城郊旅店主人的车夫，店主的儿子与仆役都已加入鞋会；城里则有曾任过法兰西王国上尉的格奥尔格·施奈德，还有维尔弗伦·泽尔策、保罗·施普林格。预定在那一天由这三个人指挥那些乞丐，由于那天可能有许多老百姓到查伯尔区去，又可能有许多市民预先等待着他们，起义想必会成功的。

可是，乞丐在此举中只起一种极其次要的作用。两位领导人安排在各地区的助手们则起着异乎寻常的作用。他们随时把本地区的情况，已经吸收了多少人入会等等报告给约斯和施托费尔，他们两人应允每一个助手，每吸收一个新成员，就可以得到一笔厚金。约斯和施托费尔来往驰骋，亲自视察助手们的工作，检阅全体成员。检阅多半在夜间进行。幸好旅店主人也被吸收参加秘密组织，而他们的房舍则可用作联络和聚会的地点。

一些贵族也加入了鞋会。除了勒亨的牧师以外，特别可以提出的有：尼德欣贝尔根的雅各布·贝格尔斯先生，埃根茨施魏勒尔的托马斯·维尔特，他曾在法国当过上尉，还有斯特凡，是离布雷滕不远的德丁根的一位贵族，住在最不起眼的小宫殿里，他同布雷滕的约斯——法耳次的一位士兵，即约斯·弗里茨的亲密心腹——在德丁根修道院附近的旅店里——克勒-费尔滕的住处——聚会。

调查证实，他的组织遍布亚尔萨斯全境、布莱斯部、侯爵领地、
黑森林、上士瓦本、上克莱希部（首府布雷滕）、下克莱希部或布鲁 52
赫莱茵（首府布鲁赫扎尔）等地，它还毋庸置疑地一直向北伸展到莱茵河中游。在符腾堡公国，他的组织主要分布在查伯尔部和雷

姆斯河谷。

夜间集会时常在偏僻的旅店里或者在这些旅店附近举行。参加的人有时只是一些助手，有时是新入会的全体成员，地点在亚尔萨斯的中贝格海姆，有时在小修道院附近的克尼比斯山上，有时在哈斯拉赫附近的森林中。各种教堂庆典和集市也都是鞋会各地区组织的集会日。

约斯制定了一种独特的标记，凡是他的人都可以从这种标记上互相认出来。标记形如拉丁字母 H，他们都把这种用黑布做的标记嵌在一块小盾形红布上，缝在上衣的胸前。其他会员不佩戴这种标记，却在右臂衣袖上缀有三个十字形图案。他们也还有彼此相遇打招呼的暗语。在哈特马特山的一次集会上，约斯曾给他们解释这样一种暗语是非常必要的。当时也谈到重新采用施佩耶尔主教辖区第一个“鞋会”所用过的暗语，只更换几个字，即一方发问：“上帝祝福你，伙计，你的情况怎样？”对方回答：“穷人在这个世界上再也没有活路了。”也有建议以“圣耶尔格”为暗语的。然而上述两种建议都未采纳。约斯想出了一个新的暗语，但是这个暗语显然只能在起义前不久才能通知大家，起初只是在较小范围内传播，因此十分秘密，最后却失传了。甚至严刑拷打都不能逼迫后来被捕的人说出这个暗语来。基利安·迈尔在受尽折磨时承认过他们曾有过暗语，但是他一口咬定“这个暗语究竟是什么，已经从他的记忆中消失，忘得一干二净”。这样，他便救了很多盟友，因为这种暗语在以往的追捕迫害中曾使许多人落入陷阱。

在哈特马特山上经过多次聚会和商讨，产生了鞋会的条款，在这些条款中简要地总结了约斯以前陈述过的内容：

“第一，除了上帝、皇帝和教皇以外，不应承认任何其他君主；第二，任何人不受他居住地以外的法庭管辖；取消罗特魏耳帝国法庭，教会法庭只应过问宗教事务；第三，凡是所付息金已经和本金 53
数目相等应予豁免，息金券和债务应予以销毁；第四，利率超过百分之五的，应当根据神圣的法律所规定与指令去处理；第五，捕鱼、捕鸟应予自由，木材、森林和牧场应予开放，贫富一视同仁；第六，僧侣每人只限领一份薪俸；第七，修道院和寺院的数目应有限制，其多余财产应予没收并用作‘鞋会’的军费；第八，一切不公平的赋税和关税应予废除；第九，在整个基督教世界应实现持久和平，谁持异议就刺死他，但是谁坚决要打仗，就发给他军饷，派他去攻打土耳其人和不信上帝的人；第十，拥护‘鞋会’者，保护其生命和财产，反对‘鞋会’者应受惩罚；第十一，‘鞋会’应夺取一个完好的城市或要塞作为起义的中心和据点；第十二，会员应交纳会费作为实施计划的资金；第十三，一俟‘鞋会’的队伍集结起来，就应把计划呈报皇帝陛下；第十四，如果皇帝陛下不予接受，就请求瑞士联邦与之联合并给以支援。”

这就是“鞋会”的各项条款，是从各个证人的证词中得来的。

看来“鞋会”中总还是有些人对条款和计划发生疑虑。因为在哈特马特山上的一次集会上，约斯·弗里茨不得不起来维护这些条款，并援引圣经来阐述它们，把这一切书写出来，然后读给他们听，使他们看到他所要担负和从事的不是别的，而是神圣的、合理的、公平的事。当时，那个面包坊工役希罗尼穆斯敏捷而热情地对他表示支持。所有与会者终于都由基利安·迈尔带领宣誓加入了“鞋会”。依照誓约，他们保证严守秘密、团结一致，任何人不得背

弃其他人。

制定一面“鞋会”的旗帜再度在这里获得极端的重视。据说，“他们认为，虽然他们的人数起初并不多，一旦他们把小旗飘扬起来，所有的穷人都将归附他们。”因此他们要排除万难，制作这样一面意义重大的旗帜。

加入鞋会的人穷得不名一文，费了好大劲才凑齐制作这面会旗的钱。约斯筹集了款项之后，就十分谨慎地迅速定制旗帜。他挑选了一个家在僻远地区的农民，这个农民作过入会宣誓，在弗赖堡和附近一带没有人认识他，他被派往弗赖堡城去找画家弗里德
54 里希，请他画一面有鞋会标志的小旗。岂知画家立即把这件事向市政会告发了。但是由于这个农民已经逃走，而且没有人认识他，不知他是谁，也不知他来自何处，所以一直无从获悉什么地方要燃起“这种凶恶的火焰”。此刻，弗赖堡市政会无法进一步追究，它只能把这件事暗中告知周围的人，以便引起足够的重视，同时把全城置于警戒之中，到处发布密令，追查这一事件。

首次定制小旗的尝试失败之后，约斯亲自进行第二次尝试。弗赖堡的另一个艺术家，就是画家特奥多西乌斯，其时正在画勒亨的教堂。一天晚上，约斯偕同勒亨的老地方官汉斯·恩德林和基利安·迈尔去找他，他们兴高采烈地多次相互敬酒之后，约斯就向这位画家说有一位外地朋友极想托人画一面小旗，问他意见怎样，是否愿意干。画家请他说明要在小旗上画什么，他们就对他说：一只农民鞋。画家大惊，回答说，即使把全世界的财富给他，他也不肯为他们画这样一面小旗。约斯和他同去的人并未继续逼他，不过警告他说：他们彼此交谈的内容除了天地知晓，不得对任何人公

开，如果他泄露了这个秘密，他必然要遭难。老地方官也提醒他，他应像他曾经对城市宣誓过的那样保持缄默。画家深为忧虑和惊恐，他生怕勒亨的人以此为借口扣留他为教堂工作应得的报酬，就没有声张这件事。

约斯·弗里茨充分估计到，如果他在距起事地点这么近的地方进行第三次尝试是非常危险的。小旗所需的绸料已经购妥并且缝制好了，这是一面蓝色的旗帜，上面嵌着一个白色十字架，看到它的人都感到高兴；可是许多人认为应当去掉白色十字架，画上一只鹰，他们觉得仅仅有了旗帜还不够，应当把它再描绘一番，画上

约斯·弗里茨在海尔布隆的画家那里

一些意味深长的象征，这些象征在他们看来具有神魔般的魅力。约斯凭经验清楚地知道，士兵们是如何虔诚和盲目地崇拜军旗上的守护神呀，他希望他的“鞋会”旗帜也能对老百姓产生同样效果。他本来正要再次旅行到士瓦本去，他就利用这次机会做了一次有幸成功的、新的尝试。

55 他在内卡河畔的帝国直辖市海尔布隆找到一个画家，提出了他的请求。他以瑞士人的风格和语言，编了一套话，坦率地对画家说：他参加过一次大会战，在危险的战斗中许过愿，如果他有幸脱险，将到亚琛去朝圣，并且带一面小旗去献给亲爱的圣母。接着，他就请求画家为他画这样一面小旗，旗上画一幅耶稣钉在十字架上的像，两旁是亲爱的圣母像和施洗礼者圣约翰尼斯的像，底下画一只农民鞋。这位海尔布隆画家听到最后一句话时也愣住了，
56 问他到底是什么意思。约斯装作很天真的样子，说他是一个鞋匠的儿子，父亲在瑞士的施泰因经商，谁都知道，他父亲的招牌上画着一只农民鞋。因此，为了使人们知道这面小旗是从他父亲那里来的，他要把他父亲的标志画在上面。这番坦率的话居然骗过了画家。画家按照约斯的要求画了起来，很快就把小旗画成了。

在小旗上可以看到受难的基督，十字架旁是圣母玛利亚和施洗礼者圣约翰，还有教皇和皇帝，在十字架下面跪着一个农民，身旁放着一只农民鞋，整个旗面上排着一圈字：“上帝保佑神圣的正义事业！”

约斯高高兴兴地把这面费了他很多时间和精力才得到的鞋会旗帜藏在胸巾下面，急忙赶回勒亨。可是在他赶到之前，鞋会已经

被出卖而溃散了。

约斯在出发前，曾把一切事宜部署就绪，以便回来之后能够立即着手行动。按照他的命令，两名助手，其中特别是勒亨的吉尔克要前往西蒙斯森林，旨在发动盟友准备起义，并要求新旧盟友来增援。约斯决定在10月9日宾根教堂庆典那天，举行一次大的集会，就最后的措施作出定夺；特别是先突袭哪一个城市，是弗赖堡、布赖扎赫还是恩丁根。在亚尔萨斯的人得到命令，只要布莱斯部一开始行动，马上在布尔克海姆渡过莱茵河前进，"鞋会"的旗帜将在莱茵河沿岸飘扬。乞丐头领们也得到新的明确指示。乞丐们必须比以往更频繁地在各城市的旅店、城楼和城门岗哨等处进行侦察，并把侦察所得的准确情报送到勒亨。至于勒亨的谋反者则应在弗赖堡设法建立一个活动据点，从每个行会中吸收一至两人，然后让这些人在各行会中再发展新会员。约斯甚至考虑到，如果起义行动失败，或者事情在起义前败露，致使"鞋会"成员不得不彼此逃散，在这种情况下，就应把"鞋会"旗帜安放在勒亨的老地方官宅后，等待有利时机；而到了可以重新举起旗帜的那天，每个人都能知道到哪里去找到它。然而约斯一走，"鞋会"便群龙无首了。

他们为"鞋会"吸收会员的办法极其笨拙。在他们看来，起义 57
迫在眉睫，似乎一切小心谨慎都是多余的。在离弗赖堡不到半英里的大道上，三个"鞋会"成员吆喝一个正巧有事路过这里的农民，要挟这个农民当着他们对天发誓，要他保证对他们要和他谈的话或者要做的事严守秘密。这个农民不肯马上同意，他们就把他从大路上带到森林去，在向他做了他们的行动是正大光明的保证以

后，就极力迫使他向他们发誓保守秘密。他们于是告诉他说：因为老百姓贫穷而不得不忍饥挨饿，所以他们有些人，大约六七百人联合起来要建立“鞋会”，把富人，无论是教会的、还是世俗的富人，统统打倒；要在几天之内，首先占领弗赖堡城，在那里可望得到他们所缺乏的一切东西，为此，他应当对他们有所帮助。这个农民惊诧不已，并表示决不愿以自己的信誉对这种行动负责。这三个人正要用强力制服他，把他刺死，这时从大路远处传来马蹄声，他们只好把他放掉，自己钻进森林里去了。这个遭到袭击的农民一到家就向他的牧师忏悔他当天遭遇的事和被迫作出的不正当的事关重大的宣誓；他不知道自己该怎么办。牧师就把这一秘密告诉了弗赖堡帝国代表约翰内斯·凯萨总管。凯萨就警告式地向市政会宣布了这件事，但不肯说出牧师和农民的姓名。

市政会听了感到极度惊恐，即刻转陈侯爵，并恳求他敦促总管约翰内斯·凯萨告诉他们遭遇这样无理肆虐的农民是谁。此时，在“鞋会”内部也出现了两个叛徒，一个是沃尔芬魏勒的汉斯·曼茨，一个是沙尔施塔特城的米夏埃尔·豪泽尔。

后者入会时间不长，是经约斯·弗里茨一个比较亲近的朋友、门根的马特恩·魏因曼介绍加入鞋会的。米夏埃尔·豪泽尔除去知道起义和近几天将要做的事情以外，只认识很少数的鞋会成员，但他把他所知情况都透露给边区行政官巴登的菲利普侯爵。同时，汉斯·曼茨也把“鞋会”的全盘策划报告了侯爵。他是主要助手之一，“鞋会”的很大一部分分支组织，特别是亚尔萨斯和黑森林的分支组织，他是知道的。

侯爵迅即将他的揭发通知了弗赖堡市政会和恩吉斯海姆的帝

国政府[1]。还在 10 月 4 日深夜，汉斯·冯·舍瑙和布利克哈尔 58
特·兰德沙德已经越过莱茵河，把这个消息送往恩吉斯海姆。由弗赖堡派出一些急使策马驰往邻近各城去报警和传达指示。菲利普侯爵建议，首先应派人骑马赶上前往黑森林的两个人，即吉尔克和他的同伴，把他们当作重要人证加以拘捕。侯爵认为，他的边区的臣民，凡已查明参与谋反的，现在就予以逮捕是不妥当的，因为他担心这样做会打草惊蛇。第二天，诺因比格市政会从勒特恩获悉，根据弗赖堡的通知在那里逮捕了一个人，被捕者供称，在第二天，10 月 6 日早晨或者 7 日礼拜五夜间，农民们将在廷根、宾根或门根，也许同时在这三个地方集会，图谋发动事变。

弗赖堡市加强了城门、城楼和城墙上的守卫，并号召市民们武装起来。勒亨的谋反者及时得到风声，说是弗赖堡的“鞋会”成员已受到警告。首领约斯却一直没有回来；“鞋会”成员中那个最精干的蒂罗尔人希罗尼穆斯也同首领一样，为了“鞋会”的事业奔波在外。夜间，基利安·迈尔在哈特马特山上召集了勒亨的全体谋反者，与会者的心里充满恐惧、疑虑和沮丧。最后，他们一致同意完全放弃他们的行动，把它压抑下去。所有到会的人向基利安发出誓言，要对这里所采取的行动以及有关这一行动前前后后所讲的话绝对保守秘密。

其间，各地施政当局积极着手行动。它们企图在群众集会之前袭击最重要的谋反者。侯爵逮捕了门根的马特恩·魏因曼；二百名全副武装的市民半夜从弗赖堡出发攻进勒亨村，抓住了老地

① 指南亚尔萨斯和布莱斯部的奥地利哈布斯堡总督府。——译者

方官汉斯·恩德林和他的儿子、首领约斯·弗里茨的妻子埃尔泽和其他一些人，把他们押解到弗赖堡。第二天早晨，马克斯·施蒂德伦也被政府差役从蒙青根教堂里揪出来逮捕了。这些伙伴们一经被捕，其他参加“鞋会”的人都力图逃遁自救。他们纷纷逃往瑞士，其中有基利安·迈尔、雅各布·豪泽尔、奥古斯廷·恩德林和几乎所有“鞋会”中比较重要的人物。施托费尔完全失踪。约斯·弗里茨在逃亡途中再次露面，和蒂罗尔人希罗尼穆斯结伴同行。
59 他在最近一次外出准备起义的归途中，得悉他长期苦心经营的“鞋会”已被出卖并遭瓦解，因此急速逃往瑞士。奥古斯廷·恩德林、托马斯·米勒、基利安·迈尔和雅各布·豪泽尔在巴塞尔以北的塞文和他们会合。这些人最初曾逃到巴登，他们在这个城市听说他们的伙伴在塞文。约斯还把“鞋会”的旗子带在身上，基利安·迈尔在这里第一次见到这面旗。时至今日，约斯还是表现了他不屈不挠的意志。他长期的精心谋划刚刚遭到重大挫折，但他并没有绝望。他仍然相信能够战胜厄运，以夺取胜利。他小心地把“鞋会”旗帜围裹在胸前，作为他还没有丧失一切的标志。命运本身似乎也想增强他的这一信念。迄今他有幸多次化险为夷；而现在幸运没有离开他，也不愿遗弃他。

他们在塞文决定即日出发到苏黎世去。他们动身了，但在塞文和利斯塔尔[①]之间的田野上却被巴塞尔市政会的巡逻兵追上了，这些巡逻兵是由恩吉斯海姆帝国政府的通报被派来的。基利安·迈尔和旗手雅各布·豪泽尔被捕，约斯和其他人侥幸逃脱。

① 瑞士一城市，在巴塞尔的东南方。——译者

各地施政机关对待这些俘虏极为严酷，但是其中一部分人只认识少数共谋者，一部分人十分坚强，任何严刑拷打的折磨都未能使他们吐露出共谋者的姓名。马特恩·魏因曼在第二次受刑时只说了，马克斯·施蒂德伦曾信赖地对他说，格洛特塔尔的地方官和蒙青根的克勒维·耶克莱因以及凯泽施图尔山[①]附近和边区的许多人都卷进去了。但他始终坚持不肯说出他们的姓名；至于他说出马克斯·施蒂德伦，是因为他得知施蒂德伦已在弗赖堡被捕而无法获救了。正当“鞋会”成员一部分到处逃亡，一部分隐姓埋名、不知所向，特别是在弗赖堡人和侯爵无法对谋反案寻根究底的时候，在老地方官汉斯·恩德林(他因为画会旗的事现在刚受到画家特奥多西乌斯向弗赖堡市政会告密)什么也没有供认的时候，从巴塞尔传来了旗手雅各布·豪泽尔和基利安·迈尔被捕的消息。但是他们两人也只是笼统地道出“鞋会”的计划和活动，除了供出一些他们知道安全避居在国外的人，或是那些已被捕而又供认不讳的人如康拉德·布劳恩和齐里阿克·施蒂德伦等以外，没有供出
任何其他人的姓名。康斯坦茨的主教向弗赖堡人要求将勒亨的牧 60
师约翰内斯交由他进行宗教审查，必要时予以惩罚，因为由此很可能终于发现某些反对教会的行动和犯法的事。因此，只有少数人成为世俗领主复仇的牺牲品，这些人不得不忍受更重的惩罚。人们有意制造恐怖，因为周围各城市中的名门望族都对农民们感到“忧心忡忡”。马克斯·施蒂德伦早在10月间就在巴登魏勒被四马分尸；老地方官汉斯·恩德林父子在弗赖堡被处死；贝岑豪森的

① 莱茵河上游的山脉，它绵延到弗赖堡为止。——译者

康拉德·布劳恩和齐里阿克·施蒂德伦也同样惨遭死刑；马特恩·魏因曼和其他几个人被斩首；基利安·迈尔和雅各布·豪泽尔在巴塞尔被判处斧刑，但是“经犯人苦苦哀求，改为用剑刺死以示宽大”。对其余的人，则把他们宣誓过的手指的前关节砍去。

在亚尔萨斯，当局对于谋反的分支组织知道得比较详细，那里许多人被处以死刑，致使民间流传这样一种说法：血流够了，皇帝陛下命令，不得再拘捕鞋会成员，已被拘捕的，则不得处以体罚或死刑，而应首先奏呈皇帝陛下。可是亚尔萨斯的帝国总督和各市政会公开宣称，这个谣言是由“鞋会”和谋反者的党羽为了他们自身的利益制造和散布的，于是他们宣布，皇帝陛下的旨意恰恰是要对每一个这样的坏人依法从严惩处，因为他们卑鄙地要根除官厅和他们天然的主人，而又没有任何正当的理由，只是想推卸合理的职责，并且想对任何人都不做应做的事或不缴应缴的东西。由于这种无法无天的和不正当的活动，皇帝陛下崇高而威严地发出谕旨，在任何领地、官厅、法院和地区，凡发现一名或数名“鞋会”成员进入上述地区的，都应予以拘捕、严加拷问，然后送交法庭，根据供词控诉，并依法从严处以体罚或死刑，不论是谁，一概不得宽恕。

追捕逃亡的鞋会首领又疯狂地开始了。帝国顾问鲁道夫·冯·布卢默内克和弗赖堡城的使节带着逃亡者的名单和他们的相
61 貌特征亲自前往瑞士①。10 月 22 日奥古斯廷·恩德林和托马

① 瑞士某些邦这次之所以一反常态如此热心地帮助德意志施政当局迫害与惩罚加入鞋会的农民，是有它自身原因的，因为瑞士的农民也在酝酿骚动。次年，即 1514 年，瑞士农民起义爆发了。——编者

斯·米勒在沙夫豪森境内，以其相貌特征而被捕并受到严刑拷问。在这里，约斯又一次因为福星高照而得救，使他免于同前两人一样的命运。虽然那两人在被严刑拷问到有关约斯的下落时，也提供了一些情况，而且沙夫豪森人竭尽全力缉捕他，但是却毫无结果。约斯的妻子埃尔泽否认曾参与任何同谋；便于10月26日以发誓不报复和支付拘留费为条件而获释。以后几年中，她又招来了嫌疑，据说约斯曾经常在她那里露面，然而约斯的行踪犹如黑森林暗夜中的闪电一般，一闪现就又消失了。

第九章　穷康拉德或康茨[①]

符腾堡邦有许多较小的领地纵横交错，这个邦像一座美丽多姿的花园沿着内卡河两岸向前延伸。然而，在这天然的花园里，老百姓和其他地方一样穷苦受压。继长胡子埃贝哈德治下的幸福年代之后，接位的小埃贝哈德是他的堂兄弟，和他截然不同。小埃贝哈德统治腐败，因为“他只任用一批放荡的坏人”，为非作歹，这正如马克斯[②]皇帝所说的“提起这些事，实在可鄙”，两年之后邦议会将他废黜，结果他潦倒而死。取代他的是他家族中的一个稚子，一小撮亲族显贵代稚子摄政六年，在这短暂的摄政期内，他们从不放

① 康茨，康拉德一字的亲昵称呼。——译者

② 即马克西米利安。——译者

过任何机会为自身和他们的家庭大肆搜刮。

长胡子埃贝哈德还在后期曾把可以执政的年龄从十八岁提高到二十岁，而皇帝和邦议会违背有关协定和埃贝哈德的规章，宣布十六岁的男孩乌尔里希[①]已成年，让他执掌公国的政权。

不久，人民叹息乌尔里希的奢侈豪华远远超过他的前任。宴饮、比武、忏悔节狂欢、化装舞会、猎熊、出征、出国旅行和各式各样的享乐是他的活动天地。为了对他表示阿谀奉承，在他的小小公爵宫廷里可以见到俸禄优厚、数量众多的大伯爵和领主充当他的顾问和侍从，有权有势的帝国诸侯充当他的上宾。他的歌手和吹笛手，他的猎人和驯鹰者都享以厚禄，他的马和狗也可养尊处优，
62 这些首屈一指的艺人和牲畜都是他派人从整个欧洲，特别是从意大利、法国、西班牙和英国等地为他搜罗来的。每当他骑马来到皇宫或帝国议会的时候，他就带着三百个穿胄披甲的卫士组成的随从队伍炫耀他的威武，他们的服装比任何其他诸侯侍从的穿戴都更为豪华，而他往往带着这些寻欢作乐的随从，在如此一个行乐场所一连待上三个多月。他把政权完全交给以前的监护人去掌管：营私舞弊、挥霍浪费是行政的特征；毫无顾忌、不加掩饰的非法行为是司法的特征。1511 年，乌尔里希迎娶皇帝侄女巴伐利亚女君主扎比娜的时候，参加婚礼的贵宾超过七千人，十四天的喜庆活动穷奢极侈，很多人认为，“如此浩大的费用恐怕要把全国财富耗尽了。”然而，这笔浩大费用不过是一个更加糜烂的宫廷生活的开端，

① 乌尔里希(Ulrich)(1487—1550)，1498 年起为符腾堡公爵，依靠诸侯摄政，1519 年被驱逐；随后他又企图利用 1525 年农民起义恢复自己的统治；1534 年又即位，仍为符腾堡公爵。——译者

其后的哗众取宠和骄奢淫逸更是日甚一日。凡把寻欢作乐的活动安排得最别出心裁的人，就获得最美的肥缺，那些最擅长击鼓奏乐的僧侣，可得到最丰厚的俸禄；一大部分获世俗和教会职位的人都不是本地人。内廷侍从，甚至一些根本不在宫廷供职的人都以公爵宫廷的费用饲养最优良的马匹，而公爵的育马场场长所过的生活和举办宴请如同一个小公爵，外地和本地的显贵们，他们更以公爵的挚友亲朋自居，到处作威作福，对人民胡作非为，施以各种暴行。他们不受惩罚地任意打伤或打死市民或农民。他们把路劫和强奸当作儿戏和乐趣：如果他们例外地遭到某一法官责讯并被驱逐出境，公爵就会立刻允许他们回来，而这个法官的性命就难保了。

人民就是处在这样的宫廷和这样的政府的摆布之下。公爵违反古老习俗和协议豁免了宫廷侍从、护林官以及护林侍役的一切赋税、取消了他们的值勤和徭役，而一切费用不得不由人民独自负担。人民除了承担这一切费用外，还在他们的财产和尊严方面天天受到侵犯。骑兵和猎人骑着军马，驱赶着猎犬，在市民和农民的耕地上和葡萄园里横冲直撞，而这些耕地和葡萄园本已遭受无数
野兽，尤其是野猪的严重损害。秋天，葡萄园受到鸟类极大危害，63
如果葡萄农捕捉了一只鸟，就受到严厉的处罚；如果射杀一头有害的野兽，就受到残酷的惩罚。百姓们在林木、牧场和捕鱼方面的古老权利受到侵害，而诸侯的侍从和佞臣却把属于民众的利益攫为己有。公爵的官吏侵吞救济穷人的慈善捐款。甚至一向归穷人所有的枯木残枝也被护林官公开拍卖，并将卖得的钱塞进自己的腰包。村区当局本来有权任命村区的官员，可是廷臣和内廷总务府

大臣不顾抗议擅自往村区机关中安插他们的侍从或向他们行贿的人。所有村区官员，上自村长和书记，下至差役、门卫和教堂侍役都是在宫廷或在内廷总务府决定的。然而公爵的官吏把自己的职位仅仅看作是摇钱树，他们不仅接受贿赂，而且公然要求馈赠；他们无知无能，但为了勒索钱财，却会巧立名目，挖空心思想出各种新的敲诈行径，他们对待人民无耻而专横，傲慢而残酷，尤以护林官和护林侍从为甚。有些官吏拿薪金不办事，职务由他人代理；还有一些官吏在担任官职外兼营商业、从事水果和酒的买卖；另外一些人的个人费用由公库开支，并从公库中捞取上千金钱，以饱私囊，而无需上账。如果穷人向斯图加特内廷总务府控告他们，不是无人理睬就是不予任何答复。政府中的高官显贵们都忙于其他事务：他们为自己和儿孙们建造富丽的屋宇，把搜刮来的金银财宝储存国外，以图安全。他们竟然异想天开地想出一种完全新的收入来源：从前一向由最近所在地的官厅免费发给臣民的许可证，现在必须向斯图加特内廷总务府付款领取。例如领取一张支款的许可证要向内廷总务府交付一弗罗林[①]十五克里泽[②]。其时各地已实施罗马法，按照罗马法收费就更高，负担就更重："十二年前花十芬尼审理的案件，现在的诉讼费超过十古尔盾"，更不必去计算所费时间和所受的气了。凡是罗马法使大人先生们感到不便的地方，他们就索性摒弃不顾。此事发生在一个这样的公国里，这个公国有议会制定的宪法，宪法保证人们享有最美好的国内自由。公爵

① 弗罗林(Florin)的缩写为 fl.，一弗罗林等于一古尔盾。——译者

② 克里泽(Kreuzer)的缩写为 kr.，十三至十九世纪在德国、奥地利和匈牙利通用的带十字图案的金属币，一克里泽一般等于六十分之一古尔盾。——译者

只要顾问们给他筹款，廷臣们帮他寻欢作乐，对于国事他不闻不
问。公爵在这些人中间长大，早已成为骄矜的暴君，冷酷无情，对 64
人民既不热爱也无情感。他认为自己不受宪法的约束。他的高贵而伟大的祖先在宪法中赋予人民的权利，在他看来显然是剥夺了他的君主权力。议会在废黜他的前任时为扩大按宪法规定的自由而运用过某些权利，他却视之为在动乱中、在一个没有法制的时期内产生的，现在他是合法的君主，他认为有权不承认这些权利的存在。因此每逢他兴致一来，就嘲弄法律与宪法，他要总揽一切，而国家在他眼里无足轻重。如果有一个自己人或老百姓胆敢向他进一言，他就会恼羞成怒，握紧拳头来威胁这个大胆的、讨厌的人。

这种情况在符腾堡公国持续了十二年之久。所有的御库、国家粮仓和地窖仓库全部囊空如洗。如果发生战事或饥馑，几无丝毫储备应急。此外，乌尔里希还负债达一百万现金。这在当时，对于他的国家来说，是大得惊人的数字！最起码的财源都已枯竭，信用扫地。他的宠臣们凭空开创新的税收和贡赋：他根本不肯把他的耗费节省分文，而宁愿把国家搜括得干干净净。辖区和各村区被迫充当保证人，为公爵的债权人立字据或者提出抵押品；钱币贬值，铸造低于实价的新币；此外，1512 年初给农民的贫瘠田地又加上了新的负担；葡萄酒关税提高了，每桶须付过境关税五先令，半桶十五芬尼。在一个以种植葡萄和经营葡萄酒为主要生活来源和贸易的国家里，竟然做出这样的事。

然而，还不仅如此。多年来公爵以诸侯和大伯爵在他门下供职而荣耀门楣，现在他却不得不想到自己要到一个外邦君王那里

谋取职位和薪饷。正当这时,他的顾问想出了一项新的财产税:以十二年为期,每一个古尔盾的资产每年应付一芬尼。乌尔里希绕过了本地区的必要的同意,亲自骑着马,走访官吏们,征得他们的赞同。但是因为这一生财之道对公爵的愿望和需要来说不能立即畅通,也不够方便,所以另外开创了一项新的征税,这就是打算对每天消费的肉类、面粉和酒征收捐税。于是,把度量衡缩小、屠户、面包师、磨坊主和酒店老板等必须就每一百磅肉交付三先令,每一伊米[①]酒交付六分之一,对面粉同样规定了抽一定数量的捐税交
65 给公爵的金库。这种新的课税在宫廷中被当作一个真正的福祉而备受欢迎。

被课以这样或那样捐税的人民总喜欢谈起他们的第一位公爵,说上帝如果不是上帝的话,他们的埃贝哈德必定是上帝;人民对自己君主的克己归顺,已使他们成为邻近各邦人民嘲笑的对象。然而,这样的人民在这种时代也不能不感到寒心;备受虐待、侮辱和饥饿的符腾堡农民阶层,在乌尔里希统治下的最后七年里对致力于激发和解放农民阶层的那些人物和计划来说,势必是一块具有吸引力的、易受感染的土壤。公国的大片地区,如查伯尔部和雷姆斯河谷等,早已同布鲁赫莱茵人有了联系。

符腾堡在地域上和布鲁赫莱茵十分邻近,国内的警察又非常麻痹松懈,所以在温特尔格罗姆巴赫运动失败之后,一些逃亡者很自然地被吸引到这里来了。像在符腾堡这样的一切情况都非常混乱的地方,在统治者这样毫无顾忌地愚弄人民的地方,像布鲁赫扎

① 伊米(Imi),德国南部装粮食的容器,每一伊米相当于一公升半。——译者

尔鞋会成员那样的人就可以大胆地、毫无拘束地重新制定他们的计划。

人们从霍恩施陶芬山走下来，便进入一个荒凉的、近乎阴暗的山谷，雷姆斯河流经这里。再往前走几小时，在沿河两岸起伏的丘陵地带，种植着大片赏心悦目的葡萄。

从 1503 年起，农民们就在雷姆斯河谷组织了一个秘密的兄弟会，如今它是温特尔格罗姆巴赫“鞋会”在雷姆斯河谷的分支组织。农民们以诙谐说笑来掩护它继续存在。

在雷姆斯河谷的兄弟会中，有一个颇有风趣的会员，很久以来，他是个满脑子想法很滑稽的人，此人在自己的教名康拉德和他的境遇之间发现了一个奇妙的相互关系，因为“毫无办法”[1]这句话，按照当地乡民的发音正好和他的名字“康拉德”发音相近。这个笑话很快获得人们的喝彩，于是兄弟会就根据这个会员的名字命名为“穷康拉德”。

兄弟会在这一名称之下组成了一个秘密团体，从前农民组织的那些图谋以饶有趣味的诙谐戏谑作掩护，继续保持在这个团体里，并逃脱了众人的耳目。

兄弟会像勒亨的“鞋会”一样，有了正式的组织，有自己的职称和法规，会址和会期。有一名首领领导，他身穿白色麻布的农民短
衫，头戴灰色毡帽，昂然走在前面。他持有会员的特别名册，随时 66
淘汰不够格的人，因为并非人人都可以加入穷康拉德。凡算得上有钱的人，连乞丐、流浪者、游手好闲的人，起初，但也仅仅是起初，

① Kein Rat（毫无办法）与 Konrad（康拉德）在德国南部发音相近。——译者

都被排除于兄弟会之外。只有生活日益艰难的工人被吸收入会；这些人在一天辛劳之后，晚上回来一无所得，只见孩子们哭喊着要面包、眼窝凹陷的妻子呆呆地凝视着，有时还见到主人傲慢轻蔑地鄙视他们，对此他们感到愤愤不平。首领就让他们以击掌来宣誓加入兄弟会，并向会员们分配兄弟会“在月球上占有”的财产，以“荒山野岭”、“饥饿山”、“乞丐田”和“乌有乡”命名的耕地和葡萄园，还有很多此类笑话；给人的初步印象是，这只不过是无稽之谈，实际上却是在穷人裂开的伤口上撒上令人感到刺痛的盐。雷姆斯河谷的兄弟会也同其他农民组织一样有一面小旗，画面和画意也和它们的大致相同。在蓝色布底上画着耶稣钉在十字架上，一个农民跪在耶稣面前，旗帜周围书写着“穷康拉德”。不过，这面小旗同兄弟会的口号和计划一样，成为会内最重要人物的秘密纲领。兄弟会的人数日益增多，很快遍布好几个辖区。

穷康拉德的首领

政府多年来没有得到关于这种活动的任何消息，它为其他事务正忙得不可开交，对此也就无暇顾及了。然而人们早已在四面八方不但听到这样一句口头禅："某某也是同我们一起在穷康拉德的"，而且甚至还听到一些威胁的话："你也必须同我们一起参加穷康拉德。"当人民的复仇行动在狂怒而诙谐的伪装下动摇着专制主义的根基时，专制主义仍然傲慢而轻率地横行无忌。

博伊特尔斯巴赫是该组织的中枢，而最重要的核心人物则驻在朔恩多夫。正像其他各地利用一座坚固城市一样，在时机到来的时候，朔恩多夫也会成为雷姆斯河谷人实现他们计划的根据地。

勒亨的鞋会崩溃以后，农民到处受到嘲讽，而得不到慰藉。讽刺画到处张贴，特别突出的是一幅大木刻"鞋会的愚人船"。画上画了一只船，船上载着一群头戴小丑帽子的农民。画上的文字写道，这是一些想杀死自己的领主，制定新法律的头号蠢驴。画上的题词是："现在我急于要知道的是，究竟谁是鞋会中的人？"但是最辛辣的嘲讽是随之而来的新的压迫手段，领主们的嘲讽行动比嘲
讽言论要厉害得多。 67

1514年初，当符腾堡规定并宣布了缴纳资金税[1]的时候，穷康拉德的首领在旷野荒郊举行的一次大会上拿起铲子画了一个大圆圈，然后站到里面喊道：

"我叫穷康拉德，我现在是穷康拉德，
我永远是穷康拉德，

---

① 资金税(Kapitalsteuer)指对财产中现金和证券之类的资金上的税，可译为"银钱税"或"资金税"。——译者

谁不愿意交付一个倒霉的铜板，

谁就跟我一起走进这圆圈里来吧！”

大约有两千个农民和市民陆续走进圈内，这证明了：第一，穷康拉德的成员在发展过程中并不像人们长期以来以讹传讹那样，纯粹是一无所有、赤贫如洗的穷人；因为这样的人对资金税很少感到如此切肤之痛；第二，连比较富裕的人也加入了这一兄弟会，因为他们反对不公平的、违反宪法的赋税。这是穷康拉德公开宣布

博伊特尔斯巴赫的盖斯彼得

为政治反对派的第一个步骤。但是，在完全卸装之前，穷康拉德曾再次相当引人注目地以其扮演的角色出现：穿着民间诙谐的服装，装作愚昧无知。

先前在地上画圈的那个首领住在博伊特尔斯巴赫，他是个聪敏人，四个孩子的父亲。正如他的敌人背后诽谤他说的那样，他“有一个很恶毒、很善于煽动的舌头，但在自己家乡却负债累累”。他的姓名叫彼得·盖斯。当人们首先想就肉类试行消费税，也就
是财政艺术的那朵鲜花正要盛开的时候，这个盖斯彼得[1]在集会 68
上建议，把减小了的新砝码投入水中做试验：“如果它浮在水面，公爵就是对的；如果它沉入水底，那么农民们就是对的。”这个建议得到与会的穷康拉德成员的热烈赞同。那天正值复活节前的礼拜六，4 月 15 日清早；新砝码将在这天第一次使用。人群一窝蜂拥到区政会去，拿走了那里保存的鼓和笛子，由那里出发到屠宰场，盖斯彼得从那里取出了新砝码，围挂在两个同伴的身上。于是击鼓吹笛，直往雷姆斯河畔而去。一路上群众的队伍不断扩大。到了河边，盖斯彼得取下同伴身上的砝码，一面把它们投入水中，一面说：“如果农民们是对的，就下沉到底；而如果公爵是对的，就浮在水面！”砝码石自然是下沉了，于是所有的人大声欢呼：“我们胜利了！”直到如今，雷姆斯河畔的这个地方仍叫“瓦格”[2]。

有这样的宫廷笑话和财政笑话，就有这样的民间诙谐，在离奇古怪的假象中，人们不应忽视民间笑话的讽刺含义。这正是士瓦

① 盖斯彼得（Geiβpeter）即彼得·盖斯（Peter Geiβ）。——译者

② 瓦格（Waage）在德语中意指天平。——译者

本人民的幽默。这种士瓦本人的表面上不成体统的恶作剧，是经过盟员们密谋策划的，虽然看起来它很像是一时之念。整个行动进行得十分漂亮，如列队游行到区政会去以及隆重地去取出村中的乐器等等。这整个场面都引起轰动，使“财政智慧的花朵”成为笑柄，同时也是首次尝试：究竟哪些河谷农民是可以争取的。就在这一时刻，盖斯彼得和他的追随者刻不容缓地越过雷姆斯河奔赴黑帕赫，以同样壮观的场面重演了投水的试验，同样赢得了农民的热烈欢呼。当他走下河谷时，同盟中另一个核心领导人施勒希特林斯-克劳斯登上河谷，也同样干了起来。

葡萄和粮食连年歉收。每一沙弗尔[①]小麦从通常价格的二十一克里泽五赫勒上涨到二弗罗林四克里泽三赫勒，而且葡萄藤又冻坏了。现在，农民还得让人从他难得的一杯酒中抽去五分之一；至于为他所吃的面包和肉，他所付的钱远比他实际所得要多得多。

盖斯彼得现在大声疾呼地说，大家必须武装联合起来，他可以向他们保证，只要他们联合起来，立即会有很多人，特别是来自毗
69 邻的帝国城市格明德和埃斯林根地区的很多人，归附他们；因为成千上万的人与他们有着同样的痛苦与感受，而且到处是在“饥饿山”和“荒山野岭”上有田的伙伴。

当晚，他们全副武装从黑帕赫、格隆巴赫和博伊特尔斯巴赫前往相距两小时路程的辖区首府朔恩多夫。沿途加入他们队伍的人越来越多。开到城下的农民有三千，也有说是五千。他们要求城

① 沙弗尔(Scheffel)是古时德国的谷物容量单位，每一沙弗尔的折合量各处不同，例如在萨克森是十点四公升。——译者

市当局站在他们一边，要求取消各种新税，恢复他们原有的自由。城里住着总督阿德尔曼·冯·阿德尔曼斯费尔登和地方官格奥尔格·冯·盖斯贝格；这二人很受农民爱戴。他们出城去接见农民，同农民亲切地交谈，叫人把大量酒和面包送给城门前的农民，答应把他们的疾苦转陈公爵，帮助祛弊除害。农民们在吃饱喝足之后，傍晚又回到他们各自村里。

乌尔里希当时正在进行许多次享乐旅行中的一次旅行，他正访问黑森的菲利普侯爵。斯图加特内廷总务府的三个首恶分子吃惊地得悉了人民的行动，急忙吁请公爵回来。

当公爵于5月2日来到时，雷姆斯河谷风平浪静。因此他把这一运动只看成是农民一时的轻举妄动，忽视了他们对他这个领主应尽的义务。他深信，他一到、一露面就会使他们彻底悔悟、依旧服膺。

他事先通知所有辖区，说他要取消新税，并要召开邦议会对人民疾苦进行调查，因此，他只带了八十名骑兵，亲临朔恩多夫，这是他通常外出随从最少的一次。他认为要使抵触情绪消散，至少做这样一种诺言是必要的。他在朔恩多夫召见辖区臣民。一批人来到时，并未带武器。他就在复活节的礼拜六那天来到他们城前扎营的地方，对他们讲了一次话。在场的人道歉地说，他们不知道他们是怎样并且被谁卷入到这个运动中来的，请求公爵宽恕。乌尔里希答应他们免除任何处罚，策马返回，并写信通知邻近各帝国城市说，雷姆斯河谷的一切都已“平静无事”。

在列队前往朔恩多夫的那天，穷康拉德的意图和首领们都已 70
暴露。除去上面提到的那些人以外，最高首领博伊特尔斯巴赫的汉斯·福尔马也出现了，他是一个富有的勇士，甘愿以非常优裕的境遇和自己的生命作孤注一掷。正是他，经大家敦请担任了进发朔恩多夫大队人马的总指挥。他们动员人民的初次尝试迅速获得
71 成功，这使同盟成员感到极大鼓舞，使他们敢于立即进行一次公开的打击。应当把同盟成员，即穷康拉德成员和被骨干成员鼓动而卷入运动的大批群众严格区别开来。同盟成员根本没有请求公爵宽恕，相反，他们从复活节前的那个礼拜六起，开展多种多样的活动，以激起热烈的情绪，把全国武装起来。而今，朔恩多夫的市民铸刀匠卡斯帕尔·普雷吉策尔的家成了同盟总部。

特别引人注目的是，不只是该城的老百姓，而且连在职官员和民间有声望的人、富有的市民以及一些市政委员都加入了秘密同盟；其中确有一些人是出于自私的动机，但很多人确是受到当时舆论状况和人民中爆发的新思想的推动。由于公爵的官吏对城市和市民的每一个行动都严加防范，他们只有在夜间在普雷吉策尔家里举行秘密集会。公爵通过各式各样的欺骗和建议——这些建议是两个盖斯贝格人按照他的命令，装着似乎只是为了自己向本城和辖区提出的——妄想与这些不满的群众进行周旋，直至公爵引进外邦军队进行严厉干涉；在这个时候，同盟成员则不断地忙于草拟文告，派遣使者带着文告到全国各地去，把城市和乡村中一切志同道合的人都吸收进来。

乌尔里希多年来无视宪法和他的誓言，从未召开过一次邦议会。因此，他这次要召开邦议会的诺言更加无人相信。他十分轻率地要请外邦军队来进行干预，以示威胁。愤愤不平的人抓住了这一点，在他们的文告中要求各村区不能赤手空拳地听任外邦的

屠杀，而要拿起武器进行战斗。同时他们发出公告要在温特尔图尔克海姆教堂集市节那天召开一次大会，要求各村区派遣代表前往，佯称参加教堂集市节，以便在会上互相商讨，并且务必达成协议。

同盟成员把普雷吉策尔的家称为“穷康拉德的总部”，文书是律师乌尔里希·恩滕迈尔，负责草拟各种文告。朔恩多夫秘密社团人数众多，外乡人也参加进来并列席讨论。他们同博伊特尔斯巴赫人联系最为密切，共同组成了领导运动的委员会，不久，这个 72
委员会就和全国各地的愤愤不平的人来往频繁。委员会向四面八方派遣联络员、谍报员和秘密活动分子，在河谷和其他地方经常发生有关事件的情报也汇集到委员会里来。

在规定的 5 月 28 日那天，确有许多愤愤不平的人从全国各地来到内卡河畔的温特尔图尔克海姆。伯布林根、莱昂贝格[①]、巴克南、温南登、马尔巴赫、马克格勒宁根、乌拉赫等辖区的代表们都答应在雷姆斯河谷人发难的时候，给予帮助与增援。甚至劳亨山区[②]也派来使者参加大会。距离明辛根不远的布莱希斯特滕的康拉德·格里辛格尔和维尔廷根的辛格尔汉斯，自愿负责把劳亨山区这边的所有农民都集中在格欣根并夺取乌拉赫和明辛根这两个城市。埃姆斯河谷派来参加大会的主要人物是德廷根的班特尔汉斯，他答应埃姆斯河谷和埃夏茨河谷一定给予支援。于是武装起义就定下来了。

---

① 莱昂贝格(Leonberg)，在斯图加特之西，为符腾堡北部之城名。——译者

② 劳亨山区(Rauhen Alb)，系德国历史地区名，即今士瓦本汝拉山中部。——译者

班特尔汉斯刚刚返回，就着手实现他的诺言。他作为一个军人曾在乌尔里希的军队和其他军队里服役过较长时间，现在他以一个富有市民的身份出现在穷康拉德的组织里。他住在乌拉赫辖区的德廷根，在周围各个河谷，如埃姆斯、埃夏茨、劳特尔以及整个劳亨山区一直到布劳[1]河谷的大片地区，他都交游很广、享有盛名。他既聪明，又能言善辩，在同伴中很受尊敬，有房屋和田产，骑着马显得很威武。

在德廷根，汉斯·布伦德林和托马斯·巴德尔协助他一起工作，这两人也是有钱的人。巴德尔“献出他的全部财产，用于老百姓的事业”；甚至他在被拷问时还宣称，他“不管发生什么事，早已准备献出自己的一切以至生命来保卫他的和人民的权利，即使为此牺牲也在所不惜”。

促使和激励布伦德林的并非是同样高贵的思想。德廷根的区长同乌拉赫的地方官施维克黑尔·冯·贡德尔芬根以及为民众咒骂的护林官斯特凡·魏勒互相勾结。一天，布伦德林坐在维尔廷根的克劳斯·豪格的酒店里。谈话中议及近来发生的事，他就往桌子上扔了四个古尔盾，并喊道：尼克拉斯，如果你肯把我们的区长刺死，你可以得到这些甚至更多的报酬。但这不过是说说罢了。

在图尔克海姆教堂集市节之后不到八天，班特尔汉斯已经把他住址所在的整个村区控制住了，并在圣灵降临节那天迫使区长和法庭从农民中再次选出二十四人进入区政会。当外邦军队入侵
73 的喧嚷也在这个河谷里愈来愈强烈的时候，全区选举他为新区长，

---

[1] 布劳(Blau)河是多瑙河的支流，在符腾堡境内。——译者

以便在他们遭到武装袭击时有一位有经验的军事首脑。

他忙碌地来往驰骋，上至劳亨山区，到伯林根、蔡宁根、多恩施特滕、费尔德施特滕、莱欣根等地，下至古滕贝格和莱宁河谷，越过河谷前往埃宁根、普富林根、埃夏茨河谷。哪里可以得到支援，他就在哪里争取。他不断地同雷姆斯河谷的穷康拉德保持联系，“只要穷康拉德总部有信到河谷，送信人总要打探班特尔汉斯的家在哪里。”而在夜间班特尔汉斯还要把有关穷康拉德进展情况的消息送到梅青根。马丁·梅茨格在那里的家是这一带同盟成员的活动中心。除了马丁·梅茨格，在梅青根活动的还有耶尔格·弗格特林，他是一个富有的人士，根据起义后他所憎恶的区长和顾问对他所作的证词来看，他在各方面都是一个善良而无可非议的市民；还有其他有钱的人参与活动。德廷根和梅青根的人向公爵呈递了一份诉苦请愿书，并一再说要在弗洛里安斯山上安营扎寨。他们的申诉是正当的、有充分理由的。心情激动的农民们还对公爵的、即“他们仁慈的君主的”人格抱着完全信任的态度。他们把国内一切灾祸仅仅归咎于他的顾问们，并相信，公爵对此并不知道，也不愿意如此；一旦他知道了，他就会马上设法消除弊端。他们提议在弗洛里安斯山上设立一个营寨正是出于这种忠实的信念。他们认为，假如他的顾问们把他们的请愿书销毁了，只要他们仁慈的君主听说他们驻在营寨里，就会骑马上山来到他们这里，像他对莱昂贝格人所做的那样，给他们一个同样圆满的答复。只有少数人不信任公爵。首领中一个名叫海因茨·默施的说：“如果他不给我们答复，我们就坚决采取行动。”

然而，穷康拉德的核心人物在这里也采取完全不同的方针，他

们为夺取乌拉赫和明辛根两城作了周密的准备。维尔廷根的辛格尔汉斯作为穷康拉德的头领和联络员同班特尔汉斯携起手来在罗伊特林根和明辛根的劳亨山区活动。

这个在劳亨山区颇有声望的农民在明辛根山地的格欣根召开过多次大会。发动此间农民的口号是:“森林和野兽公有。”维尔廷根的一个名叫彼得·克莱门斯的小个子农民在最初某次集会上即
74 席拿着“农民鞋”开玩笑。他在路上发现一只旧鞋,把它捡起来,绑在棍棒上当军旗。以后要成立鞋会的时候,他说:“要是大家听我的,用我捡来的这只鞋,鞋会早就建立起来了。”一个来自乌普芬根的人,名叫恩德林·阿迈,在这里自称“穷康拉德”。会上的发言五花八门,群情激奋,诸如要处死护林官等等。但辛格尔汉斯要他们保证和他一起去夺取乌拉赫和明辛根两城。他和乌拉赫城内一些不满现状的市民建立了联系,这些市民答应给他们打开动物园对面的城门。他打算在占领这两个城市后,就率领他的人与埃姆斯河谷、埃宁根、普富林根、内卡河畔的米特尔施塔特和普利茨豪森的人会合一起,开到雷姆斯河谷的穷康拉德那里。要攻占乌拉赫城郊的军营已是确定无疑;格施帕赫的军营也势必要拿下来。

当辛格尔汉斯与库恩特伦(康拉德)·格里辛格尔一起正从他们进行了最后会晤的普富林根地区出来、经梅青根沿河谷上山回家的时候,在旷野荒郊突然遭到斯特凡·魏勒的袭击,中了魏勒及其骑兵的埋伏。经过一番勇敢的抵抗,康拉德·格里辛格尔逃脱了,但是负了重伤,人们不得不为他准备临终圣礼;同样几乎被打死的辛格尔汉斯被捕,并被拉到乌拉赫,关进监狱。6 月 21 日他受到酷刑拷问,但什么也没供认。农民得到这个消息后,整个劳亨

山区和乌拉赫河谷沸腾起来了，农民成群结队手持武器下山来到城前，要求说明理由。但城市早已戒备森严，乌拉赫市政会向斯图加特控告魏勒的行径，斯图加特人恳切地向公爵诉冤："如果容忍一个护林官这样做，任何人的生命都不再有保障。"公爵倾听着这一切，仍坐在基希海姆宫城里。而护林官照样囚禁着劳亨山区运动最勇敢的首领之一辛格尔汉斯。此后，在山脉的这一边，运动再也没有什么进展了。

与此同时，在公国其他地区也爆发了人民起义。还在图尔克海姆大会之前，在巴克南辖区就发生过多次暴动。早在 5 月 25 日，百姓就在城郊聚会。公爵召来外邦军队的确实消息引起人民极大愤怒，为防止异邦军队的突然袭击，他们夺占了城门城墙，并把钥匙从地方官手里夺了过来。辖区的领导人是科特魏勒的鞋匠米夏埃尔和城内的格奥尔格·耶格尔。米夏埃尔尤其善于策划与鼓动；很长时期以来他不断地东奔西走，到雷姆斯河谷和其他各地 75
区。活动在温南登辖区的是奥佩尔斯博姆的卡斯帕尔·施密德，施托费尔·席林则在城里活动。在圣灵降临节的节日里，席林出城到各村庄去，答应农民，如果 6 月 5 日他们携带武器来到城前，他和他的朋友愿意协助他们成为城市的主人。那天下了一场倾盆大雨，使农民的计划成为泡影，但是后来他们还是占领了这座城市。在这一战役中，施魏克海姆的农民表现得特别英勇，他们守卫城门和城墙，并从辖区中选出十六人，从城市中选出八人来施政。

在格勒宁根边区，城市牧师赖因哈特·盖斯林激发了群众的情绪，或者至少为激发群众的热情作出了贡献。也在这里，愤愤不平的人控制了这座城市。在魏布林根，农民在 5 月底就显示出一种咄咄逼人的神气。辖区来的两个人纳普和贝登米歇尔带了一批志同道合的人来到集市广场，面对着一些法官和委员说：“不管你们愿意与否，都得加入穷康拉德，否则我们要揪住你们的头发把你们拖进来。”该城愤愤不平者的头领是贝内迪克特·布赖滕米勒。毕竟他们人数太少，难以控制名门望族。在魏欣根，汉斯·特吕姆林和劳克斯·拉普两人把群众的激昂情绪鼓动起来。

约斯·弗里茨和费尔特林过去曾把他们的城镇纳入上查伯尔部，这里对外邦的袭击比对暴动还害怕。他们在靠法耳次边境的高地和树林里布置了哨兵，只要看到外邦军队接近就鸣枪报警。一天晚上十一时，忽然听到枪声。农民立即纷纷奔往查伯尔费尔德附近一个空旷的圆形山上，这里壁垒森严，四周设有栅栏，他们自己和他们的家人在这里都可以免受骑兵侵袭。魏勒、查伯尔费尔德、普法芬霍芬等地警钟敲响，同时向其他地方报警。当行政区地方官威廉·冯·奈佩尔格派遣他的副官阿尔贝林·舍尔特林前来劝阻他们的时候，他们把他扣留了，并迫使其他为此而来的人留在他们那里。他们派侦察员远至海得堡一带探听消息，直到他们确知路上并未出现任何法耳次的军队，才离开壁垒森严的山丘回家。在下查伯尔部的布拉肯海姆早就出现了穷康拉德的成员，人民对他们甚为同情。在穷康拉德于温特尔图尔克海姆举行秘密会议的那天晚上，穷康拉德的事业也就公开了。警钟敲起来了，街上到处听到呼声：拿起武器到广场去，穷康拉德在那里！在集会上，
76 雷姆斯河谷的精神充分表现出来。“领主不再是统治者了，从来还没有想到有比这更美好的事！”另一些人喊道：“领主们没有用了，打扫马厩的要发财致富了！”甚至还听到这样的呼声：“必须一律平

等，穷人们必须与富有的无赖们平分一切。”

在马尔巴赫，城市和辖区也同样骚动起来。汉斯·施洛塞尔、安德烈亚斯·拉门施泰因，又名穆泽尔、希罗尼穆斯·韦尔克尔和汉斯·菲尔莱在这里发挥了主要作用。他们指定跑马厅旁的草地为农民的集合地点，只不过从基尔希贝格来了二十个人，由一个叫黑明格尔的人率领，因为没有看到其他人，翌日他们又回去了。该城足智多谋的行政长官艾特尔·汉斯·冯·普利宁根此次居然能使其他人安静不动。尽管这样，不久以后，在马尔巴赫的教堂集市节那天，农民还是占领了该城，但在短暂逗留之后，又不得不越过城墙逃走。在格罗斯-博特瓦特特别活跃的是路德维希·迪特里希、米夏策尔·克兰策尔、巴特林·乌尔贝歇尔和代理牧师彼得，又名格沙伊特林。一群人举着飘扬的小旗，敲锣打鼓从这里前往马尔巴赫，不过像基希贝格人一样又转回去了。在拜尔施泰因，迈斯特尔·埃贝哈德在农民中鼓动；据说他“是一个顽固执拗的人，喜好研究药剂”。在魏因斯贝格辖区的聚会地点设在施瓦布巴赫。他们在这里迫使最有财势的人担任首领，同他们一起出发，一行五百人鸣笛击鼓举着小旗，从河谷前往阿法尔特拉赫。市民梅尔希奥·福尔希滕贝格在诺伊施塔特活动。此外，格奥尔格·梅茨格和马克斯·普法伊费尔的活动也很出色，他们在各村的信徒一天比一天增多。

在公国的另一边，同样处于动乱之中。距乌耳姆只有三小时路程的布劳博伊伦，一听到雷姆斯河谷事变的消息，就“欣喜若狂，似乎农民们的行动好得很，倘若他们什么时候能把关税也废除那就更好了。有人说，应当给每个农民两个老婆，这样他们就能生许多农民!”甚至法院也一再为此开会密商。地方官眼看农民在酝酿什么事情,但问及他们时,得到的答复却是相同的:他们在商量救济院的事。最后农民们向行政长官安德烈亚斯·冯·霍恩埃克要去了城门钥匙。穷康拉德的文告和信使也到了这里。农民们从村区增选了十二人派到原由十二人组成的法庭里去,后来,为了在法
77 庭和区政会中确保优势,又从他们内部再增选了十二个人。

如同这里的山坡地区一样,穷康拉德的文告和联络员也把从黑森林各高地直到斯图加特城门前这一带的各城市和村镇鼓动起来。诺因比格的地方官厅没收了被截获的信件。但在圣灵降临节前后,穷康拉德从雷姆斯河谷派遣的特使来到了。各村区民众强力要求交出信件,可是地方当局阻止了他们进一步的行动。在多恩汉,市民从区长卡斯帕尔·施密德那里取得了城门钥匙,由他们自己来保卫城镇。在卡尔夫,二百个农民驻扎在城门前,勒令地方官交出城市和宫城钥匙,并由他们派人占据了各个岗位。在赫伦贝格,像在卡尔夫一样,民众的激情也难以对付。在罗森费尔德,汉斯·斯特凡挺身而出,一针见血地描述了官吏和法院只是为了他们自己或统治者的利益行事,对村区民众则毫不关心;谁愿意赞助他并同他一起报仇雪恨,就站到他那边去。当时全区人都站到他一边,并从中选出十五人,由他派往贝格菲尔登、米尔巴赫附近的弗林根以及其他邻近地区去活动。在这些地方也都得到成功,弗林根人还从自己人中派出汉斯·弗赖前往祖尔茨,说服那里的村区站到他们一边。在霍恩贝格,年老的城市文书官卢卡斯·施特劳宾格在辖区东奔西走,鼓动农民起义。在维尔德贝格,只有最贫困的人表现了起义的精神;名门望族依然是统治者。但是,黑森

林深入公国中部向下延伸越广，运动的规模便越大、越厉害。因为这里的运动有莱昂贝格作为中心，像在公国的另一边，运动以朔恩多夫为中心一样。

当运动蔓延到公国绝大部分地区时，莱昂贝格却显得平静无事。在这里也发生了最初几次骚动后，地方官维尔纳·克勒尔在法院的建议下，把全乡镇民众召集到市政厅并训话说：“公爵既已停止使用减小了的容量和砝码——也许这是引起雷姆斯河谷骚乱的根源——照理，你们不该参与外地的事件，而应效法你们虔诚的祖先。你们的祖先在各方面对领主的所作所为总是促使领主们始终对他们特别重视并表现出仁慈的关注。就像你们多次在大的争端中从这个小城市里获得胜利一样；诚然，我对你们并没有什么不信任，在我任职期间，总认为你们忠实可靠。但是，现在有些人到处跑来跑去，不让领主也不让臣民们过安稳日子，而一味煽动头脑

简单的人起事暴动，使这些人为外地的无谓纠纷而丧生。因此，我 78
恳切地向你们提出警告，不要被那些坏人诱骗或煽动去干些不正当的事。你们和你们的子女将会因对领主如此忠实而在日后享有充分好处，更何况你们对领主本来就有服从的义务。斯图加特、杜宾根、乌拉赫和其他城市都许诺要为你们仁慈的领主和国君乌尔里希公爵牺牲生命、财产和鲜血来反对暴动的人。”

但是，这一席话像其他地区地方官对人民所提出的官方训诫一样，效果很小。村区民众早已拿定主意。莱昂贝格的地方官一直认为平静无事，一种秘密而危险的活动已在暗中进行。像在朔恩多夫和博伊特尔斯巴赫一样，莱昂贝格早就有了一个同盟的总部。夜间常在格奥尔格·沙伊特林的宅邸举行聚会。地方官在讲

话结束时向村区民众要求凡忠于领主并愿为之牺牲生命财产的人，从市政会大厅的小门出去，可是从那里出去的只有法院的十二个人、几名市政委员和少数几名市民；其他人则交头接耳，窃窃私语。地方官以为他们或许没有真正听懂他的话，想重复他刚才提出的要求。但是他们没有听他的，就冲向大门蜂拥而出。当地方官想质问他们时，格奥尔格·沙伊特林喊道："难道大门不是门吗？"

从此以后，运动就在这里公开发展起来。像斯特凡·沃尔特魏因、彼得·沙夫和路德维希·多尔梅奇等好几个市政委员都秘密地加入了秘密社团。秘密社团通过他们获悉市政会所决定的一切，所以市政会的一切措施和计划也被破坏无余而失去任何效果。整个辖区都密切注视着秘密社团；秘密社团的代言人发出文告——通知各地区的人前来莱昂贝格，并公开地同他们一起协商。他们感到十分自豪，因为与瑞士、法耳次和巴登等地都有了联系。不久以后，他们就在城外的恩格尔山上设立了总部，并在山上竖起了一面旗帜。雷姆斯河谷的一名使者，是格隆巴赫人；此人身材魁梧，身穿红绿两色的裤子和短上衣，头戴饰有羽毛的帽子。当他来到他们的营寨时，他们大声祝贺以示欢迎，并把他当作"穷康拉德"用标枪抬着，在营寨里转了一圈。他们想在这里期待从其他地方来的援军，期待公爵和邦议会对他们的请求所作的答复。他们希
79 望人数增至一万六千，并以他们的武装使各项要求得到重视。

乌尔里希即使感到十分尴尬，也不得不最终宣布定于 6 月 25 日召开邦议会。但同时他却一再迫切地向四邻的诸侯和帝国城市"恳求武力援助，这不但对他本人，也对每一个官厅都有利；因为如

果不立即镇压这些桀骜不驯的人，那么不但所有选帝侯[①]、诸侯和官厅，就连帝国的整个名望都要毁灭”。他惊惧地感到他脚下的根基在动摇。他最初认为只是为数不多的一些农民的胡闹，认为是一种无关紧要的抗命行为，而今在他失望的眼神中看来，“有俨如鞋会的举动”。

不久，穷康拉德被误认为是新的鞋会。甚至边区政府早在1514年2月中旬就得到官方情报，指出它的边界上发现具有鞋会精神的秘密活动。霍赫贝格的行政长官路德维希·霍尔内克·冯·霍恩贝格在2月14日写信给布莱斯部的弗赖堡市政会说，“他根据确实消息报告：一个使鞋会死灰复燃的新的活动已经出现了。这些人有的骑马，有的徒步，奔走各处；他们有时扮作教士、驿站长和修道院住持，有时涂着脸谱，乔装伪饰，扮作离奇古怪的托钵僧，城市必须密切注视这种恶劣的活动，以防事态发展。”

还在邦议会召开之前，斯图加特和杜宾根两城的代表就竭力设法缓和国内的激昂情绪，他们从这一个辖区到另一个辖区，要求各村区至少要静候邦议会的结果。他们在查伯尔部和黑森林山区的一部分人中间取得了成功，尽管各村区对于邦议会召开的方式极为不满。因为这次邦议会像过去一样，仅由辖区每一城市派遣地方官和收税人参加，法院和市区各派一人，但却没有请辖区的人参加。但是农民也要求派遣自己的代表出席邦议会。他们说：“如果邦议会想要取得某些成果，那就必须有农民参加；要不然，僧侣、贵族和各城市中的领主们在邦议会里只会关心他

① 选帝侯，指有选举皇帝之权的诸侯。——译者

们自己。”

斯图加特和杜宾根为排除农民的不同意见而发布了文告，说
80 各村可以把它们的申诉交由城市转达，如果这种申诉是针对城市本身的，可以自派代表向邦议会提出书面申诉。但是许多辖区不听这一套，结果表明他们的怀疑是正确的。这两大城市煞费苦心的意图首先在莱昂贝格辖区的群众中遭到了失败，那里的群众队伍现在也选出了首领、军士和旗手，他们的先例也影响到其他各辖区。跟莱昂贝格毗邻的伯布林根和辛德尔芬根两城的人虽然声称，他们要静候邦议会的结果，可是市区终因辛德尔芬根的法院和市政会从市区中吸收了二十四人，伯布林根吸收了十二人而暂时感到满意。然而这两个辖区的农民却在达格斯海姆举行了一次集会，因为意见不一致，第二天又在辛德尔芬根举行第二次集会，霍尔茨格林根的农民举着一面飘扬着的白色小旗来参加会议，旗上可以看到有两把交叉着的黑剑。他们路过伯布林根，受到当地名门望族的劝阻，他们严词斥责伯布林根人，说他们竟然这样易于受人蛊惑，做了斯图加特人和杜宾根人的尾巴。伯布林根人和辛德尔芬根人立即对农民的冲击恐惧起来，写信向斯图加特乞援，伯布林根人说：“因为他们只有十二支火绳枪[①]。”辛德尔芬根人说：“因为他们的火绳枪不过六支。”

雷姆斯河谷的骚动看来还在持续地发展。朔恩多夫市政会早在6月1日向公爵报告说，现在看来，在河谷初起的运动中表现得那样虔诚的市民阶级可能会因为这种忠诚而有遭难的危险，因为

① 十五世纪前后一种古老的火器。——译者

城里有大批坏人站在暴动者一边。如果公爵不采取果断措施支持他们，他们的忠诚将会使他们的生命和财产招损；恐怕会有一次新的暴动，要抵御它的话，城里驯良和忠诚的人的力量是太薄弱了。

朔恩多夫秘密社团现正准备通过一次奇袭来夺取各城门。下河谷的人，尤其是博伊特尔斯巴赫人坚持要这样做。6 月 6 日，从朔恩多夫辖区的上河谷来了成群的农民要求进入市内，他们说他们得到公爵要袭击他们的消息。但是总督、地方官与市政会协同采用和解办法，诱使他们重新返回村庄。尽管如此，城里的穷康拉德成员至少仍然能从三座城门中弄到一道门的钥匙。市政会致公爵宫廷总管菲利普·冯·尼彭堡的一份报告说："傍晚时分，'有几名不务正业的无赖'撒酒疯似地激起了一场暴动，勒令交出各城门 81
的钥匙，并威胁说，如予拒绝，他们就要从城墙上以鸣枪为号，把整个辖区的人都招来支援。因为每座城门都有三道便门，经过修道士和其他人斡旋，地方官和法院掌握每座城门最外面和最里面两道便门的钥匙，而愤怒的群众则掌握中间一道便门的钥匙。"

甚至在所有城市中最倾向于公爵的杜宾根城在 6 月的第一周，也有"若干歹徒"聚众闹事。当地方官和法院企图严惩他们时，市区委员会的二十四名委员出面加以阻止，被告们得知法院的意图以后，都逃之夭夭了。

虽然骚动在整个公国蔓延得很广，可是，各个地区的活动所抱的动机和志趣却有很大差别。绝大多数人只想解除涉及地方性的各种苦难。一大部分人之所以赞同这一运动，是出于喜欢喧闹或者是被穷康拉德的联络员拉进去的，自己并不清楚穷康拉德的意图。穷康拉德与被鼓动而来的群众相比只占少数，穷康拉德要求完全自由和普遍平等，而其他多数人只要能够重新获得某些权利，恢复一些自由，思想上就感到满意了。他们只想用合乎宪法的手段反抗违反宪法的政府暴力；而穷康拉德则是主张革命的。如果一个人具有足够的才华和能力，把各种不同的利益统一起来，把全国分散的力量集中于一点，那么他就能使整个运动不仅在符腾堡，而且在全德意志产生具有重大成果的转折。但是缺少这样一个人。在穷康拉德中却不乏善于策划和组织的能手，也有很多骁勇善战的铁臂汉，然而没有一个符合人民领袖所不可缺少的杰出才能的首脑。这一点，不久就显露出来了。

6 月 18 日，有二十四名邦议会议员在斯图加特聚会。由于盛传公爵煞费苦心邀请邻近各领主的军队来自己的公国打仗，因此这些议员的头一件事，就是向所有边境地区发函，嘱其妥为戒备，并将外来军队的任何动静迅速告知他们。原来，乌尔里希的用意在于把他所畏惧的邦议会挤到“在任何情况下都会赐予他敕令和放逐状”的皇帝陛下和与他结交的诸侯与领主们的武力之间，并加以威胁。

为了申述农民阶级的疾苦和要求，一大批乡村代表与各城市
82 代表同时来到斯图加特。上层僧侣们尚未到场，骑士阶级未被邀请，因此根本没有来。相反，皇帝使节，法耳次、维尔茨堡和巴登的使节，瑞士联邦的使节和斯特拉斯堡与康斯坦茨的主教们却以调解人身份亲临现场。

公爵首先要求邦议会补偿他的债务和支持他反对起义的农民。但是邦议会认为必须先整顿他的奢侈的生活和他那些顾问们拙劣的管理方式，才能考虑他的要求。会上申诉的疾苦，其中一部

分对其他贵族领地也具有代表性。有一些人控诉，他们已经根据契约拿钱抵偿了徭役，可是现在却不管当时交没交徭役钱，都必须照旧服徭役；另有一些人控诉，现在完全不像古时候那样，徭役和苛捐过多，官吏们横行霸道，专制暴虐。在各地，除公爵所规定的捐税以外，他们又增加了几百种捐税来压榨人民。还有一些人控诉，给他们规定的新赋税是不公平的。他们曾向内廷总务府一再申诉，可是每次侍从卫队长给他们的答复无非是："你们本来就应该交税嘛！"一部分惩罚，像例如严重的罪行无法忍受，增加了四倍甚至更多，还有，农民们必须把自己的狗拴住，让野兽在啃吃农民的庄稼时不受惊扰。由于农民阶级的代表参加会议，邦议会内的发言就越发自由。会上特别通过了下列提案：鉴于朗帕尔特、萨姆和洛歇尔三人执政，政绩腐败不堪，公爵应当容许从公国中选出十二个人，即由贵族、市民和农民中各出四人，今后协同他一起执政。公爵本人每年应有固定的皇室经费来支付他本人和宫廷的费用，此外他可以保留六十匹马，但是诸侯领地其余的收入应该用来偿还债务，修道院和寺院应适当地加以取缔，它们多余的财产应与诸侯领地合并。同时强烈要求惩办上述三个举国皆知的国事犯。

邦议会的这一行动颇使公爵和他的顾问们感到震惊。他们把
这一行动归咎于农军，农军就驻在离邦议会会议地点只有三四小 83
时路程的莱昂贝格和雷姆斯河谷，以示威胁，也归咎于一部分斯图加特市民的影响。会议刚开三天，公爵突然在 6 月 20 日夜间同他的骑士和顾问们驰往杜宾根，并从那里发布命令要求各城市代表也跟随他到杜宾根去。

上层僧侣们赶到了公爵那里。城市代表则与农民代表发生争执，他们与农民分道扬镳，随公爵到了杜宾根。7月初，农民代表致函公爵要他在杜宾根会议结束以后，立即返回斯图加特，至少应听取农民的申诉，并给予口头答复；代表们郑重地受到委托要同他本人商谈；假如他们不获结果就回家去，农村中的愤懑不平者将更加难办。

由于斯图加特发生了大规模的骚动，答复肯定是不会令人满意的；斯图加特人担心公爵计划对该城采取敌对行动。一部分愤懑不平的市民在圣乌尔里希节夜间（7月4日）起义，倒向农民一边，从地方官汉斯·冯·盖斯贝格和法院手里夺取了几处城门钥匙。有人说，要把辖区的农民都召唤到城里来，所有岗位都由市民担任。可是运动于7月6日就已达到顶点。大多数居民反应比较冷淡，此后几天就又噤若寒蝉了。

在此期间，杜宾根邦议会匆匆完成了自己的工作，其结果就是众所周知的杜宾根协议和闭会公告，两个文件在圣基利安节（7月8日）同时发布，其细节为人们所共知，且同我们的宗旨无关。公爵容忍了他从不打算、也不会去遵守的其中的那些重大限制。各城市主要是只顾自身。邦议会承担的公爵债务达九十一万古尔盾，其中绝大部分要由农民负担。因为“市民不愿像农村老百姓那样接受课征，而‘名门望族’又不愿像‘村区那样交纳赋税’”。穷人们和农民们所争到的一切只是这么一些诺言：尽量使各处的徭役负担平衡，能够被接受，真正赈济穷人，不过分保护野兽，使官吏放弃经营农业和商业，特别要放弃对谷物的重利盘剥，禁止林业人员任意骑马穿越农田，准许葡萄农驱赶葡萄园内的鸟类。今后如果有老百姓向内廷总务府提出申诉，它必须倾听并给予答复。

在邦议会上，对农民的根本要求、最迫切的需要和权利，则只 84
字未提。此外邦议会中今后既没有农民席位，也没有农民选举的代表。辖区仍如过去一样被视为城市领主们的附属品。

农民就这样完全不被人放在眼里，迄今依然受到轻视，没有得到丝毫的表决权，也没有得到自然和市民社会本应赋予他们的一些权利。这些情况必然激起农民的愤慨。农民早就看出公爵的这种鄙视态度，“认为农民代表微不足道”，不愿亲自听取他们的要求，也不愿和他们商谈。诚然，杜宾根协议和闭会公告中的一般利益，部分也对农民有利，甚至许多愤懑不平的人只要能对纸上诺言确有信任，对此也会觉得满意的。

那些代表先生们在杜宾根并未事先取得本辖区的同意而有独自缔结协议的全权，但是他们却认为他们活动的成果会使大家普遍满意，因而就把这个协议向全国公布，要求重新宣誓效忠于这个协议。而且为了恫吓某些此后可能会反抗的人们，他们在杜宾根协议后面不厌其烦地加了一个附件，规定今后如有人反抗将受到刑罚和处死。

这里十分清楚地表明，全体农村居民在意识和武装、决心和要求等方面是多么不统一，穷康拉德又怎样没有和群众打成一片。尽管协议提供的东西少得可怜，可是绝大多数辖区对此已深感满意。在黑森林表现最顺从的是多恩施特滕、多恩汉、祖尔茨、罗森费尔德和它们所属的村区。

在乌拉赫河谷，也有多数愿意同公爵和解的人压倒了宁愿站在穷康拉德一边的人。自从雷姆斯河谷再次起事以来，人们看到班特尔汉斯又骑马到处奔走。在梅青根，人们决定投奔穷康拉德，他们相信穷康拉德正在兴起。

正值收割干草的季节，班特尔汉斯骑马登上劳亨山区的多恩施特滕，在布克哈特·波尔的铁匠铺前停下来。村中寂静无人，只是铁匠铺里炉火熊熊，响着打铁声。班特尔汉斯向铁匠铺喊道：
85 “村长们都哪儿去了？”铁匠走出来回答：“都在地里。”“好吧！”班特尔汉斯接着说，“不要忘了告诉村长们和全村人，明天不要拖拉，早点起来，派人到费尔德施特滕，从费尔德施特滕再到莱欣根，叫大家都到德廷根宫城去，在那里集合以后，再浩浩荡荡地出发。”说罢他就向德廷根的宫城疾驰而去。

他来到了莱宁河谷。在古滕贝格，汉斯·汉德尔刚洗完澡来到酒店，他看到班特尔汉斯骑在马上正同一个男孩说话，便向他喊道：“下来，我想请你喝一杯。”班特尔汉斯说：“不，我急着要赶路，过来，我和你说句话。”他们走到一起。班特尔汉斯接着说：“我到这里来，很想听听你的意见；德廷根、梅青根、普富林根、埃宁根都已发动起来，共有四五百人，正通过蒂芬巴赫开往德廷根宫城。他们派我上山到伯林根、蔡宁根、多恩施特滕和费尔德施特滕，这些地方也发动起来了，并将向德廷根宫城进发。你以为他们肯定会去吗？夜里我们将在德廷根宫城会合。”“我不知道，”这位古滕贝格人说，“我还没有听到山里有什么动静。”在这番谈话之后，班特尔汉斯就骑马下去了。

多恩施特滕的铁匠当晚召集全村区人，使者飞速赶路。一早费尔德施特滕人就来了，准备继续行进，莱欣根人走在他们后面。就在这时，乌拉赫河谷人来了，他带走了一些人，并使队伍掉头回转。

从另一个方向，即从梅青根开来的队伍，也遇到意外障碍而停顿下来。班特尔汉斯急速奔往雷姆斯河谷。但是，上述几个山谷中的农民接受了杜宾根协议。乌拉赫辖区农民的条件是：准许他们在自己的土地上射击野兽，消除他们的疾苦并实行大赦，特别要求释放辛格尔汉斯。于是，他们重新宣誓效忠。

反对派在全国只有几个地方较为有力和较为持久。两个反抗中心依旧是首府左边的莱昂贝格和右边的朔恩多夫。从海特巴赫直到斯图加特郊外的高地，所有农村和不少城市完全以莱昂贝格为榜样，在莱昂贝格人未宣誓效忠之前，他们也不宣誓效忠。

也许是外邦军队逼近的消息（其中法耳次选帝侯的骑兵已经 86
在 7 月 26 日到达毛尔布隆）以及公爵的答复对恩格尔山上的人接受杜宾根协议起了决定性作用。公国这一边的所有邻邦都把这件事作为先例，纷纷效法。

在杜宾根谈判期间，雷姆斯河谷人的态度庄重而坚定：没有一处发生骚乱，亦无丝毫粗鲁癫狂现象。农民们都留在村区里，不出家门。他们静待杜宾根事态和国内公众情绪的演变。

公爵特别关心安抚他家最老的佃农。协议批准之后，他立即把协议向农民宣布，并向山谷里的全体农民规定了一个日期，届时他要亲自接受他们的效忠宣誓。他通知他们来朔恩多夫城前，但不带武器。他本人骑着马仅由宫廷侍臣及骑兵八十名左右随同前往朔恩多夫。

农民也有近七千人到场，但却是佩带着剑、矛、枪和盔甲等全副武装，充分做好了战斗准备。乌尔里希居然如此狂妄，他不但保留了全国所憎恨的三个罪人，即总务大臣、骑兵队长和文书官的高官显职，而且还带他们一起到朔恩多夫来。甚至还让骑兵队长向集合起来的农民宣读杜宾根协议。

农民们不动声色地伫立着。只在宣读协议的过程中才发出喃喃私语，声音在人群中不断扩散开来，都是对顾问和廷臣的严厉谴责，人们听到这样的话：“这些叛徒窃贼拿国家的钱替自己盖漂亮的房子。”甚至对公爵也毫不客气，农民同声叫喊，公爵的荒淫无度是造成他们妻子儿女受饥挨饿的原因；好吃懒做的显贵豢养着大批歌手和笛手，官吏的横征暴敛和贪污腐败都是造成一切贫困的根源。

乌尔里希留在城里，宣读协议时并未出席。有人向他报告了城前发生的事情。他一怒之下，便跃上马背，飞驰而去，后面紧跟着能迅速尾随于他的骑兵。他自以为，他那侯爵的尊容一出现，甚至他的羽毛帽子就能把农民恐吓住，使他们循规蹈矩。不料农民一看见他，就排开队伍，摆出严阵以待的架势。公爵骑马紧靠到农民跟前，谴责他们桀骜不驯，要求他们老老实实地回家去，每个人都回到各自原来的地方，勤勉安分地耕地种田。此后，他愿意宽恕和不究他们以往发生的放肆言行。但是，人群中有人向他大喊，“这些空话不能替他开罪；他应当撤去他的财务大臣、歌手和宫廷
87 寄生虫，取消他的猎人和猎狗，必须这么做！”

这时骑兵队长萨姆发话了。他嚷道，凡是拥护公爵的人都站到他那边去。接着人群骚动起来，喊声大作，大家都远远避开乌尔里希，向后退到相反的一边。公爵孤独地同他的宫廷人员在一起。他的脸色一阵通红、一阵苍白；他惶恐的目光里露出杀气。他生平第一次听到贫困挨饿的穷人对他大声咒骂，那毫无顾忌的骂声在

他耳边嗡嗡作响，他认为赶快脱身才是上策。

公爵正掉转马头，施勒希特林斯-克劳斯一把抓住他的马缰
绳，另一个家住格隆巴赫、名叫法伊特·鲍尔·冯·布奥赫的人。
用梭镖向他刺去。但是，公爵的那匹高头大马和他的随从把他从
克劳斯的拳头和鲍尔的梭镖下抢救出来。当博伊特尔斯巴赫的鲁
普雷希特，穷康拉德的核心人物之一，眼看他的同伴们没有得手，
便一边骂、一边向队伍大喊：“开枪打死这个坏蛋；不要让他骑马跑 88
了！”有人已经装上火药，但未及开枪，公爵已经逃之夭夭。

在这同时，城里的谋反者已经行动起来。乌尔里希刚刚出城到农民那里去，留在城里造反的市民就占领并关闭了各城门，致使

乌尔里希公爵在朔恩多夫城前

还留在城里的公爵随从无法出城，而当公爵逃离农民奔回城市时，也不能再进城了。朔恩多夫秘密社团看到邦议会的结果以后，似乎已下了极大决心，要生擒公爵或把他置于死地。上面那三个胆大的人显然是执行这一决定，并有意冲到公爵的马前的。

乌尔里希飞速驰往斯图加特，同时给城市和辖区留下或发出命令，要农民把他们是否愿意接受协议的决定派人送到他的驻地；他愿意给他们三四天的考虑时间。谋反者们觉得事已如此，再无退路，只好快快下手。他们深知公爵无非想利用考虑时间作缓兵之计，以便集中武力来镇压他们。现在除了卡斯帕尔·普雷吉策尔和他的兄弟格奥尔格以外，还有瓦根汉斯和他的儿子伯恩哈德，以及一个叫福尔佩尔茨的有经验的军人在城里算是活动最积极的人了。两派都在进行极其激烈的活动，一派人数较多，主张接受协议；另一派则主张举起起义的旗帜。第一派为争取辖区支持，建议每个地区应专门派人到城市来就协议发表意见，他们希望以此说服每个人，赢得多数。相反，秘密社团成员则号召山谷里的穷康拉德到城里来。农民们成群结队涌入城内，占据了一切重要位置，同秘密社团一派结合在一起，协助他们撤去各级官吏、法官和市政会官员的职务，把他们之中的一支强大守备部队留在城里，然后又回家去了。同时决定各地区应按其大小派四个至八个居民，作为全权代表前往朔恩多夫，凡经商讨决定的事项，就应当执行。此外，
89 农民和市民还应各自选出两个首领。地方官和倾向公爵的人对此表示同意。三天的考虑时间在喧哗骚动中过去了。第四天，城市和辖区选出的首领和全权代表一起到朔恩多夫市政厅开会，这次农民们仍然选举了博伊特尔斯巴赫的汉斯·福尔马和乌尔巴赫的

福尔马·布劳恩为首领，市民选举了海因里希·舍尔特林和汉斯·希尔施曼为首领。

代表们正在商讨，这时民间传出谣言，说市政厅里的多数先生们想强迫接受协议，上面这样做是不对的。普雷吉策尔和他的朋友们通过一村一村连续发射信号枪的方法，召唤辖区农民进城，于是农民从四面八方迅速奔向朔恩多夫。城里骚动得这样严重，以致他们冲进了市政厅，把城市首领之一海因里希·舍尔特林从市政会楼梯上与其说是拖了下来，不如说是抛了下来。

由于考虑时间已经过去，权贵们又定了一个新的期限。公爵所以赞同新期限，是因为他的援军尚未集结完毕。这时，在城里的市民和农民已经达成协议，要从他们当中选举一批最开明的人，让这些人在给公爵的复信拟就之前留在城里，负责用武力镇压或驱散城内任何骚动。但是城里的谋反盟友们认为时机难得；他们早就迫使地方官发誓站在他们一边，并由他们的人占领了所有的坚固据点，从而使朔恩多夫成为一个合适的根据地。虽然这个城市在二十四年后才扩建为要塞，但在这之前，按当时条件来看，设防已经相当坚固：在坚固的城门之上筑有塔楼，城墙上共修建了十八座高大的塔楼，因而有塔楼城之称。

首领们挑选好了负责维持秩序的人，率领市民和农民到城外草地上去检阅，这时，穷康拉德的核心人物也混在人群之中。他们鼓动群众，大声叫嚷，应当向全国各地继续进军，同所有辖区里志同道合的人联合起来；如有必要，应以武力扫荡全国。城市首领们想表示异议；但是海因里希·舍尔特林为了保全性命，不得不逃进附近的教堂；群众迫使汉斯·希尔施曼带领他们继续前进，让他举着穷康拉德的小旗。他们第一次让这面小旗飘扬起来。城市地方官厅的小旗和穷康拉德的小旗一起迎风招展。

大约有六百个人就这样奏着威武的乐曲，离开该城，沿雷姆斯河谷向下行进。他们刚到达离朔恩多夫约一个半小时路程的格拉
90 德斯特滕绚丽的葡萄山脚下，就像先前在温特巴赫和黑布扎克那里一样，迫使这里有名望的、有钱的人和他们一道开拔或把农奴交出来。这时，公爵的总管康拉德·冯·尼彭堡率领一些骑兵，还有汉斯·冯·盖斯贝格以及几天来在魏布林根注意事态发展的各邦议员正迎面而来。这是7月23日晚间的事。他们自称代表公爵要与农民进行和谈。但农民因急于要加强自己的人马，没有听从他们，只是简短地回答：今天夜间他们将在格隆巴赫扎营，要见他们的人，可以在那里找他们。

显然，他们担心人们想通过谈判拖住他们，然后乘其不备，派军队突袭他们。因此才做出支吾其辞、蒙骗对方的答复。其实，他们并未去格隆巴赫驻扎，却变更路线，离开大路，向左转入僻径。

集市小镇博伊特尔斯巴赫坐落在格隆巴赫对面、雷姆斯河南岸，在它的东面丘陵起伏，那里曾有过同名的古堡。但是，这片从前耸立着古堡的葡萄山丘，因建筑彼得和保罗小礼拜堂而得了“卡培伦山”[1]的名称，老百姓叫它卡培尔山。

农民队伍进入了雷姆斯河谷侧面的这个山谷，并在卡培尔山上扎下营寨，山谷东面隆起极其绮丽的葡萄丘陵。在队伍中可以

---

① 意为小礼拜堂山。——译者

听到稀奇古怪的谈话。村中一些人向过路的队伍问道："你们到底想干什么?"他们回答说："我们要把穷康茨扛到卡培尔山，再把它埋葬在这里。博伊特尔斯巴赫人有穷康茨已经十年了，博伊特尔斯巴赫本是穷康茨起事之地，所以我们想再把它埋葬在这里，然后再回家去。"由于他们听说公爵已经号召杜宾根、斯图加特和坎施塔特三城来反对他们，所以他们就从山上询问汉斯·冯·盖斯贝格，他们是否会受到袭击。盖斯贝格答应他们，只要他们对效忠协议的人不加伤害，他们就会平安无事。

夜间和次日清晨，其他辖区的农民成群结队地来到卡培尔山，以加入他们的队伍。汉斯·冯·盖斯贝格早就在 7 月 24 日必须向公爵报告，现在山上有农民一千五百人以上，这群暴民除了推说愿意考虑以外，没有任何别的答复。第一批由各辖区前来集结的 91
队伍，部分离卡培尔山有四到六小时路程，如马尔巴赫和巴克南；在这些地方，人们想必早已为这一步骤做好了准备，在这一天发出了信号。甚至还有很多人从朔恩多夫紧跟着来到山上。汉斯·胡梅尔在城门下大喊："我们总有一天要刺死那些大头儿们，叫他们肝脑涂地。"那个在温南登敲打小警钟召唤援军的人，不是本邦人，而是亚尔萨斯人，是来自凯泽斯贝格的佐伊费林·施奈德。

看来有许多过去鞋会的逃亡者和大部分穷康拉德人在卡培尔山上会集了。此外，较远的各辖区似乎也派来了代表。甚至官方的报告也说，来山上的人，"很多是公爵的臣民，另有一些是臣民的使者"。他们"希望全国都归附他们"，他们不但向符腾堡各辖区，而且向其他诸侯、伯爵和领主的地区，特别向邻近的帝国城市派遣使者或寄出请求和劝告信件，要求以武力增援他们，"援助正义和神圣的权利”。

穷康拉德人早已把他们的计划归纳为如下三条：

第一条规定，不但要把符腾堡公国的农民和下层市民，而且要把所有周围地区都从各帝国城市的诸侯、主教、上层僧侣、城堡主和领主们的桎梏下解救出来，彻底废除一切苛捐杂税和徭役，今后要自由生活。第二条是关于实施的时间和手段。同盟应尽最大努力设法增强本身力量，等到有了二万至三万战士后，再对世俗领主和教会领主开战；寺院和大领主的巨大财产应予没收，使穷人的生活得以改善。第三条涉及公爵和他的顾问，也就是对付他们的办法。关于这一点，同盟人员的意见早在一些农民在朔恩多夫城郊袭击公爵之前，已有分歧。少数人想把公爵和他的顾问处死，多数人只主张把他抓起来。乌尔里希当初之所以能在朔恩多夫城郊脱身，显然也是由于这种情况所造成的。因为，如果多数人决定要处死他，他们会很容易地开枪把他打死，因为他根本不知道会对他进行袭击。但是当抓他的计划失败之后，据后来有一个人承认，“很多人后悔没有把他打死”。现在，在卡培尔山上又提出了这一条，最后决定，如果公爵不答应他们的要求、不赞同他们的意见，那么，
92 不是把他抓起来，就是把他打死。有些人还谈到，要扶立他的兄弟代替他的爵位。

事业的良好开端给了农民以很大的勇气，这种勇气有时也会导致上天本身会在“太阳和月亮上现出令人惊愕的奇兆”而预示一场重大的政治变革；一个会占卜的女人预言穷康拉德将三度被镇压，但在第四次将会成功。邻近各地或出于自愿，或出于恐惧给他们送来了粮食、车辆和其他用具。可是他们已经开始主要靠教会

领主们的财产来生活了，其中有些领主在附近有寺院，另一些只有几座庄园。

同时，霍亨施陶芬那边的菲尔斯河谷也行动起来了。那里的运动起始于乌耳姆自由市所属的盖斯林根。盖斯林根城的地方官、保护官和名门望族看到人民运动风起云涌，便携带妻子儿女以及珠宝首饰逃走了。在上杜宾根的施泰因拉赫河谷，有一支五百多人的农民队伍武装起来。雷姆斯河谷人进军卡培尔山的消息、使者以及乌茨·恩滕迈尔草拟的几百封号召大家为了共同的自由去增援卡培尔山的信件，在国内引起了一场新的大规模的骚动；如果加以利用，将不只是同盟纲领第二条所要求的两三万人，而是整个士瓦本的十万农民集合在穷康拉德的旗帜之下；但是他们应当前进，而不该像他们所做的那样，只是停顿在山上。

如果他们能在最初几天继续前进，进军本来是畅行无阻的。公爵几乎没有军队。没有军饷就没有雇佣兵，公爵财政的窘态已是全国皆知。他的侍臣费了九牛二虎之力才从各地招募到了二、三十名骑兵。他的全部希望都寄托在忠于他的各个邦辖城市的援军上，也寄托于同他结盟的诸侯和领主的援军上。为了保卫魏布林根辖区，他在7月24日就已经从斯图加特市和辖区招募了二百人；但是，当其他辖区并未派来增援部队时，这些人在到达离魏布林根一小时路程的坎施塔特就拒绝再前进了。

首府几乎陷入农民手中。家住茨温格托尔的斯图加特人耶尔格·蒂格尔，其母叫勒格林，来到卡培尔山，答应农民把斯图加特
交出来。于是近一千名农军向前推进，驻扎在斯图加特的西北高 93
地，即克里格斯山上。蒂格尔，也叫勒格林-耶尔格，同本城四个雇

佣兵约定，午夜时分把他们守卫的城门给农民打开。在城里，蒂格尔大约有二百个可以信赖的市民。但在实施这项计划之前几小时，他们五人的谈话无意中被人偷听而遭到逮捕。农军由于这一计划失败而撤走。

在卡培尔山上，有不少熟谙战事的行家，特别是那些从上雷姆斯河谷来的许多人，他们都是在外邦军队的戎马生涯中度过了自己的青年时代。但是这群人缺乏明察、果断和干劲。最高首领福尔马和其他核心人物，诸如被选为军士的施瓦茨汉斯的儿子塞巴斯蒂安、被选为旗手的小贩耶尔格伦，在军中坚持要以暴力行动继续前进，吸收全国志同道合的人，实施上述纲领，这时就发生了重大分歧。

一些人害怕还会丧失一些东西；另一些人害怕这样一个建议最后会彻底打垮教会官厅和世俗官厅。邦议会因为这些危险的纠纷已经移至斯图加特，议员们每天上山下山，公爵的间谍和一些为了公爵的利益劝诱农民并反对秘密社团意图的人竟潜伏在农军之中。在历次会议上，分歧和怒斥竟达到互动干戈、拔剑张弩的程度。当邦议会议员们最后答应农民减轻他们申诉的一切疾苦时，绝大多数人高呼和解。可是当公爵要以外邦军队镇压农民这一令人震惊的呼喊传遍农村之后，农民们慌忙携带财物逃进城去，以躲避“外邦军队的血腥屠杀和掠夺”。这时抚慰人心的诸侯顾问给政府写道：“这是一群穷苦、害怕、胆小、谨慎的百姓！”这一点，现在才真正表现出来了。

穷康拉德派看出，已不可能向这些群众贯彻原来的意图。于是他们在会议上设法通过了一项决议，要大家立誓，一人有事，众人有责，任何人不得背离其他人；然后，汉斯·福尔马、朔恩多夫的汉斯·瓦格纳（也叫瓦根汉斯）和他的儿子伯恩哈德、乌尔巴赫的布劳恩-乌尔班、乌尔巴赫的汉斯·黑雷尔、普吕德豪森的汉斯· 94
法亨达格、瓦尔德豪森的汉斯·林登施米德、格隆巴赫的法伊特·鲍尔、格隆巴赫的戈里·施奈德和乌尔巴赫的容·乌尔里希等首领于7月27日圣雅各布节[①]后的星期四从山上下来，以全体农军的名义在博伊特尔斯巴赫的旅店里同邦议会的几个议员以及代表公爵的汉斯·冯·盖斯贝格进行谈判，双方约定，在斯图加特召开的、旨在解决农民疾苦的邦议会结束之前，保证和平与安全；农民应和平地返回家园，公爵也不得威逼或强使他们接受杜宾根协议，而应当把这一切提到邦议会决定，不论他们对杜宾根协议的各个条款采取什么态度。

7月27日中午前后，农民首领为一方，公爵和邦议会代表为另一方缔结了协议。协议条文的措辞十分狡猾。显然，憨厚的农民听了代表先生们的讲话之后，对邦议会和公爵寄予厚望，但他们对协议词句的理解与大人先生们的理解有所不同，大人先生们蓄意把词句写得模棱两可，含糊不清。其实这种狡猾伎俩早在谈判中就已暴露无遗，在行动中则更为明显。

协议一经签订，当晚许多农民便离开卡培尔山营寨，和平地分散，各自回家。少数比较谨慎的人不大相信，他们到相距不远的埃斯林根、格明德和阿伦等帝国自由市去了。

这时，乌尔里希已经集结了一支相当数量的军队。自邦议会

① 应是7月25日。——译者

承担了他的债务以后，他的信用又提高了。路德维希·冯·胡滕曾以维尔茨堡主教使节身份亲自参加缔结杜宾根协议，单是他一人就从自己家产中借给他一万古尔盾，使公爵得以招募雇佣骑兵；在胡滕的推动下，胡滕的主人，即主教，也派来一支强大的援军。正是这个胡滕得到了报答：他的儿子不久惨遭乌尔里希谋杀。

现在各城市由于获得了他们所希望的东西，也表现得更加顺从了。城市的权贵们对农民及其事业从未表示过同情。早在骚动初期，十四个城市的名门望族的代表在马尔巴赫集会讨论过，要把“这帮无用的农民群众的愚蠢行为以严厉手段镇压下去”。可是，由于他们宣称，为了使农民再度归顺，解除农民的主要疾苦是完全必要的，所以公爵顾问菲利普·冯·尼彭堡竟谴责他们是勾结农
95 民的、“反叛的混蛋”。有名望的市民向来跟贵族一样自私自利地反对农民。这些城里人喜好权势，利欲熏心，随时准备把不公平的负担转嫁到农民身上，他们认为农民参加邦议会选举，或者甚至在议会中同有名望的权贵们一样占有席位和有表决权是大逆不道的。于是这些城里人赶忙增援公爵；单是杜宾根人就给他派去一支装备精良的五百人的队伍，由贵族恩斯特·冯·菲尔斯特率领。与这支队伍合并到一起的是由巴林根、斯图加特、坎施塔特和基尔希海姆派来的军队，基尔希海姆的那支部队在温特尔图尔克海姆被一支农民军所阻，没有渡过内卡河。维尔茨堡的援军有三百骑兵，其中七十七名出身于贵族，于7月29日已经驻在内卡河畔的劳芬。从法耳次选帝侯路德维希那里传来消息说，他的骑兵将于26日至27日抵达毛尔布隆，从边区行政官巴登的菲利普侯爵处传来消息说，他的骑兵已于27日晨从普福尔次海姆出发。康斯坦

茨主教的增援部队也在行军途中。大约有一千八百名雇佣兵和臣民集结在乌尔里希周围。仅格奥尔格·特鲁赫泽斯·冯·瓦尔德堡[1]就供给他一百名骑兵、六百名雇佣兵和一些大炮。

各城市的队伍都预先开到了魏布林根。7 月 28 日，经公爵批准的协议书到达了，另外，好像还有一道给他自己人下达的密令，其中指示如何对待协议；公爵的一千八百名骑兵接踵而来。这时，山上的最后一批农军在得知公爵的批准书已经到达后，纷纷走下山来，天真地相信对他们许下的和平与安全的保证。7 月 31 日早晨，太平无事的魏布林根人突然遭到恩斯特·冯·菲尔斯特所部的袭击，而且当时一份献给公爵的颂词中已清楚地表明，袭击是奉公爵之命而为，因为魏布林根的告密者告发了他们那里的可疑分子和与农民结盟的人的姓名。这些人悉数被捕，他们的财物被劫，房屋被捣毁。正如菲尔斯特所说，以后在全国各地对被告发者都采取了这种惩处办法。

接着，菲尔斯特和公爵的顾问迅速沿雷姆斯河谷而上，对农军的最高首领博伊特尔斯巴赫的汉斯·福尔马和他的军士及旗手进行突然袭击，福尔马等人由于信赖协议承诺他们的和平与安全，以为平安无事，此时却束手被捕，戴上镣铐，被押往朔恩多夫。

协议缔结之后，一部分农民守军也离城回家了。下午三时恩 96
斯特·冯·菲尔斯特来到城前。还在守卫城门的人被这突如其来的人马弄得惊慌失措、东逃西窜。菲利普·冯·尼彭堡兵不血刃，

① 格奥尔格·特鲁赫泽斯·冯·瓦尔德堡(Georg Truchseβ von Waldburg)(1488—1531)，士瓦本联盟军队司令官，镇压 1525 年德意志西南部起义农民和城市下层群众的主要组织者。——译者

就占领了弃守而敞开的城池。军队一入城,就不准任何人出入。但大部分盟友还是逃脱了,很多人翻越城墙跳了下去。只有少数参与者在城中遇难。公爵在骑兵护卫下随后来到。他怀着复仇之念,经过了起义农民的村庄,朔恩多夫人以款待公爵的应有礼遇来接待他。他刚刚入城,就示意抢劫。军队冲入谋反者或被检举者的家宅,把主人投入监狱,在凄厉号哭和备受虐待的妇孺面前抢劫财物,捣毁房舍。谋反者的聚会屋宇,即普雷吉策尔的家,首先被夷为平地;瓦根汉斯和其他五个人的家也遭到同样命运。他们不分青红皂白到处抢劫,尤其在那些根本无罪而以为对自己的财物不需担心的富有人家。天色在抢劫中逐渐昏暗。所有出口通道全被封锁,以免让这些作法的风声传到乡间,致使农民群众警惕他们行将临头的大祸,并促成穷康拉德成员急速逃遁。公爵派人叫朔恩多夫辖区、雷姆斯河谷和附近各地区所有身强力壮的人,于8月2日到城前草地上来集合;那天到场的约有三千四百人,其余的没有来或是逃到山里和各帝国直辖市去了。这次召见的既定目的是,向农民们公布邦议会的决定,首先命令他们放下武器。这些绝大部分无辜的人突然被公爵的外邦军队和本地军队四面包围,他们只好照办。一些人看到骑兵队伍突然冲过来,就像一群鸽子碰上老鹰一样,向田野逃去,但大多数被骑兵追上,当作“特别嫌疑”拉入被包围的圈内。这时,邦议会的决定向他们宣读了,内容如下:

“我们最仁慈的君侯及朔恩多夫市和辖区委托邦议会决定:邦议会必须依据杜宾根协议去执行应兴应革的命令。据此,应邀出席邦议会的人,根据协议的各项条款一致决定并命令朔恩多夫市

与辖区的人也要接受杜宾根协议，对它宣誓效忠，并应按照其内容 97
恪守与执行协议。其次，在举行过杜宾根邦议会之后，在朔恩多夫市和辖区又犯下若干抗命事件和非法行为，虽然过去对此已开恩宽恕，但邦议会现在决定：凡在言论、著作、意见和行动上与这种非法行为有牵连的人都应受惩罚，并予以逮捕，此后我们最仁慈的君侯有充分权利对他们每一个人进行询问或要求表白，正如根据君侯的特权和已经批准的协议有权处理每一个有罪的人那样。”

现在，这些手无寸铁的人为自己的轻信而后悔莫及。他们现在感到把决定自己命运的事交给贵族是一种多么愚蠢的行为。这些贵族在杜宾根协议中认为他们最基本的疾苦、口粮状况、所增收的葡萄酒关税等问题根本不值一提，而最后一项恰恰是雷姆斯河谷日益贫困化的主要原因之一。现在他们吃惊地看到，自己盲目地相信了一个君侯和他的顾问们的和平倡议，这些顾问不久前还惯于拘押按法律途径反对非法赋税的议员们，直到他们答应为止；并且还惯于对他们的代表以屯驻骑兵，对他们的市长以咒骂相威胁：“你们不乐意也得乐意，主上可以取下你们的脑袋！”

乌尔里希骑马向农民走来，他从头到脚全身武装，甚至他的马也披着铁甲。农民一看见他就摘掉帽子，神情胆怯，意志沮丧，十分惶恐。骑兵根据他的示意，向农民冲去，凡在运动中特别有名的活跃分子，或者被告密者告发的那些人，不论真假，都从人群中被揪出带走。被认为有罪或有嫌疑而被逮捕押走的不下一千六百名。现有的镣铐和绳索竟不够用，于是他们像狗一样被拴在一起，城内大小监狱全部塞满了。骑兵把其余农民群众包围起来，赶进城去，禁闭在市政大厅里，不给饮食。市政大厅虽然很大，但还是容纳不下这么多人。他们肩并肩地挤在大厅里，根本不能坐下，大多数人连站都站不住。假如他们不向守卫人员行贿求情，偷偷地得到一些面包和水，他们肯定会饥渴而死。

在其他人被拷打审讯时，他们只得在恐惧与希望之间徘徊。第二天中午，这一大群人从市政大厅被押解到雷姆斯河畔。可是，
98 这些受到饥渴折磨的人站在水边，只准看，不准俯身去喝。终于有人想用器皿盛水送给这些不幸的人。他们已有三十六个小时未进正常饮食。在公爵率领他的骑兵和步兵来到之前，他们还得在八月炎日下，长时间地站立在河边。农民见到公爵后，有人向他们示意，要他们跪下恳求以饶恕他们所犯的错误。他们足足跪了半小时，才被准许起立。在他们跪着的时候，外邦的顾问和公爵的顾问一道同公爵商谈，然后由总务大臣朗帕尔特代表公爵向他们宣称，公爵宽大为怀，免他们一死。但是为防止将来被卷入内战的图谋，他们应交出所有武器，除了小刀、不锋利的剑和梭镖之外，今后不准使用任何武器。接着他向众人宣读了杜宾根协议各项条款，全体必须对协议条款宣誓，然后各自回家。这是 8 月 3 日礼拜四晚上发生的事。

这时，另一些人正被严刑审讯，其中有些人是刚刚被抓进来的。审讯程序很短，到 8 月 5 日礼拜六那天，即经过三天时间，审讯结果，定于 8 月 7 日开庭公审。如果在这期间没有礼拜日，也许还会更快举行。仅有的审讯手段就是七个告密者和刑具。人们企图通过这些手段审出鞋会的人来。

8 月 7 日礼拜一，被告被带到那个通常举行露天开庭的广场上。有四十六人被戴上镣铐，其中有些人身体半裸，显然是从他们

隐藏的地方被抓来的，他们不是突然从床上被抓住，就是遭到了骑兵的劫掠；其余被捕农民则被徒手带到现场。担任首席法官的是斯图加特的地方官汉斯·冯·盖斯贝格，杜宾根的地方官康拉德·布罗伊宁担任起诉人，辩护人是朔恩多夫的地方官格奥尔格·冯·盖斯贝格。邦议会的议员坐在审判官席位上担任法官。这批戴着镣铐的人看到他们将分为两部分起诉，一部分只算作一般罪行，另一部分作为特别罪行，就提出请求：他们既然全都参加了起义，所受的待遇和控告也应相同。可是，其他的人却忘记了他们在山上一起作过的同生死、共患难的誓言，而把自己的命运同弟 99
兄们的命运分开了。他们跪在公爵面前，请求得到应有的宽恕。他们情愿受到公爵的从宽的处罚。经过商讨之后，公爵命他的总务大臣朗帕尔特向他们宣布，他本想对他们从严惩处，但是他们既然恳求饶恕，看在上帝面上，他同意从轻发落；如果他们愿意顺从地履行他所加于他们的义务，就应当庄重地高喊一声“是”，以作保证。这时，一千五百五十人举起手指，向着苍天，大声喊“是”。他们被处以罚金。

戴上镣铐的人受到了更严重的报复。除去前面提到的被恩斯特·冯·菲尔斯特袭击的三个人之外，虽然“毒汁四溅的毒蛇——鞋会披着善良外衣得以藏身于凶恶的罪行里，而这些凶恶罪行的首倡者和真正首领，以及他们的帮凶、党羽、同谋犯和犯罪分子”都已幸运地逃亡国外，对于留下的人来说，正是没有逃亡这一点足以证明他们只是同农民大众一样，一般地参与其事，但是，公爵和贵族嗜血成性。公爵为了监听被告和法官说的每一句话，竟寸步不离法庭。

最高首领汉斯·福尔马和他的军士、旗手,由于在受刑时已经对穷康拉德的暴动图谋供认不讳,因此被戴上镣铐交给了刽子手,并于宣判后立即在草地上被斩首。其他被捕者又被押回监狱,因为死刑法庭认为必须“对他们慎重考虑”。第二天早晨,又有七个穷康拉德成员被判死刑,他们是朔恩多夫的米夏埃尔·施密德、路德维希·法索尔德、制刀女匠人的女婿汉斯·魏斯、雅各布·胡埃特、汉斯·克勒扎特尔,以及施勒希特巴赫的道特尔·雅各布。这一判决也立即执行了,这当中最后一人的头还被悬挂在朔恩多夫城当中的城门上。其余的人连同妻子儿女终身被驱逐出境,其中有的受到严刑拷打,如法伊特·克劳特、米夏埃尔、赖兴巴赫的舒尔特海斯等;有的额头上被打上烙印或受到其他体罚,但是所有的人都必须宣誓永不报复。丧失公民权和处以巨额罚款算是最轻的惩罚。在被驱逐出境者中,有一人是勒亨鞋会的积极参加者汉斯·胡梅尔,他是福伊尔巴赫的裁缝。他在阿尔堡的约斯·弗里茨那里逗留了一阵又到了瑞士的其他地方,以后冒险回到弗赖堡
100 地区,被捕之后也被斩首了。

8 月 9 日,公爵在斯图加特公共市场上开始了第三次血腥的屠杀。他把城市里企图出卖给农民的人判以死刑并立即在市场上斩首。他们是:雇佣兵瓦尔登布赫的汉斯·施梅克、彼得·沃尔夫、他的儿子伯恩哈德、施密德·卡斯帕尔、彼得·科赫,这些人原是玻璃匠,还有斯图加特的称做勒格林-耶尔格的蒂格尔。第一个人是暴动首领,而彼得·沃尔夫,由于带坏了自己的儿子,因此他们两人的头颅也被悬挂在首府两个城门楼上,尸体被埋在牲畜剥皮场里。蒂格尔的母亲恳求领回儿子的首级,被拒绝后,她就在伊

尔根茨温格尔附近的耶稣圣像前自缢身死。她被拖出去同她的儿子埋在一起,她的家宅被毁。许多同蒂格尔有联系的人受到监禁,被绑在刑柱上示众,被处以鞭笞酷刑。

8 月 11 日,礼拜五,逃亡的穷康拉德成员被传唤到斯图加特进行答辩,但敢于到场的只有八个人。公爵随心所欲地惩处了他
们,总算没有要他们的命。在短短三天期限内未到场的人被判处 101
死刑。普雷吉策尔父子、瓦根汉斯和他的儿子、施勒希特林斯-克劳斯、法伊特・鲍尔、盖斯彼得、乌茨・恩滕迈尔等重要成员被指

朔恩多夫的死刑法庭

名为逃犯。只要他们一旦进入公国领地,不论何时何地被发现,都将被处死。无论何人,即使是父母、兄弟、姐妹或子女,如果明知故犯,窝藏他们,将与被判刑者一样,处以死刑和没收财产,其住屋将被夷为平地。穷康拉德成员除了从雷姆斯河谷逃亡国外的以外,

还有从其他发生骚乱的辖区逃到国外去的，他们“多半是十分浪荡的人”。因此，人们就这些人向帝国诸侯、城市和瑞士联邦提出要求，说“他们之中只有少数人很富有，但他们都是神圣信仰和基督教教会的敌人、反对者和卑鄙的破坏者，是蔑视与压制一切官厅和名门望族的人，是鼓吹异端邪说、破坏和平的人，对这些人不应宽容，而应看作是卑鄙无耻、大逆不道、应予治罪的恶棍，给以生命和财产上的惩罚，他们的思想意识含有极为有害的遗传痼疾，是一条毒蛇，他们咒骂、鄙视和破坏神圣的信仰与基督教徒、帝国、王国、公国、侯国、伯爵和贵族领地；他们毒害城市和乡村；他们要废除隶属关系，要使一切成为贱民所有”。

皇帝宣布剥夺逃亡者的公民权，同时敦请教皇将他们逐出教会。

凡是穷康拉德和动乱所波及的地方，在他们与雷姆斯河谷人分道扬镳并接受杜宾根协议之前，人们曾经对他们作过种种允诺，现在审讯法官纷纷向这些地方出动。在其他辖区也演出了朔恩多夫相同的法庭场面。到处是严刑拷打，审讯卷宗里装满几千被处以罚金的人的名单。以当时而论，大多数罚金很高，平均每人二十四弗罗林。

为了搜括大量罚金，人们对一些人严刑逼供，要他们提出很多其他人的名字；也有一些人自愿充当告密者。班特尔汉斯起初逃走了，他相信自己人不会出卖他，自以为过去做得很聪明，又听说安全有保障，于是就回来了。他坚持自己完全无辜，甚至还进入公爵的宫廷。在这里，他才知道自己的行踪已被觉察。当他的一个同伴，一个法庭上的人向他这个回来的人招呼，要他过去坐在一起时，班特尔汉斯愤怒地说："我不和叛徒坐在一起！"那人回答："是魔鬼和鬼火出卖了你。"班特尔汉斯说："不！不是魔鬼，是人干的。"

同时，国内又颁发了一道命令，今后不许有任何恶意言论，因 102
为业经查明，一切谩骂抗命之辞，恶毒诽谤之言，都是过去引起暴乱的原因和导火线，都曾公开地、毫无顾忌地出自神职人员、夫妻子女之口。今后如果有人在任何地方听到别人有这些言论，应当毫不迟疑地凭忠诚和誓言向当局报告，是僧侣，交给他们的官厅处置；其他人则按情节轻重给予人身、声誉或财产方面的处罚。起义市民和农民任命的所有村区委员和法官一概撤职。今后严禁结社、集会或敲击警钟，违者将受到人身和财产上的处罚，除非是官吏知道或奉官吏之命。甚至各城市中的法院和市政会，若不是为了共同利益也不得集会，集会时，绝不能有丝毫反对公爵和贵族的言论、行动和决议。同时，在所有曾发生过动乱地区的农民均被解除武装。8 月 10 日，雷姆斯河谷甚至再次遭到公爵骑兵的侵袭，他们在各地逐段搜索，以便彻底解除农民武装。倘若大多数农民还有面包可切的话，那么，他们除了一把切面包的刀以外，就什么武器也不能有了。

其他领主对于参加穷康拉德的臣民也给予了惩罚，但轻微得多。洛尔希修道院的臣民只需发誓不再反对修道院，未经修道院院长准许不得迁移到其他领地去，如实缴付人身税，不再敲击警钟，不再举行集会并缴付对他们所判定的罚金。

当然，乌尔里希最关心的是钱。在斯图加特邦议会上，不仅立即确定了新的赋税，而且还指示边境地区的各地方官，同逃亡者——全国每一个辖区都有一大批逃亡者——进行商谈，允许他们交付一定的罚金后回乡。图特林根的新任地方官汉斯·冯·卡普芬报告说，他遵照命令，也是为了他自己，通知了滞留在沙夫豪森的五十多名逃亡者①，他们应当到斯图加特内廷总务府自首，在那里将对他们从轻惩处；有钱的人每一百古尔盾只交付八古尔盾
103 罚金；没有钱的人到塔楼中忏悔赎罪。确实有许多人来到图特林根，他们以为这里会受理他们的事情，并可以得到调停；可是前往斯图加特，他们有很多顾虑。因此，汉斯·冯·卡普芬向领主建议，凡请求宽恕的，都可予以宽赦，因为在国内更易于控制他们，他们也可以少在外面为非作歹。

这个建议是有充分理由的。不到几个月由于乌尔里希治理不善产生了新的严重混乱，逃亡者和被放逐者在边境的一些地方又集合起来，其中一部分人甚至扮作朝圣者或用其他伪装潜入国内。毫无疑问，他们同瑞士联邦某几个地方的不安分守己的老百姓以及同其他公国的逃亡者都有联系。政府担心发生武装入侵和国内新的起义。于是颁发了严密保卫宫城、组织秘密警察的密令，以便在各地和边境认真监视是否有人偷越国境，是否有人以各种方式或言行挑起暴动，是否有叛逆和有危险性的表示，是否有人穿着朝圣服装或其他伪装在各辖区穿行，遇有上述情形者应立即加以拘捕。公爵确实在许多地点抓到了一些人，对他们严刑拷打，直至他们供认图谋杀害公爵并造成国内大乱，然后下令将他们处决。但

① 这里不应忽略，勒亨鞋会的逃亡者曾在沙夫豪森城被处决，但由于瑞士农民取得了胜利和公众舆论的转变，沙夫豪森城转而好客地保护了穷康拉德的逃亡者。——编者

在不多几年之后，所有的逃亡者和被放逐者都由公爵亲自率领回到国内，正如邦议会所说，公爵为了重返他自己被驱逐出去的公国而想建立一个新的穷康茨。

十分明显，雷姆斯河谷的农民受了双重欺骗，首先他们受了斯图加特邦议会将要解决农民疾苦的欺骗，其次受了狡诈的协定的欺骗，这个协定按领主们的意旨接受了杜宾根协议，而且本身就包含有惩罚的意义。在邦议会的决定对双方公开宣布之前，公爵方面的人竟然破坏协定袭击了农民，而在农民还没有接受杜宾根协议之前，其中一部分条款已被公爵用在农民身上了。

没有一个人在邦议会里对这样一种违背法律程序的行径提出反对意见，但是逃亡的农民首领们却早在 8 月 9 日就写信给汉斯·冯·盖斯贝格，指责他说：他曾在博伊特尔斯巴赫同他们商定在邦议会闭幕之前保证他们的和平和安全，可是在邦议会结束之 104
前，农民的财产和妻儿竟然受到侵害。同时，他们毫不放松地在国内公开控诉强加给他们的非法待遇，但是公爵和邦议会却公开宣布，任何人不得相信农民捏造的“无稽之谈”。

从此，穷康拉德就在断头台上或在监狱中，在遭受金钱、声誉和财产方面的严重惩处中，在遭受屈辱与放逐中结束了。又一个浪头消失了，但是洪流仍在滚滚向前。

为了阻挡这一洪流，士瓦本的贵族在乌拉赫集会，结成了一个新的、更加紧密的同盟。这个同盟对任何农民结义都给扣上暴乱的帽子。他们宣称：“因为士瓦本境内和帝国所有地区的臣民与穷人都随着鞋会的兴起而发生大规模的骚动暴乱，并用其他方法成立各种非法同盟来反对他们合法的、天然的领主与官厅；又因为他们力图摆脱官厅的管教，策划铲除贵族与一切名门望族；还因为必须考虑到贵族和骑士今后也可能受到目前诸侯、僧侣和城市所受到的遭遇，所以，他们为了对付老百姓的这种思想和这种冒险行为，就应以各种方法互相援助。”

第十章　奥特瑙的穷康拉德

在奥特瑙境内的比尔[①]，古格尔-巴斯蒂安与符腾堡公国的穷康拉德同时进行活动，他也自称为穷康拉德。

1514 年初夏，与雷姆斯河谷穷康拉德开始武装活动的同时，在比尔及与之毗邻的阿尔特施魏尔的两个穷康茨也跃跃欲试。

勒亨的鞋会同这几个地区也有联系。一个名叫雅各布的奥特瑙的会员曾参与哈特马特的秘密会议。虽然巴登地区的领主此后曾以其非凡的仁政为荣，但是由于实施对水果和酒类征收新关税、丈夫不得继承妻子财产的新的继承条例、徭役过重和保护野兽过
105 分以及许多其他侵犯古老习俗的条例而引起了老百姓的不满。

在服徭役的人中，有一个家住比尔、名叫古格尔-巴斯蒂安的人。他集合了一批伙伴不时来往于阿尔特施魏尔山谷和卡培尔之间进行活动。在阿尔特施魏尔山谷，有个自称为康拉德的人创立

① 斯图加特西面，黑森林西麓一城市。——译者

了第二个穷康茨,此人名叫埃尔森-伯恩哈德,他也在那里用粉笔画了一个圆圈,并喊道:谁愿意帮助布莱韦尔巴赫捕鱼,废除新法律,重新维护旧法律,谁就进圈子里来。“于是很多人冲进圈内”,这样他们便一起加入比尔的巴斯蒂安一伙。

6月14日礼拜三清早,许多农民从各山谷来到比尔集会,一部分人是不敢不来,大多数人是想要解除疾苦并且相信其他地区也会参加才来的。这不是没有根据的。施托尔霍芬的村长答应来,条件是:希望人们也到他那里,帮助他把施瓦岑的修道院院长从施托尔霍芬人那里夺去的森林归还他们;阿赫恩的人也答应来,希望人们也帮助他们捣毁和废除面粉秤。

巴斯蒂安看到农民集聚到一起,就让他们诉苦。他们极其谦卑。只要求:当葡萄园被野兽糟踏时,他们可以驱逐、射击、捕捉野兽或用其他方式杀死它们;可以自己保留或者随意将其奉献给地方官,不会因此而犯罪。他们希望废除新的继承条例,因为根据这个条例,丈夫不能继承妻子的财产;把在施泰因巴赫和比尔实行的每一富德[①]酒从五芬尼增加到六普拉珀特[②]的关税重新按过去的标准收取;饲料燕麦的价格也应降低;初级法院不得强迫任何人对邻居进行告密;挖壕沟服劳役以抵偿到期的地租时,沟中牧草应归服役人所有;负债契约,如时日已久,而所付息金已和本金相等,则必须予以作废。他们还希望,家常饮用的少量酒类无需纳税;妻子怀孕时,许可从小溪捕捉够吃一餐的鱼而并不犯法。

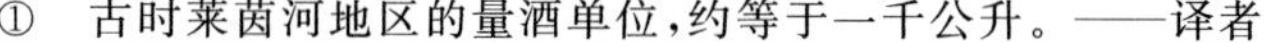

① 古时莱茵河地区的量酒单位,约等于一千公升。——译者

② 十四世纪莱茵河地区通用的辅币名称。——译者

他们一致同意，对待反对他们行使古老权利的任何人，应诉诸武力。巴斯蒂安继续扩大他的活动范围。已经宣布，侯爵领地和其他领地的八百多名农民将在一个规定的日子举行集会，地点在上阿赫恩的恩斯巴赫村附近的森林边上。这时，菲利普侯爵在获
106 悉活动情形之后，立即派骑兵突袭比尔山谷，破坏了这次集会，一部分农民被捕，其余惊慌四散。

古格尔-巴斯蒂安本人逃脱了，但他在布莱斯部弗赖堡城地区辗转逃亡数周之后仍被逮捕，以“阴谋煽动骚乱”的罪名，于10月5日被市政当局判决斩首，但定在他的妻子分娩后执行。

他的头颅落了地，农民的疾苦依然如故。

第十一章　农民对匈牙利、克伦地亚[①]和文地什[②]边区贵族进行的最初几次斗争

布鲁赫莱茵的鞋会在德国南部出现的同年，文地什地区的农民同盟在1503年也成立了。克莱因[③]地区除终日忍受领主所加给的苦难之外，长期以来还苦于不断遭到土耳其人的侵袭和由此

① 今奥地利南部接近意大利和南斯拉夫边境地区。——译者

② 文地什是斯洛文尼亚的别名。“文地什地区”就是克伦地亚、克莱纳和施泰厄尔。——译者

③ 今南斯拉夫西北角接近意大利和奥地利边境地区。——译者

而引起的赋税与战争痛苦。在这一年，这些山区同其他地方一样，发生了大饥馑，这场饥馑使得早已因许多其他苦难而激怒了的农民的贫困更加变本加厉。他们拿起武器，反抗教会领主和世俗领主，但是都未成功。

领主们“日复一日以课税和剥削”不断逼迫农民；1513 年农民掀起了第二次武装反抗。但这第二次起义也仅仅是一次尝试，领主们又很快地给农民“套上了一副辔头”，正如一位贵族老爷谈到这件事时所形容的那样。可是在次年，即 1514 年，正当士瓦本穷康拉德武装起义的时候，文地什地区的农民又重新拿起武器，给领主们平添了很多麻烦。在整个山区只有一种精神，即农民携起手来，在施泰厄尔边区[①]克伦地亚和克莱因拿起刀剑以保卫他们的古老权利。

当领主们认为“辔头”又紧紧地套住了农民的时候，本地贵族以及皇家官吏就以新的和更沉重的捐税加在农民头上。尤其是要 107
在国家税的名目下，向人民勒索巨款，而这一切都是以皇帝的名义进行的，好像他们必须将这笔捐税献给皇帝似的。

但是农民已无力再缴纳分文，新的负担是如此沉重与不公，以致他们不能相信仁慈为怀的君主和皇帝会知道这件事。

克莱因中部，首先在哥特舍[②]人——他们几乎都是德意志人和讲德语的人——中间这样议论着；不久山区各个山谷的农民都成群结队来到小城赖因，那里是古尔克河注入绍河的地方，他们在

---

① 今奥地利南部接近意大利和南斯拉夫边境地区，参见前页脚注②。——译者

② 哥特舍是过去克莱因地区的“德语语言岛”。——译者

这里商议怎样方能解除自己的苦难并恢复原来的自由。当时哥特舍人在阿尔卑斯山享有最勤劳和最善于经营工商业的居民的声誉；在斯拉夫人当中，他们仍保持着德意志的风格。他们决定通过法律途径寻求他们的权利，于是派人向皇家官吏要求恢复他们的"古老权利"。

皇家官吏不但不答应这一要求，反而凶相更加毕露。他们拘捕了几个农民，并将他们处死。哥特舍农民群情激昂，打死了地方官格奥尔格·冯·图尔恩和保护官格雷戈尔·施特森。要为被非法杀害农民报仇的呼声响彻整个山区，几天之内各处农民都起来了；在自由平民和贵族阶级之间宣战了，农民根据自己的要求将这个战争称为"stara prawa"，即争取古老权利的战争。不久就有八万（另有一说是九万）农民拿起武器，准备战斗，尽管这个数字是夸大了的，但下面的事实却是肯定无疑的：像整整二百年前瑞士联邦的吕特利同盟[①]和一百年前伦蒂恩的灰色同盟[②]那样，他们现在也迅速地在文地什地区的阿尔卑斯山区组成了一个庞大的文地什同盟。

集合在一起的农军再次向皇家官吏们询问，他们是否愿意让穷人们保留古老习俗？现在他们回答说，必须把农民们的请求递呈皇帝。于是农民派使者持信件晋谒皇帝，信中表述了对皇家官吏的极度不满，指责他们如何滥用权力，如何以皇帝名义对穷人横

① 吕特利是瑞士卢塞恩湖西北岸的山地牧场。1307 年，瑞士几个邦在此结盟，反抗哈布斯堡总督统治。——译者

② 伦蒂恩，包括瑞士东北部、蒂罗尔地区、多瑙河上游及其支流因河之间一带地方，是今日瑞士格劳本登的旧名。它从纪元前十五年开始是罗马帝国的一个省，公元 536 年法兰克化，后来属于德意志帝国。为了反对封建割据，在 1395 年成立灰色同盟，又称莱茵河同盟。——译者

征暴敛、压榨和虐待，“敲骨吸髓”，而农民们却相信，皇帝陛下并不知道这些事，更不会发出敕令或口谕让下属来做这些事。

但是贵族领主们也派人晋谒皇帝，恳求他帮助“制止骚动农民群众的傲慢自大和放肆不法”。

马克西米利安皇帝这时正在奥格斯堡，他乐于看到这些地区 108
妄自尊大的贵族受一次屈辱，这既对皇室有利，而且也是因为他真正要对平民表示好感。他同时召见了贵族和农民的使者。他以毫不掩饰的同情听取农民的申诉，并当着农民的面对贵族的使者严加训斥。然后亲切地对农民的使者说话，让他们回家并转告他们的人，只要他们顺从地尊重他的命令，离开战地营寨，各自回家，他就可以严令他的官吏保留人们的古老权利，不得以新的花招加重任何人的负担，违者严惩。还说，大部分敲诈勒索确实是由皇帝的官吏们背着皇帝私自干的。

当农民的使者带着皇帝的这一答复归来时，人民普遍欢欣鼓舞，纷纷回家，并满怀信心地期待着仁慈的皇上兴利除弊。

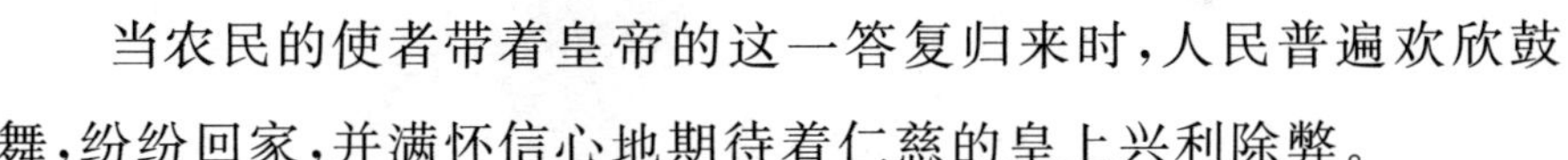

但是巨大的愤激情绪仍然存在，而异常的自然现象也激发着人民的想象力，因为有人发现天空三道虹里有三个太阳，有人觉得一连几个夜晚都看到有军队在天上激战。人民普遍认为这是行将来临的非常事件的标志和预兆。为了能够估计这种自然现象对老百姓的情绪会引起的重要作用，人们不应忘记，即使那时学识渊博的人也持有同样见解，甚至像梅兰希通[①]这样的人听到三只乌鸦

① 梅兰希通（Melanchthon）（1497—1560）德国神学家，路德最亲密的助手，和路德一起竭力使路德派适应诸侯利益，而敌视闵采尔的革命思想。——译者

叫也以为是死亡的信息，看到彗星出现也以为是凶年来临的不祥之兆，每遇此种情形总是陷入对未来的恐惧和忧虑，从而在他的朋友中间去寻找安慰。

由于人民和平地解散了，现在贵族们却认为，必须为了自己的利益利用皇帝驾到之前的短暂时间。这些新的意外迫害促使民愤突然爆发。这必然是贵族们对农民进行了闻所未闻的虐待，农民才会这样，因为农民的原来抵抗行动迅即变得凶猛了。但是，历史未能记载这些暴虐行径，因为唯一能报道这些情况的贵族和僧侣故意对此保持了缄默。

正如一个领主听说的那样，曾有一个时期，领主当中有许多人
宁愿当农民而不愿做贵族。人民的复仇战争从 1515 年春天一直
109 持续到秋天。在施泰厄尔边区、克伦地亚和克莱因三地，文地什农

攻占迈肖之后

民同盟使很多领主惊恐万状，宅邸被毁。但是，这三个地区并未组成一个军营，它们各有自己的特殊队伍，自己的总指挥和首领；各有两个军需官、两个全权代表或发言人以及三个助手。像士瓦本的雷姆斯河谷人一样，他们从总部向各地发出文件，其中说，他们是为了神圣的正义事业集合起来的，是想消除那些新的阴谋以及一切危险。但克莱因人进行了流血的报复。他们把当地绝大多数王宫都付之一炬，甚至已焚毁的废墟也被夷为平地，不留丝毫痕迹。任何天然或人造的坚固建筑都经受不住他们的愤怒风暴，只有善于使用机智和和解计谋的人才能得以自救。 110

在这些领主中，特别引起农民痛恨的是住在迈肖的领主冯·明多夫兄弟两人，他们因多年来作恶多端而首先受到上帝判决治罪并由其执行者——农民给以惩罚。他们坚固的宫城位于克莱因中部的一个山顶上，紧靠乌斯科肯[1]山脉，宫城四周有坚固的围墙和城楼。巴尔塔扎尔·冯·明多夫和他的弟弟这两个领主看到了人民的复仇意志，迅速逃到这里避难。他们本能地意识到自己可能是复仇的第一个目标。还有其他十七个贵族和他们一起逃到这个山顶的宫城，以帮助明多夫兄弟和为了自身的安全。在耶稣升天节那天，农民们攀登这座山。尽管宫城里的贵族进行了绝望的抵抗，但宫城终究被攻陷，里面所有贵族全被生擒活捉。

农民们对这些贵族进行了审判。冯·明多夫兄弟两人首先被用刀剑斩首。随后是马克斯·冯·克利萨（他是他家族里的最后

① 在今南斯拉夫境内萨格勒布城的西面，山上有茂密的森林，高约一千一百米。——译者

一个人)和卡斯帕尔·韦内克赫尔先生以及其他十五个贵族,他们的尸体都被扔出墙外。

像从前有一次阿彭策尔邦[①]的贵族在盛怒之下企图杀死妇幼以迫使农民断绝后代那样,如今文地什地区的农民也进行了报复,也要让贵族断子绝孙。巴尔塔扎尔·明多夫的两个幼儿因此成了牺牲品。他的老管家婆带了一个幼女幸运地逃脱了。但农民迫使母亲玛尔塔(一个普法福伊奇的女贵族)和她的两个女儿脱下华服,换上农装。农民对这几个哭泣着的妇女喊道:“你们享尽了荣华富贵的生活,现在该体会体会什么是农民劳动,而且该认识认识,今后是否还要违反古老权利来加重穷人的负担了。”

其他许多宫城也像迈肖那样为农民所攻陷。那个在下克莱因耸立于秀丽的果园和葡萄园之中的富丽堂皇的阿尔希宫被劫掠焚毁,夷为平地。遭到同样命运的,还有靠近哈尔特[②]的叫图尔恩的森林宫城,坐落在绍河流域的险峻悬崖上名叫绍恩施泰因的雄伟华丽的堡垒,位于高山之巅、为阿尔卑斯山所环抱的坚固城堡鲁肯施泰因、鲁道夫泽克和布利格拉茨等;最后还有在上克莱因的纳森富斯、诺伊德克、措贝尔斯贝格以及其他许多宫城。所有这些宫城几乎都位于富庶地区,那里有美丽的粮田和赏心悦目的草地,有盛产名贵水果的果园和长满美味葡萄的丘陵。大自然准备了一切,
111 以便让穷苦人的儿孙也能在这里幸运而满意地生活,只是贵族把穷人的几乎是每一点享受都侵犯或掠夺去了,因此,农民对一些被

① 瑞士东北部的一个邦。——译者

② 即法耳次森林,是乎日山和北法耳次山之间的山地。——译者

他们攻陷的宫城采用了和在迈肖相同的办法：把高贵的宫城主人从雉堞上扔下去，叫他们粉身碎骨。

他们以这种方式对境内各地压迫他们的贵族宅邸扫荡了三个月之久，寺院也未能幸免。在受到损害的贵族中也有约瑟夫·冯·拉姆贝格。他是个勇敢的军人，后来足迹遍及全欧。他属于对待农民不那么残忍苛刻的一类人。他爱好艺术和科学，这使他的思想趋于温和。

当农民把他的奥特内格山上宫城围住的时候，他原先想用暴力抗击暴力，但是，当他看出不能长期抵抗时，他便以极为友好的口吻同农民周旋，以其花言巧语使农民撤离了他的宫城。

的确，他阻止住了农民的进展：在一支小小的军队集结起来对抗农民以前，他以和解的诺言和哄骗拖住了农民。

他竭尽一切努力及时地从邻邦贵族那里争取到援军。克伦地亚贵族虽比克莱因贵族所受的逼迫少得多，但他也派遣了一百名骑兵和四百名步兵，这支兵力加上其他一些部队至少可以守住这个地区的各主要据点。马克西米利安皇帝一直到1516年对山区中的这些事态发展都采取了袖手旁观的态度。只是到了农民还不满足于“惩罚贵族中有罪恶的人，而诛求无厌，任意伤害无辜之人，并对每个人滥施淫威”时，他才下令在克伦地亚的维拉赫、弗赖扎赫以及克拉根富特征募兵士，以打击克莱因的农民。这支部队由施泰厄尔地区首领西格蒙德·冯·迪特里希施泰因老爷率领，因为在施泰厄尔如同在克伦地亚，起义已经再次被镇压下去。人们善于阻止这些农军，使他们的活动陷于瘫痪和分割。

然而，皇帝在对农民使用暴力之前，还邀农民前来会见他的代表。但是，农民没有到场，并且鉴于过去对他们的欺骗伎俩，拒绝了任何和解的指令。

农民们不再集中地驻在战地，仅以一支几千人的队伍四处活
112 动，以焚毁宫城。他们竟包围了小城赖因，城里驻有一个名叫基斯·马尔科的皇家上尉，此人曾在意大利和其他战争中为皇上尽职效忠。当他无力守住小城的时候，便将小城烧毁，自己只率领六名骑兵逃进宫城。农民冲破了宫城的第一、第二和第三道围墙。就在这时，马尔科打开大门，决心率领他的六名骑兵突围逃命。但是农民已将宫城堑壕的桥柱锯断，桥梁坍塌，上尉和他的六名骑兵同桥梁一起掉进堑壕里，他们全被农民用梳形劈刀活活扎死。

农民们怀着胜利的喜悦，无忧无虑地在此处的营寨里驻扎了一段时间。迪特里希施泰因探听到农民们麻痹松懈，便迅速以八百五十名骑兵、五旗队雇佣兵和几门大炮，在佩陶附近越过德拉瓦河[①]袭击农民。农民们没有盔甲，只有弓、剑、梳形劈刀和小梭镖等武器，大多数人又以胆怯、不善战而出名，于是就被装备精良的骑兵轻而易举地分割、冲散和打垮了。当时有一位编年史家说："因为贵族受够了惩罚，农民作为狂暴的群氓又不肯留在贵族那里，而是蜂拥群集，胡作非为，所以，他们必然被人利用，走向灭亡。上帝夺去了这些群氓的心灵，使他们全然变成了羔羊和兔子，像一群牲口四处逃散。"

这一袭击发生于米迦勒节前后。逃亡的人群遭到了血洗。

① 多瑙河的支流，发源于意大利，流经奥地利的蒂罗耳、克伦地亚，穿过南斯拉夫到达匈牙利边境。——译者

“在追逐中，对这群手无寸铁的人，没有别的，只有刀砍剑刺，其残酷的程度达到逢人便砍，无一幸免。”凡在追击中逃脱、后来在国内被抓获而又持有武器者，命运则更为悲惨。他们“像被钳住的小鸟一样”，成批地遭到肢解、刺死，被吊到树上；很多人被鞭笞致死。逃到国外的那些人，家宅被焚，家产悉遭劫掠。全体农民都被勒索缴免蹂躏费，每户一古尔盾，这是一种使子孙永志不忘、世世代代必须缴付的处罚。贵族复仇如此严重，以致他们也殃及自身；他们使农村荒芜，对农村的破坏程度达到使农民在很多年内难以恢复。施泰厄尔边区和克伦地亚两地恢复平静较早，处置也远为缓和。那里的居民为永远记住他们的农民同盟必须缴付八个芬尼，而这种新税被称之为同盟捐。至此，这里的农民为保卫古老权利和挽救自由的尝试也告失败，其原因是：缺乏一个适当的领袖；军事和计划都不统一；他们中了缓兵之计，受了欺骗，遭到突然袭击；他们自己的警惕性不高，头脑不够冷静，也没有做到有礼有节。

第十二章　格奥尔格·多扎和匈牙利的农民

在我们继续关注德意志农民结义的进展情况之前，尤其在接 113
近宗教改革的奔腾而出的源头（这个源头使悄悄地从事争取自由的人从中汲取了新的青春活力）之前，我们由于随后表明的理由，必须提到一些运动，其中一部分本身并不具有一般农民组织的色彩，而且也并不同它有直接联系。这些运动的活动舞台，一部分在德意志帝国的东部边界，一部分在多瑙河流域的一个大的邻国。但时间正是自由精神武装了士瓦本鞋会的那一年。

二百五十年前，在西欧的法国有一个匈牙利教会长老传布纯正的教义，并且趁着十字军远征之机，引导人民反对贵族阶级。现在这种情况又在匈牙利本土重演了。

在这个王国的幅员辽阔的平原上，人民享有的自由比在德意志土地上为多，时间也较长。马扎尔人[①]在征服这块土地时，让居民仍像原来那样生活。只要过去不是战俘而迄今又一直是自由民的，仍为自由民。只有战俘才成为农奴。但农奴也带武器，在战斗中和主人并肩作战，而且可以因此获得土地、自由以至爵位。几世纪以来人民的这种自由一直受到有效的保护性法律的保证，国家宪法保障了每个自由人的人身、财产和权利。在十一世纪初叶，神圣的国王斯特凡的一项法律规定：如果每个人能永远享有适合其身份的自由，永远自由享受其勤劳的果实，这就会使上帝满意，使人类得益；因此，今后伯爵或骑士均不得使自由人沦为奴隶，否则剥夺其本身的自由，而且只有对其财产课以重大罚金，才可能给予赦免。国王斯特凡恢复了每个农奴的自由，只要他能证明他从前是自由民。暴力政治和骑士盗劫风尚在德国经常造成依附关系或
114 奴隶地位，但这在匈牙利是不能蔓延的，因为国王的法律不仅规定对贵族强盗和压迫者要处以绞刑，而且真的绞死他们。强盗骑士的宫城，未经国王许可而建造的城堡，例如其主人由于田产荡尽而

① 马扎尔人（Magyar，匈牙利文），匈牙利国内的主要民族。——译者

可能用以从事抢劫活动的城堡都要拆毁。这里还经常发生这样的事，有的贵族为了在死前行善，常把自由赐给他所有的男女农奴。在抵御外敌的战争中，尤其是同蒙古人的战争中，国内人口大减；人们为了垦荒，不得不无偿地给予许多依附农和农奴以迁徙自由、财产权和自由权。因此，有很多迁移到国王的荒芜土地去的人，就从贵族和教堂的依附农和农奴变为国王的自由民了。在十三世纪时，国王为了酬劳他们对国王和祖国的功绩，宣布全体乡民获得自由：他们在战争中证明了，骁勇果敢并不是生来就有的。

但是，无自由人的数字在匈牙利仍然很大。因为在历次对外战争中的战俘以及在马扎尔人入侵时试图以武力反抗而在国内成了战俘的人构成了一支很可观的农奴队伍。此外，还有许多原来被判死刑的罪犯改判为剥夺自由，因此立法也增加了农奴的数字，尤其是那些在国王庄严的征兵时拒绝应征入伍的人，也沦为农奴。

农奴们的命运到处都一样艰难，无论他们隶属于贵族还是隶属于教会。依附农的处境也像在德意志帝国一样。

这样，大量农奴在匈牙利也存在了数世纪之久。匈牙利人民杰出的史学家费斯勒引用文献证明说，真正的农奴必须为领主饲养一匹马，为他驾车，一路侍候，为他搭设帐篷，到收割时，一周中要有整整三天或四天去收割庄稼，刈草，照料领主的马匹，收集草料，伐木，并为住屋生火取暖等等。纯粹的依附农或是有条件地被释放的人，他们的负担和劳役大部分与真正农奴相同，只是不做收割庄稼、刈草和生火等劳动。此外，他们还必须在圣马丁节[①]献给

① 即11月11日。——译者

他们的领主一桶蜂蜜、一头羊、六桶麦芽、六桶小麦和六车干草。从圣马丁节到复活节[①]前的礼拜六，他们还要带着斧子去领主邸
115 宅当木工，领主外出时要为他驾车。不过他们可以将女儿嫁给自由民，也可以为儿子娶自由民的少女为妻，而这些自由民可以没有服劳役的义务。

在他们周围日常享有的自由景象、来到本国的德意志移民所享有自由的巨大优遇以及由于王权和正义的衰落而在此日益增长的压迫，这些都激起并增长了他们对压迫者的仇恨和对自由的渴望。但是，他们对教会领主憎恨之甚，同对世俗领主完全一样，因为这里上层僧侣的挥霍无度和骄奢淫逸比其他任何地方都有过之而无不及；而农村的穷人虽然拼命劳动，仍然饥寒交迫；同时，居处简陋的牧师和穷人差不多，他们对农民的不满情绪所起的作用，与其说是安抚，不如说是火上加油。

1514年4月16日，即复活节那天，全国的讲道台都在宣讲组织新十字军去征讨土耳其人。依附农和农奴成群结队地拥向十字军军旗，因为参加十字军不仅可以赦免罪孽，还可以因圣战有功而获得自由，即使万一战死，也算是奴隶生活和苦难到了尽头。格奥尔格·多扎[②]奉宫廷旨意率领十字军。他本人出身平民，是埃尔德利山中的塞克莱人。他英勇干练，使他很快在人民中间赢得了巨大声誉，从国王那里获得了贵族地位。

将近六万战士在二十天之内集结在十字军的旗帜之下，多数

① 从3月21日算起的月圆后的第一个礼拜日。——译者

② 格奥尔格·多扎(George Dózsa)(1475—1514)，1514年匈牙利农民起义的领袖，起义失败后被贵族残酷地烧死。——译者

是农民——依附农或农奴。劳伦齐乌斯和巴尔纳巴斯两个牧师，是人民的最热忱的鼓动者。他们好比是一股轻风，把种子挟裹在飞沙中送到远方沙漠上，然后使它成长为树木一样，他们把纯正教义的萌芽也从威克利夫[①]或胡斯的国家带到了匈牙利的草原上，而劳伦齐乌斯却体现了英国和捷克改革家的同样精神，所不同的仅仅是，他主张使用暴力，不只是为了改革，而是为了革命。

贵族对农奴的离散深为不满，很多领主追赶离开了领地的农奴，他们在途中抓到谁，就把谁加上镣铐，残酷虐待，强迫他回去。某些领主的暴行消息，从各处传到十字军的军营，引起群情激昂，劳伦齐乌斯正好利用这一情绪来达到他的目的。他布道时说，贵族是人类最腐败的阶级，他们的贪婪与残暴，使一切都失去了保障。以前还只是肉体遭受他们残暴专制的任意迫害；而现在呢，由 116
于他们贪婪与残暴，连人们灵魂上的永恒幸福与永恒安乐也遭受嫉恨。

十字军中，除了善良的人，自然也有坏分子；人民中的渣滓同善良的人们混杂在一起。这时一切都在抑郁的、狂暴的骚乱之中，大家叫喊着要报仇雪恨。人民的精神也支配了格奥尔格·多扎本人。他不但要为人民复仇，而且要拯救和解放人民。他好像一下子变成了另外一个人。他决定率领十字军来反对召唤他担任十字军指挥的那些家伙——朝廷、上层贵族和僧侣阶级。他认为，人民最凶恶的敌人是他们，而不是土耳其人。

① 约翰·威克利夫(Johann Wycliff)(约 1325—1384)，英国宗教改革家，市民和骑士的代表，曾为建立独立的不受罗马控制的英国教会而斗争，天主教会宣布他为异教徒。——译者

佩斯和奥芬[1]的郊区(多扎的军营设在该地附近)成了革命的最初战场,在这里落入十字军手中的贵族都被杀死,宅邸被夷为平地。为阻挡人民复仇的洪流,宫廷想用一道命令相威胁。但格奥尔格·多扎却更加热心于促进他事业的进展。从一开始,他就每天训练军队掌握使用武器。现在他致力于发动王国的下层阶级起来革命,并夺取一个坚固的军事据点。他把十字军分为五支部队。第一支部队交给佩斯城的市民安布罗什·萨莱赖希指挥,命令他留守多瑙河左岸拉科什原野的原有营寨,并监视佩斯和奥芬两城。他派遣另外两支部队深入北部地区,以便争取当地农民。他本人和他兄弟格雷戈尔率领第四支队和第五支队,向塞格丁[2]要塞进发。他的号召书由使者带往全国各区,号召书中宣布贵族行将灭亡,号召全体人民一致起来参加战斗,对共同事业缩手规避者,则以处死相威胁。贵族城堡的大火,像通红的火柱燃烧了好几夜,这对迄今为止的、周围的压迫者来说,是一个血洗的标志,它标志着人民的复仇力量觉醒了,奴隶们砸碎了百年锁链。不久,将近有四百名贵族被人民讨还了血债,连他们的妻子和女儿也未能为强烈的复仇行为所幸免。这是些恐怖的复仇日子,报复了贵族们几世纪来对农民妇幼肆无忌惮地犯下的罪行。

王国的大臣显贵都陷入惊恐之中;坐在奥芬王宫里的国王束手无策。约翰·博雷米扎鼓起了同僚们已经消沉的勇气;根据他的建议,人们还向西本比根的统领约翰·扎波里奥求援,博雷米扎

① 布达城从前叫奥芬,与佩斯隔河相望。匈牙利首都于1872年由布达和佩斯两城合并而成。——译者

② 在匈牙利南部,靠近罗马尼亚和南斯拉夫两国的边境。——译者

本人集结了邻近贵族的骑兵，并在佩斯和奥芬的市民配合下袭击了拉科什原野上的十字军军营。这支队伍的指挥安布罗什·萨莱 117
赖希不敢迎战，谈判后倒向贵族，与他同时降敌的还有一些市民。但是这支队伍的广大战士并未屈服。他们在一片喊杀声中向贵族敌人发起冲击，战斗数小时之久不分胜负，但是，他们的英勇行动终究被装备占优势、指挥也较好的贵族所击败。

胜利者的双手沾满了俘虏们的鲜血。没有死在刽子手屠刀下的人，被割掉耳鼻，遣送回家。贵族这种新的野蛮行径是在起义火焰上加油。北方和南方一样，一些堡垒和城市被人民付之一炬，化为灰烬。甚至低级贵族的成员出于对高级贵族的憎恨和自私目的，也自愿地加入了人民的行列，另一些人则是被人民强迫参加的。

格奥尔格·多扎在塞丁格要塞前的战斗并不顺利。他看到没有迅速攻下要塞的希望，就转而渡过蒂萨河，试图攻取乔纳德要塞。经过两天战斗，他击败了想给该城解围的恰基主教和特梅斯瓦尔的伯爵伊什特万·巴托里。装备精良的贵族在多扎的手持镰刀的农军面前，不得不逃之夭夭，连勇敢的巴托里也逃走了。格奥尔格·多扎认为报复是必要的，他的军队要求为那些在拉科什原野上殉难的弟兄们偿还血债：恰基主教被用尖木桩刺死，民愤最大的王宫司库泰莱基赤身裸体地被挂在高高的绞架上，当做靶子射死。

格奥尔格·多扎乘胜占领了乔纳德，宣布成立共和国和主权归于人民；废除国王，高级贵族和领主将不复存在，主教只限一人，其余的均取消；在上帝面前和人与人之间，彼此平等。多扎本人把自己只称作人民的一员、兄弟中的一兄弟、执行人民意志的工具。当北方的其他支队经过多次战役，特别是埃劳战役中被贵族军队削弱、几乎全军覆灭时，他的军队却经过新的扩充，增强了力量。安东·霍苏给他带来了第二支队伍，其中有许多骑兵，于是多扎便向巴托里逃往的特梅斯瓦尔进发。但是，在要塞前面按兵不动，总会导致人民事业的毁灭。经过两个月围攻，要塞陷落在即，多扎已经高兴地想使这座坚固的要塞成为他的一个极好的军事据点，背后又有土耳其人为之掩护。正当要塞不可避免地要投降的前几天，西本比根[1]的军队突然袭击了他。

哨兵的疏忽大意使他未能察觉敌军的接近，而敌人本身也善
118 于巧妙地隐蔽他们的行军。因此，他们没有遇到任何抵抗，顺利地渡过了特梅斯河[2]，直到他们来到多扎军营的前面，这才被发觉。当接到敌人迫近的危险消息时，格奥尔格·多扎正在进餐，他立刻指挥部下做好了战斗准备。这是一场激烈的鏖战，久久不分胜负。但是，出其不意的袭击使得多扎军队中的大部分人失去必要的沉着、镇定的大无畏精神，甚至未能完成充分的战斗准备。在多扎部队里，还有不少生为奴隶，永为奴隶的人。经过数小时的战斗后，多扎的部队开始逃遁。

虽然多扎遭遇不幸，但他仍不屈不挠地鄙弃逃跑，宁愿为了自由战死沙场。像罗马的卡蒂利纳[3]一样，他高举并挥舞利剑，冲入蜂拥的敌军。敌人在他面前，就像麦穗在刈麦人面前一样，纷纷倒下，但是命运却不让他战死沙场。在奋力冲刺中，他的利剑折断

① 今罗马尼亚的特兰西瓦尼亚。——译者

② 多瑙河的支流，在现在的罗马尼亚西部。——译者

③ 卡蒂利纳(Catilina)(公元前108—前62)，古罗马贵族，领导一部分平民、兵士和没落贵族密谋反对元老院寡头政治，被发觉后与罗马军队作战阵亡。——译者

了。失去武器后，他便被生擒活捉。

他是一位争取自由的真正儿子，怀着古代英雄的自豪气概蔑视命运的支配。他的兄弟格雷戈尔也一同被俘，他是一个天性温柔、完全以多扎的刚强意志为转移的人。为了拯救他的兄弟，多扎向胜利者委屈求情，但他绝口不提他本人。约翰·扎波里奥就地斩决了他的兄弟作为答复，并将多扎最亲密的随从人员，四十名副官，投入可怖的监牢，不给任何饮食。他们天天忍饥挨渴地等待死亡，第十四天，只有九人还活着，其他人都已饿死。这时，监狱开了，他们被押解到首领格奥尔格·多扎面前。多扎遭到极其恶毒残酷、预谋已久的折磨。

当战友们被带到他面前时，他站在那里，周身上下全是铁链。

多扎被残酷处死

广场上放着一个铁制御座，这是扎波里奥特为之准备的。刽子手们当着多扎的面烧红铁御座，抓住他，叫他坐到上面，随后把烧红的铁王冠扣在他头上，把烧红的笏放在他的手臂上。

这时，多扎的九个快要饿死的战友，在矛刺剑砍之下被赶到他身旁，有人对他们高喊，要他们吞食首领的肉，就可以赎取自己的生命。三人屹立不动，被乱斧砍死，另外六人只好哆哆嗦嗦地去吞
119 食。“畜生！”多扎大叫一声，再无多言，也没有发出任何痛苦的呻吟。最后，多扎被烧红的钳子撕裂，壮烈牺牲。

人民的事业随多扎之死而失败。逃亡中被捕的农民成百地被绞死或刺死。劳伦齐乌斯和霍苏虽将逃散的人群重新集合，但这支人民军队在八月再次被击溃了。这位人民演说家和宗教改革家劳伦齐乌斯，不管是战死沙场，还是躲藏在安全栖身之地，总算侥幸地逃脱了他的首领所遭遇的厄运。但在同年，匈牙利大贵族在奥芬召开的邦议会上决定，今后对待农民——他们死于战役或断头台者达六万之多——应更加严厉，贡赋和徭役应再增加，并且宣布农奴制是农民普遍的永恒的命运。

第十三章　压迫加剧的原因

120 在帝国的整个南方地区，从莱茵河两岸到喀尔巴阡山[①]，贵族

① 位于欧洲中部，在捷克斯洛伐克与匈牙利之间的东部地区。——译者

阶级的武装战胜了老百姓的反抗。各地似乎又平安无事了。

雷姆斯河谷农民射向诸侯心脏的子弹，阿尔卑斯山文地什地区以贵族鲜血染红的、这么多贵族宅邸的废墟，都是对权贵们的大声警告，要他们放弃不义行为。可能也有一些人从这些事件中，胆战心惊地认识到上帝的惩罚，而不为目前暂时的平静所迷惑：表面上风暴已经消失，而他们仍清楚地听到风暴的呼啸，在地下，在他们的脚底下作响。

还在十五世纪末叶，由于各次起义的结果，贵族中比较开明的人士，已经认识到势态的紧迫，认识到，如果他们不能自制，人民显然要给他们带来威胁性的危险，1492 年士瓦本联盟的一个文件证明了这点。国王为了筹集战争军费，曾要求士瓦本联盟的诸侯和贵族，对他们的臣民课征一项重税。但他们回避了这个要求。他们说："因为这方面和士瓦本境内的情形是，臣民对他们领主所负担的田产和息金义务，已经达到了这样的程度，以至他们在同一宗财产里再也无力付出其他赋税和金钱，要不然领主就得丧失他们每年的息金、租金和地租。少数臣民已获得自由，士瓦本的一般习惯是，官厅无权在通常的租金、地租和息金之外，另加征课。如果联盟各邦硬要征课这项新税，那么臣民们势必会起来反抗领主，摆脱他们的羁绊而另找靠山。"

但是，帝国议会里比较开明的人士在帝国贵族中并不占多数。贵族的轻率和残酷不仅依然如故，而且有增无已。

对平民加剧压迫的最重要原因，除去这些贵族永远想骑在更多人的头上作威作福以外，主要还在于他们的穷奢极侈，而这种奢侈之风近来发展得极为普遍，增长得也很快，且很严重。

121 这种奢侈之风，部分是教会领主自古相传的，特别表现在吃、喝和优裕的生活方面，它不断增长，挥霍无度的内容随时代不同而不同。在低级和高级贵族的城堡和宅邸中，直到十四世纪最后的三十多年，此风还算新颖，很少或根本不为人所认识。

市民的服饰

奢侈之风来自城市和外国。随着财富的增加——工商业繁荣的自然结果——城市中的奢侈之风也加剧了，而市场、帝国议会和诸侯会议使工商业有更大规模的货币流通，有更多的机会与诱惑力，以炫耀市民的财富。不但市政委员和城市的其他达官显贵在帽子、上衣、裤子、外衣和大衣上佩戴珍珠，手上戴金戒指，腰带和刀剑上镶以银饰，而且连一般市民也都如此。各式服装绣以金银或珍珠，衣料则是天鹅绒或锦缎，丝绸衬衫有华丽的皱纹，且镶有金边。帽子、大衣和上衣的里子和缝褶都采用黑貂皮、白鼬皮和黄鼠狼皮。妇女的奢华当然更甚于此。城市妇人与少女以纯金饰物编结发辫和卷发，珠宝盈头，头戴珠饰金冠或以黄金和珍珠编绣的帽子。她们的服装采用最华贵的衣料，或天鹅绒、或绸缎、或绫罗，并以金银珠宝绣织，里子是黑貂皮或白鼬皮；里面穿的，全是金丝衬衣。

骑士从城堡下来，进城参加庆典做客；贵妇坐在城市当局为贵

骑士的服饰

族女宾备置的金织地毯上参观比武，她们看到周围名门望族的妇女和少女的华贵衣着（她们往往一天要换三、四次），这时，她们不愿自甘落后于她们，于是城堡贵族老爷和夫人便尽可能地仿效城里的名门望族，或者有过之而无不及。

市民有钱有财产，而贵族则通常只有田产。贵族的大部分财产是不动产、房屋、田庄或合法的建筑场地，他们把这些租赁给农民，收取一定的息金和租金。可是一件普遍的女服价值九至十个弗罗林，而同时一摩尔根[①]土地只值二至三个弗罗林，八十三摩尔根免税和免什一税的好地，可售得约四百个弗罗林。以上就是奢侈品同田地和田地产品之间不相称的价格比例。而华丽服装还只是整个奢侈品的一部分而已。正是这个时代，人们通过贸易把各国的享受用 122
品和衣料输入帝国，或者德国城市工业和艺术自行生产各种产品。

此外，几世纪以来由于种种原因，无论是高级贵族还是低级贵族的财富，都是每况愈下。这是由于不少家族向教会捐赠献款，而寺院又善于利用其他一些方式将世俗领主的财产转为己有；还由

① 田亩面积的一种，约等于二十七点六七公亩。——译者

于贵族田产异常分散，以及许多贵族对这些地产管理不善所致。领主们出于偏见忽视农业，甚至广大的田园也只给地主们带来微薄的收入，而且这种收入还是十分零碎的。由此产生的必然结果是愈益缺乏现款。

123 因此，急需花钱的贵族就落入坏人手掌之中，贵族告贷的对手不论是犹太人，还是寺院僧侣或市民，都同样的可恶。每次以地租抵押借贷时，虽然抵押品十分可靠，但贵族仍必须负担十分、十五分甚至二十分利息；如不能按期赎回，作为抵押品的地租往往会永远丧失。儿女婚嫁的妆奁和用品、出征和比武以及庆宴等等，迫使比较节俭的贵族家长，也不得不耗费巨资，然而许多人却把挥霍无度看作是贵族的荣耀。

124 当比较简单的生活必需品增加或涨价的时候，也就是说，当支出增加的时候，贵族一向赖以汲取收入的财源就减少或枯竭了。

射击用的火药从各方面消耗贵族的财富，使贵族的收入削减，支付巨额费用。支付巨额费用的原因是，现在需要有比较坚固围墙的堡垒，需要价值昂贵的大炮和高价雇佣的炮手，过去认为坚不可摧的宫城，现在在战争中却很容易被加农炮击毁。收入削减的原因是，由于使用火药后的作战方式改变了：在火药发明之前就已表现得特别善于战斗的步兵，现在对骑兵更取得了决定性的优势。服兵役以取得军饷曾经是贵族的一项主要收入来源，可是使用步兵——从农民中征募而来的雇佣兵——要比骑兵便宜得多。

因此，这种财源只有更加衰竭了，而国内治安条例①、帝国法

① 十一世纪以后德皇颁布的禁止国内争斗以维持永久安宁的条例。——译者

律，又削弱了第二个、收益本来丰硕的泉源——小规模战争，也就是决斗活动和骑士的行业——在富有的城市附近拦路行劫，用暴力进行掳掠。决斗作为采邑骑士的一项收入来源已有几百年之久，但长期来已经衰微，部分是出于本身的原因，部分是由于从十五世纪中叶以后经常强制推行严格的国内治安条例所致，尤以士瓦本联盟执行最力。因此大大小小的战争再不能像过去那样给贵族带来好处了；在宫廷里为诸侯供职的费用，大多入不敷出，只有两类活动即农业与学术可以弥补亏损，但只有少数人从事这两项活动。

如果贵族们想要继续保持他们一直占据的地方官职位，继续保持在诸侯和皇室宫廷里的顾问席位，他们就必须求学。因为一部分诸侯在选择其顾问时，已开始宁取有学识的博士，只给予这些人以俸禄。而且，在原有的财源枯竭和新的需要和支出突然出现时，前所未有的那股奢侈享乐之风吹进来了，它席卷了一切：于是，上自皇帝宫廷，下至侍从仆役，所有人头脑昏沉，像着了恶魔似的。

于是，由此产生的结果只能是，对下层进行漫无止境的压榨和勒索，不再是为了满足占有欲和统治欲，而只是为了能满足无限制的挥霍。

罗马法的应用，在很多方面，尤其对平民所受的压迫来说，是 125
非常有害的。从十五世纪末叶以来，法学家们在诸侯宫廷与法院中根据罗马法作出判决。他们满脑子罗马立法和罗马情况，却不了解古老的德国法律和德国的历史情况，他们把国内和国外的情况互相混淆起来，通过他们的宣判，使个别的和大批村区的自由状态变为不自由状态，对于这一点，有成百篇文件可以证明，而且也已经证明了，例如阿恩特[①]关于波美拉尼亚[②]的著作。这些法学革新派是最能加剧领主骄横无理与侵占掠夺的热心助手；对此，托马斯·穆尔纳[③]在《无赖行会》的这首诗里曾这样写道：

这是一群人，一群法学家，
看来像是一群虔诚的基督徒！
他们随心所欲地解释法律，
凭他们的嘴皮任意把它歪曲——
有法无法相去无几，
许多人由此沦为可怜的奴隶。

他们对于古老德国的历史状况的真相，或不理解，或蓄意回避和歪曲，只要他们在德国与罗马的情况当中找到了一点些微的相似，就把罗马法的条款照搬应用。如果他们在佃农身上发现任何一点和真正农奴相同的特征，例如发现他们交死亡税，就立刻把他们划入农奴，并把罗马法关于奴隶的一章用于他们身上。有关德国农民地产方面的争执，他们同样以罗马法的租佃条款作为基础，他们滥用在完全不同的情况下制定的法律，以颠倒是非，压制自由。因此，领主们很快地到处只谈到农奴制及固有的隶属关系，并且在处理每一争执时，他们都把农奴制的类似条款作为基础。他们在自己田庄上，现在不仅直接要求得到那些过去只能通过他们

① 阿恩特(Arndt)(1769—1860)，德国爱国作家，历史学家，农奴之子，曾致力于农民解放和反对拿破仑压迫的斗争。——译者

② 从前德国普鲁士北部沿波罗的海的行省。——译者

③ 托马斯·穆尔纳(Thomas Murner)(1475—1537)，亚尔萨斯的天主教政论家，路德的劲敌，他用讽刺诗写成的论战文章《无赖行会》(1512年)即是其中的一篇。——译者

申请并取得请来的宫廷陪审官支持才能从村区得到的东西，而且他们在邦议会上主要是和新罗马法学博士们一起讨论和协助草拟有关农民问题的法律和决议；他们在田庄上和邦议会上，自以为是主人，并俨然以主人自居。

压迫臣民根本算不上什么耻辱或罪过；同一个基督教传记作
者，一会儿说佐南贝格的约翰·特鲁赫泽斯伯爵是这样一个人，他
以苦役把臣民压得喘不过气来，对他们非常残酷；一会儿又说他是
一位虔诚善良的人，而其他贵族如此炫耀他们对待农民的暴虐，以 126
至有人竟洋洋得意地在文件上签署“农民之敌”的字样。

压迫一天天加剧，在上德意志最为频繁，但在中德意志也是屡见不鲜的。

第十四章　十六世纪初叶德国法制的一些情况

法院的执法者是贵族和法学博士。诚如谚语所说，天下乌鸦一般黑，各地的情形都与肯普滕农民在诉讼中的情况一样。法学家应用他们的罗马法，贵族大人们在法庭上至少对农民运用了这个原则：即在疑难案件上总是要作出反对农民、支持地主或具有裁判权的领主的判决。在十五世纪末，在法律条例和司法的某些方面，虽然发生过许多耸人听闻的事，但不论是帝国最高法院，还是帝国政府，都没有为老百姓做出好事，人们在新的法院组织法方

面，也根本无视老百姓，在他们心目中只有帝国的贵族和市民。没有任何措施给农民以法律保障，从法律上解除领主加于老百姓的压迫。直到 1498 年，弗赖堡召开的帝国议会才讨论到立法规定一个农民怎样和在哪里可以依法控告一个诸侯和一个具有诸侯身份的人。但人们随后又把这个议案搁置起来了。两年后，在奥格斯堡召开的帝国议会才确定了农民也可以像帝国的显贵一样，有权对诸侯和具有诸侯身份的人诉诸法律。但这并非说农民可以依法控告自身的领主，而是起诉的农民，只能对不是他的领主的那些贵族控告。至于说穷人也有权对他自己的领主进行法律控告这点，显贵们不置一词，至少任何地方都没有规定过农民在反对自己领主的专横压迫时，可以怎样和向哪个法庭寻求或甚至得到法律保护。

的确，穷人即使同一个与他没有隶属关系的贵族打官司，也是要大吃苦头的。因为审判机构杂乱无章，他往往连在什么地方提出控诉都不知道。他忽而被传唤，忽而又遭拒绝受理，到处遭到拖
127 延，诉讼费被法院和法官扣押，在去法院途中被同他打官司的贵族领主或贵族的同伙暗害。最普通的案件就得耗去巨额费用，时间的损失和精神的苦恼还不计在内，因而老百姓通常根本不可能走法律途径。甚至在帝国直属大城市，也不容易。像在皇帝宫廷中一切都可以用金钱买通那样，法律在高级和低级审判官的手里，是可以出卖的，诉讼双方尔虞我诈，通常谁花钱最多和花费时间最长，谁就胜诉。累根斯堡的一位市政委员从沃尔姆斯写来的信说：“在皇家最高法律委员会里，坐着这么公正的人物，以致上帝会保佑每一个这样的人免遭末日审判。”

一个世纪以来，热爱祖国的人士阐明了帝国改革的必要，并为此拟定了改革方案。在帝国议会里，像在城乡一样，人们要求整顿法制，而且必须在这之前宣布全德意志统一的宪法。但是，这些努力总是由于帝国诸侯的自私自利、利害冲突而告失败。如果马克西米利安皇帝依靠帝国骑士，依靠各城市，同时依靠帝国的农民阶级，那么，他是能够把四分五裂的德意志改造成为政治和民族的统一体的；他是能够迫使帝国诸侯接受上述三方面一致同意的帝国宪法的。但是，在这方面，马克西米利安既非政治家，也根本不够伟大。

正是这些最有势力的各邦诸侯对帝国的改革最为厌恶。帝位的往日权威已经有名无实了。为弥补法制的不健全而设立的最高法院——帝国高等法院，几乎形同虚设，因为诸侯并不服从它的判决，或者只有当判决合乎他们意愿时才服从。帝国骑士也不把这个法院放在心上，称它是有权势的人对付弱小者的武器。城市则抱怨高等法院的判决不公。老百姓从这个法院得不到丝毫好处，但必须承担它的大部分费用。如果这个法院能够对破坏公共治安的人和蔑视高等法院禁令的人认真执行它所作出的判决，那么老百姓也许能从它那里得到一些好处。但是领主们不给它这种可能性。判决还是判决，没有执行。老百姓在他们的鞋会草案中要求
德意志统一，要求只有一个君主即皇帝，取消任何其他君主；老百 128
姓认为，这样的改革只有自下而上通过暴力途径才能实行，这不是本能的冲动，而是长久以来从日常经验中得出的结论。

为保证国内治安而建立的那些联盟的费用也导致了贡赋和支出大增；到了 1515 年连士瓦本联盟自己也承认，联盟给臣民造成

的许多战费支出和赋税，是使老百姓怨声载道的主要原因之一。

第十五章　1517年的民众情绪

军事上发生的变化，对臣民来说，首先只是加重了苦难，因为战争现在的耗费增加了。帝国各邦和士瓦本联盟成员把骑兵装备、雇佣步兵和军械的费用，全部转嫁到臣民身上。重炮需要更多的徭役运输和繁重的勤务；城堡的领主们已不断烦扰乡村穷人，穷人在和平时期同在战时一样，还要受到新兴的主要兵种——雇佣步兵的无止境的侵害。雇佣步兵或梭镖兵对于交战的那些人来

154 说，是极其重要的，但对人民来说，真是一种全国性的灾难。

早先，帝国各邦和各个地区还没有相互建立如此密切的联系，因此穷人至少能够为逃脱残酷的压迫而迁走，以投奔另一领主；现在，连这一点也办不到了，如同我们在肯普滕农民那里所看到的那样。何况，城郊市民权也早已被全部废除。过去，这种权利可以使被压迫的人逃脱不堪忍受的处境，来到城墙下避难。现在，宫城、城堡、主教辖区和城市中的领主们正紧紧地挽起手臂，迫使穷人（即农民）套上套索，这种套索显然是领主们通过秘密的共同协议强加给穷人的，而且套索愈抽愈紧，鞭子愈挥愈狠，使农民皮开肉绽。但人民中也有少数人愈益精明果敢，传单开始在人民中传开，像闪电一样，令人震惊，放出光辉。

129 其中一份传单是这样写的：“是的，他们把服从范围过分扩大

了，从中做出一个绝妙的侏儒，而且装扮得如此彬彬有礼，把世界欺骗到今天。但是，如果对这个家伙寻根究底，它只不过是个伪装起来的草包而已。他们根据文字，大肆叫嚣和夸张他们的威武和权力——但是这些狼形人妖，这群河马[①]同他们的财政官吏躲在哪里呢？他们不断把新的负担加在穷人身上，今年是一次自愿的徭役，下一年就变成了强迫而必然的徭役，他们大部分古老的传统权利究竟怎样产生的呢？上帝在哪一部法典里曾给予领主这种权力，说我们穷人必须在好天气时，为他们耕地服劳役，而在下雨天时，我们穷人就应该把血汗所得留在地里听其毁灭？上帝是公正的，他不可能容忍这种残暴的巴比伦[②]式的禁锢，即我们穷人应当被驱逐去为他们刈草、晒草、耕地、播种亚麻、拔麻、梳麻、烘烤、洗濯、切断、纺织、采摘豌豆、拔胡萝卜和芦笋。上帝保佑，哪里曾听到过这样悲惨的事呢？他们敲骨吸髓地课征与掠夺穷人，而我们必须交付利息。那些逐猎者与赛马者、赌徒与肚子胀得比呕吐的狗还厉害的欢宴者在哪里呢？我们穷人为此必须向他们纳税、付息和缴租，穷人和自己的妻子以及受不到教育的孩子却一无所有，家里这既无面包、也无油盐。那些享有采邑和人头税的人在哪里呢？是的，他们的可耻采邑和强盗法律真是穷凶极恶。那些专制暴虐的君王在哪里呢？他们把赋税、关税和杂捐据为己有，那样卑鄙无耻地挥金如土，而这些钱本应归入公库，用于国家利益；他们还不许任何人表示反对，如果反对，他们就会像对付一个谋叛的恶

① 指力大无比的巨兽而言，见《旧约》《约伯记》第四十章。——译者

② 古代亚洲西部的一个帝国。巴比伦式的，系指暴虐邪恶。——译者

人那样，把他钉死、斩首或四马分尸，毫不怜悯，犹如打死一只疯狗。上帝曾授予他们这种权力吗？是哪个僧侣帽顶上写过这一点呢？是的，他们的权力是上帝给的，可是他们同上帝距离那么远，以致他们成了恶魔的雇佣兵，而撒旦成了他们的首领。只有这些摩亚人[①]和河马远远离开，才是上帝最大的愉快。”来自人民的这一呼声，控诉得也许夸张了一些。埃内阿斯·西尔菲乌斯，后来是教皇庇护二世，在他所写弗里德里希三世皇帝的生平中——当时他是皇帝的机要秘书——曾经叙述十五世纪后半叶奥地利公国的
130 人给宫内财政大臣翁格纳德写过这样的信。他们说：“你的傲慢自矜持使人厌恶，你的掠夺欲望更加令人不能容忍，你以这种欲望压迫和强使大家——僧侣和俗人——缴纳捐税。在你那里，一切都是可以出卖的。穷人为你的豪华盛筵和美味珍馐不得不流血流汗，我们且不说夜晚被抓到你住房去的妇女以及被你污辱的少女们。”这个后来的教皇对奥地利和整个德意志的情况非常清楚，一点也没有说信中所述有什么不真实或有夸张之处。

所有同时代的文件都一致证明，这种暴虐行为在十六世纪有增无减。

罗森布吕特控诉说：“贵族的要求愈来愈高，如果农民表示不满，贵族就打死他的牲口。”在格恩豪森召开的帝国议会上，虽然在谈到有必要减轻老百姓的负担时这样说过：“显然，老百姓承受着徭役、服役、饲养牲口、赋税、教会法庭以及其他负担的苦难，长此以往将是不堪忍受。”但是，对此并没有采取任何措施。1517 年皇

① 指古代死海东部摩亚地区的人。——译者

室的全权代表们在美因兹召开的帝国议会上向帝国各邦要求大批援军（不再是每四百人出一个兵，而是每五十人出一个兵），以预防人民的暴动倾向。各邦拒绝了这个要求。他们说，城乡老百姓本来已受尽灾难饥馑的痛苦，这一征募会更加激起民愤，而且有可能使老百姓把久已蕴藏在心头的一切都发泄出来。如果同意这一要求，恐怕就会出现一次大规模暴动。他们强调指出，让曾对皇帝和帝国作过战的雇佣兵全都回家，这是到处有可能引起骚动的一个特别重要的原因：他们会带动百姓揭竿而起。人们确实也谈到是什么原因引起农民的愤激情绪，但没有一次提出过如何解除农民苦难的建议。议会没有作出任何决议就散了，正是因为当时世俗和法律的压迫逼得人们情绪非常激昂、局势相当紧张，而宗教问题也发生了。

穷康拉德被镇压以后，人民的代表人物十分隐蔽地继续进行活动，但未获重大成果。还在 1516 年，乌尔里希公爵已经担心逃亡在外和被驱逐的穷康拉德成员可能在符腾堡境内发动新的骚乱，并且怀疑老百姓的一枪一弩，一弹一矢，可能正瞄准着他的心脏。逃亡者在各处举行集会。很多人又安然潜回了家乡，像在符腾堡境内一样，在布莱斯部和奥特瑙两地也是如此。

约斯·弗里茨永远是大忙人，有时在黑森林、有时在莱茵河上 131
游沿岸出现。他的妻子到处活动，担任约斯和他的老伙伴之间的联络。1517 年夏天，逃亡者和其他不满现状的人约定在黑森林中的克尼比斯山上开会。官厅到处警戒，跟踪追索。约斯的几个同伴被捕，被处死于勒特恩。霍赫贝格的地方官抓住了一个“携带流浪汉木棍的鞋会会员”。他供出同伴中有一个人，他自称为巴斯蒂安·葡萄国王，躲在祖肯山谷或格洛特的一个浴场里，他的首领（疑为弗赖堡的施托费尔）是在圣布拉西恩，约斯同另一个人（疑为蒂罗尔人希罗尼穆斯）则在楚察赫，但是，这三个人和那个同伴并没有被抓到。

黑森林山区行政长官汉斯·冯·维廷根于1517年9月19日写信给弗赖堡人说，他得到可靠消息，约斯·弗里茨又回到了公国，而且“又开始干他的坏事了”；约斯和其他一些人在黑森林各辖区来往奔走，准备和发展他的谋反勾当和罪恶计划。

这以后，莱茵河上游的所有城市行动起来了。1517年9月26日，斯特拉斯堡市政会写信给弗赖堡人说：顷接来信，得知鞋会会员将在克尼比斯山集会。市政会立即进行了调查。这个消息并非纯属谣传。但是，迄今为止，虽然得知一些迹象，但对整个事件的根本情况却还一无所知。

人们对约斯和他的追随者的行踪侦察了一个时期，揣测“他们的同伙或者他们一类的人大概在布莱斯部境内”，但是约斯和同他一起的人，躲过了每一个跟踪，因此那个揣测并未得到证实。

从此约斯这一名字不再见于史册，但他所散播的种子却继续在发芽成长。

第十六章　宗教改革的发生

本书不打算对宗教改革本身进行深入研究。

从长期沉睡中觉醒了的民族精神，首先在科学生活和正在发展的文学上表现出来。当时出现的文学不仅有高深的学者文学作 132
品，而且有通俗的民间文学作品。如果我们来考察通俗文学对于准备宗教改革的重要性，那么，这种文学又可分为启迪文学和讽刺文学两支。在陶勒[①]、海因里希·祖佐[②]、约翰·吕伊斯布鲁克[③]、托马斯·阿·克姆皮斯[④]、约翰·韦塞尔以及其他一些人的著作中都有许多宗教改革的因素。如果说，在这些著作中不断描述着一场反对当时教会的斗争，尽管是微弱的，但影响却非常深远；自印刷术发明以后，这场斗争就不知不觉地逐渐深入到千万民众的心中；那么，另一方面嘲讽的影响就更大了：它既公开反对腐败了的罗马教皇统治，也反对时代的沉疴，继续进行着一场争取精神自由和人民自由的小规模战争。罗森布吕特[⑤]、罗伦哈根[⑥]、塞巴斯蒂安·布兰德[⑦]、托马斯·穆尔纳[⑧]等人的著作，对社会上各种现

① 约翰内斯·陶勒(Johannes Tauler)(约 1300—1361)，神秘主义者，斯特拉斯堡的民间传教士。——译者

② 海因里希·祖佐(Heinrich Suso)(约 1295—1366)，德国神秘主义者。——译者

③ 约翰·吕伊斯布鲁克(Johann Ruysbrock)(约 1293—1381)，荷兰神秘主义作家，被称为荷兰的散文之父。——译者

④ 托马斯·阿·克姆皮斯(Thomas a Kempis')(1380—1471)，基督教神秘主义者，其启迪文学流传甚广。——译者

⑤ 罗森布吕特(Rosenblüth)，十五世纪德国小说家。——译者

⑥ 格奥尔格·罗伦哈根(Georg Rollenhagen)(1542—1609)，德国讽刺作家，马格德堡大学校长。——译者

⑦ 塞巴斯蒂安·布兰德(Sebastian Brand)(1458—1521)，斯特拉斯堡的人文主义者和讽刺作家，他的《愚人船》(1494 年)讽刺和抨击了当时社会的罪恶。——译者

⑧ 见本书第 150 页注三(第十三章)。——译者

象进行了辛辣的嘲讽。《列那狐》[1]和《奥伊伦施皮格尔》[2]也是同一类的民间话本；凯泽斯贝格的盖勒利用布兰特的《愚人船》讲道；方济各会修道士穆尔纳从1500年以来几乎走遍了德意志各地，他猛烈抨击各显贵阶层的腐败堕落，用词往往粗陋，但极为通俗。也不应忘记擅长讽刺的海因里希·倍倍尔[3]，他常常在酒馆和上层僧侣的宴会上嘲笑教会和神甫的种种弱点。总之，已经成熟了的理智到处都在显示它的力量。

乌尔里希·冯·胡滕[4]是民间文学和学者文学间的桥梁，他同时属于这二者。在他的《蒙昧者书简》(*epistolae obscurorum virorum*)一书中，他同几个朋友，特别是同罗伊希林[5]一起，给当时的僧侣阶层绘出了一幅幅漫画，这些讽刺漫画起了非常大的作用。

教皇认为，这些讽刺画激起民众如此尖锐地嘲笑僧侣，非加以禁止不可。但是，胡滕毕竟是刚刚复兴的科学的首批荟萃之一，

① 《列那狐》，中世纪日耳曼动物故事的主人公，后来歌德把高特舍特根据这个故事写的散文改写成一篇长诗，通过动物的言谈动作，对当时封建社会的腐败现象进行了讽刺。——译者

② 此处指1515年出版的《梯尔·奥伊伦施皮格尔》一书。奥伊伦施皮格尔(约1300—1350)是一个风趣的农民，德国许多民间笑话就以他为主人公，对当时虚伪腐败的封建贵族进行了尖锐的嘲笑。——译者

③ 海因里希·倍倍尔(Heinrich Bebel)(1472—1518)，杜宾根大学的诗歌和修辞学教授。——译者

④ 乌尔里希·冯·胡滕(Ulrich von Hutten)(1488—1523)，德国人文主义者，诗人，主张宗教改革，德国骑士阶级的思想家之一，1522—1523年骑士起义的参加者。——译者

⑤ 约翰·罗伊希林(Johann Reuchlin)(1455—1522)，德国人文主义者，海得堡大学希腊语和希伯来语教授。——译者

埃拉斯穆斯·冯·罗特丹
（依据丢勒的画像）

令人永感遗憾的是，他的大部分作品是用拉丁文写的。

和胡滕交往为时不长、但关系却非常亲密的埃拉斯穆斯·冯·罗特丹[①]，是一位全欧的著名人物。埃拉斯穆斯自幼就反对僧侣和寺院的残酷伪善，在青年时代受过这种残酷伪善许多困苦。他的文学创作尖刻地反对当时教会和世俗的蠢行，尽管这种反对是含蓄的、小心翼翼的，尤其是他那构思巧妙的笑话，语言表达非常优雅、轻松明快，犹如万箭齐发，直中鹄的。他的思想极为开明豁达，特别是在宗教问题上。只要没有危险，只要那些甚至是本阶级利益

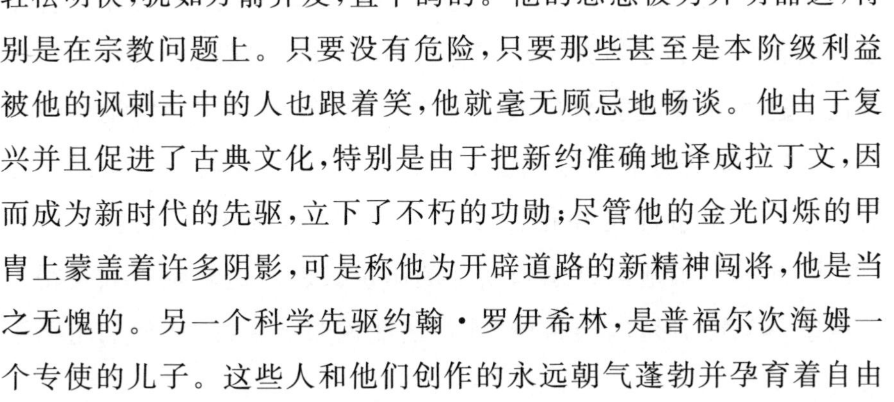

被他的讽刺击中的人也跟着笑，他就毫无顾忌地畅谈。他由于复 133
兴并且促进了古典文化，特别是由于把新约准确地译成拉丁文，因而成为新时代的先驱，立下了不朽的功勋；尽管他的金光闪烁的甲胄上蒙盖着许多阴影，可是称他为开辟道路的新精神闯将，他是当之无愧的。另一个科学先驱约翰·罗伊希林，是普福尔次海姆一个专使的儿子。这些人和他们创作的永远朝气蓬勃并孕育着自由精神的古典文艺作品，遍布德国欣欣向荣的各大学，以及新近发明的印刷术（它能把各个人所想象的事物迅雷不及掩耳地在群众中

① 即指格哈德·埃拉斯穆斯（Gerard Erasmus）（1466—1536），十六世纪最主要的人文主义者，反对烦琐哲学和教皇政治，是宗教改革的开路人，后来与路德分裂。——译者

传播开来)，这一切广泛地传播着一种新的光辉，并把新的动荡不安的因素带进那个时代的内在生活中去。因此，起着瓦解作用的理智在不多几年内所摧毁的现存建筑物的砖石，几乎比过去好几百年所摧毁的砖石还要多得多，古老的宗教生活和政治生活方式愈来愈显得老朽和肮脏不堪了。

134 礼拜仪式几乎完全失去了它的精神内容，几乎变成了可有可无的形式，因而对有思想的人来说，成了一种负担，而且导致群众或者不信仰宗教，或者渴望新的宗教食粮，或者崇尚迷信，因为他们一方面产生了深深怀疑，另一方面又茫然无知。

这个时期，大部分人比过去任何时候都更加相信奇迹。圣徒遗物重又受到顶礼膜拜，圣母礼拜更是盛况空前。聪明的僧侣也乐于拿着最稀有的圣徒遗物来迎合当时宗教上的需要，并让艺术家们制作成千上万的大小圣母像。这些僧侣们散发了祈祷书，据说读了这些祷文就能赦免人们在多少年、甚至在多少世纪所犯的罪过；各处教堂的圣母像就会不断产生奇迹。科隆的多明我会修道士已经与皇帝商定在德国设立一处审判异教的裁判所。这些“成就”使士瓦本地区维尔姆斯部的诺伊豪森修道院院长兴奋得摩拳擦掌，得意忘形，以至希望“他们还能说服老百姓，让他们咀嚼干草”。

艺术也极大地助长了崇拜圣者和崇拜圣母这种古老的信仰：正是绘画和雕塑庆祝了他们最美好的得意时刻，并且创造了它们最为瑰丽的作品。整个偶像崇拜披上了一件极其美观的外衣。一切艺术在这个时期都以其更加高超的风格而进入教堂大厅，起了推波助澜的作用；那些修建了几百年的城市大教堂、主教座堂，只是到现在才造起它们的唱经台、祭坛、正门和钟楼顶塔。

中世纪好像要在三种现象中辉煌地再度兴起，而标志这三种现象的来源是：信仰、诗歌和骑士的英勇精神。宗教信仰在罕见的、博得赞颂的奇迹故事中和在一种令人对宗教入迷的气氛中重又放出了光芒；文艺即使不是以诗歌的美、但毕竟以画笔和凿刀所创造的美重新表现出来，而封建制度除了粗野和暴力政治外，它也吸收了崇高的理想和伟大的精神，因而出现了像西金根[1]和乌尔里希·冯·胡滕这样的骑士。

但是，这只是最后力量的垂死挣扎，是生命在临终前的回光返照。不管多么不愿意，中世纪的精神必须退出历史舞台，比较细心的人已经听到冥冥的主宰在给封建统治和僧侣统治制造棺木的斧声了。最后用以装饰中世纪教堂门面的各种艺术点缀品，成了中世纪教会的殉葬品，它将带着这些饰物逐步走向死亡。

成千上万的人预感到或者宣布一个新的时代即将来临。古老 135
的预言又非常活跃地广为传播，此外还夹杂些新的预言。

人民处在困苦和黑暗中，处在渴望帮助和解救的境况中，把自己的信仰和希望主要寄托在两大预言上。一个是政治方面的，另一个是宗教方面的。前者原是一个古老的预言：“据说，从前在施瓦南山[2]上有一头牛，在那里一面游荡一面叫唤，

① 弗朗茨·冯·西金根(Franz von Sickingen)(1481—1523)，德国骑士，参加过宗教改革运动，是1522—1523年骑士起义的领袖。——译者

② 施瓦南山，在法兰克尼亚的伊普霍芬附近，离纽伦堡和维尔茨堡不远，位于德国中部。——编者

叫声连瑞士中部都能听见。”这个预言以后成了谚语，并且预示着：整个德国总有一天会变成瑞士，就是说会变得像瑞士那样自由。

另一则预言是“你们一百年后要答复上帝和我”。人们硬说这是胡斯或希罗尼穆斯临死时说的，胡斯派还用这句预言作为铸币的题字。人们普遍等待着这个期望已久的人出世，认为他将代表上帝和人民来反对教皇和僧侣的暴政。方济各会修道士约翰·希尔滕散布了一个更为肯定的预言，这是他被投入监狱以前根据先知但以理的话在埃森纳赫说出的：“教皇的势力和权力将在1516年开始崩溃。”

当然必须十分重视精神对于人民的作用和力量，可是毕竟不容否认，物质对于群众的影响比精神更为深刻；如果说农民由于教会中缺乏精神食粮而感到痛苦的话，那么，当他们的抽屉里没有面包而肉体感到饥饿的时候，他们必定更为痛苦，更加向往改革。①

这样说肯定是正确的：一方面首先是罗马教廷和僧侣领主上行下效地勒索钱财，实行欺骗和掠夺，另一方面是僧侣拒不缴纳任何赋税或接受任何负担，主要是这两方面的情况大大激怒了人民，使他们想要建立共和国和实行宗教改革。赦罪献金和欢庆费，使罗马教廷获得巨额财富。例如像法兰克福这样一个城市在一年内就交了近一千五百金古尔盾，虽然对每个人来说并不算什么沉重的物质负担，但是这种像摊贩交易似的无耻勾当、明目张胆的卑鄙

① 当时的谚语说：“是谁增加了瑞士的钱财？是领主们的贪婪。”——编者

行径，总不能不惹人注目，引起思考和怀疑，激起愤怒，招致反抗。
例如教堂当事人用圣物骗人，他们拿出一支次等猛禽的羽毛当作 136
天使米迦勒的翼羽，或者用干草填满一个小匣子，说干草来自耶稣
诞生的马槽，然后诡称抚摸这两件东西可以医治瘟疫，从而骗取钱
财；又如用累根斯堡的美丽的圣母像去做投机生意。然而真正形
成沉重负担、起到敲骨吸髓作用的是所谓上任年贡，即在教区主教
空缺时，新任主教必须向罗马教廷交付的钱。这笔钱数目庞大，被
当作赋税强派在臣民身上，并由于在短时期内连征多次，简直是对
人民敲骨吸髓。一个主教就职时应付的金额达一万五千到两万古
尔盾，或者两万古尔盾以上。而且可能发生这种情况，例如在帕
骚，八年内主教三易其人，十八年内竟出缺四次，因此这种税也务
必先后交纳四次之多。在美因兹，从 1505 年至 1513 年的七年内，
大主教席位三易其人，每次交两万古尔盾，在这么短时期内连交三 137
次，钱都转嫁到本来负担已经很重的贫穷臣民身上；而在罗马教廷
捞取了这么一大笔钱之后，主教宫廷为了维持其奢侈豪华的生活
而得到充足的财源，又必定如何残酷地吸吮、压榨和勒索穷苦人民
啊！人民不能不认为，教会领主除了世俗利益，即千方百计搞钱而
外，再没有其他信仰了。

老百姓的负担这样重，缴税这样多，而所有僧侣都拒绝以任何方式分担普遍的负担，拒绝交纳任何赋税。他们声称，教会法律和世俗法律以及圣经都严厉禁止让他们负担纳税和缴纳贡赋。他们经营酒馆，做各种买卖，肆无忌惮地夺取了平民的生计。

这时，矿工的儿子路德出现了。正如路德得到了时势的支

马丁·路德

持一样，他也得到了当时出类拔萃的人物的支持。反对他的人固然不少，但是支持他、同他一起为新事物工作的人毕竟占多数；这个觉醒了的世纪的所有儿子、科学的朋友、老一代和年青一代的英才，都同他在一起，甚至整个民族都是他的后盾。

路德把别人迄今为止还只是在学者圈内谈论的东西告诉给农民；而且是用前所未闻的、最优美最有力的德语同他们讲的。他把自己在斗室里思考、研究出来的东西，变成人们在客厅里、农舍里、诸侯的宴会上和酒馆里的日常谈话。“因为所有主教和博士都缄默无言，无人肯担风险，于是路德便被誉为博士，终于有了一个过问这种事情的人了。”

不多几年，他就有理由这样说：“河堤发生了决口，可是堵住决堤洪流的责任不在我们。”

人们只愿意从宗教斗争方面理解路德，好像那个时代，在现有的帝国形态中，帝国的最美好部分完全由作为领主的教会诸侯瓜分之，宗教和政治完全可以截然分开，震撼教会的风暴未必会同时震撼世俗大厦似的。诚然，路德主要是站在宗教立场上，但是最初两年，政治和宗教两种成分已在他身上融合为一了。路德的一生分为几个不同的时期：1517 年的路德与 1521 年的路德不同，1521
138 年的路德又与 1525 年的路德不同，与以后的路德更不同。这一点,人们通常都忽视了①。但是,不管怎样说,即使撇开这位宗教改革家的政治思想不谈,他的事业,即宗教改革,也必然会发生深刻的政治影响。无论开始还是后来,在路德身上都不曾有过政治改革以至政治革命的自觉和计划。但是,在当时的情况下,教会改革必然会导致国家变革;更不必说教会问题总是要反应在国家事务上了。

绝大多数人呻吟在非人的精神和物质的双重压迫下;他们已经沦为牛马,变成工具了。

路德所说的最伟大的话,就是他宣布基督徒是自由的,就是这一美妙的福音:所有基督徒都既是教士,又是国王的臣民;每一个信奉宗教的人都有权利和义务把自己的力量贡献于公共福利。

路德最伟大的行动在于,他把圣经非常出色地译成德文,使它成了人民大众的书,成为真正的、有生活意义的书,普及整个社会的书。基督的唯一教义是:所有的人都是兄弟姊妹,都是天父的子女,因而都有彼此相爱的义务。这个教义在生活中一旦实现,就成为给人们以自由的太阳。这种人与人之间的爱同任何奴隶制度、阶级偏见以及与之相连的所有邪恶是互不相容的。

① 戚美尔曼在这里忽视了:并非路德变了,而是政治形势改变了。作为市民阶级改良派阵营代表的路德,同样经历了这个阵营的右翼在事物发展过程中所发生的一切政治上的变化。最初几年,他态度激烈,用尖锐的语言攻击教会,要求采取行动。当有了成果、农民已经行动起来的时候,他却企图在农民和诸侯之间进行和解。当伟大的革命爆发、烈火威胁到他所代表的阶级的生存的时候,他不能再迟疑了。于是他威胁农民,并且发表了他那篇《反对杀人越货的农民暴徒》的文章。——编者

多少世纪以来，人民在精神上、特别是在宗教上一直被抑制在未成年的状态中。这种未成年的状态正是专制暴政的基础。愚昧不仅是专制暴政的根据，也是它的结果，这是一个可怕的事实。由于人们有意向人民封锁了神圣的典籍——圣经，所以就很容易“引经据典”，说明专制暴政的原则是以圣书为依据，以圣经为楷模，好像这些原则是汲取于圣经，由圣经规定似的。一个无可否
139 认的事实是：曲解、捏造和谎言使人民心目中的圣书变成了一部奴隶制法典；它把理性囚禁在迷信中，并以上帝的名义施暴政于世界。

路德把圣经又交到人民的手里，人民现在可以自己从中进行研究、比较，得出自己的结论；专制暴政再不能像从前人民看不到圣经时那样，滥用圣经作依据并当作护符了。

这是人们向着解放的道路迈出的第一大步，暴力所赖以进行压迫的欺骗被戳穿了；看来真正的基督教原则现在一定会渗透到生活的各个领域，一定会从宗教上和政治上改革世界。人类已经开始思考了，人们不能不相信，人类不会处在停滞不前的状态，而是要把一切事物都纳入考虑的范围。

预言开始实现。埃拉斯穆斯在 1522 年写道，一切都预示将发生流血的运动。1517 年圣诞节前后的一个夜晚，当选帝侯弗里德里希率领廷臣到教堂去，望见宫殿上方皎洁的天空有一个十字形的紫色大星像在闪闪发光的时候，他曾说：在信仰问题上多事之秋的流血争斗就要爆发了。

第十七章　胡滕为德国人民制定的计划和西金根运动

在这个时代，不但是平民，几乎所有的人都感到忧郁不安。帝国的情况更是如此。希罗尼穆斯·埃姆泽在他的传单“反对奥古斯廷修道士马丁·路德的非基督教的书”里写道：“所有的帝国等级都是软弱无力的！”甚至那些反对已经着手支配宗教生活和政治生活的革新运动的人也说：“情况太糟糕了，若不进行认真改革，世界末日一定会到来。”

帝国的骑士阶层感到特别不悦。从中世纪的世界向刚开辟的新时代过渡的这些日子，使骑士阶层陷入极为特殊的地位。在他们的内心里，新时代的精神和中世纪的粗野、独断专行的强权精神，正在角逐交锋。

上德意志绝大部分高级贵族同市民结成士瓦本联盟，企图压
制个别贵族的暴行，因为他们仗恃旧爵位，不肯服从法律制度。 140

帝国内有权势的诸侯利用选西班牙国王查理为德皇的机会，大肆扩张他们在帝国内的势力。新皇帝查理五世是许多彼此远隔的各邦国的君主[①]，常常不得不离开德意志帝国，而且远离时间很

---

① 查理五世(1500—1558)，1506 年成为尼德兰和勃艮第的君主，1516 年成为西班牙和那不勒斯—西西里的国王，1519 年成为德意志皇帝。——译者

长。于是，帝国政权便落到了有权势的诸侯手里。特别是士瓦本联盟期限已满，如果不延续下去，那些诸侯就要成为帝国的主人了。

1521年11月，年轻的皇帝出国以后，在纽伦堡组成了以皇家摄政王法耳次伯爵弗里德里希为首的帝国政府，帝国最高法院也在那里重新开始行使职权。不过，帝国政府仍然软弱无力。各城市和帝国的下层贵族特别反对帝国政府，因为他们完全被排除于帝国政府之外；同时，较小的诸侯也深表不满。所以，虽然成立了新的中央政权，帝国内部依旧谈不上秩序和统一，因而主要由巴伐利亚公爵们倡议延长士瓦本联盟一事，就更为重要了。

但是，由诸侯、城市和一部分贵族组成、在1521年决定延长的士瓦本联盟，本身就是帝国内部的法制濒于崩溃的生动证明。从前士瓦本联盟是在帝国最高政府领导下对付内外暴力行为的一个攻守同盟；它执行帝国最高政府对联盟成员宣布的判决。但长期来，身兼原告、法官和判决执行者的联盟总是按照自己的主观意愿对反抗者实行武力镇压，而不理睬帝国议会、帝国政府和帝国最高法院的判决。从1521年起，士瓦本联盟名副其实地成了帝国的最高权力机构，它特别使那些扰乱国内治安的贵族有这种感觉。

于是，阿布斯贝格、罗森贝格、朔特、贝利欣根等家族结合起来，企图按照旧风尚进行决斗和抢劫。格茨·冯·贝利欣根[①]十分坦率地认为那些闯入羊群的狼酷似自己，都是他“亲爱的伙伴”。

---

① 格茨·冯·贝利欣根（Götz von Berlichingen）（1480—1562），法兰克尼亚骑士，曾企图利用1525年农民起义达到个人目的，被选为华美农军首领，在紧要关头出卖了农民。——译者

这些大胆的贵族和他们的同伙使法兰克尼亚、士瓦本和莱茵河畔的所有通道不得安宁，而且还对一些城市和教会诸侯挥动干戈。他们硬说采取这样的行动完全正当合法，因为诸侯和城市愈来愈限制他们，皇帝也无法保护他们，于是他们不得不相互誓约，维护 141
自己原有的自由和权利，以反抗任何欺骗、限制和侵害他们的人。

实际情况也确实如此：日益增长的诸侯势力大大限制了这些小专制者在自己城堡的权力。帝国内成千的小君主都不得不托庇于几个诸侯门下，可是他们认为自己，和限制他们自由、要求他们服从的那些诸侯相比，一样自由、一样优越。出于这种立场，他们当然也认为，自卫的禁令只适用于低级贵族而不适用于诸侯，是对他们心灵的挫伤；其次，如果通过法律途径去反对来自诸侯的侵害和刁难，那么贫穷的贵族同农民一样难得公道，因此这种禁令对他们心灵的挫伤就更厉害了。于是，他们就以自卫和为别人伸张正义为借口，来伤害诸侯和城市。

可是，有些人在这方面采取了
大规模行动。弗朗茨·冯·西金 142
根就是其中的一个。

弗朗茨·冯·西金根

（依据霍普费的铜版画）

人们有理由把这位出现在两个时代交替之际的杰出人物称作旧德意志的末代男爵。在他作为自己城堡中的无政府主义者和君主的时候，骑士的形象在完全和永远消逝之前，又一次地、也是最后一次地在他身上放射出炫目的光辉。他是一个英雄，充满旧时代的力量和正义感；按贵族的看法，在他身上强权精神和强盗骑士气概并行不悖；他勇敢、雄心勃勃。他在多次战争中获胜，由于这些，他积聚了许多财富，大大提高了声望。他这个普通的男爵，不但顺利地战胜了他的同侪，而且能与一些大的帝国直辖市、诸侯和选帝侯胜利地进行较量。法国国王弗朗茨在争夺德意志皇位时，也认为西金根是可以协助他达到目的的人当中的主要的一个，完全可以像依靠诸侯和选帝侯那样依靠西金根。西金根是帝国内有势力的人物。他的声望和金钱能够在短短几天内把一支在当时很可观的军队集结在他的旗帜之下。所有低级贵族都把他看作自己的首脑和代言人，新选的皇帝查理五世也以西金根为他服役、担任军队首领而感到庆幸。

这个骑士虽然如此强暴，却是学者的朋友。在他的宫廷里——他像侯爵那样主持着一个宫廷——充满思想界和学术界一向习惯的那种自由思潮，他的宫廷确实像一座小型的学院。罗马和希腊古典学者的精神，随着乌尔里希·冯·胡滕和罗伊希林进入西金根最喜欢逗留的埃贝恩堡和兰德施图尔。他的座上客有许多学者名流，一部分应他聘请而来的，一部分是他收留的，其中除了胡滕、一手托圣经一手持宝剑的贵族骑士哈特穆特·冯·克龙贝格和迪特里希·冯·达尔贝格外，还有约翰·豪斯沙因（厄科拉姆帕迪乌斯①）、马丁·布克尔②，卡斯佩尔·阿奎拉，约翰·施韦伯尔；他们

① 约翰·豪斯沙因(Johann Hausschein)(1482—1513)，瑞士宗教改革家。——译者

② 马丁·布克尔(Martin Bucer)(1491—1551)，德国西南部的宗教改革家，路德的朋友。——译者

都是宗教改革史上留下美名的人物。他为了使他的廷臣和家人，一些“早已通晓基督教义的人，在圣经的真正绿色牧场上放牧”，特意邀来厄科拉姆帕迪乌斯。在埃贝恩堡他的宫廷里，甚至比在维滕贝格还早，首先采用了耶稣教礼拜的新形式。西金根说，因为普通人民变了，通常的习俗也要改变。 143

但对西金根影响最大的是乌尔里希·冯·胡滕。他是一个勇敢、自由的青年，他具有包罗宇宙的、伟大而炽热的心灵。

1488 年胡滕诞生于法兰克尼亚的一个有钱有势的帝国直属贵族世家。在他十一岁的那年，他父亲按照他叔父的建议送他进了一所修道院，决定让他做僧侣；他的叔叔是维尔茨堡宫廷的首席大臣，特别在符腾堡的事务上长期起着重要作用。但是，这个少年怀有新时代精神。1504 年他十六岁时，也就是在教袍加身的前夕，他逃脱了难以忍受的逼迫。他身为贵族家庭的长子，觉得自己生来不是当僧侣，而应做别的事情。

这一行动使他父亲非常生气，以致他从此不把他当作儿子了，全家也同他疏远起来；他的家庭简直不承认有他这个家庭成员了。情形就是这样：他被他的贵族家庭撵了出来，断绝了一切关系，没有任何顾虑，从此他完全献身于祖国和人民了。从前，他天真轻率，现在却变得严肃了。

他就在这样年轻的时候孤立于世，除去一个聪明的头脑、一支 144
笔和一柄剑，其他什么都没有了。他必须亲身体验穷苦人民的一切困苦。但是，他怀有理想的崇高热情，使他能够克服生活中的一切坎坷。诚如他自己所说，他内心强烈渴望的，他最最热爱的，就是“神圣的真理，普遍的自由”。

乌尔里希·冯·胡滕

1519年前后，胡滕结识了著名骑士弗朗茨，同他很快地建立了亲密的关系。这时胡滕早已清楚自己应该为之奋斗的生活目的：支配他全部身心的理想是使人民新生。

他只在一瞬间动摇过。父亲死了，他可以继承一份很大的遗产。他久病痊愈后，虔诚的母亲规劝儿子能继承祖产，成家立业。但是，胡滕并没有动摇很久。他喊道："决心已下，我愿冒险一举此事！"他放弃了父亲的遗产，并表示为了使自己的一切行动完全不受约束、无后顾之忧，他宣布脱离家庭关系，以免使家庭因自己的战斗和遇害而受牵连。他丢下哭泣的母亲，毅然抛开对于尘世间幸福的一切要求，怀着自我牺牲的精神，为实现真理和解放人民，比过去更坚决、更英勇地拿起了武器。如果在此时此景下罢手，他永远不会原谅自己；而当有人在他面前提到路德的名字时，他也会面红耳赤的。

祖国人民的精神在胡滕的心中活跃着，他又接受了维滕贝格矿工儿子的思想，使他变得如此坚强，以致他对"德国的未来"比过去任何时候更抱有希望，更有信心了。

"觉醒吧，你高贵的自由！"是他写给路德的第一封信中提出的口号。他继续写道："我们在这里总算取得一些成就，并且继续干下去了，今后愿上帝在我们一边，增强我们的力量，我们现在要特别致力促进上帝的事业，重新大声地、正确地提出和传布上帝有益的神圣教义。你勇往直前地推进这些事；我也要尽自己的一切力量。要果断和勇敢、不断增强力量，切莫动摇。不管发生什么事情，我都会竭尽全力，大胆而忠实地帮助你，所以你今后可以无所顾忌地，把你的一切计划大胆地向我说明，让我知道。我们要依靠上帝来保卫和获得我们大家的自由，勇敢地把我们的祖国从它迄
今所受的一切压迫和重担下拯救出来。你将会看到，上帝会保佑 145
我们的。既然上帝同我们在一起，谁还会反对我们呢？”

1520 年初，他多次发表谈话。“上你的帐篷去吧，以色列！”他对德国大声疾呼，“勇敢，勇敢，你们德国人，前进，前进！自由万岁！”

这是他最美好的一年。点燃在他心头的希望和计划使他精神焕发，神采奕奕。

他首先致力于使德国摆脱罗马的控制。他力图使那些最重要的政治人物对他的这个理想发生兴趣，引起他们的热情。当时所有的人都寄希望于新即位的年轻皇帝，胡滕也是如此。但是，查理皇帝接受不了胡滕的思想，他不懂得德意志民族觉醒的精神。皇帝在沃尔姆斯召集的国会令人大失所望。“多灾多难的国家啊，它的国王是个孩子！”胡滕捧着圣经叹息说。他的朋友哈特穆特·冯·克龙贝格，像西金根一样，也在为皇帝服务，沃尔姆斯事件以后，克龙贝格立即向查理辞职，虽然查理给他俸禄二百金币也未能挽留住他。

尽管胡滕所抱的种种期望化为泡影，但他没有丧失勇气，也没有放弃他的计划。是的，他继续奋斗着。要使民族复兴，帝国强盛，他认为必须消灭僧侣的统治，消灭诸侯的多头统治，建立一个统一的德国，在这里，完全自由的人们必须在一个君主，即在新即

位的皇帝治下生活。

要实现这个理想，只走改革道路而不流血是不可能的。他不是拥有土地和人民的领主，他没有军队，没有自己的物质财富资源，虽然他是一个干练的鼓动家，却不是军事统帅。但是，他有一个兼备上述四个条件的朋友。几年来，他一直把他当做人民寄予最后希望的这个人，即使他把目光转向身居高位的首脑，他也没有忘却他。这个人就是弗朗茨·冯·西金根。

西金根、路德、德意志贵族、各帝国直辖市和各省的被压迫的德意志人民，这一切都是胡滕所指望的力量。这个帝国正处于动荡不定、分崩离析的状态，可以说这个帝国没有宪法，没有政府，没有财政，没有正规军队。过去帝国内部构成伟大生活的一切因素，现在四分五裂或者互相敌对了，处在伟大的新事物诞生前的阵痛中的时代已经觉醒；这些都为实现胡滕的理想，为这一个民族的、合乎时代的、以才智和勇气开辟的事业，提供了有利基础。

胡滕觉得，西金根比任何诸侯都更适于完成这个使命。他兴
146 奋地给埃拉斯穆斯写信说："的确，德国没有比他更伟大的人物了。德国很久以来没有出现过像他这样的人。我确信，弗朗茨会给我们民族带来巨大荣誉。"不久胡滕就深刻地影响了骑士弗朗茨，使后者完全接受了他的见解，即必须同时为政治自由和宗教自由开辟道路。他多次以西金根的名义邀请路德到埃贝恩堡来。路德虽然高兴地在那里找到了一个十分安全的避难地，而且埃贝恩堡的印刷所对他很有吸引力，那里印刷了胡滕、克龙贝格和其他兄弟们充满自由气息和要求自由的著作，他自己也可以在那里非常自由、毫无顾忌地写作和付印。但是，每当胡滕向他暗示一下那些勇士

们的暴力计划时，他就被吓住了。

路德在最初几年有过一些非常富于革命激情的时刻。他在1517年底写道："如果他们（罗马僧侣）还要继续妄逞狂暴的话，我以为，除了国王和诸侯采用暴力，武装自己，讨伐这些流毒于全世界的恶汉，并且不用言语而用武器去制止他们的罪行而外，没有更好的办法和药方对付他们了。我们用刀剑惩治盗贼，用绞索惩治杀人者，用烈火惩治异教，为什么我们不运用各种武器来讨伐这些身为教皇、红衣主教和大主教而又伤风败俗不配为人师表的罗马罪恶城的蛇蝎之群，并且用他们的血来洗我们的手呢？"[①]在他早年的全部著作中，好似无意中脱口成章，几乎到处闪烁着这种革命的火花。

这个路德是一个具有胡滕身上所能找到的那种富于血气、魄力而果断的天性和足智多谋的人。但是，这个路德在1521年年底就变成另外一个人了。虽然前一年他在那封重要的《致德意志民族贵族书》中还说，压迫着基督教各等级的、首先是压迫着德国的巨大灾难和痛苦，迫使他大声疾呼，上帝是否能给某一个人以精神，使他援助多灾多难的民族；他在这个文件里要求取消或者改革修道院，使整个教会，包括教皇在内，都服从世俗官厅，取消教皇迄今征收的一切贡赋，免除教皇迄今所有的一切世俗权力，把教皇的 147
使节逐出德国，规劝基督教徒中的贵族抵制暴行。他最后说："这样，上帝将帮助我们拯救我们的自由。教皇应归还罗马城和他从

① 虽然路德在后面、离这些话很远的地方写了一句简短的话："但是我们让上帝去报复吧！"用以限制那些反对主教（他们是选帝侯、诸侯、德意志各邦君主）的煽动词句，但今天的法院也难以对他宣告无罪。——编者

帝国取走的一切，应让我们国家摆脱他那难以忍受的剥削和苛征，归还我们的自由、权利、财产、荣誉、身体和灵魂，并且让帝国成为名副其实的帝国。”

但是，路德在要求取消到现在为止的教会权力、摧毁产生这些权力的宗教和政治因素、号召反抗教会的骄横的同时，却要求把事情交给上帝，而不用自己的力量来进行。怪哉！似乎无须同对立面进行斗争，无须经过对立面的暴力，教会势力就愿意或者能够自动放弃已经掌握在手里的世俗统治权。

胡滕建议用剑给新的福音开辟道路，路德以上述精神回答说：“我不愿意靠暴力和流血来维护福音。世界是靠语言来征服的，教会是靠语言来维持的，也还是要靠语言来复兴。反基督的人们不是靠暴力取得一切，也将无需暴力而消亡。”

胡滕精通历史，知道路德的这些话是不正确的。他没有依靠路德，自己继续前进，大胆进行政治改革和用武装暴力从事变革的尝试。虽然路德本人离开了他，可是他仍然希望从路德掀起的宗教运动中为他的政治运动汲取足够的力量；这一政治运动本来首先是反对教会领主的，而且恰恰是由于反对这些人他才能极其容易地从福音书中为自己找出证据；圣经不但从来没有赋予这些人以权力，甚至还否认他们的权力，所以必须剥夺他们的权力。

感到十分苦闷的低级贵族，即骑士阶级，不久就以西金根为核心结成了一个大同盟。骑士们准备马上同逼迫自己的、比自己强大的诸侯较量一番。很多人也十分热衷于新教义，例如克龙贝格、绍恩堡、菲尔斯滕贝格、黑尔姆施泰特、格明根、门青根等家族、施泰因巴赫各地的骑士以及上百名其他家族。实行路德教义的必然结果就是取消教会领主的统治和剥夺世俗诸侯的权力。这是必然引起每个骑士非常激动的两个想法。1522 年春，西金根在朗道集 148
合了法兰克尼亚、士瓦本和莱茵河的一大部分低级贵族。骑士们宣誓联合起来，以六年为期，声称为了互相帮助和维护秩序。他们选西金根为自己的首领。但是，西金根想成为德意志人民的首领，做一个德意志的“齐斯卡”；[①]他把这个胡斯信徒的战无不胜的英雄当作自己的榜样。

可是，这群朋友们充分感觉到，光是他们骑士的武力还不够强大。因此胡滕同时又向德意志民族的各自由城市发表了一个宣言。他在宣言里激烈地控诉了诸侯的罪恶、骄横、暴行和胡作非为，要求各城市与贵族建立友好关系，打倒诸侯专仅。这样做，目的在于说服各城市参加贵族同盟，或者至少在即将爆发的贵族和诸侯之间的战争中保持中立。

胡滕在好几篇著作里表述了他的联合贵族和市民阶级、给予贵族以全新的地位的思想，这个思想虽然言之过早，却是伟大的。过去高级贵族和低级贵族都与僧侣携手同行，一起压制了平民的自由；现在低级贵族要同市民阶级，甚至同人民携手同行，反对诸侯和僧侣的暴行，拯救普遍的自由。胡滕认为，贵族的中世纪时代已经过去，现在它从衰落中奋起，作为民族自由保卫者以赢得更美好、更高尚的重要地位，是有可能的。历史没有在德国，但后来在日耳曼人的英国证实了这个思想：英国的自由是低级贵族同市民

① 齐斯卡，名约翰(Johann Ziska)(1360—1424)，胡斯信徒的领袖。——译者

阶级联合的产物。[①]

胡滕在青年时代几乎是被他贵族父亲驱逐而离开家庭，流浪
149 于世，他亲身感受贫困的痛苦，这时他学会了超越自己出身等级的偏见，甚至对人民中最贫贱的人产生了爱。因此，他不但努力要与自由城市的市民阶级结成同盟，而且要与乡间的平民结成同盟。当他能从农村老百姓这一民族的最大多数中汲取实现自己目的的最有用的素材的时候，他就更加不以这种同盟为可耻了；因为正是这些为数众多的平民，从政治方面比从宗教方面更容易被鼓动起来。如果说德意志民族应该变得伟大，那就必须从道德上和精神上提高这个最低的等级，使它的物质条件得到改善。

为了激发平民心中复仇的力量，他在人民中间散发一种谈话小册子《新卡尔斯特汉斯》[②]，附有三十个信条，讲的是“贵族地主黑尔夫里希、骑士海因茨和卡尔斯特汉斯以及他们的追随者宣誓要紧紧团结在一起”的故事。这个小册子用极通俗的语言表达了对压迫良心、破坏家庭幸福和榨取平民钱财等一切行为的最强烈的憎恨。

平民中也存在一种不可完全轻视的军事因素。在近代会战中

---

① 贵族民主制的思想显然是过时了，十六世纪的理想远远超出了这个过时的社会形式和国家形式。这也足以说明，为什么胡滕—西金根运动丝毫没有感动人民群众。只有像十二条款那样富有人民性的纲领，才能用作群众起义的口号和旗帜。

市民阶级不能相信贵族，因为市民阶级反对地主贵族及其特权的斗争正方兴未艾；农民更不能同贵族结合，因为贵族是以农奴制为其生活基础的。——编者

② “卡尔斯特汉斯”是十六世纪初贫苦农民的别名。“汉斯”是普通的男子名字，“卡尔斯特”意指“锄”、“镐”。——译者

起决定性作用的步兵，即雇佣兵组成的军队，是从农民中间来的；很多富有作战经验的雇佣兵后来又返回他们原来的等级；许多地方的农民本身已经习惯于掌握武器，或者在最近应征入伍时，学会了使用武器；胡滕曾看见过高原地区的乡下人，即雷姆斯河谷的农民，在雇佣兵的部队中，参加最近这次意大利战争，在米兰和帕多瓦[①]附近战斗！

梅兰希通的密友卡梅拉里乌斯写道：如果胡滕的计划和冒险行动不缺乏物质资源，那么现在的一切就不同了，整个帝国的变革也许成功了。

胡滕对自由城市和平民所拟的计划，从这两方面得到了多大同情，已经无从考查。埃贝恩堡的书信在大火中被焚，而有关活动的全部文件则与胡滕一起葬入墓穴。根据胡滕的遗著，只能推测他想干什么，而无从知道他进行到什么程度。大概平民是在骑士阶级和各城市武装暴动开始后才被卷入战斗的。根据西金根的话推测，斯特拉斯堡人和倾向于宗教改革的其他城市都有赞成的表示；在沃尔姆斯的帝国议会上对路德的敌人施加的恫吓，似可说明埃贝恩堡和平民对胡滕的计划已经表现出或者正在表现出同情；我指的就是那张贴在墙上的告示，上面写着据说有四百个结盟骑
士和一支八千人军队保卫路德的宣誓，结束词写有：鞋会、鞋会、鞋 150
会。

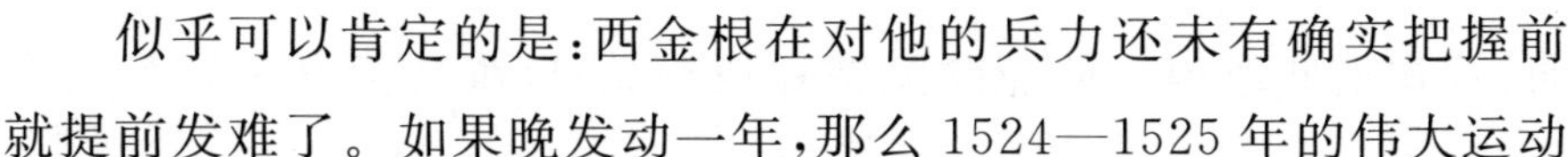

似乎可以肯定的是：西金根在对他的兵力还未有确实把握前就提前发难了。如果晚发动一年，那么1524—1525年的伟大运动

① 意大利东北部省中心，离威尼斯不远。——译者

会把他这位久为人民爱戴的宠儿作为核心和灵魂，组成一支由他任统帅的正规军队，他甚至可以担任德意志人民的领导。西金根和人民的不幸在于他和胡滕过于激进，而他又没有听从多年密友和忠实部下巴尔塔扎尔·斯勒尔大师的劝告，因为斯勒尔一直认为当时的行动是不可能取得成功的。

1522年9月初，这位骑士率领一支由五千名步兵、一千五百名骑兵和足够的大炮组成的、装备精良而并不大的部队，从埃贝恩堡打响了第一炮，揭开了大战的序幕。首战的对象是特里尔的大主教兼选帝侯里夏德·冯·格赖芬克劳。预定在首次打击之下就将他推翻。发动战争的借口是弗朗茨曾为大主教的两个臣民担保债务，而现在大主教却又不让他们偿还债务。可是，他在宣战书中说，他这次用兵主要因为选帝侯的行为触犯了上帝和皇帝陛下。而他给特里尔的臣民的宣言里则说，他这次前来，要给他们带来福音的自由。

美因兹选帝侯阿尔布雷希特的宫内大臣弗罗温·冯·胡滕[①]也参加了秘密同盟；据说他暗中支援过西金根。圣文德尔经过突袭落入西金根之手。9月7日，他在特里尔城下扎营。当他试图夺取选帝侯的一些要地时，他期待由他的骑士在尼德兰征召的部队前来增援他。法兰克尼亚、士瓦本和莱茵河上游的骑士没有参加这次序战，这就证明特里尔进军只不过是一次战斗演习，一段插曲，旨在借此取得一些免蹂躏费和战利品，以维持招募来的军队给

① 乌尔里希·冯·胡滕的堂兄弟，在美因兹选帝侯宫廷供职；1525年曾参加镇压农民起义。——译者

养；或者是借这次军事行动的胜利和占领要地为尔后更大的战斗作准备；骑士和各城市都应参加的真正大战，预定在第二年才进行。

但是，诸侯们对胡滕和由他推动的勇敢骑士弗朗茨策划的事情并不是没有察觉。有人听到弗朗茨的骑兵说出这样耐人寻味的话："我们的主人不久就要当选帝侯了，也许还不止当这个呢。"对特里尔的进攻使诸侯从安乐窝中惊跳起来。萨克森格奥尔格公爵 151
的宫廷中有人说，像西金根所策划的反对帝国诸侯这样危险的事，好几百年都不曾有过。又有人说，长此以往，可真不知谁是皇帝、谁是诸侯、谁是领主了。

巴伐利亚的总务大臣莱昂哈德·埃克在写给他的公爵的信上说："西金根将要发动一场贱民暴乱。据情报员每天的禀报，情况与鞋会完全相同。如果鞋会复活，平民得势，恐怕莱茵河流域诸侯的早餐，其他诸侯的晚宴，普通贵族的夜酒，尽皆休矣！"这是他在1522年9月8日写的。早在3月8日，他曾给公爵写信说："目前各地发生的犯上事件，希殿下深思。有人印了一份小册子，散发给老百姓，列举很多理由，说明平民对国王、诸侯、领主的隶属关系过去曾使他们遭到暴政压迫，劝告平民脱离这种关系，并说这样做是一件善行。这一切都来自路德那个恶魔和弗朗茨的党羽。如果说反对诸侯的一个强大鞋会和叛乱已存在多年，那么现在它又猖獗起来了。"

西金根对德意志教会诸侯宣战之后，路德本人公开宣称："我知道有人指责我，说挑起反对教会的诸侯起义是危险的事。对此我的回答是：难道就让上帝的话被忽视、全体人民走向灭亡而无动

站在西金根面前的帝国传令官

于衷?——既然教会诸侯不肯听从上帝的话,而疯狂地干那些放逐、焚烧、残杀以及其他种种罪恶勾当,还有什么比让他们领受一次把他们从世界上消灭掉的强大起义更公道的事呢?哪里发生起义,哪里就只会有欢笑。”

同时,他还印发了这样的文告:“所有为取消主教区和消灭主教统治而献出生命、财产和荣誉的人,都是上帝的可爱的儿女和真正的基督徒,他们是对魔鬼的制度作战。每个基督徒都应当用生命财产帮助结束主教的暴政,应当乐意把对他们的服从作为对魔鬼的服从那样践踏干净。这是我路德博士的文告,它使所有听上帝教诲的人得到上帝的恩典。阿门!”

以诸侯为精神支柱的帝国政府号召邻近各邦君主迅速出兵反

击这个危险的骑士。这些君主纷纷派出使者劝诫西金根本人。当帝国传令官骑马进入西金根的营寨时，西金根说："现在要我再听一听政府重弹的老调吗？"他以嘲弄和抵触的态度接待了那些使者。他在回答他们的劝告时说，他确实知道，教训一下这个拿了法国钱的僧侣，皇帝陛下是不会生气的。此外他还说，他想做一件历 152
代罗马皇帝从未做过的事；他自己要在帝国内实行一种新的制度；他拒绝接受最高法院在他和大主教之间所做的任何判决；他自己周围有一个由骑兵组成的法庭。在这个法庭上要用枪弹和加农炮决定胜负。

他原想以特里尔城里的内应和圣马克西明修道院丰富的物资储备作靠山。可是大主教亲手点燃了这座寺院，弗朗茨先生到达时，只见一片烟雾弥漫的瓦砾堆。城内下层阶级都想表示拥护西金根，但是在大主教和他及时调来的骑兵的高压下，人民情绪低 153
沉，难以指望；同时，大主教的属下和雇佣兵对城墙和城楼又防守得十分严密。而在西金根计划奇袭特里尔没有进展时，他所期待的援军也未能开来。骑士雷内贝格在克莱韦和于利希替他招兵，本邦公爵威胁应募者说，谁要增援西金根，谁就要丧失性命和领地。巴斯塔德·冯·索姆布雷夫在科隆地区给西金根召集了一批骑兵，科隆大主教以同样的威胁，禁止任何人乘马外出。米歇尔·明克维茨率领一千五百名雇佣兵从不伦瑞克来增援他；黑森侯爵菲利普袭击了这支队伍，俘获了指挥官及其所有文件，并且将这些雇佣兵强行改编成他自己的军队。从林堡、吕内堡、威斯特法伦等地区来的援军，也未能开来与他会合；可是，黑森侯爵菲利普和法耳次选帝侯路德维希的强大军队却已开来对付他了。弗朗茨绝未

料到他的旧日恩主法耳次选帝侯会出兵打他。他起初是从法耳次发迹的，他万万没有想到第一个出兵援救“特里尔僧徒”、反对他的竟是这位选帝侯。他不敢在敌人城下等待如此优势的兵力到来；他在到达特里尔城前以后的第七天就又退却了，中途还徒然试攻了一下凯泽斯劳特恩，然后遣散一大部分军队，在无人追击中返回自己的城堡。但是，10 月 8 日，帝国放逐令降临到他头上。

但是，在特里尔城下会师的三个人——两个选帝侯、一个有势力的侯爵，联合起来对西金根的盟军发动了进攻。首先开到法兰克福附近克龙贝格城下，这是西金根的女婿哈特穆特的城市和要塞。当时有一个人估计，诸侯拥有骑兵和步兵约三万人。哈特穆特看出对付这样的兵力和炮火，难以守住城堡，因此逃走了；该城堡在 10 月 16 日投降。接着，他们捣毁了弗罗温·冯·胡滕的扎尔明斯特尔宫城，占领了他的另外几个城堡。他们破坏了菲利普·魏斯的城堡豪森和鲁德克尔的坚固邸宅鲁金根。这两个人都是受放逐处分的弗朗茨的另外两个盟友。他们甚至还向美因兹的阿尔布雷希特勒索二万五千古尔盾，“因为他听任西金根的一队骑兵跨过莱茵河未加阻止；而这是使别人袖手旁观的原因之一”。关系较远的同盟者，如威廉·冯·菲尔斯滕贝格伯爵和艾特尔弗里
154 茨·冯·措勒恩伯爵以及法兰克尼亚的骑士们，至少在最近受到复仇的威胁。

这时，优势显然已在诸侯方面，西金根看出自己的处境已经像所有反对派的首脑一样。有些人暗中脱离了他，有些人则持消极态度。因此，他越发把希望寄托在自己的忠实朋友——菲尔斯滕

西 金 根 之 死

贝格、胡滕和路德派的群众身上。这样到了1523年春季。为了招募援军，乌尔里希·胡滕到上士瓦本去，弗罗温·胡滕到瑞士去；巴尔塔扎尔·斯勒尔在莱茵河上游招兵，忠实的弗朗茨·福斯在下德意志活动；甚至波希米亚的一些骑士也真诚地答应援助他。155
西金根本人则继续修筑和强固兰德施图尔的防御工事，准备死守，希望至少坚持三四个月，一直等到他的朋友们来解围。

将近4月底，三个诸侯率领配备精良大炮的军队包围了兰德施图尔。4月30日开始炮击。新修的城墙很快被炮弹击毁。当西金根来到一个射击孔跟前去观察进攻情形时，正好一门向那里瞄准的加农炮命中他所倚靠的防御支架，架被轰坍，他被甩在一根尖柱子上，受了致命伤，跌倒在地，不省人事。

他的亲信把他抬到城堡的地窖里。当他神志恢复时，他埋怨那些迟迟不来增援的同盟者。他大声说：“我的先生们和朋友们，你们给了我那么多许诺，可如今你们在哪里呢？菲尔斯滕贝格在哪里呢？瑞士人和斯特拉斯堡人都待在哪里呢？”在诸侯开始迫近他时，他派去向远地的菲尔斯滕贝格求援的信使，已经落入诸侯之手。威廉是在西金根死后才知道朋友的危急情况的。乌尔里希·冯·胡滕在瑞士的活动一无所获；那个被逐出自己国家的公爵、符腾堡的乌尔里希是胡滕及其家族的死敌，他已加入了瑞士国籍，进行反对胡滕的活动；胡滕曾经控诉公爵的暴政，在舆论上严重地打击了公爵，而公爵被驱逐主要是西金根一手促成的。

弗朗茨看出，即使援军已在途中也来不及了，于是他写信给诸侯准备投降。诸侯不允许他自由撤走。他说，我不会长久当你们的俘虏！他请诸侯到他的临终床前。他几乎还未辨认出走进来的三个诸侯，他的目光就已显露出死神的来临。他对法耳次选帝侯说：“殿下，我真没想到会这样结束一生。”他回答特里尔选帝侯和黑森侯爵的谴责时说：“现在我只需答复一位更大的君主的质问。”他的牧师问他是否要忏悔，他回答说：“我已经在心里对上帝忏悔过了。”这位本身不太敬重皇冠的骑士（其他骑士也因他而不太敬重皇冠），在牧师举起圣饼和三个诸侯跪在床的周围时，离开了尘世。他在帝国内的敌人听到这一消息后都欣喜若狂地说：“这位假皇帝可死了！”

但是，听到这个消息谁能比乌尔里希·冯·胡滕更震惊呢？
156 他——一个贫寒的流亡者，孤苦伶仃地在瑞士到处漂泊；他又像青年时代那样不幸。他的病又再次发作起来。但是，他对崇高事业的热情使他具有克服病痛的精神；他在一本小册子里倾吐了对埃拉斯穆斯的无比愤慨，他认为埃拉斯穆斯已成为真理和人民、科学和友谊的叛徒。他坚强不屈的精神所迸发出来的这一强大力量似乎摧垮了他衰弱的躯体，不久他就与世长辞了。他比西金根只多活了几个月。

他死在苏黎世湖乌弗瑙小岛上的牧师庄园里，享年三十五岁；介绍他到那里去的茨温格利写道："他除了一支笔，没有留下任何书籍和器物。"

那颗热爱祖国的火热的心，那颗充满自由人性的心，安息在冰冷的土地里了，没有一方石碑或者一个铜碑向游人说明这颗心所安息的地方。除去我们全体人民都能参加建立的纪念碑，任何纪念碑也不能充分显示他的价值，完全符合他的精神，而这个纪念碑将来总有一天会在他的高贵的墓地周围建立起来，那就是一个统一的、光明的、享有自由幸福的德意志祖国。

第　二　卷

第一章　运动人物

从上文所述可以清楚看到，压在人民身上的沉重负担，早在路 159
德进行宗教改革以前，就已经引起多次起义；现在，它正在逐步准备一次普遍的暴乱。燃料早就堆集在那里，宗教改革只不过是导火线而已。长期以来德国人民遭受着共同的压迫，然而那些单个的起义却从未成为共同的行动。有了宗教问题作为媒介，它们才得以形成共同的行动。福音书变成了军旗，虽然尚无统一的计划，但却使被压迫人民为了统一的目的而联合起来。

但是，1524 年真正的运动人物并非是路德，而是另外一些人。有人曾错误地认为，似乎这些人的行动是由于误解了路德关于福音自由的教义；其实，这些人对路德的教义并没有误解，而是理解不同：他们同路德的出发点相同，只因他们彻底坚持了这个教义原则，所以结果便不同了。

同样，人民不仅把有关基督教自由的新教教义理解为在信仰上从人为的枷锁中解放出来，而且还理解为要从农奴制的义务和徭役下获得自由，这也并非误解或者理解不确切。平民并未误解路德的著作和教义，而是正确理解了与路德不同、甚至超过路德的其他传教士即运动人物的教义；他们明确地给渴望援助和拯救而呻吟的人们带来了宗教自由和平民自由的新福音，阐明在同是上帝之子的人们中间实行农奴制是同基督教义格格不入的。

原来，当路德的革命激情低落下来并且背离了革命的时候，他
160 的部分合作者和部分后继者与乌尔里希·胡滕同时以及在胡滕逝世以后仍热衷于从事这方面的工作。当然，从事这项最纯洁、最高尚的事业的朋友和同事总会有一些人不完全像这个事业那么纯洁和理智；所以，确实也有一些动机不纯、甚至居心叵测的人钻进这个宗教和政治运动中来。

在 1521 年到 1524 年间，大批的宣传小册子不断以革命精神教育群众；这些小册子的主旨几乎总是归结到同样的结论上。如其中一篇说："不能再这样下去了。事情玩弄得太过分了，市民和农民对此已感厌烦了；一切都应改变。"但影响更大的是巡回传教士或"讲经师"的宣讲。这些人来自各等级，有学问好的，也有没受过教育的，有出身贵族的，也有出身平民的，他们受到这种精神的驱使，就像使徒一样，走遍各邦各地。基督教初期是这样；胡斯在他那个世纪投下了火种，要烧掉不纯洁的和不合上帝意旨的东西时也是这样；现在，路德及其志同道合者登上历史舞台后也是这样。这些巡回传教士通常都属于这个运动的体系即民主派。他们的目的不小，就是要变革，要建立新的基督教共和国。布道时，他们把政治与宗教结合起来，用圣经经文阐述人民的处境以及当前教会的争论问题。最受欢迎的题目是无情地批判世俗显贵和上层僧侣的道德。对群众来说，没有比"用反对有钱有势者的喊声来搔他们的耳朵"更能博得欢心了。

运动人物分为三派：一派只要求宗教—教会改革；另一派只关心政治问题；还有一派则坚持政治—宗教立场，但以宗教为重点。

在这三派中间都有温和分子和激进分子[①]。

从这些人物出现到现在，各方面都把他们视为异端。对他们
有这种错误和不公正的看法，主要是由维滕贝格那些神学家，特别 161
是路德的宗派偏见促成的，因为路德在这件事上的热诚大为不纯，甚至个人的恩怨占了最主要的地位。其他人之所以误解了这些人物，是因为他们不能站在这些人物的立场，或者不能置身于这些人的特殊地位，因而也不能理解他们的思想和行动之间的关系。而许多人之所以反对这些人则仅仅是受了当时普遍盛行的弊端影响，把一切对宗教问题上的不同政见都斥为邪说。对这些人物说来，最不幸的毕竟是他们失败了，他们的事业垮台了；还有，他们事业内部带有某些弊病，杂有某些不合理和狂乱的成分。由激情引起的一切不纯洁和狂暴的事件，使人们都归咎于他们。人们甚至把以后的事件，即把这些人物死了十年之后所发生的事件，尽管这些事件同他们的思想几无关系，但仍归之于他们身上，硬把 1524 年和 1525 年那些深受群众爱戴人物所周密考虑的革命计划同 1536 年发生于明斯特的忏悔节的狂欢作乱混为一谈，把言辞激烈而头脑冷静的思想家托马斯·闵采尔同狂乱的博科尔特[②]相提并

① 戚美尔曼对这些运动人物的作用非常清楚。但是他对于再洗礼派的评论却完全被胜利者伪造的历史蒙蔽了。再洗礼派的纲领包括恢复原始基督教以及建立共产主义的无阶级的社会。获胜的敌人诽谤再洗礼派，诬蔑他们大吃大喝，实行妇女公有。反对社会主义运动的论据都是些陈词滥调，而且一再重复。如果要进一步了解再洗礼派运动的情形，可阅读卡尔·考茨基著《近代社会主义的先驱》一书，狄茨出版社，1947 年柏林版，第一卷。——编者

② 博科尔特(Bockolt)(1510—1536)，再洗礼派的领导人之一，耽于奢侈淫乐，被明斯特主教约翰二十三世虐杀。——译者

论。到了现在，人们对这部分教会和国家的历史愈缺乏仔细研究，就愈习惯于把仅仅适合于一小部分狂热分子和再洗礼派的标志恶意地强加到某一派的整体头上，现在，这样的事情更容易发生了。

带有党派激情的人和迷信权威的群众的评论与此不同，历史的评论也与此不同；历史必须保持思想上的冷静和自由，特别在宗教—政治斗争领域内，在对待那些受挫的人更应如此。在多数人的心目中，是“胜则王，败则寇”。胜则被誉为远见卓识，而败则被贬为愚昧无知。历史的责任就在于公正地评价战死者。但是，行动者的计划和活动是秘密的，如果说那时都难于弄清楚行动者本身以及他们的思想、动机和手段，那么，在我们现时的情况下就更加困难了。为胜者著书的人比比皆是，肯为败者执笔的却寥寥无几，即使写，也由于他们是平民而胆战心惊。尽管人们并不赞同实际运动人物的一切行动与做法，但关于他们仍然是可以大书而特书的。

第二章　托马斯·闵采尔

162 托马斯·闵采尔作为这一类人的第一号和最杰出的人物出现了；他是宗教改革时期最勇敢、最引人注目的人物之一。

人们往往忽视闵采尔的青年时代。因此他的完整形象也就受到损害。

闵采尔从事活动时是一个青年，死去时也是一个青年，由此可以说明许多问题，也只能由此来作解释。

他于1490年到1493年间生于哈尔茨山麓的施托尔贝格，大概早年丧父；据传说，他的父亲颇为富有，是被施托尔贝格的伯爵以绞刑处决的。这个传说并未说明他父亲被处死的原因和年代，究竟发生在托马斯·闵采尔的童年时代，还是在农民起义开始之时，均无确切考证。如果说，托马斯·闵采尔在幼年时期便从父亲蒙受屈辱而死去这事看到了臣民必须忍受某些统治者对他们施加的残酷暴行，而且在他内心早就对此充满憎恶，那么，在他反对当权者的言论和著述里谅必会存在一些反映这一遭遇的痕迹和特点。

他早就有了从事宗教改革的强烈愿望。他大概在维滕贝格和莱比锡，经过勤奋攻读后，取得了博士学位。甚至连他的对手梅兰希通也承认他精通圣经。他在任何场合下都能得心应手地以圣经引证自己的论点。托马斯·闵采尔完全独立于路德以及那些和路德一起以宗教改革首脑闻名的人之外，他比他们更早走上了一条脱离当时的国教并且与之进行斗争的道路。他先于路德视圣经为知识和教义的唯一源泉；他认为，不论是有形教会的最高首脑，还是德国的大小教士，在宣讲教义和仪表风度方面，都同他在圣经上读到的基督教会的本来面目不相一致。

还在年轻时，他曾先后在阿舍斯累本和哈勒的拉丁文学校任教，那时他组织了一个秘密团体，起先反对大主教恩斯特二世（恩斯特二世是马格德堡的大主教兼德国总主教，1513年8月3日死 163
于哈勒）。这个团体的目的是“改革教会”，成员不多。1515年，他在阿舍斯累本附近的弗罗泽任女修道院见习牧师。当时，甚至在他任职的修道院里做弥撒，他就已经不用罗马教会原来的教义了。不久以后，他在不伦瑞克的马蒂尼文科中学当教师，1519 年又在魏森费耳斯附近的博伊蒂茨女修道院当忏悔神甫，1520 年在次维考的圣母院当传教士。他在这里开始比在哈勒和不伦瑞克更加激烈地布道，反对“牧放盲羊的盲牧人”；他说：“那些盲牧人以他们冗长的祈祷吞没寡妇的家产，守候在临终的人那里不是为了虔诚，而是为了贪得无厌的私欲。”次维考那些富有的托钵僧，同根据福音书布道的闵采尔进行论战，闵采尔轻而易举地战胜了他们，因为他们的发言人，一个头发斑白的修士在讲台上这样说：“布道只讲福音书，这样的布道是非常糟糕的，因为这样就同人们必须严格恪守的世俗法规发生了矛盾。福音书必须加以大量补充；人们不能永

164 远按照福音书生活。如果穷人符合福音的话，那么帝王等等就不能占有世界上的财宝，相反，他们必然像牧师一样一贫如洗，及至沦为乞丐。”

那时闵采尔敬仰路德；他希望路德这位维滕贝格的神学博士和教授出来，因为他是在最有势力的帝国诸侯保护下进行活动，这要比他本人，即比处于无足轻重地位的、且在一个诸侯非常仇视革新的邦内的闵采尔，发出信号要德国人拒绝服从罗马教会、起来争取自由，会取得更大的成果。

托马斯·闵采尔(依据克里斯蒂安·范·西赫姆的画像)

但是，闵采尔很快发现，路德的行动同他的期望相距甚远。闵采尔

认为，全体基督教徒所需要的，是在全新的基础上新建国家和教会，路德在这方面根本毫无作为。按闵采尔的看法，必须毫不迟疑地先将旧教会加以彻底摧毁，并从上到下废除现存国家制度。

路德对教会的态度，促使闵采尔重新去研究神学。他的怀疑思想与日俱增，“圣经上死的字句”不再能满足他的要求。他问道：难道根据这些文字便可相信它本身是真实可信的吗？如果因为基督和使徒们自己说他们是神，我们就认为他们是神，我们不会弄错吗？如果因为他们互相讲述奇迹，我们便相信奇迹，我们不会弄错吗？如果我们因为听到这些故事就相信讲故事的人是神，从而又因为这些讲故事的人是神而认为这些故事是真实的，我们不会弄错吗？土耳其人不也有一本书吗？他们相信在那本书里读到了上帝的话，坚信那本书里叙述的大量奇迹，如同我们相信新约里面的奇迹一样。现在何以证明他们的教义是假的，而我们的是真的呢？

罗马教会自称有正确解释教义内容的独一无二的特权；它自称是真正教义的维护者，它依靠的是造物主赐给它的圣灵，而且这一圣灵又通过它一直绵延到世界末日。因此，罗马教会要求所有的人无条件地相信它和服从它，像相信和服从唯一而毫无瑕疵地主宰着一切真理、从而消除一切怀疑和动乱的圣母那样。

路德和这个有形的教会决裂了，但是还坚持这个教会的很多教义，并且像援引圣经那些援引旧教会的“天经地义”，来反对那些要把他所坚持的这部分教义也统统抛弃的人。

闵采尔看透了路德这种前后矛盾的现象，因为闵采尔认为，路 165
德所依据的教会残余传统，不管怎么说只能被看作是人为的东西；路德赋予它们一种神圣不可侵犯的意义，而过去他曾明确地否认圣灵会通过教会说话，否认教会是绝对正确的说法。

于是，闵采尔自己得出结论，一方面应以理性解释圣经，另一方面要由各个人不断地直接领受神的启示，与圣经共同引导人们接近真理。

他对当代的神学和整个基督教都有反感，至少是不满意，因此他便潜心研究神秘主义。

中世纪那些神秘主义者的著作这时成了他的主要精神食粮。因为他是一个富于情感的人，是一个风雅、乖僻的人，而且，虽然他非常有理智，毕竟在他心灵中占优势的还是情感与想象力。他主要研读的是这样一些善男信女的故事，这些人自诩曾见过神颜，与神交谈过，或者因此在后世享有声誉。对他的影响最明显的是，十二世纪的预言家、卡拉布里亚人约阿希姆[①]修道院院长。

他一面研究这些人的著作，一面四处布道，备受欢迎。他坚决主张有作为的基督教，主张符合基督本意的生活，而并不像大多数路德派那样，一味讲述信仰。这些主张很合平民的意愿。还在施托尔贝格任职以前，他布道中有一份内容新奇的复活节前礼拜日布道词曾启发了“有识之士去作各种各样的考虑”。

还在次维考时他已清楚地认识到，宗教改革必将演变为民族革命。不过他公开谈及此点时措辞含蓄，但他在教义上显然超出了路德的范围。他说，否认教皇权力、取消赦罪、炼狱、超度礼拜以及消除其他滥用职权的行为只能算作不完全的改革。要热心改革，必须完全摆脱其他人的羁绊；必须全部由上帝的真正儿女组成

---

① 约阿希姆(Joachim)，是意大利的神秘主义者，有永久福音的学说。——译者

十分纯洁的教会，这个教会被赋予圣灵，而且由上帝亲自管理。路德是个懦夫，只知道舒舒服服地束枕高卧；他过分抬高信仰，对实际工作做得太少；他听任人民陷在旧日的罪恶之中，对于福音说来，这种死背圣经的布道比之教皇信徒的教义更为有害。人们必须坚信内心的基督，因为他是上帝赐给全人类的；必须常常想到上帝，因为他现在仍一如既往通过启示与人交往。

他的最亲近的人中已出现了一些人，他们坚称自己得到了圣灵的启示。

第三章　次维考的狂热信徒

只要追溯一下基督教的历史，就会发现曾经有过建立一个天 166
下一家的千年王国的设想和期望。从最早记载基督教启示的那些文字起，关于世界没落和建立一个新天地的预言贯穿着许多世纪。

这些“狂热的”理想和试验，最后在声势浩大的胡斯运动中非常强烈地表现出来了。塔波尔派[①]失败后，它的教义还在一些人的头脑里暗中继续起着作用。塔波尔派的发祥地靠近图林根，那里自然易于受到它的影响。整个十五世纪，图林根境内的群众情

① 塔波尔派，以运动中心塔波尔城得名，是捷克的胡斯运动中的一派。与代表市民和部分贵族的加里克斯廷派相反，他们是革命民主派。塔波尔派的要求反映了农民群众和城市平民要消灭整个封建制度的意向。加里克斯廷派叛卖塔波尔派的行为曾被封建的反动阵营利用来镇压胡斯运动。——译者

绪一直倾向神秘主义和狂热主义。鞭笞派[1]在这里比任何地方都保持得长久。他们自称十字军弟兄，由于狂热的信仰，他们在十五世纪中叶，甚至在十五世纪末叶仍然遭受迫害。尽管在诺德豪森、阿舍斯累本、赞格豪森把他们活活烧死的柴堆能够把狂热吓退，但是，狂热的火焰依然隐藏在人民内心深处继续燃烧着，直到若干年后更为猛烈地迸发出来。

这种狂热正是在闵采尔现在当传教士的地方首先又出现了。在普遍存在宗教上的不满情绪之下，一个奇特的幻想物新预言派在次维考形成了；这同闵采尔和他的布道并没有关系。像过去的十字军弟兄和别的老宗派一样，这一派也鄙弃基督在圣餐中亲临现场、教会仪式和僧侣。同时他们自诩得到了直接启示和天国的快乐，并目睹神颜；对此他们坚信不疑。

这个新教派的首领是织布工人尼克拉斯·施托黑。他把建立“千年王国”视作上天授予他的任务。他效法基督，在自己周围聚集了十二个信徒和七十二个弟子。其中最杰出者是埃尔斯特贝格的马克·托门和马克·施蒂布纳，后者曾在维滕贝格上过大学。
167 他们在秘密集会上的布道中谈到了世界毁灭之日为期不远，谈到了消灭一切不虔诚和不敬上帝的人、用血净化世界、只留下好人的审判已临近。以后将会出现人间天国，只有一种洗礼，一种信仰。

梅兰希通、卡尔施塔特对次维考“预言家”的思想颇为欣赏。

---

① 鞭笞派是一个宗教禁欲主义派别，从十三世纪到十五世纪盛行于欧洲。鞭笞派宣称自我折磨可以赎免罪行。——译者

梅兰希通说："从许多迹象可以看出，某些神灵附在他们身上。"萨克森选帝侯弗里德里希长期不敢对他们采取行动，因为他害怕压迫了他们即等于压迫了上帝的工具。路德对他们是抵触的，但当他们为了证明他们的天职和才能而向他说出了他此刻的思想，而且恰好说中了他此刻倾向于他们时，连路德也不得不承认他们有神灵附体，且有特别的内在力量；不过他认为，他们身上的力量不是上帝的，而是"魔鬼的、撒旦的力量"。

历史表明，在基督教初期和后来的发展过程中，特别是在宗教迫害和宗教斗争的情况下，从人类精神的深渊中曾经出现了稀有的、非凡的才能和现象，前所未有的精神力量与躯体力量。这是一种有魅力的狂热精神，因为谁也无法否认它，所以有些人便只好说这是直接附在上帝选中者身上的圣灵，另外一些人则只得说是地狱魔鬼的力量。人们看到平素极为朴实的男女老幼，因耽于虔诚而欣喜若狂。他们热情洋溢地谈论神的事迹。他们的行动和表情流露出某种超自然的东西，同时在神情恍惚中说些离奇古怪的见解和对未来事物的预言。

闵采尔相信可能有预言的天才，相信席勒所说的"引导巨大智慧的奇才"；但他并不相信次维考人的预言天职，他对这些"善良的弟兄"评价甚低；他认为，"路德取笑他们"，并胜过他们，这决不是什么伟大行动。

虽然他不相信他们的预言，但他仍然与他们来往。这些手工业工人大多是织布工人和织亚麻工人，他可以利用他们作为核心建立一个派别。闵采尔起初依靠的是一些工人会社。不久，他像控制织工一样也把这一地区的矿工都掌握住了。闵采尔公开地站在“天国的预言家”一边，他在讲坛上称赞尼克拉斯·施托黑。他们已经着手按照自己的意图在次维考进行改革。市政会禁止他们布道，闵采尔则力主必须允许他们布道。他们的行动愈来愈激烈，集会愈来愈狂热，终于遭到了市政会的取缔。于是他们便举行秘密集会，继续发表反对教会仪式的市政府的言论。因此市政府就
168 将他们中间最活跃的分子投入了监狱。

这样的遭遇之后，这一派看出他们在城里无法取得优势，大部分人就离开了这个城市。有的去维滕贝格，有的去波希米亚，闵采尔也随同前往波希米亚。

这事发生在1521年末。

第四章　闵采尔在波希米亚和阿尔施泰特

这个城市的织工在短期内连续发动了两次暴乱，都被说成是由于闵采尔的鼓动性的布道引起的。1521年4月16日，他的敌手给他编了一首讽刺性的歌谣，公然称他：“黄头发，残忍的汉，嗜血成性的杀人犯；疯狂的人，大祸害，小心别叫他瞎捣蛋！”

自从他思考和观察事物的时候起，“祖国人民所受的耻辱和苦难”就使他感到触目惊心。他认为，也感觉到，解救人民，为人民报仇雪恨，是自己的使命。

他的敌手说他的唯一动机就是功名心。他确有功名心、高傲

精神，但这种高傲精神是与他的热情融合在一起的；而虚荣心并不是他的主要动力，更不是他的唯一动力。闵采尔的心灵中有许多浑噩和粗野的东西，但是从这种粗野之中却开放出一枝红光灿烂的花朵，那就是对祖国人民的爱，对人类的爱。他有一个真诚的心。

他恨人民的压迫者，他恨教会领主和世俗领主。他把这两种人视作破坏世界、颠覆上帝制度的人。在他看来，基督教僧侣不过是“古代暴政的继续，这种暴政以基督的名义对全世界逞凶肆虐，正如它从前以异教迷信的名义所做过的那样”。他恨那些领主，认为他们根本是“敌对势力，他们反对和阻挠实现人间的天国、永久的福音和幸福，使人类成为他们个人私利、骄奢淫逸和刚愎自用的牺牲品，他们任意虐待人类，不让人类发挥自己的力量，不让人类享受人的生活”。他从未见过一个有真正善良人性的诸侯，所以他仇恨所有的诸侯，恨这些“暴君”、“自命不凡的骄横之徒”和“不敬上帝的人”。

他愈深入钻研旧约、新约和神秘主义的著作，就愈觉得现状与 169
理想相去甚远。以他之见，国家也应以基督精神为灵魂。社会状况，比如各种习俗，应当按照基督教教义改造，使基督教本身按这种方式在世界上得到实现，天国法律应变成国家法律，在尘世也应像在上帝面前一样，人人平等。

但是，这项改造工作不可能一蹴而就，年轻的、热情奔放的闵采尔却忽略了这一点。他对人民怀有的热烈希望和愿望，他的想象力，再加上他立志成为人民救星的功名心，猛烈地推动着他前进。这一切在短时间内汇合在他身上一起增长，以致使他仿佛产生了一种前所未有的力量,使他不再知道到底是他自己,还是天赋予他的一种更高的精神有力地推动着他勇往直前。新的耶路撒冷无需在什么彼岸,而应该在这个世界上建立起来,首先在现实的德意志土地上建立自由快乐的王国,而且应该立即在现在就能迅速地用暴力把它建成。因为,他内心有一种似火的热情,也有一种使用暴力的意念。他认为旧约中给予古代以色列人的那些歼灭圣诫和复仇圣诫可以用于他的时代。修道院院长约阿希姆的革命思想在闵采尔身上变成了革命行动,而修道院院长的神秘主义和预言主义在闵采尔身上变成了狂热,但这种狂热不是教条的,而是由造福世界的动机产生的。

闵采尔并不是那种寻常的、一味梦幻的狂热分子。尽管他作了错误的估计,但是他毕竟计算过,而且是仔细地计算过;他经过思考、比较,制定了一个计划;他敢想敢干。他一心致力于实现自己的计划,又因为他的政治理智尚未成熟,因此,他所大胆进行的事业大大超出了他的力量和他的时代。

他离开了次维考,首先来到塔波尔派教义的发祥地波希米亚。他在布拉格用拉丁文和德文张贴出一篇他所谓"抗议书"的宣言。宣言中说,"他要继基督的卓越战士约翰·胡斯之后,使响亮的号角发出新的歌声。"长期以来,人们如饥似渴地向往着宗教正义,耶利米[①]的预言在他们身上应验了:"孩子们希望得到面包,但没有人拿给他们。"如果上帝再用洪水把特选子民和被
170 摈弃的人一起冲走,那也毫不奇怪。人们一味死背圣经,引用什

① 耶利米(Jeremia),《旧约》中的先知。——译者

么："基督这样说过，保罗这样说过，先知也这样说过！"却从不依据理性加以确证；这就是引起世界许多民族说信仰基督教是可耻的愚昧行为的根源。他满怀忧虑和同情之心，由衷地哀叹上帝真正的教会的衰亡；在这个教会的废墟里，基督教徒并不了解笼罩教会的重重黑暗。从人民失去自己选择传教士的权利的时候起，就开始有了欺骗；从此，教义和制度与上帝的声音再也没有丝毫相合之处了。他对僧侣和教义进行了猛烈抨击，最后说："但是你们高兴吧！你们的国家正日趋没落，一无所获。上天以日工资一戈罗什[①]把我雇了来，我正在磨快镰刀，准备收割。我所考虑的是至高无上的真理，我所咒骂的是不敬上帝的家伙，我来到你们美好的土地上，就是要认清并消灭这些家伙，亲爱的波希米亚弟兄们哟，容许我这样做，并且帮助我吧。我保证你们得到莫大的荣誉：革新使徒的教会将在这里创建，并将扩展到全世界。教会不要祈祷哑巴上帝，而要祈祷活的、会说话的上帝。如果今天从我嘴里说出的话是以活的上帝的话来进行欺骗，那么我心甘情愿负起耶利米的重担，承受立即死亡和永世毁灭之苦。"

上面摘录的这段话，是他的最温和的语句；但他置身于异邦的大城市里，且处在已是势力强大的僧侣群中，要发表这种论调是需要有勇气的。闵采尔还很年轻，对一切都充满自信，遇事毫无顾虑，堪为勇敢的青年；他早把自身置之度外，只相信自己的使命，且深信变革已是当务之急。但是，他在波希米亚并没有

① 德国钱币、值十芬尼。——译者

取得立足之地，也没有找到信徒；他受到监视，不得不离开那里。

他对自己和自己使命的信心并未因此而减弱。如果他只有青年人的那种轻率的功名心，那么遇到这些重大困难就会心灰意冷了。但是，闵采尔抱定改良社会的决心，他毫不畏惧地想到人民救星的荆冠[①]，认为不经过痛苦而成为类似基督那样的人，那就是违背神意。正如他在布拉格宣言结尾所说的那样，他决心不惜为他肩负的使命献出生命，而且他履行了自己的诺言。

171 1522 年末，他在图林根的阿尔施泰特城当传教士。他在这里作礼拜时一切都无例外地用易懂的德语进行；他不像以往那样只是断章取义地抽出福音书和使徒书信这两部分，而是朗诵与宣讲全部圣经。人们从艾斯勒本、曼斯费尔德、赞格豪森、弗兰肯豪森、奎尔富特、哈勒、阿舍斯累本等地纷纷来到阿尔施泰特，听闵采尔布道，有如朝圣一般。

他对僧侣和世俗领主的严厉谴责使人民感到十分满意。他逐步前进，义无反顾地一步一步地向前走去。他甚至想暂时利用一下诸侯以达到用暴力普及新教义的目的。

为了上述目的，他曾向萨克森的两弟兄——贤者弗里德里希选帝侯和约翰公爵一再提出坚决要求。他写道："最尊敬、最亲爱的执政者！如果你们十分清楚地认识到并仔细考虑过基督教教民的祸患，那么你们就会像耶和华上帝那样赢得同样的热情（《列王纪》第四、九、十章）。因此，一个新但以理应当给你们讲解启示录，

① 基督的苦难的象征。——译者

而且他还应像摩西所教导的那样(《申命记》第二十章)走在最前面。他必须使愤怒的诸侯和满腔怒火的人民和解。基督就说:我并未带着和平,而是带着刀剑来的。但是你们要刀剑干什么呢?你们如果要做主的仆役,那么没有别的选择,只有驱走妨害福音的恶魔。基督十分严肃地在《路加福音》第十九章第二十七节里下了命令:把我那些仇敌拉来,在我的面前杀了吧!为什么呢?因为他们破坏了基督的统治。凡是违背主的启示的人们,都应被消灭掉,而不予任何恩赦,就像希思基亚士、约西亚、但以理和伊来阿斯消灭事奉巴尔[1]的僧侣们一样,否则基督教会就不会回复本来面目。我们必须在收获季节内在上帝的葡萄园里除掉莠草。上帝在摩西《申命记》第七章里说过:你们不可怜恤不跟从主、去事奉别神的人,拆毁他们的祭坛,打碎他们的柱像,用火焚烧他们的偶像,这样我才不会怒斥你们。"

他过去只是悄悄暗示的事,现在却特别有力地强调出来,即坚决要求从死背文字的桎梏下解放出来,不但从教义的束缚中,而且要从圣经的束缚中摆脱出来。他要领会并解释圣经的精神实质;是的,他简直把在人的心中起作用的圣灵置于圣经的权威之上,甚至把人类的精神力量置于圣经之上,他宣称人的精神力量是人类真理的最纯洁、最原始的源泉。

闵采尔的言论充满了理性主义和思辨哲学新近提出的那些
思想。后来的一些英国清教徒和独立派教徒,特别是潘恩[2]、施 172

① 巴尔(Baal),古代巴比伦及腓尼基人崇奉的太阳神。——译者

② 潘恩(William Penn)(1644—1718),名威廉,英国教友派教徒,1681 年在北美宾夕法尼亚建立教友派国家。——译者

佩纳[①]、青岑多夫[②]、施韦登博格[③]、卢梭[④]以及法国革命的代言人和领袖们继承和发挥了他的言论中的某些思想，因此颇有声誉。闵采尔不但以他的政治观点而且也以他的宗教观点走在约三个世纪的前面。

他看到他对诸侯的要求得不到这些人的赞同，于是他便转向人民，更强烈地鼓励他们自力更生。他力图通过结社来加强语言的力量。他已经在阿尔施泰特建立了一个秘密团体。它庄严宣誓，承担义务，相互协作，建立新的天国，建立博爱平等、自由和纯洁的国家。他认为，恢复人类原有的平等，还他所说的基督教教会的本来面目，是拯救人类的唯一道路。一切"败坏基督统治"的东西，一切使人民陷入贫困并不容他们摆脱的力量，如贵族、僧侣和教条的专制等一切障碍都应统统铲除。应该吸收德意志各族人民和所有基督教徒加入同盟，请他们参加共同的斗争，以解放全体基督教徒，同时解放自己和世界。连诸侯和贵族也不应排斥在这种邀请之外。应该兄弟般地敦劝他们。只有在他们拒绝参加同盟，不愿作新天国的公民时，才应驱逐或处死他们。一切东西，

① 施佩纳(Philipp Jakob Spener)(1635—1705)，名菲力普·雅各布，德国新教神学家，虔信派的创始人。——译者

② 青岑多夫(Nikolaus Ludwig von Zinzendorf)(1700—1760)，名尼克拉斯·路易·冯，伯爵，虔信派神学家和教会诗歌作家，波希米亚(或亨胡特)兄弟会的创办人资助者。——译者

③ 施韦登博格(Swedenborg)(1688—1772)，名埃姆内尔，瑞典博物学家和哲学家。——译者

④ 卢梭(Jean-Jacques Rousseau)(1712—1778)，名让·雅克，瑞士日内瓦钟表工人的儿子，法国和瑞士的作家、哲学家、教育家、法国革命前的小资产阶级启蒙思想家。——译者

不论是工作还是财产，都是共同的，都应按照各人的需要和情况进行分配。

为了扩大这个同盟，闵采尔向德国各地派出可靠使者，按照他的意图进行秘密活动。同时他把一系列著作印发，他在艾伦堡为自己雇用了一个印刷工人。通过这些活动，通过他经常布道，他的教义在老百姓中间传播愈来愈广。他几乎总是宣讲同一个题目：必须为人民争取自由，为天国争得在人世间的统治。无论在布道还是在著作中，与其说他是在宣传宗教，毋宁说他利用宗教作外衣进行政治宣传。他宣告：平民幸福的新时代就要到来，新旧约的预言即将实现，那时暴君、徭役、死板的条文式的宗教、僧侣奴役都不复存在，一切等级制度都将废除，在自由人和圣人的国度里教会和国家将完全消灭，真正的僧侣阶级，全人类的僧侣阶级将开始出现。他促使每个人都能心甘情愿地竭尽一切方法，用语言和行动实现这些事情。

闵采尔很有口才，但并不是像路德那样的演说家。他缺乏这个宗教改革家那种明朗的、得心应口的恰当警句，因而缺少激动人心的语言。闵采尔清晰的表达能力只是在炽烈的革命熔炉中才锻炼出来的，他的每句话都像一次响锤。但是，闵采尔起初在表达上的欠缺，却由他对群众讲演时所表现的预言家的热情大大弥补了，这一热情激励着他自己，也感染着听众。他不仅对古代预言家有深刻的研究，而且本身就具备了一些他们的精神和气质。除了这种讲演的火热情感外，毕竟他与路德同样有表达的长处，他甚至还更胜一筹。这就是，他对圣经了如指掌，善于从中锻造出适合自己目的的武器——轰击现存制度、轰击教会和国家的霹雳。所以，当

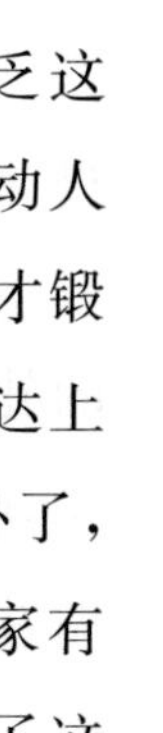

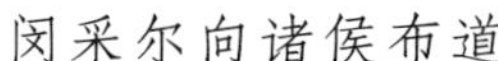

闵采尔向诸侯布道

他从讲坛上发出暴风雨般激烈的圣经经文和比喻的时候，群众都凝神谛听，像倾听一位先知似的，完全被这位民主传教士的目光和每一个动作吸引住了。

有一天，他布道反对“崇拜偶像”。阿尔施泰特附近梅伦巴赫的礼拜堂是个有许多人朝拜的圣地，被闵采尔的布道鼓动起来的民众对这个礼拜堂举行了威胁性的示威。闵采尔警告在那里等候做礼拜的一个隐士躲避一下，以免在群情激愤之中遭到不测。这个人接受警告及时走开了，随后就有一群阿尔施泰特人出动，打碎了那里的神像，焚毁了礼拜堂。当时官方的报告既未说闵采尔是参加者，也没有说他是煽动者。魏玛的约翰公爵想以这次骚动为口实进袭这个小城和附近地区，居民昼夜惶惶不安，闵采尔请求这位诸侯不要为一尊圣母像使自己的人民心惊胆战。许多人被传唤作答辩，其中有这次行动的护卫人员、头目和几个市民，但他们没有到魏玛宫廷去，而是由闵采尔备文申辩。他们说："事情是为了反对梅伦巴赫的魔鬼而发生的。"他们宁肯牺牲身家性命承担别人加给他们的罪责，"也不愿意崇拜梅伦巴赫的魔鬼，也不愿意交出把魔鬼毁掉的那些人"。

弗里德里希和约翰两个萨克森诸侯亲自来到阿尔施泰特，召唤闵采尔到宫里去给他们布道。他同平常一样勇气十足地对这两个诸侯布道。他再次要求他们取消偶像崇拜，要求强制实行福音。他引用基督箴言，甚至引用《路加福音》第十九章、《马
太福因》第十八章、使徒保罗一世致哥林多人《前书》第五章作为 174
他要求的依据，他要求杀掉那些不敬上帝的统治者、特别要杀掉那些把神圣的福音弄成异端邪说的僧侣和修道士。不敬上帝的人不应该有生存的权利，除非得到上帝选民的恩赦(《摩西五书》卷二第二十三章)。如果诸侯们不消灭这些不敬上帝的人，那么上帝将从他们手里夺去宝剑，因为用剑之权属于全体教徒，接受天地间一切权力的人就应执剑掌权。现在到处充斥着伪善者，没有一个人敢说出正统的真理。贵族就是重利盘剥偷盗抢劫的祸首；他们把一切造物，水中的鱼，空中的鸟，地上的植物，通通攫归私有。然后他们却要向穷人们宣说上帝的清规戒律：你不应该偷窃。但是这个戒令对于他们自身则是不适用的，因此他们对贫苦农民、手工业工人和所有活着的人都想方设法进行盘剥搜刮。如果农民和手工业者只消误取一丝一毫，就得上绞索。

于是吕格纳[①]博士就对这一切祈祷一声：阿门。他大声说："穷人仇恨贵族，这是贵族们自己造成的。他们不愿意去找骚乱的原因，年长月久，关系怎会好呢？呵，亲爱的君主们，要是我主拿着铁杖把这些旧壶破罐横扫一通，该是多么好呵！我说了这些话，会有人说我是大逆不道。是就是吧！"

闵采尔觉得自己完全像旧约中一个认为自己的使命是在别人缄默时应以耶和华名义说话的先知。他也把这篇布道稿马上付印了。但结果招致约翰公爵下令把闵采尔的承印人驱逐出境。闵采尔对此感到十分不愉快。他在1524年7月13日的信中热烈希望，不要妨碍他把他从上帝绝对正确的教义中学到的东西向公众自由宣告。诸侯们不得不把他依据上帝启示向他们表明的事情放在心上。

他的任何著作，凡未经魏玛的萨克森政府检查，一律禁止自行付印。受到这种压迫和威胁，闵采尔的勇气反而更增加了。他把一篇万分激昂的著作拿到邻近的帝国城市米尔豪森去付印。这篇著作援引《耶利米书》第二十三章，他在第一页上说："亲爱的伙伴们，亲爱的伙伴们，让我们把口子打大些，使全世界都能看清楚、摸清楚，到底是哪些衮衮诸公亵渎神明、把上帝变成描画出来的渺小人物。"在封面上他自称是带着铁锤的托马斯·闵采尔，他仿照《耶利米书》（第二十三章第九节）的词句写道："上帝说，难道我的话不
175 是像一团火，不是像打碎磐石的铁锤吗？"他在结尾时说："整个世

① 原文为Lügner，意思是"说谎者"，这里是闵采尔指路德说的，因为德文Luther和Lügner读音相近。——译者

界必须经受一次大震荡；这是关乎不敬上帝的人垮台而卑贱的人翻身的一场戏。”

这时路德以印发的《为反对叛逆的妖精致萨克森诸侯书》，公开出来反对闵采尔了。他说，因为这些假先知不想把事情停留在口头上宣讲，而想采取行动，以暴力反对官厅，因此他请求诸侯制止这种胡作非为，预防暴乱。诸侯应该对这些假先知说：“你们不要张牙舞爪，否则立即把你们驱逐出境！”“撒旦就是通过这些邪恶精灵作怪的。”

闵采尔公开谴责了这位维滕贝格的宗教改革家，说他把从教皇手中夺来的教会交到了诸侯手里，而自己想当新教皇。路德只是责难穷苦的修道士、僧侣和商人，却没有人谴责和惩罚那些不敬
上帝的统治者，尽管他们亵渎基督，丝毫不肯放弃重利盘剥和勒索 176
息金。当然，从前路德也谴责过诸侯，就是最近，他为了讨好农民，也还写道，上帝的话将使诸侯走向灭亡，但是，维滕贝格的新教皇现在善于同诸侯重修旧好：他把修道院和教堂统统赠送给他们，于是他们对他心满意足了。

如果说路德由于闵采尔的一些著作激烈抨击他本人和他的教义，因而对闵采尔深怀忿恨的话，那么闵采尔的革命活动，同时也使他如鲠在喉，因为这些活动对路德本人和路德的事业会起不利的影响。梅兰希通给施帕拉廷的信上写道，他们把福音变成了世俗的政治；路德本人也在他致萨克森诸侯的公开信中表示“反对叛逆思想”。在这以前，他已经同尤斯图斯·约纳斯用口头和书面形式向萨克森选帝侯和他的总务大臣布吕克控告过闵采尔。但最有势力的控告人是萨克森的格奥尔格公爵。闵采尔曾发表过给格奥尔格在赞格豪森的臣民的一封信，被公爵宣布为图谋煽动叛乱。闵采尔声称，他仅仅劝告他们拥护福音，反对与福音为敌的人。其他的领主，特别是弗里德里希·冯·维茨勒本和伯爵冯·曼斯费尔德，也对闵采尔提出了控告。

维茨勒本的臣民曾派使者向闵采尔诉苦说，虽然他们愿意继续向他们的领主缴贡赋、服劳役，可是领主仍要禁止他们听福音，因为他们到闵采尔那里做过礼拜，这个领主就罚他们钱，并禁止他们听福音；因此使者们询问，可否结成一个同盟来反对这个领主。许多曼斯费尔德的矿工也向闵采尔诉说同样的问题。闵采尔对两方面的询问表示，为了听福音他们可以自由结成同盟。阿尔施泰特的秘密同盟的核心人物之一尼科尔·鲁格克尔特向萨克森诸侯告发了这个同盟。因此，闵采尔得知告发的事并被带到魏玛诸侯的面前时，他称鲁格克尔特是个头号犹大。闵采尔在去之前，发表了那篇文章，用的警句是："把口子打大些，让他们大家都看清楚，到底是哪些衮衮诸公"。这篇文章是对那些试图在通往福音的道路上设置障碍的"没有理性的"诸侯的一个打击。在文章的末尾，他重复了这个预言："是时候了，把他们打翻在地的重大打击就要来临，整个世界必须经受这次冲击。"

尽管如此，他仍然有勇气置身于魏玛宫廷，而且是独自一人。他被指控的罪名是图谋叛乱。对于那些向他提出的指控，他进行
177 了反驳和声辩。牧师施特劳斯博士和一些赤足修道士，按照当时习俗，在选帝侯和约翰公爵面前，就闵采尔的教义同他展开了辩论，闵采尔直截了当地用下述坦率的话作了回答："既然路德的信徒们除了揶揄修道士和僧侣外，不愿意在其他方面有所作为，那么

他们还是马上收敛起这种勾当好些。”

闵采尔对基于他的布道和文章提出很多指控作了十分有力的答辩；他精通圣经，在非常尊重圣经的诸侯面前，他得心应手地引用经文为自己辩护。选帝侯过去说过，他宁肯手执拐杖离开自己的国家，也下不了决心去做反对上帝的事，现在这位善良的君主仍然决定听凭主宰一切的上帝去处理这件事情。约翰公爵和顾问们却以驱逐出境来威胁闵采尔。

对闵采尔说来，这必是一场激烈的斗争。他从宫廷上走下来时，面色灰白，像死人一样。他的友人、财务官汉斯·蔡斯问他：事情进行得怎么样？闵采尔说，结果是我不得不到另一个诸侯国去。一些马夫在宫城大门下围着他高声叫嚷：“你的圣灵和上帝现在跑到哪里去了？”宫城上几个大教堂神甫也下来嘲笑他。闵采尔对这些人像对待马夫一样，采取轻蔑态度，不加理睬，并急速返回阿尔施泰特。他刚到那里，已发觉自己处境危险。萨克森的格奥尔格公爵要求当地把他引渡出来。格奥尔格威胁说，如果选帝侯不过问，他将亲自干预。于是选帝侯在8月16日严令阿尔施泰特市政会，不得容许他们这个传教士长期停留在他们城里。在此之前，城内已有谣传，要抓闵采尔，“把他交给福音的头号敌人”。闵采尔闻讯后，就用铠甲、铁胄、胸甲和戟武装起来，在夜间把朋友们集合在他身边保护他。他看出，那些作为臣民的市政官“重视自己的誓言和职责胜于重视上帝的话”，他们声明完全不赞同他和他的事业，他觉察到他不能再停留下去，当夜就离开了阿尔施泰特。8月15日，他就迁移到附近的帝国城市米尔豪森。路德迅速警告该城的市政会提防闵采尔和他的教义，不使他在他们那里有活动余地。

第五章　米尔豪森和海因里希·普法伊费尔

178 图林根境内的米尔豪森是一座坚固的城市，有一万多市民，有二十个村镇属于这个管区。1523 年内，“天空出现奇兆；晚秋季节，玫瑰和树木第二次开了花”。在这个帝国直辖市里，人民运动就在这一年开始了。

三百多年来，在这个城市里家传户诵的人民运动史，无可辩驳地证明，德国人民的历史被篡改得何等严重，先是有意识地、后又被一些人不经意地以讹传讹，加以歪曲。在宗教改革诞生的那一年，米尔豪森在德国历史上，也在世界历史上，都具有重要意义；因此在这一年，人们有意识地篡改、捏造历史，并销毁无法伪造的文档和报告，以消灭事实真相的一切痕迹；可以这样认为，在其他地方也有类似的事情发生。最近，一个正直而富于钻研精神的人揭穿了胜利的一方对米尔豪森历史进行这种欺骗的勾当。

才华出众的米尔豪森市民海因里希·普法伊费尔①，又名施韦特费格尔，是位于米尔豪森一英里远的赖芬施泰因修道院的修

---

① 海因里希·普法伊费尔（Heinrich Pfeifer），生年不详，民间传教士，闵采尔的信徒，1525 年米尔豪森市民起义的领导者之一。是年被判死刑。——译者

士，他效法路德脱离了修道院。最初，他在艾希斯费尔德宣讲新的教义。由于这个地区隶属于一个教会诸侯——美因兹的选帝侯管辖，因此他的活动遭到阻挠和迫害。普法伊费尔性格坚毅，富有魄力，他离开了艾希斯费尔德，返回故乡城市，在那儿他从事着更广泛的反对旧教的活动。

他身穿平民服装，以民间传教士的身份出现在米尔豪森。他刚一露面就轰动了听闻，引起了人们的注意。那是四旬斋前第三个礼拜日。一个叫卖贩按惯例在主教住宅近旁的一块高大石头上叫卖啤酒和葡萄酒；他刚一走，普法伊费尔就登上那块石头，高声说："市民们，听我说，我给你们介绍另一种饮料。"接着他就开始礼拜日福音布道，谴责僧侣、修士和修女。在场的听众细心倾听；次日，当他按照昨天布道结束时答应的话，又登上那块石头布道的时候，民众从大街小巷纷至沓来。市政会顾虑社 179
会治安，派人传唤他到市政厅去。他回答说，他是来布道的；等他布完道再去市政厅。布道结束后，他果然去了，但是由于大批信徒团团簇拥着他，市政会的先生们没敢做出对他不利的决定。以后几个礼拜，普法伊费尔每天继续布道，而且在圣母院里布道。他布道热情高涨，民众拥护他的热忱也随之高涨。市政会的先生们再次传唤他。自从有了全体民众作后盾，他更加勇敢了，他要求市政会给予安全保证；当他遭到市政会的拒绝后，又登上了那个石头讲坛，大声说："谁坚信这个福音，就伸出手指来！"只见手挨着手，男女老幼都高高伸出了手指，以表示他们宣誓效忠于他的福音。他们举着手，念着誓言，普法伊费尔向下看着有几千人庄严宣誓，并嘱咐他们解散，去佩带武器，然后在圣

母院前的广场集合，准备战斗。人人争先恐后按照他的话去做；等武装好重新集合以后，他们就在自己人中间派出八个人去市政会，目的是为布道者取得安全保证。市政会的处境比以前更窘迫了。

当一大部分米尔豪森市民热烈欢呼公开了的福音书的时候，这个城市的贵族却紧紧地皈依旧教。教会革新使他们的利益受到了威胁。米尔豪森和许多城市一样，同样存在着压迫人民的贵族统治；在这个帝国直辖市里，真正的自由市民实际上只不过九十六人。他们都是市政会委员，市政会在它出缺时，只能由出身于贵族的人来递补。城市的其他帝国公民只能依法被迫盲目服从；市政会可以不公道地、横蛮而残暴地处置市民，而市民则对此无以自卫；要找到反对市政会及其特权的法律是不可能的。

如果说全德国的世俗法制也像教会一样非常需要改革，那么米尔豪森城对两者进行改革的需要比其他城市更为迫切。但正因为这个城市的政治和教会情况如此，所以反对教会革新，不使世俗世界由此引起变动，是符合市政会委员的利益的。

在普法伊费尔的信徒那样声势逼人地同市政会对立以后，市政会暂时作了让步，但随即又在城内占了上风。普法伊费尔被拥护市政会的人驱逐出圣母院，他不得不撤到圣尼科莱郊区去。

像普法伊费尔这样的人物绝不会为敌对行动所吓倒，相反会
180 激发他们继续前进。德国各地都有那些皈依旧教者的反抗，这一反抗加速了革命的到来；当最初提出的温和的要求遭到拒绝时，迫

使提要求的人进一步提高要求，民众领袖就利用这些提高的要求来进行抵御。

普法伊费尔在圣母院的宗教演说遭到禁止和破坏以后，他立即投入政治演说。这时他把平民处境与市政会对比作为演说题材，从而擦亮市民的眼睛。现在他把法制改革放到了首要地位。

与他志同道合的人中，还有一些当过修士的人，如约翰·罗特梅勒，同路德有过联系的约翰·克勒和迈斯特尔·希尔德布兰德。迈斯特尔·希尔德布兰德在耶稣复活节后第二个礼拜日来到城里。恰巧那天是圣约翰内斯教堂举行赎罪礼的日子。他要求在教堂里布道，可是市政会不准他登台。他离开那里，一大群人跟在他后面，来到郊区普洛巴赫，他登上卡斯帕尔·费伯尔的住房，站在上面向大伙布道。

普法伊费尔考虑对市政会进行一次改革。按照他的建议，组成一个委员会代表市区参加市政会讨论，决议则由八个区长，即八人小组全权执行。这时普法伊费尔既未吸收郊区居民，也未吸收农民参与他的改革，仅仅吸收了内城的真正市民参加。他想只允许有能力的人参与市政管理。但是他唯有得到郊区居民和内城民众的支持才能迫使市政会同意一项协议，以满足他及其亲信的要求。按照这项协定，市政会仍然留任，只是废除滥施淫威的职权，开辟发展市区的进步道路，使市民摆脱原来的奴役地位，从此以后由拥有否决权的区长代表他们出席市政会，依法参与一切重要市政。普法伊费尔并没有为自己提出任何个人要求，他只是要求以后不应禁止宣讲福音，各大教堂应让有才能的传教士取代老朽的德意志骑士团[①]神甫。

但是，市政会这一派，即城市贵族，决非真有诚意打算放弃他们的特权，而是暂时对压力让了步，以便伺机恢复这种特权。在风
181 暴骤起中，正当人民事业似有可能取得持久胜利的情况下，连老的市政委员们都摇摆不定了，他们不知道对这个代表真理和人权正在胜利前进的事业能否公开表示同情，以便保持高高在上的地位并把新运动的领导权掌握在自己手中。其中最重要的是约翰·冯·奥特拉博士，他担任最有权势的市法律顾问职务，他是一个受过教育、老于世故、但又不讲信义的人。除他之外，城防司令埃贝哈德·冯·博东根也奉行同样策略。

市政会同邻近的诸侯曾缔结互相保护同盟，以前还经常接受过他们援助，可是在这次危机中，市政会没有向他们求援，而宁愿向民众的压力让步，这是当时诸侯和城市所处的政治地位使然。

正如敌视共和政体的瑞士一样，诸侯近来也日益把他们统治区内的德国各城市的共和因素看作是对诸侯国家的威胁，把城市的不断发展总是看作对诸侯权力发展的障碍。确实，城市的共和原则也是针对诸侯的多头政治的，因为，城市和帝国的贵族一样，也愿意或希望推翻诸侯在各邦的统治权，在帝国内除皇帝外没有

① 德意志骑士团，1190 年十字军东征时德意志僧侣建立了条顿骑士团。骑士团在德国和其他国家夺得了许多领地，由骑士团的高官即团长来治理。十三世纪时，用征服和消灭当地立陶宛居民的办法而取得的东普鲁士由骑士团进行统治。东普鲁士就成了骑士团对波兰、立陶宛和俄罗斯各公国进行侵略的堡垒。1237 年骑士团和另一个德意志骑士团即也是在波罗的海建立的立窝尼亚骑士团联合起来。在 1242 年楚德湖之战(冰上激战)和 1410 年格吕沃尔德之战失败以后，骑士团就一蹶不振，后来只保全了不大的一份领地。——译者

任何其他君主。而各邦诸侯则鉴于各帝国直辖市的财源丰富总想竭力将它们置于自己的影响之下，并伺机把帝国直辖市改为邦辖城市。当时时势正是这样逆转，致使城市权力衰落，而诸侯的权力在扩大。

连当时最贤明的诸侯、萨克森的贤者弗里德里希，也曾贪婪地多次向帝国直辖市米尔豪森伸手并攫取这个城市的权利。此外，米尔豪森市政会认为有根据怀疑他的兄弟、魏玛的约翰公爵，为了萨克森诸侯的利益曾利用贵族和平民之间的争执，支持米尔豪森市民起义反对市政会。由于这样的出兵援助是危险的，所以，虽然有旧的防御同盟，市政会却既不求援于选帝侯，也不求助于公爵。

不久，米尔豪森的城市贵族强硬起来，于是普法伊费尔第一次被驱逐出城。

萨克森的约翰公爵曾在市政会为普法伊费尔返回城内进行斡旋。市政会没有同意。尽管如此，普法伊费尔还是在1523年末再次回到了米尔豪森。派系斗争日益激烈地持续下去。骑士团的老神甫被驱逐了，由骑士团派来一位来自魏玛的、叫约翰·劳厄的年轻神甫，这是一个热衷于改革的人。“他把圣物踩在脚 182
底下，同时扫除了教会的淫威。如果他不是怀着激起民众的既定目的，他这样干是很轻率的。”他所激起的暴动并非针对世俗的什么东西，而是针对那些不可补偿的装饰教堂的艺术纪念品。这里像维滕贝格以及其他地方一样，也发生了粗暴地破坏圣像的行动。

中世纪虔诚的基督教画家和雕刻家曾用石块和颜料出色地刻画了宗教的奥秘和深刻思想，现在所有这些古老信仰的象征，在米 183

尔豪森都被破坏无遗了，也根本不考虑它们是真正的艺术品，具有艺术幻想和创造力的杰作，还是拙劣作品，统统被当作"泥胎"、"木偶"一扫而光。

普法伊费尔并不反对教堂里的神像，只是坚持不懈地反对城市法制方面的滥施淫威。市政会仍然反对他那些世俗的和宗教的改革计划。城市贵族和守旧派的领袖是罗德曼。他和他的几个朋友已经被迫逃离了城市。尽管如此，普法伊费尔还是不能在内城真正的市民中间像他所希望的那样实现他的一切措施。1524 年 8

米尔豪森的破坏圣像行为

月 24 日，他和过去的修士、阿尔迪斯累本的马特霍伊斯一起被市政会驱逐出城，市民也对市政会的要求让步了。市政会说：“并不是市政会反对圣经，而是要防范重大的灾难和危险。”这时普法伊费尔把历来被忽视、负担却比城市居民重得多的郊区居民争取到自己方面来。他们不应该、也不愿意长期处于无权状态。现在他转向米尔豪森地区的农民。农民们聚集在豪森瓦尔特附近。在同一时间内，普法伊费尔要求农民参加城郊居民的运动，而市政会却召集他们去反击向内城逼近的尼科莱郊区的叛乱。农民们没有去反对郊区居民，而是要求使自己的现状得到改善，这种改善是宣传新教义时许诺给他们的。他们向市政会提交了普法伊费尔为他们起草的十二条款。

到现在为止，不论是十二条款的原件或抄本，在米尔豪森档案馆中都没有发现。毫无疑问，后来托马斯·闵采尔就是运用这些条款在弗兰肯豪森附近把他的军队集合起来的。

弗兰肯豪森基督教徒会议提出的这些条款要求如下：凡属教会的一切田亩、葡萄园和草地，即一切寺院产业均应出售，并应依法纳税。人们对伯爵和贵族不再有服任何劳役的义务。任何人不再有义务去缴纳赋税、什一税和徭役，无论起源于教会还是世俗，但两百年前已经实行的例外。池塘、牧场、猎场应成为公共财产，允许任何人在自己所必需的范围内使用。不得因某种过失监禁任何市民或农民，也不得以任何方式虐待他们，除非他们犯
了刑事罪。甚至对于罪犯也只能给予从宽的和人道的惩罚，也 184
不得从往宅逮捕任何人。市政会应由市民选出和认可，市民应有权罢免市政会，市民应有代表出席市政会，市政会和市民代表

共同管理政务。

最后这一条无疑地证明这些条款就是普法伊费尔为米尔豪森人起草的十二条款。普法伊费尔的条款大概是著名的上士瓦本条款的蓝本，普法伊费尔本人同闵采尔一起把它带到上士瓦本的。

原来，在 1524 年 8 月 27 日他这一派在内城取得了胜利之后不久，拥护市政会的人就于 9 月 25 日再次起来反抗。看来，闵采尔的到达是使米尔豪森局势急转的原因。闵采尔依靠的是最下层群众，他在原有的市民中间只有少数信徒。原有的市民一直以普法伊费尔为首领，他们为城市追求的目的和利益与闵采尔派不同，因此不能与闵采尔走在一起。人民派由于分裂削弱了自己；而城市贵族则借助于皇帝的一道诏令，在市民中间得了手，于是闵采尔被驱逐出城；随后，普法伊费尔也遭到同样命运。

尼克莱郊区曾为他们两人起而反抗，但没有能把他们留住。闵采尔在城里只待了五个礼拜，并且毋宁说只是作为一个工具被普法伊费尔利用了。普法伊费尔的才智胜过闵采尔，他写作和进行实际改革的能力高于他对群众演说的能力，所以他利用闵采尔热情的演说来增加自己的信徒，贯彻自己的主张和目的。但是，米尔豪森的大多数市民对于鼓动米尔豪森地区农民和艾希斯费尔德主教辖区农民、“各色布衣百姓”起来造反，却出于财产和收入的原因，表现得踌躇不决。

图林根境内的米尔豪森就这样成了揭开伟大农民战争序幕的舞台；这个序幕的第二场是在班贝克的一个城市福希海姆演出的。许多追随普法伊费尔和闵采尔的市民，于 9 月 27 日同他们一起离开了米尔豪森，而普法伊费尔和闵采尔则首先前往法兰克尼亚。

第六章　福希海姆城内和周围的运动

1524年5月26日圣餐节，班贝克主教城福希海姆的“民众” 185
揭竿而起。

他们从市长手里夺取了城门钥匙，强迫市长和市政会宣誓留下，和他们一起实施他们的计划，把逃走的区长的妻子和孩子当作人质监禁起来，直到区长回来并宣誓留在城内为止。他们还向周围的辖区和乡镇派出急使邀请主教的佃农进城，参加他们的同盟。

农民们纷纷从福希海姆谷地，从赫希施塔特、赫尔措根奥拉赫和埃贝曼施塔特谷地以及整个周围地区来到市区，武装起来的约有五百人，分成两队；市民和农民议决了几项条款：水源、森林、野兽和鸟类归公共所有，自由享用；谷物什一税改为三十分之一，但不再向主教教堂的神父交纳任何贡赋。

他们对前来安抚人民的班贝克市政委员说，请他们把这些条款交给主教，要他马上表示同意。

附近的帝国直辖市纽伦堡地区和其他领地的农民们，也都起义了。

运动似有向法兰克尼亚全境继续扩展之势，可是这时却又衰落下来了。

在安斯巴赫地区，和纽伦堡地区一样，农民们和各城市的贫民会合时纷纷议论，在解除或减轻反基督教的束缚以后，还应摆脱世俗领主加给他们的负担；从今以后，无论什一税和租金，还是地租和息金都没有缴纳的义务。

安斯巴赫的卡西米尔[1]侯爵集结了一批数目可观的骑兵和步兵，配备了一些野战炮，派去镇压农民。在这些军队大举进犯之前，农民们就因害怕骑兵和大炮而逃散了，也许是根据某些人的秘密指示逃散的，这些人并非是当时的运动领导，而是福希海姆同盟的组织者，他们从远处警告说，普遍发动革命的时机为时过早。

纽伦堡市政会采取紧急措施，用威逼利诱、软硬兼施的办法安
186 抚所属农民。市政会宣告在波彭罗伊特举行农民大会以前，争取了农民首领和头目的保证，并让他们宣誓保持安静。城里有两个人企图煽动市民反对市政会，并且说明上述行动是不利的，鼓动市民和农民联合起来；这两人于 7 月 5 日被斩首。

卡西米尔机敏而恐惧地以从宽代替从严措施的班贝克政府以及纽伦堡贵族委员会，虽然就此制止了起义，可是他们确实感到他们置身在一块危险的土地上。

1524 年 7 月，在基青根举行的地方议会上，讨论了法兰克尼亚的贵族和城市联盟问题，“目的并不在于压制圣经，而是因为现在在许多地方特别在法兰克尼亚，发生了许多臣民反对官厅的非法的、罪恶的、肆无忌惮的叛乱，他们不是出于拥护圣经的热诚，而是出于自私的邪恶反对圣经”。

---

① 卡西米尔(Kasimir)(1481—1527)，勃兰登堡-安斯巴赫侯爵，霍亨索伦王朝法兰克尼亚的代表。统治安斯巴赫和巴莱特各侯国，血腥镇压安斯巴赫和罗滕堡农民和市民起义的组织者。——译者

第七章　路德和逃亡者

教会中的运动已经发展到有一大批逃亡者的地步，他们逃到以前许多人由于政治原因而被放逐或逃亡的地方，如 1513 年和 1514 年的鞋会会员，西金根的朋友们即因参加埃贝恩堡起义被放逐的骑士们以及符腾堡的被放逐的乌尔里希公爵等等逃亡的地方，也就是博登湖畔和莱茵河上游地区。

早就有一些“新的预言家”先到那里；同样，许多热情的科学家，如胡格瓦尔德、厄科拉姆帕迪乌斯[①]、布策尔[②]等人也到了那
里。那些已经定居在当地的人（其中有一部分人如厄科拉姆帕迪 229
乌斯，已经得到新的职位）虽然自己也是被放逐者，却高高兴兴、十分好客地接待了新来的人。他们认为，“按照上帝的命令，应该这样对待命运相同的和被放逐的人”。

在上士瓦本和瑞士聚集了大批由于福音的关系被撤职、被迫害、被驱逐出境的人。这样对待他们的并不是天主教徒，而是基督教徒自己。新的信仰还没有形成教派并巩固下来，就已经变得如
此狭隘、野心勃勃、专横、顽固，以致他们拘泥于条文，声称他们对 187

① 厄科拉姆帕迪乌斯（Johannes Ökolampadius）（1482—1531），瑞士宗教改革家，茨温格利的朋友。——译者

② 布策尔（Martin Bucer，Butzer）（1491—1551），德国西南部的宗教改革家，路德的朋友。——译者

教义的理解、他们的礼拜形式是唯一正确的，并把它们强加于人；他们对任何反对意见，甚至对任何一点不同意见都当作异教予以严厉的仇视和迫害。

所有这些责难完全可以加之于路德。他甚至走得这么远：过去他曾把天主教诸侯和政府所干的事斥之为违犯上帝的暴力行为和精神暴政，而今却不遗余力地把它拿来反对基督教和天主教的对手。他公开说："我认为，为了灵魂的安康，我可以不择手段地对付他们的狡诈和欺骗。"他自己要求出版自由，而不应受到限制，但他拒绝给予他的反对者以这样的自由；他激情地投靠警察以反对卡尔施塔特和闵采尔，设法使政府下令禁止撰写和出版他们的见解的书，没收和销毁他们的手抄的和付印的著作，甚至把他们和他们的家属驱逐出境。①

耶拿的传教士马丁·赖因哈德曾经写文章支持卡尔施塔特反对路德。路德积极活动使赖因哈德不得不离开耶拿。赖因哈德从讲坛上洒泪告别了教友；教友们为他募集了旅费，他才得以携带妻子儿女迁往纽伦堡。路德也把卡尔施塔特的朋友，科隆的格哈德·韦斯特堡博士与赖因哈德同时驱逐出耶拿。甚至他们已经到达远方，路德还要给他们居留所在的市政会，或者给同他友好的某些市政委员写信迫害他们，以忠告城市为名煽动人们将他的敌手逐出避难地。卡尔施塔特本人也是由于路德的唆使而被驱逐出

① 路德采取这种态度不仅是由于他的宗教狭隘性决定的。更确切地说，这不过是掩护他作为市民阶级改良主义阵营代表的政治态度的外衣；他是卡尔施塔特，特别是闵采尔所属的彻底革命阵营代表的敌人。他利用宗教教条直到向诸侯公开告密等一切手段来反对他们。——编者

萨克森地区的。他和闵采尔同时到了莱茵河上游斯特拉斯堡和巴塞尔。

卡尔施塔特原名安德烈亚斯·博登施泰因,出生于距维尔茨堡不远的卡尔施塔特。年龄略大于路德,比路德早四年担任维滕贝格大学神学教授。以后在主教座堂任大教堂牧师和副主教,1511 年任校长,1512 年和以后,历任神学院院长,路德的圣经博士学位就是他授予的。他曾在外国的几个学院留学,访问过罗马,掌握了罗马教会情况的原始材料。以后,路德信徒由于宗派偏见,对 188
他竭力诽谤,企图把他诬为连起码古代语言知识也缺乏的人。可是路德自己在 1520 年还曾称赞“他是学识无比渊博的人”,把奥古斯丁努斯[①]的著作“注释得好极了”。与此同时,路德还曾评论卡尔施塔特的著作《神秘主义的德意志神学》是圣经和奥古斯丁努斯以后的最佳著作。1508 年朔伊尔伦博士在维滕贝格发表公开演说时,曾赞扬卡尔施塔特对希腊文和希伯来文的卓越知识,称他是伟大的哲学家和更伟大的神学家,还赞扬他人格高尚,博爱众生,因此他是受到普遍爱戴和尊敬的人。

路德和卡尔施塔特有多年的友谊,在共同工作中曾长期并肩前进。即使如同蔡兹的修士把他们两人称为路德像一盏大灯、卡尔施塔特像一盏小灯那样,路德还是很敬重卡尔施塔特学识卓越,而卡尔施塔特也乐于承认路德才智出众和他的宗教改革事业。他们根本不是像人们通常以为的那样,天性完全不同。尽管他们后

---

① 奥古斯丁努斯(Augustinus)(354—430),最大的拉丁教会长老、神学家,曾在北非任主教,著有《上帝之国》、《忏悔录》、《论三位一体》等书,对天主教、新教神学均有很大影响。——译者

来发生了严重分歧，但在优缺点方面都有许多相似之处。两人性情一样激烈、暴躁，功名心切，自信心强，都有宗教改革的热情，但两人也都顽固地相信自己所坚持的是真理；他们两人对待德意志民族都非常真诚，对待自己所追求的目标都非常严肃；最后，他们的宗教生活都渊源于神秘主义，不过路德热衷于神秘主义是出于感情，而卡尔施塔特则出于理智。关于宗教改革的最终目的，他们两人存在着严重分歧：路德只要求通过新的福音解放灵魂，卡尔施塔特却要同时解放灵魂和肉体，同时解放全部基督教生活；路德是缓慢地、逐步地以智慧抑制冲动的热情，卡尔施塔特则抱着大刀阔斧，推翻一切的态度；在追求教会新生方面，路德是依靠大人物、当权派，卡尔施塔特则依靠人民，他要求自下而上地，从平民开始，改革整个生活。当路德在瓦特堡时，托马斯·闵采尔的战友、次维考的预言家们来到维滕贝格，卡尔施塔特被他们吸引住了。他感到似乎出现了一个新的精神王国，一切沿袭下来的旧习惯，一切表面上固定不变的事物都到了末日。基督教对他已不再是神学，而是
189 生平大事和人民事业；它应该是活生生的事物而不应是争论不休的对象。他公开谴责整个学究机构都是无用的，有害的。他到小贩货摊上和手艺工人的作坊里去，同他们讨论他们对于圣经的理解。在这里，他一接触这些本性未受神学的成见和疑云搅乱的人，才真正厌恶经院派。他产生了一种信念，认为要想获得幸福，所有的人都必须恢复质朴的本性，在这个基础上重建社会。他大声疾呼，手工劳动比经院学究要好得多、有用得多。他愈来愈坚信，乌烟瘴气的学究习气像一大窝毛虫似的布满了生活的绿树。他由于对他周围的所见所闻感到极度不满，竟把真科学同假科学混淆起

来，进而表示反对整个科学。狂热的激情使他昏聩到让狂热的青年粗暴地把艺术纪念物圣像从大教堂里搬出去，当作“泥胎”、“木偶”打碎了。可是捣毁圣像的骚乱只是在卡尔施塔特鼓动时发生的。破坏圣像以及某些礼拜仪式的改革，都是在维滕贝格大学和市政当局的同意下发生的；经卡尔施塔特鼓动起来的市民曾强迫市政会以官方名义批准这样做。此后，卡尔施塔特就离开了大学，出城到他岳父家去了。他岳父是泽格雷纳地方一个正直的农民；他的女儿与卡尔施塔特结婚已久。他在动身之前，还促使市政会封闭了所有违禁的娱乐场所，并向小兄弟会[1]寺院的修士发布官方文告，说今后城内不得容留乞丐，基督教界不准有行乞的人，为此年轻的修士最好去学习一种技艺或手艺，年纪较大的修士可以在医院当护理。卡尔施塔特还建议，应该把早已彻底腐败的兄弟会[2]的财产拿来为穷人谋福利。他劝大学生跟他一样回到家乡学一门手艺或者种地；每个传教士都应当像使徒保罗一样，凭体力劳动挣饭吃。卡尔施塔特在泽格雷纳穿着农民衣服，像农民一样劳动，他不让人再称他博士，而称他邻居或安德烈亚斯兄弟。当时在维滕贝格形成了一种普遍的狂热，许多大学生都追随着他，致使大学为之一空。因此，在瓦特堡的路德非常生气，回到了维滕贝格，卡尔施塔特也回来了。虽然路德说他在教会革新中并未见到任何 190
特别不合理的事，只是撒旦操之过急了。他说不应指望人人都去着手做一切正当的事，只要把命令他做的做对就够了。后来路德

① 托钵僧的教团，于 1223 年由罗马教皇批准成立。——译者

② 天主教中未出家而在教会中服务的人所组织的教团。——译者

自己实行的绝大部分革新措施正是卡尔施塔特早已着手推行过的那些措施；但是，他感到恼火的是，卡尔施塔特竟比他抢先一步，而且没有通过他就着手进行了，从而侵犯了他的宗教改革事业[①]。于是，他就在这个原来是由他而得到荣誉、并且与他共享盛名的城市中进行一次全面复旧，反对卡尔施塔特早已着手做的一切新事物。凭他的威信和富有影响的布道，这也是很容易做到的。这是他们两人之间第一次决裂。受到伤害的卡尔施塔特非常痛心地前往奥拉明德，他决心"为了粉碎这种过分的恣意妄为，为了解救全体被欺骗了的可怜的基督教徒，而不惜付出生命和死亡的代价"。他不能再长期"听任错误的宗教习惯使上帝的爱消失，使信仰遭受践踏，使良心随着可怕的谬误泯灭，而不尽力去抵制在所有教堂布道中都可以听得见的欺人之谈"。路德的信徒又把卡尔施塔特从人民曾愉快地欢迎过他的奥拉明德赶出去。路德还设法禁止他公开演说和写作，没收和扣压他已经付印的著作。按卡尔施塔特自己的说法，他由于路德就这样被选帝侯捆住了手脚，路德打击他像打击一个凶恶的叛逆的幽灵一样，特别在耶拿的一次讲道中如此。因此，当路德同许多人，其中有皇帝和侯爵的几个使节一起坐在宴席上的时候，卡尔施塔特就把他列为"黑熊"，[②]并说："您把我当成凶恶的幽灵，这对我是十分暴虐不公的。您今天在说教中对我伤

① 卡尔施塔特所实行的一切措施清楚地说明，他不是停留在宗教改革上，而是要得出实际的结论，目的在于使所有的人都过辛劳清贫的生活，恢复原始基督教，恢复没有阶级的社会。路德是必然反对这一方向的。他这时还没有公开反对，而是以形式的差别作掩护来反对的。——编者

② 意思是凶恶而粗暴的人。——译者

害匪浅，硬把我和您所谓的叛逆的、凶恶的幽灵拉扯在一起，对此，我岂能同意。谁企图使我与凶恶的幽灵为伍，谁就是不顾事实地诋毁我，他本人就难以说是个正人君子。我要在所有这些弟兄面前，对指责我同叛逆的幽灵有关系这一点，公开表示抗议。”路德回答说：“唉，亲爱的博士先生，何必这样！我已经读过您由奥拉明德写给闵采尔的信了，我从信里已清楚地了解到，您是反对和憎恶叛逆的。”

卡尔施塔特与路德在耶拿

托马斯·闵采尔曾从阿尔施泰特给奥拉明德人写过信，邀请 191
他们参加他的同盟，他收到卡尔施塔特一封印发的公开信，代表奥拉明德人答复说，他们不能和世俗的军队一起去反对压迫福音的

人，基督也曾吩咐使徒彼得插剑入鞘，不允许彼得为他战斗。他们不愿意挥动刀枪，而是主张以信仰的盔甲武装起来去对付敌人。奥拉明德人如果同他们联合起来，就不是自由的基督徒，而是受人约束了。这会给福音招来一阵狂呼乱叫，于是暴君们会得意扬扬
192 地说：这些人自夸信仰唯一的上帝，他们的上帝有足够的力量保护他们，可现在他们却彼此联合起来了。

到这时为止，卡尔施塔特还不过是个十足的书生和教授。他虽然有满腔热忱，可是却缺乏人民演说家和人民鼓动家的素质，他在思想上是急进派，而在行动上却并非如此。在形式上和主张上，卡尔施塔特还完全停留在纯宗教革新的范围内，他不是政治革命家。尽管他穿着粗糙的农民衣服，戴着粗劣的白色毡帽，身边佩带一柄利剑，却什么活动也没有。可是路德却在大喊大叫：卡尔施塔特正在用唇舌和笔杆发动叛乱。

不久以后，由于路德敌视卡尔施塔特的傲慢态度和对奥拉明德市民的不适当待遇，也给自己招来了侮辱，他只好迅速逃跑，躲避人民的唾骂和投石。这时，卡尔施塔特和他的朋友赖因哈德牧师却被驱逐出萨克森。卡尔施塔特否认基督亲临圣餐，以及他在当时发起了关于圣餐的争论，这都使路德感到极为愤慨。梅兰希通是一个对任何比较强烈的运动，甚至对一阵风也害怕的人，他是一个还很年轻的教授，毕竟是在翻阅羊皮纸①及书本的声响中长大的，却从来不敢接近喧嚣的生活。对于像卡尔施塔特这样横逆、急躁而又富于生活热情的人，他必然感到憎恨、畏惧和受压。他对

① 中世纪时以羊皮纸为书写材料，意指文稿。——译者

卡尔施塔特怀有一种恐惧心理。梅兰希通给他的知己卡梅拉里乌斯写信说："我疑心，他不像佩里克雷斯[①]，而像一个新的斯巴达克思[②]那样，想疾如闪电般地席卷和推动整个德国。"当被驱逐出境的卡尔施塔特的宗教观点在莱茵河上游赢得第一批有影响的人物也包括茨温格利[③]和斯特拉斯堡人的支持的时候，或者如路德所说，他的毒素四处播散的时候，路德更加愤怒了。卡尔施塔特从莱茵河上游转到东法兰克尼亚。卡西米尔侯爵派人追捕他，他辗转在施魏因富特、基青根以及罗滕堡附近地区，最后在罗滕堡城定居。德国教堂神甫和注经师多伊施林博士、"盲修士"克里斯蒂安、老市长埃伦弗里德·孔普夫和其他一些市民秘密地收留和款待他，并帮助他暗中印刷著作。他在剪布工人菲利普家里住的时间特别久。市政会既禁止他在境内居住，还查禁他的著作，但是他仍停留在那里。在这期间，罗滕堡地区的暴动正在酝酿中。

自由检验是路德宗教运动所依据的基本思想，对宗教真理的自由检验必然导致对政治真理的自由检验。当路德在自由检验中 193
被其他人所超越，而成为这个检验的障碍时，他就同自己所依据的基本思想发生了矛盾。他阻碍着自己的事业。要么一切人都有自由检验的权利，即写作自由、出版自由和传教自由，要么连路德也没有这些自由。

---

① 佩里克雷斯(Perikles)(公元前大约 499—前 429)，古希腊的大政治家。——译者

② 斯巴达克思(Spartakus)，公元前 73—前 71 年罗马最重要的奴隶暴动的英勇领袖。——译者

③ 茨温格利(Zwingli)(1484—1531)，瑞士的宗教改革家。——译者

把当代的自由思想运动向其他方向推动并越过路德而前进的那些人所做的，实际上无非是为自己、为社会要求和行使信仰自由、思想自由及言论自由的权利。

路德主要妨害了运动在宗教方面的统一，这种统一至少在新思想阵营中是可能的和必要的。他拒绝同任何人和解，对闵采尔和卡尔施塔特是这样，对茨温格利和卡尔文[①]也是这样；正因为如此，他也成了争取政治统一的障碍之一。他所以这样做，不仅因为他神经过敏和态度顽固，也因为他确实不理解他本人曾极大地推动过的运动正在继续发展，以及运动的全部意义。

尽管许多人基本上与路德一样反对同一事物，只不过方式方法不同，尽管他们也和他一样要求教会和国家的改革，但是他们却遭到路德和他那一派人的迫害，到处漂泊。在上士瓦本所有大道上都可以看到被免职或被放逐的传教士手持拐杖，风尘跋涉，他们大都是性格坚强的人，他们把财产和家业、故乡和职位，必要时连自由和生命都贡献给自己的信仰也在所不惜。当然，在这些人当中往往也有个别人，单纯由于反抗精神，由于对自己主张的热情远远超过对信仰和国家生活的根本思想的热情而使自己的命运遭到了不幸；但是，尽管如此，这些人的人格和他们对信仰的忠诚，仍是值得称赞的。

他们就是这样在放逐中漂泊；也有些人是为了扩展自己的事业自愿去流浪的；他们贫穷、无忧无虑，信赖自己的上帝，衣袋里往往一文不名。闵采尔、普法伊费尔和赖因哈德就是这样来到了法

① 卡尔文(Calvin)(1509—1564)，法国宗教改革家。——译者

兰克尼亚。

平民的骚动刚刚强烈地在这个地方表现出来，特别在纽伦堡城中，他们发现并争取到了拥护他们和他们教义的朋友们。路德在听到纽伦堡地区发生的运动时这样写道："看吧，撒旦又在这里出没了，阿尔施泰特的幽灵！"

闵采尔居住在纽伦堡时，当地有许多人劝他传教。他给艾斯勒本的一个朋友写信说："我愿意同纽伦堡人合演一出美妙的戏
剧，如果我有兴趣造反的话。但我回答他们说，我到这里来不是为 194
了传教，而是要利用印刷进行答辩。由于市政会的老爷们正好知道了这些情况，他们的耳朵发热了；因为他们正过着舒服的好日子；而他们品尝的香甜适口的手艺人的汗水，现在正在变成苦胆汁。"

但是，他在这里只能付印一篇著作，即他那篇反对路德的答辩书，其中的措辞也像路德在类似场合一样粗率和激烈。他写道："你发昏了，难道你想当世界上的盲人领袖吗？根据你的奥古斯丁努斯理论，你用一种错误的信仰把基督教世界弄得一片混乱，当危急临近时，你不能正确地作出解释。因此你就向诸侯献媚，反而说情况变好了，你就是这样骗取了盛名。你助长了不敬上帝的歹徒的权势，使他们停留在老路上。因此你的处境将如被擒之狐。人民将获得解放，只有上帝是他们的主宰。"

纽伦堡市政会下令把能够搜获的这篇文章悉数没收，把印刷这篇文章的那个印刷工人送进"地牢"，闵采尔不得不离开此城。

在阿尔施泰特，朋友们供给他日常必需的饮食；现在他又从纽伦堡被赶出来，不得不写信给一个朋友："请您尽力接济我一些伙食钱，如果您感到为难，我是一分钱也不愿要的。"他只为他的理想

而生，无暇考虑他自己。没有什么能比他切身感到的使命更能鼓舞他了。他对其他一切都漠不关心。当他得知他妻子生了一个儿子的消息，他只是默默地听着；人们因此责备他时，他说：“你们看，什么也不能再感动我了，我已经失去了天性。”他那些没有被驱逐出境的朋友见他这样到处疲于奔命，都觉得前途渺茫，对他的冒险努力似曾劝阻过。但他写道：“歹徒的恶行使你们太苦恼了。唉！如果这阴险狡猾世界的假面具得以撕毁，你们会是怎样呢！”他自己在这一切灾难中处之泰然，对自己、他的上帝和他的事业满怀信心。他写道：“亲爱的克里斯托夫兄弟，我们所进行的事业正像一颗美丽的红色小麦粒，有理性的人将它捧在手上，往往十分喜爱；可是，一旦种到地里，他们就觉得似乎永远不会再发芽了。——我的名声在世人面前很臭，这并不使我惊异；我知道，我的名字在脱胎之前，在襁褓中是好的，就像麦穗在抽穗之前一样；尽管那上面

195 有麦芒，但还可以用它来做面包；法律将制裁不敬上帝的人，他们呼喊也没有用。如果说上一次我用火枪谴责了他们，那么现在我则要在天上同上帝一起雷击他们，他们早已恶贯满盈了。”

当初，闵采尔并没有打算在纽伦堡久留，因为上士瓦本和黑森林地区早已兴起的农民起义吸引着他前往。有人错误地把南方高原地区初期的运动同闵采尔的个人影响联系在一起。当闵采尔还逗留在北德意志[①]时，这些运动已经在几个月前就爆发了。

---

① 但是，闵采尔的影响和鼓动使1525年春季整个德意志西南部各地的暴动几乎在同一天爆发。——编者

第八章　领主们的暴行

十五世纪末和十六世纪初，帝国和联盟的双重压榨以及领主们的骄横和需求使得本来就数目庞大、种类繁多的贡赋和各种负担又增加了；在自由传教和印刷术盛行以来，人们日益感到它们的沉重。穷人一直还在法院组织法的争斗中挣扎；他们总是年复一年地更加苦于司法当局片面的、花费高昂的诉讼；罗马法博士和狡黠的律师比任何时候都更迎合领主们日益增大的需求，为了欺骗和压榨平民，他们不惜用罗马法名义伪托吉日尔曼法制，搞乱了所有法律概念。领主的奢侈和贫穷化使其中身为诸侯和骑士的领主负债累累，在他们之中产生了大批“堕落的人”，这些人不断想方设法，以求扩大收入；他们巧立名目，以增加赋税，诸如设立新关税、提高旧关税、加重杂税、使各种货币贬值和进行其他货币投机、任意增加罚款、甚至把罚款强行改为永久赋税等等。

肯普滕教堂实行的惩罚条例是：凡是因过错受罚的佃农都得
交死亡税[①]和人头税。德国农民感到萨克森诸侯比其他诸侯宽 196
厚；其中最宽厚的是选帝侯贤者弗里德里希，但他后来受了他俸高禄厚的不法理财大臣普菲芬格尔的引诱，征收一种酒税，引起人民

① 死亡税是领主根据封建权利对已故农民的份地和财产征收的遗产税；德国的封建主一般向继承人征收好家畜。——译者

的极大不满。

德意志帝国的一般法制状况仍如以往那样糟糕，帝国政府等于零，它没有钱，没有权力，也没有人俯首听命。它的费用浩繁；皇帝远在西班牙，他的兄弟摄政王斐迪南大公年纪很轻，完全受西班牙的犹太财政家、臭名远扬的萨拉曼卡的摆布。士瓦本联盟直截了当地提出它是例外，要求不受帝国政府法律管辖；权势较大的领主至少可以说实际上不把帝国政府和它的谕令放在眼里。由于领主的残暴行为、领主和贵族的决斗、强盗骑士的劫掠、雇佣兵的抢劫和各种不法行为，人民依然处于水深火热之中。人民必须缴纳巨款来维持帝国的雇佣兵和新的国家机构，但丝毫得不到帝国的保护。人民还必须给士瓦本联盟和领主间为互相援助而缔结的其他联盟缴纳费用。这些费用成了人民的固定负担，这样一切都有了保障，只是乡间的平民、通商路上的市民、也包括城内的市民在贵族的恣意横行面前却毫无保障。诸侯用从人民身上搜括来的钱为增强邦国权势，而牺牲帝国权力，为加强小邦而损害皇权。士瓦本联盟无论在肯普滕还是在其他地方，并不像在奥克森豪森领地那样总替农民说话。各城市的统治家族像世俗的和教会的诸侯家族在城堡和修道院中一样，继续以领主自居，进行压榨；因为他们的需求增加了，征敛之重就远远超过了古老的传统。德意志帝国最大的不幸正是：缺乏一个在强有力的皇帝治下的统一和力量，却存在着弊端百出的多头统治，感受这种不幸最深的正是平民；领地的农民、邦辖城市的市民、自由民，不论生活在公爵或主教的邦国权势下，抑或生活在帝国男爵或帝国直辖市的统治下，他们遭受的痛苦都是一样的。

此外，贪图享受和嗜好游乐自上而下地腐蚀着各阶级的人民；
大吃大喝、懒惰懈怠、花天酒地，在人民中相习成风，形成了世俗领 197
主和教会领主的生活方式，在下层僧侣中尤其如此。来自上面和各方面的苛捐杂税，横征暴敛，使人民财源枯竭，贫困不堪。他们无力满足自己在新的需要方面的享受，因而不满情绪更加增长。但是，大部分贫苦人并不恣意放纵，而是境况困迫，直至沦于饥饿和赤贫的境地。一个青年农民在刑场上喊道："噢，我主耶稣啊！我要死了，可是我这一辈子还没吃过一顿饱饭！"领主们明白，这决非谎言。

阿尔部境内罗特城修道院院长知道他的寺院农奴向他谦逊地说过的话确是事实："我们是阁下和寺院的臣民，是穷人；这无非因为我们一天到晚同贫穷打交道，无非因为我们的贫穷是有目共睹的。"

1522 年路德写道："各地人民都动起来了，睁开了眼睛；他们不愿意、也不能够再这样承受压迫了。"

帝国议会的一些议员在反对帝国的新税时说，平民的负担已是如此之重，如再加上一项新税，无异于促使普遍的暴动。这并不仅仅是托辞。人民处处感觉到国家的形势是多么腐败。这种感觉迅速地转化成为对改革的渴望和迫切要求。这种渴望正是在这时得到了外部多方面的影响而变得更加强烈了。

各地都公布了一些法令，禁止农民集会结社。举行村区民众大会的古老自由，受到种种限制或者被完全剥夺了。以前，民间娱乐、婚礼、教堂集市节、朝圣、射击比赛、行会酒宴以及其他活动提供了聚会的多种机会，人们可以通过娱乐和倾心交谈以减轻压抑之苦；但是，由于强行压制了为改变处境而迁徙的权利，平民已经被束缚在故乡的土地上；现在，又几乎全面限制了他们的民间娱乐，他们彼此倾心诉苦的机会于是也被全部剥夺了。尽管如此，动乱的情绪还是在蔓延着。

除了残暴的领主外，也有些好心肠的领主。哪里能够适时地公平合理地对待平民，哪里的平民就能保持平静。奥克森豪森人不再活动，无可争辩地说明了这一点。

海因里希·冯·艾因西德尔继承了祖先的一个村落，这个村落以前属于阿尔滕堡的教堂住持。他对附在这块田产上的徭役在
198 良心上产生了不安：是不是从前的徭役还能忍受，因而现在不公道了呢？他继承了祖先长期占有的遗产；农民仍属于教堂牧师会因而必须服徭役，并且他的祖先把整个村子以及这些权利一起买了下来，这是肯定无疑的；农民的人身税已经豁免了，而且按当时的观点来看劳役本身很轻：有马的佃农出马服役十五天，缴付十二天的代役金，无马的佃农缴付十八天的代役金；他从平民暴动开始以来取得了选帝侯的裁决，农民也接受了这个裁决，而且，因为这些徭役是和其他一些村落共同负担的，要废除它还有种种困难；但是，这个高贵的人还是去请教了路德，路德企图安慰他，便说：徭役有时是作为惩罚而摊派的，有时是根据协议安排的，因此他不妨安心保留，可以另外在其他事情上向自己的佃农表示仁慈。最初，他对路德的这番教导还满意，可是不知不觉地又想到徭役是不太公平的事。于是他请求施帕拉廷就此事再次和路德商谈。路德重申了他最初的意见：原有的徭役既然不是他自己规定的，他不妨保留；放弃权利并不见得好，“因为平民总得有负担，不然他们就会过于放肆起来”。施帕拉廷同意这种说法。但是，艾因西德尔并未就

此感到心安理得。施帕拉廷的另一个新的意见也没有减少他的不安："必须保持的秩序要求控制贱民；这些徭役本来不是他规定的，约瑟夫在埃及甚至征收过收成的五分之一，而上帝同意了这项规定。如果他感到良心上不安，不妨间或照顾没有财产的人，但是，传统的徭役却不能完全废除，因为那样只能纵容和姑息贱民，使他们更为放肆。他不应给并未提出这种请求的人免除徭役；一切变革本身都带有痛苦，人们不应该使一切痛苦成为动乱。其他地方也有同样的负担，取消这些负担不仅不可能，而且会引起严重的混乱；有些地方的负担甚至重得多。他良心上有这些痛苦，可以利用赞美诗来安慰自己；在我们进坟墓以前，世上的情况绝不会如此纯
洁。"但是，这些话安慰不了像艾因西德尔具有这样高尚、无私品格 199
的人。因为人们对他说徭役并不违背圣经，那他当然要把自己心中新的不安归咎于魔鬼作祟，他不得不以祈祷和圣餐同魔鬼进行斗争。可是，当时他的行动好像是受了圣灵的启示；因为他在遗嘱中规定将他的一部分收入用于下述目的，即在穷人负担赋税和徭役时从中借给他们，"作为万一负担过重的抵偿"。施帕拉廷表示他对新负担是不满的，并同意这份遗嘱，可是劝他不要现在就把遗嘱声张出去，这样既不放纵穷人，也不致让人怀疑自己。其他领主都没有这样做。

1524 年夏，自由城市乌耳姆所辖的多瑙河小城莱普海姆，其居民的困苦已经深重到不得不请求减税的程度。一个有名望的市政委员断然拒绝这些不幸者的要求。他说，莱普海姆人的税不能减。全体民众都在受虐待，少数人所受的虐待则更为严重了。乌耳姆的老绅士雅各布・埃因格尔要求基尔希贝格的保护官汉斯・

冯·雷希贝格把他住在基尔希贝格的几个农奴连同他们的妻子儿女一起赶出领地，原因是他们拒绝给他献鸡。

肯普滕侯爵修道院院长所属的农民受到的压迫特别显著，而且压迫日益加重。士瓦本联盟没有做最后的法律裁决。可恨的侯爵修道院院长约翰内斯于 1507 年死去，但以后的情况也丝毫没有改善。新的侯爵修道院院长对待佃农和自由农的专横暴虐，比他的前任有过之而无不及。无论佃农和农奴，凡是当时种寺院田地的，都必须订立租约，至于他们会不会因各种因素遭受损失和损失多少则不加考虑。这位修道院院长甚至勒索他无权征收的息金。京茨堡牧师教区的本茨·冯克从罗马获得一道赦免状，使他的妻子——一个自由农得以不降为他的等级而仍享有自由，同时，他正着手把他在伊勒贝格的华屋卖给城市或一个市民。因为这两件事情，修道院院长竟把他抓进利本坦的监狱。修道院院长派雇佣兵到监狱去威胁他，如果他不按照侯爵修道院院长的旨意把华屋和他的妻子都送给修道院院长，就要把他碎尸万段。恐吓使这个上了年纪的人病倒了；因此修道院院长派人把他从监狱移入一间小屋。他打算逃跑，于是他把他的床带和被单接起来，沿宫墙缒城而
200 出，但不幸摔伤，半年后就死了。就在他逃跑之后的翌晨，修道院院长立即强占了伊勒贝格华屋，用冯克的钱派军驻守华屋，把华屋里的这个自由妇女投入监狱，同时强迫她在押并患病的丈夫立字据，要他把妻子降为和他同一等级的人，把伊勒贝格华屋按照四个仲裁人的定价卖给修道院，而绝不卖给其他任何人。可是，修道院院长连这个协议也不遵守，而把事情拖到冯克死去后，使他的继承人蒙受巨大的损失。在博登瓦尔茨有个磨坊主，自由地经营着磨

坊。修道院院长要求他缴纳一笔息金，磨坊主认为没有这种义务，便拒绝支付。这个教会诸侯就威胁他说，如坚持拒绝，立即派人烧掉磨坊，于是这个受压迫而毫无保护的人不得不照付。这个修道院院长还不断利用远征费的名目，任意向臣民征收战争税；并且认为，一切增加修道院的权利和财产的行为，都是合理合法的。

1523 年，这位教会恶霸患鼠疫死去。他的继承人，即在修道院政策熏染下长大的塞巴斯蒂安·冯·布赖滕施泰因，对周围不满情绪的日益增长熟视无睹，但平民的精神继续步先人的后尘，日趋铤而走险。

1524 年秋某日，寺院农奴正在草地上割草，修道院院长的儿子佩拉吉乌斯散步走过这些劳动者的身旁。他们目送他的时候，有一个农民说："修道院院长倒有个漂亮正直的儿子。"一个七十岁的、经历过较好时代的老农回答说："是啊！如果他不是秃驴的儿子，倒是个漂亮小伙子。"修道院院长听到了这话以后，就打发仆从把这个七十岁的老人拖进了地牢。老人被关在那里十四天，请求审判，没人理睬。经过十四天的折磨，他又被押解到沃尔肯贝格宫城监禁了四个礼拜。他病得快要死了。然而，只是在他交了五十镑赫勒的罚金，并修书盖印保证，如再骂修道院院长的儿子是秃驴的儿子就甘愿入监狱处死刑之后，院长老爷才把他释放了。

据档案可查的，有多少大大小小的教会领主做过类似的事情啊！乌尔斯贝格的修道院院长遇到农民不顺从他的非法要求时，就把他们投入监狱。父亲逃走了，就派雇佣兵抓他的儿子。其他农民和他的父亲一起救出了这个儿子并带了他一起逃走，修道院院长就没收了所有这些人的财产，"因为他们亵渎了神职人员"。201

受到虐待的农民向某个领主请求援助，如果这个领主向乌尔斯贝格的修道院院长要求不要不经审问就将他们治罪，这对农民来说已算是很不错的了。这个时期较大的教会领主也全是贵族出身，他们对付农民的思想和行为，多半与世俗贵族没有很大区别。

1494 年，有一个年轻的农民在贵族冯·埃普施泰因的小河里捉了几只螃蟹。这个贵族派人抓了他，押送到法兰克福，请求派刽子手把他斩首。这个自由城市的市政会认为："这一贫民不过捉了几只螃蟹，依法不能处以死刑。"市政会拒绝了他的请求。可是，冯·埃普施泰因老爷却设法从其他地方找来了刽子手把这个农民斩首了。就这样，连贵族小地主的农民都被迫以生命来补偿他们最微小的过失。在人命是如此低贱、老百姓随时可能为一件小事而丧生之时，当然似乎谁也没有去考虑珍惜自己的生命，并且还会觉得，抛头颅以孤注一掷也算不了什么，因为这无论如何总可以复仇雪恨，也许还能取得胜利，改善自己的处境。的确，似乎贵族的目的就是想使穷人的生命变得一文不值而已。1524 年，冯·卢普芬和菲尔斯滕贝格两伯爵所属的农民控诉了主人的许多压迫农民的事件。他们说："还有，我们既没有假日，也得不到休息；在节日和收获季节反而还要为伯爵夫人收集小蜗牛壳做纺锤，还要给她们摘草莓、樱桃和青梅等水果，以及做其他类似的事；在天晴时要侍奉领主和夫人，天不好时才能给自己干活，而领主对带狗打猎给农民造成的损失无动于衷！"

由于教会法规定农奴在节日应该休息或者自由支配，所以从前有些目睹穷人日常劳动状况的虔诚人士，受敬畏上帝心情的驱使，才在许多凶日中间插进几个吉日，以减轻同胞的痛苦。但是，

卢普芬伯爵夫人海伦娜·冯·拉波尔特施泰因完全不把教会中和自然界的神圣制度放在心上。她命令臣民在消除身心疲劳的节日和假日为她的利益和口腹之欲去劳动；甚至在美好的夏季节日，也不让农民暂时忘却自己的奴隶锁链，不让农奴暂时忘却自己的灾祸。她的丈夫以极端仇视农民而臭名昭著。而弗里德里希·冯·菲尔斯滕贝格伯爵（不要把他和他的兄弟威廉混为一谈）同臣民的 202
关系也是这样，有一次他在战斗中负了伤，臣民彼此议论说："如果我们的领主死了，那可是天意，我们要戴红头巾为他服丧。"

现在，乌耳姆市那些历来趾高气扬的贵族，却向士瓦本联盟全体大会一再"恭顺而殷勤地请求，如果与会诸公听到穷人的负担是专制的或不合理的，就应该在联盟范围内考虑给予体恤和恩施，以免穷人承受不合理的负担"。

第九章　汉斯·米勒和新教兄弟会

平民早已又开始向各方面"探询魔鬼从哪里弄来了这么多的强制义务、什一税和徭役"。他们不仅如此，而且到处发起反对履行这些义务的行动。早在1515年，奥格斯堡主教辖区的一个村落就很不顺从，因此向士瓦本联盟提出控诉。联盟自己认为："联盟成员逼迫它的臣民负担很多兵役和赋税，以致引起了他们的不满。"在福希海姆运动平息之后，班贝格地区总还是扰攘不宁。

1524年8月4日，主教宣布：凡检举任何一个确实纵火的农民奖赏五十弗罗林。因为很多什一税谷物仓库在夜间被焚，纽伦堡周围各世俗领主和教会领主存在田野上的什一税谷物全被烧光；班贝克附近也是如此。只知道这是农民干的，尽管用一切办法追捕肇事者却毫无结果。班贝克主教和纽伦堡市政会也得到消息说，“某些神秘人物和不知名的人”往来于主教辖区，煽动各村的穷人，不许在他们那里储存什一税谷物。所有官员都奉命逮捕这些“不知名的陌生人”。可是这些人逃脱了追查。早在1524年7月，也在特里尔主教辖区和法耳次境内海得堡附近的农民，就已经不愿再交什一税了。法兰克尼亚和莱茵河沿岸比这些地区行动得更早。在上士瓦本，特别在多瑙河畔，一些农民团体则是以更加激烈的行动出现的。1523年，农民大闹埃尔欣根和舒森里德两地的修
203 道院。1524年4月初，马希塔尔修道院院长所属的农民拒绝向他缴纳赋税和服兵役。5月间，圣布拉西恩修道院辖区的臣民向他们的领主，约翰修道院院长宣告不再交纳一切农奴租税，他们要求和其他地方同样享有自由。6月，梅明根市长路德维希·康拉特尔在乌耳姆的城市联盟议会上提出，施泰因海姆村的教会款项、什一税和一切职权都属于他那里的养老院，可是农民们却不愿缴纳大、小什一税。此外，梅明根领主们还担心当地的奥古斯丁派修道院里的造反修士不日会跑出修道院，并将圣餐杯、金银首饰及其他教堂法衣带走。修道院里的修女也好像成了“危险分子和叛逆分子”，其中有一个修女最近刚同布赫海姆的一个卡尔特教派[①]的修

① 卡尔特教派是隐遁僧侣组织的教团，创于1084年。——译者

士结了婚；这些修道院也有可能遭到抢劫；为此，市政会征询各城市的意见。回答是：市政会对付农民应当先礼后兵，只有安抚无效时才采取行动；但是如市政会觉得这样做太困难，它可以提交联盟解决。修道院应妥善保存法衣。因此，修士和修女如果跑出修道院，都不得不冒风险。

1524年上半年，星星之火在上士瓦本很多地方迸出地面；8月初，已在施蒂林根伯爵领地冒出小小火花，很快就变成了燎原大火。

施蒂林根领地位于黑森林山向东南方上莱茵河谷伸展的地方，也就是位于古老的阿尔佩部境内，在那里阿尔佩部和克莱特部以乌塔赫河为界。施蒂林根以北是奥地利豪恩施泰因伯爵领地；以南是拥有多瑙河发源地巴尔[①]高原的菲尔斯滕贝格伯爵领地，巴尔高原包括邻近黑森林山南麓的一切地方。往东，赫部伸延于莱茵河、多瑙河和下博登湖之间，再往东即与林茨部毗邻，林茨部西连赫部，北临菲德尔湖，南至博登湖，东以小河舒森为界；林茨部和莱茵部的边界犬牙交错。莱茵部也就是莱茵河两岸的河谷。最后，属于这一系列景色优美的地方的，还有地域广阔的阿尔部，这是直接毗连阿尔卑斯山的高原。

紧靠着瑞士和蒂罗尔自由农民的这些地区，就是从前约斯·弗里茨和那个神秘人物费尔特林来往活动的地方，而现在，从施蒂林根燃起的火焰又首先蔓延到这些地方。施蒂林根伯爵西吉斯蒙德二世冯·卢普芬老爷是海伦娜·冯·拉波尔特施泰因的丈夫，这个姓氏是根据他在巴尔高原的祖传宫城霍恩卢普芬得来的。在

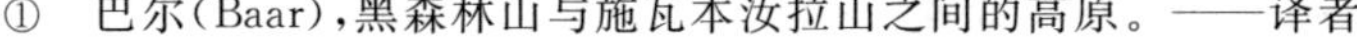

① 巴尔（Baar），黑森林山与施瓦本汝拉山之间的高原。——译者

节假日和收获季节收集小蜗牛壳和采撷草莓并非暴动的深刻原因，那只不过是导火线而已。

204 无足轻重的事件有时也会引起大规模的国家争端和战争的爆发；最微不足道的问题也常常导致完全出乎意料的结果。

大概是施洗者约翰节那天，伯爵夫人对施蒂林根人的忍耐刺激太甚了。平常的积怨现在变成了行动。在很短期间，愤慨不平的农民竟促使施蒂林根、邦多夫、埃瓦廷根、贝特马林根和其他一些地方的农民向他们的领主宣告废除徭役、狩猎、死亡税和履行租田者义务。几天之内，他们就集结了六百人，推举施蒂林根附近圣·布拉西村即布尔根巴赫的汉斯·米勒为首领。

汉斯·米勒是一名军人，多次参加过反抗法国国王弗朗茨[①]的战役，精通军事和武器制造。他的仪表、雄辩天才、机敏和处世经验使他有能力担任农民首领和党派领袖。

他们仿照帝国国旗的颜色做了一面黑、红、黄三色的小旗；在8月24日巴托洛缪节那天，汉斯·米勒率领一千二百名农民以参加教堂集市节为名，开赴瓦尔茨胡特；因为这天适逢瓦尔茨胡特的教堂集市节。冯·祖尔茨伯爵的农民，达维德·冯·兰德克男爵的农民和圣·布拉西恩的佃农都已参加到原有的六百人的队伍里。

瓦尔茨胡特属于奥地利所谓森林四姐妹城之一，其他三个是：劳芬堡、塞金根和莱茵费尔登。它位于莱茵河北岸，与瑞士隔河相

① 弗朗茨一世(Franz 1.)(1494—1547)，法国国王，1515年即位，曾多次同查理五世进行争权夺利的战争。——译者

望。当时，瓦尔茨胡特因传教士胡布迈尔①正与奥地利处于某种战争状态。

农民在这里同市民团结在一起，集会讨论自己的事情，并且建立了一个他们称之为新教兄弟会的同盟。凡愿意入会的人，每周须交一巴岑②会费以供密使来往的开支，他们的使命就是把兄弟会的信件送到德意志远近各地，以号召和争取全体农民支持他们的事业。他们写信并派密使送到赫部、布莱斯部、宗德部，送到士瓦本、法兰克尼亚和图林根，送到亚尔萨斯、莱茵河沿岸以及摩塞尔河畔的农民那里。信中写道："我们不愿意再顺从领主了，除了皇帝一人，不承认任何其他君主，只向皇帝缴纳贡赋；但是，我们要把所有宫城、寺院以及所有属于僧侣的东西统统捣毁，皇帝也不应劝阻我们。"

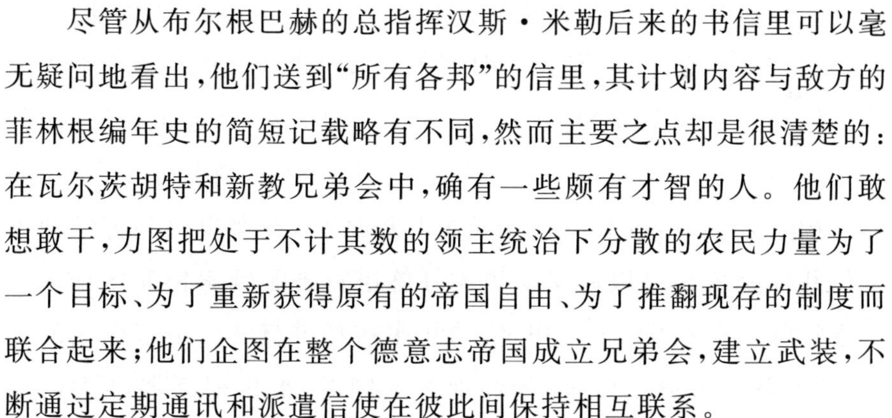

尽管从布尔根巴赫的总指挥汉斯·米勒后来的书信里可以毫无疑问地看出，他们送到"所有各邦"的信里，其计划内容与敌方的菲林根编年史的简短记载略有不同，然而主要之点却是很清楚的： 205
在瓦尔茨胡特和新教兄弟会中，确有一些颇有才智的人。他们敢想敢干，力图把处于不计其数的领主统治下分散的农民力量为了一个目标、为了重新获得原有的帝国自由、为了推翻现存的制度而联合起来；他们企图在整个德意志帝国成立兄弟会，建立武装，不断通过定期通讯和派遣信使在彼此间保持相互联系。

胡滕从前确实有过这种想法，而且在他去世前不久还在这个

① 胡布迈尔（Hubmaier）（1480—1528），瓦尔茨胡特的革命教士，闵采尔的学生、朋友。——译者

② 巴岑（Batzen），十五、十六世纪德国南部的银币。——译者

地区待过;是他的精神传到农民身上的吗?根据弗赖堡城报导,卡尔斯特汉斯在这一年确曾在这里活动过,而且号召黑森林的农民组成鞋会。是否可以认为他不过是乌尔里希·胡滕的一个追随者?因为,卡尔斯特汉斯这个名字在乌尔里希·胡滕最后那些著作中多次出现,而胡滕本人也许是用这个名字从兰德施图尔转移到这个地方来的吧?

第十章　胡布迈尔和瓦尔茨胡特

胡布迈尔生于奥格斯堡附近的巴伐利亚小城弗里德贝克;早在路德初露头角之前,他已担任传教士这项职务,并取得了很大成就。他在布莱斯部弗赖堡大学修业成为神学家,精通辩证法,因此是思想斗争的一位赞助者;这位"博学大师巴尔塔扎尔"[①]先在弗赖堡神学院任教,以后就教于英戈耳施塔特,在那里得到神学博士学位并任副校长。以后又从英戈耳施塔特被派到累根斯堡任主教坐堂牧师。早在1516年初,他的几次精彩讲演就已引起极大的轰动,使他声誉大振。后来,未经他本人同意,被累根斯堡推为修建"圣母玛利亚教堂"的第一个发起人,他目睹感情冲动的民众在这个教堂前上演动作痉挛和舞姿狂乱的戏剧,感到十分遗憾。直到

① 巴尔塔扎尔(Balthasar),东方智者,耶稣降生时到伯利恒去的三博士之一。见《马太福音》。——译者

现在，他愈是追求较高的精神目标，超过很多规范，他就愈感到被路德所吸引。他觉得累根斯堡的精神气氛不再适合于自己，就到黑森林的瓦尔茨胡特教区去当牧师。他在这里，在古代阿拉曼尼 206 亚人[1]的真正后裔当中，在邻近瑞士的纯朴、智慧、爱好自由和性格活泼的森林儿女霍恩施泰因人当中，找到了一个活动领域，虽然范围不大，但却是自己可以在其中自由活动和创造许多事物的一个活动领域。他和瑞士宗教改革家茨温格利接触后，产生了友谊，自己也成为黑森林的第一个宗教改革家。瓦尔茨胡特的市民热烈拥护他，城内和郊区的教士也是这样。恩吉斯海姆的奥地利边区政府要求引渡巴尔塔扎尔大师，遭到了市民的拒绝。政府认为，他的教会革新是对鞋会的鼓励，即对平民暴动的一种鼓励，因为平民暴动正好是1524年夏这个时候在这些地区发生的。胡布迈尔请求市民说："让我走吧！免得因我使大家受害和遭难，你们也好享受安宁与和平。"8月17日，他由市民护送自愿离开此城。他打算前往沙夫豪森，并在那里得到保护和接待，于是沙夫豪森的武装骑兵从瓦尔茨胡特市民的护送行列里迎接了他。恩吉斯海姆政府确实派了人"要杀害博士"，因为他们没有抓到他，他们就侵犯庇护权[2]，坚持要求引渡他。胡布迈尔在万分艰苦中，对自己事业的正义性和真理的必胜力量表现出无限的信心。他给沙夫豪森市政会的信上写道："这不是我的事业，而是上帝的事业。诸公不必畏惧，我也不害怕；因为神圣的真理是不灭的；虽然真神暂时被捕、被鞭

---

① 阿拉曼尼亚人（Alamannen），莱茵河东岸和多瑙河北岸的古代日耳曼部族。——译者

② 中世纪时，宗教法规定有避难所，避难所有权庇护罪犯免于被捕。——译者

笞、戴以荆冠，并被钉在十字架上，然后又被送进坟墓，但到了第三天，又胜利地复活了，并取得了永恒的统治和胜利。”[①]胡布迈尔要求在大庭广众面前阐明他的教义所含的真理。他说：“因为当局诬我是蛊惑人民的人，是叛逆，是异教徒，所以我愿向众人阐明我的教义、信仰和希望。如果我讲的教义是正确的，那为什么要攻击我，而且还因我而攻击其他人呢？我不知道，我在两年布道中究竟哪个字句不是根据圣经说的。但是，我没有像我所理解的圣经那样，把一切都完全地、圆满地讲出来，我坦白承认这点，也自愿对此负疚：我维护了我必须用牛奶而不能用难以消化的食物去养育的弱者。如果以监禁、拷问、刀剑、火或水迫我讲出或者承认与我现在从神的启示中得到的见解不相同的话，我就要对此提出抗议，并且在我的天父上帝和一切人面前表明，我愿意作为一个基督徒受难而死，不使任何人对上帝交给我的事业感到愤慨。愿上帝赐给
207 我一个勇敢的、永不沮丧的、庄严的灵魂！”

当八个信奉天主教的瑞士联邦成员国的议员们一起连续三次威胁地提出引渡他的要求时，沙夫豪森市政会也显示了自己的尊严，并未把这个委身于它保护之下的人交出去。在这位牧师离开瓦尔茨胡特以后，恩吉斯海姆的

胡布迈尔（依据一幅古代铜版画）

① 参看《约翰福音》第十八章和第十九章。——译者

奥地利政府还像对待牧师那样，竟对瓦尔茨胡特城进行威胁和迫害。

对新教及其牧师进行的血腥迫害，特别是在德意志西南部和东南部所进行的迫害，大大加强了由于世俗的原因开展起来的平民运动，而且使它更加神圣和炽烈起来了。正是政府本身在闵采尔再洗礼派的理想刚刚支配这个运动的时候把宗教殉道者的膏油投进了世俗运动行将熄灭的火焰里去的。

信奉旧教的各政府联合起来，企图用暴力把刚要兴起的新教 208
镇压下去。在美因兹大主教区、巴伐利亚、萨尔斯堡地区、奥地利各邦、南方高原地区、尼德兰，在特里恩特、累根斯堡、奥格斯堡、斯佩耶尔、斯特拉斯堡、康斯坦次、巴塞尔、弗赖辛根、帕骚和布里克森等主教辖区，到处追捕新教牧师和信徒；在维也纳、布拉格和奥芬，在梅斯、安特卫普和迪特马尔施地区，在奥登瓦尔德[1]、黑森林、孚日山[2]和萨尔斯堡山脉，新教徒受到严刑拷打，不是被斩首就是被活活烧死；许多人被驱逐出境。特别嗜血成性的要算因斯布鲁克、斯图加特和恩吉斯海姆三个地区的奥地利政府。这三个政府在小城恩根设立了一个宗教裁判委员会。

金青根城首先受到奥地利政府的武力镇压。这个城市的牧师雅各布·奥特尔也被强行赶跑了。他的教友中有一百五十人护送他到边境，并且同他一起盘桓数日。当他们正要回到妻子儿女身边时，发现道路已被封锁，不能进城了，于是他们乘船渡河到斯特

① 奥登瓦尔德，德国西南部内卡河、美因河之间的山脉。——译者

② 孚日山，在莱茵河西面，地处德、法交界处。——译者

拉斯堡去。但是,从弗赖堡和恩吉斯海姆开来的军队包围和占领了金青根城,并逮捕了城里许多有新教徒嫌疑的人。市政当局秘书因为用两种形式举行圣餐[1],结果被刽子手斩首;另外还有十五个人也被斩首。宗教裁判委员会以为这样才能把这些地区的新宗教生活的精神压制下去。接着,就该轮到瓦尔茨胡特了。

这个城市派遣市政委员代表团到恩根城去谒见执政大人,代表受命前来说明,他们为了和平,已经打发博士走了,他们仍愿意以虔诚的瓦尔茨胡特人的身份,像以前那样把身家性命献给尊敬的奥地利王室,恭请执政大人恳乞殿下息怒开恩。市政委员汉斯·雅各布·博林格尔担任代表团发言人。他们去谒见时,首先遇到了鲁道夫·冯·祖尔茨伯爵。“博林格尔,你怎么也来了?”伯爵厉声呵斥这位代表。“是的,老爷!”他毕恭毕敬地回答。伯爵喊道:“博林格尔,博林格尔!如果你始终服从君侯,你和你的孩子是不会倒霉的。天哪!你怎么会被异教徒所骗,竟然接受了异教徒的信仰了呢?”博林格尔说:“我并没有信仰异教。”“那么你到底信
209 仰什么呢?”“老爷,我信仰上帝。”“你信仰魔鬼!”伯爵发火了。“如果你始终像老实人那样服从君侯,事情绝不会弄到这个地步,我们很了解你和你这一伙人:你们都被登记在案的。该死的东西,第一个杀头的该是你,第二个是容汉斯,第三个是布罗西。汉斯先生,怎么没把布罗西和容汉斯也派来?该死的东西,只要我们来得及,我们就要斩草除根,连妇女也要打死。我们一定要把你们新教徒打得鼻青脸肿,把你们吓得目瞪口呆;我们一定要惩罚你们,以你

① 用面饼和葡萄酒两种形式举行的圣餐。——译者

们路德教派的人为例子，以儆效尤。这样的罪人都要清除掉。你背信弃义、犯上作乱；你和你这一伙人都是君侯的罪人；你没有遵奉君侯的命令。”汉斯先生回答说：“老爷，我不是罪人。不过，如果我是罪人，你们就用法律制裁我吧，用以执法的剑就在你们身边。”鲁道夫伯爵骂道：“该死的东西，你就是这样一个罪人，我要去晋见君侯，向他报告。”

其他三个林区城市劳芬堡、塞金根和莱茵费尔登的代表也都到这里来了。他们被召唤进去，却让瓦尔茨胡特人等着。当他们又从里面出来的时候，塞金根的区长对瓦尔茨胡特人说：“博林格尔！老爷们不能宽恕你；想想你的老婆和孩子吧！你就像刚才我们进见三个政府那样，屈膝下跪，请求他们看在上帝面上原谅和宽恕你吧，你已被人引入歧途，走错了路。”博林格尔回答说：“区长老爷，你说什么？上帝并不愿意我干这样的事；我宁愿被砍头也不会这样干。我的信仰是正确的；可你们的信仰却是虚假的。我没有被人引入歧途。人只能向上帝跪拜，我决不向任何人下跪。”

人们听到瓦尔茨胡特人在里面向三个政府请罪。汉斯・伊默尔・冯・吉尔根贝格总督说：“我处理这件事既不愿过宽，也不愿过严，反正要惩罚你们，容不得你们有其他指望。”代表们要求由各帝国直辖市共同依法处理。“我们要法律!”博林格尔和他的随行人员连声大喊，“法律，法律，诸位大人!”君侯们厉声嚷道：“什么，法律？君侯就是法律；帝国直辖市同君侯有什么相干？”“我们要用火和剑指给你们看到什么是法律!”鲁道夫・冯・祖尔茨伯爵嚷道。

瓦尔茨胡特的市民决定对暴力采取自卫措施。布尔根巴赫的

210 汉斯·米勒已经率领他的林区农民起来了，就在这个时刻，一千二百名农民举着黑、红、黄三色的旗子开进了瓦尔茨胡特，新教兄弟会的秘密同盟组织起来了，迄今瓦尔茨胡特的纯宗教性质的运动开始转变成革命性的运动。恩吉斯海姆政府企图不惜一切力量惩罚“这些无耻的异教僧侣和蛊惑人心的人”，以及被诱惑的人，其中瓦尔茨胡特的博士则被他们视为一个首恶分子。政府调集了大量军队和大炮，以惩罚瓦尔茨胡特。但是，瓦尔茨胡特人宣称，信仰埋在心头，这既不能被蛇炮、也不能被镣铐所征服的。苏黎世和沙夫豪森两个城市恳切地为近邻求情。由于与奥地利王室有传统的同盟关系，苏黎世不能公开给被压迫者派遣援军；但是，约三百名勇敢的苏黎世人自己做主，自愿去援助瓦尔茨胡特的基督教兄弟；

胡布迈尔在瓦尔茨胡特受到隆重欢迎

其中一人名鲁多夫·科林给苏黎世市政会写信说，他们不是为了
金钱，也不是为了个人利益，只是为了捍卫圣经才这样做的。上帝 211
的精神召唤他们拿起武器，他们当中没有任何煽动分子。

现在，胡布迈尔也回到了瓦尔茨胡特，市民们对此感到极大的高兴。“市民鼓乐喧天地欢迎他，所有仪式之壮观有如他是皇帝一般。”市民在百货商场为他举行了盛大宴会。正是这个时候，托马斯·闵采尔和他带领的一批信徒同时到达了这个地区。

第十一章　再洗礼派信徒

正是由于最近发生的许多事件使一向感情激动的林区人民更易于发怒了，所以像托马斯·闵采尔这样老练而善于打动人心的演说家和颇孚众望的人正好在这时带领他的戴灰色毡帽、穿粗布上衣的传教士队伍来到这里，当然不难使他们的不满情绪更加高涨了。

胡布迈尔在同闵采尔本人会面之前，就已受到闵采尔的信徒内卡河畔罗滕堡的威廉·雷布林的影响，拥护新天国的教义。雷布林给胡布迈尔洗了礼，然后胡布迈尔亲自以再洗礼的方式给近三百人行了洗礼。

那些来自次维考的狂热信徒对圣经的解释与路德不同，但在解释时却专门利用了路德所提倡的基督教的信仰和传教自由，这批人以施洗礼者的名义分布甚广。这些自称施洗礼者拒绝给婴儿

洗礼,因为圣经上从未提到婴儿受洗礼的事;他们主张婴儿应该在接受信仰的教义以后再受洗礼。于是,他们被反对他们的人称为再洗礼派。今天,天主教作家还称赞这些信仰新教的脱宗者"真诚热心、忠于信仰"。常有这样的情况,一些根本无关紧要的事情逐渐被当作重要的事情来对待和处理了,在短期内,他们发展到这种地步:他们使再洗礼成为不可或缺的条件和基督教的核心问题。

这个教派很快地经历了一系列的狂热崇信的阶段。它的疯狂行为在明斯特有所不同;再洗礼派的生活、希望和信仰在农民战争前是一个样子,它在农民战争后的幻想则是另一个样子。

这个教派成立的最初三年内,连它的敌人也不得不暗地称赞
212 它,说施洗礼者过着高尚的优美的生活。维策尔说:"我希望所有以基督徒自诩的人都能这样生活。"他们勤勤恳恳,过着一种无可非议的生活,饮食适度,衣着朴素,彼此友爱,说话简要,对论争却极度热心。宁死也不背离他们的教义。他们严格地把所有玷污荣誉的人排除在他们的兄弟团体之外,认真地教诲人们信仰、友爱、忍耐、乃至受苦刑和以身殉教。他们不懈地以传教方式宣传新的天国。他们的识别标志是,一个人说:"愿主赐你平安!"另一个人则回答:"阿门! 愿主也赐你平安!"不允许他们公开布道的地方,他们就在夜间于僻静的房舍或山谷里聚会;来参加这种聚会的常有远处的兄弟会代表,他们在夜间跋山涉水,他们只能夜间赶来,夜间赶回自己家里。不久,从图林根森林直到瑞士和蒂罗尔的阿尔卑斯山各山谷,人们都从他们嘴里听到了闵采尔的布道:革新世界、以剑灭除世界上不敬上帝的人的时候为期不远了。纽伦堡市政会这样描述他们:"他们在各地不外乎宣讲新旧约箴言,因为讲

的是剑、铠甲、战争和杀戮，所以把一切都导向血腥的战争、抢劫、屠杀和暴乱，他们甚至想当最虔诚的杀人犯，独霸整个世界。这些人头脑机灵，敢于铤而走险，他们也许觉得理性过于可笑。”

同闵采尔结合在一起，并按照他的意图活动，这正是这一类的再洗礼派。由于再洗礼派是宗教的产物，成立后不久就有很多不同的主张，而且以第二次洗礼作为参加一个从事暴力革命的宗教政治秘密团体的标志的，这只是再洗礼派的一部分，而非再洗礼派的全部。所以，瓦尔茨胡特的再洗礼派雅各布·格罗斯（后来成为斯特拉斯堡和奥格斯堡的洗礼派首领）被驱逐出故乡城市瓦尔茨胡特，因为他主张不许任何人杀人，也不许任何官厅发布杀人命令；因为他拒绝同其他瓦尔茨胡特市民一起出征去援助起义的农民。

但是，所有再洗礼派都坚持：信徒必须相信和履行“神灵”教导他的事情；他们都认为，内心听到了“天父的声音”。许多人见过“显圣”。圣灵附着了他们，正如一个再洗礼派信徒在法庭上说，“有股巨大的力量强制他们的意志”，随着入迷发狂感到四肢脱臼，“好像忽然得了癫痫症”。而且，这种情况常常在一个地区同时发 213
生在很多人身上，于是他们都讲述、预言很多令人惊异的事情。

但是，这种精神失常是农民战争后才在再洗礼派中成为普遍现象的。他们听从“同他们谈话”的“内心的声音”，并“在开始行事之前先问上帝”，就这两点来说，他们确实由于“常常翻阅闵采尔和卡尔施塔特的小册子”，从中吸取了不少养料。

他们在生活方面最初实行的“财产公有”只做到这种程度：任何教友在困难时可以要求其他教友帮助，可以像公有的那样享用其他教友所拥有的东西。但是绝没有人依赖别人来满足自己的需要；在他们中间更不容许有闲人和懒汉。

他们这些“新预言家”、“狂热信徒”、“梦想者”奔走来往于图林根、班贝克地区、维尔茨堡地区、士瓦本、莱茵河中上游、瑞士、蒂罗尔、萨尔斯堡地区、施泰厄尔边区以及埃姆斯河上游地区；他们宣讲“未来和主的审判”、一切现存制度的临近毁灭、普遍的平等和博爱；他们建立秘密兄弟会，即闵采尔同盟的分支组织，并在某些地方由他们代表“圣灵”讲话以鼓动民众。各兄弟会彼此保持着联系，但只通过少数“知情人”，也只有这些人才知道各个教友的名字。

正义寓于其中的“新世界”的宣告者“在消灭了一切不敬上帝的人，特别是在消灭了不敬上帝的诸侯和领主之后”，“能随机应变”，改换“姓名和服装”。教友的首领非常善于保守他们辗转活动的秘密；因此他们多年来一直逃脱了追查。闵采尔的这些“四处活动的”教友们不穿普通再洗礼派和教士的衣服。被纽伦堡市政会称之为一名“首要的和地位最高的再洗礼派信徒是一个博学多才的家伙”，他是来自施魏因富特附近海因城的约翰内斯·胡特。从前他是比布拉教堂的仆役，1521 年因拒绝把他的新生儿受洗礼而被驱逐，于是来到纽伦堡。他在这里开了一个杂货铺，营业非常勤勉和精明，又同时经营了书籍装订所、烧酒作坊和“各种各样的手艺”。农民战争爆发前不久，他全力经营书籍买卖。纽伦堡人这样描绘他：一头浅褐色短发，一道灰黄色上髭，身材高大，穿一件黑色骑士上衣，一条灰色裤，戴一顶灰色宽檐帽，走路从容不迫。他给
214 周围远近的许多人行了洗礼。关于他，有这样一个传说：他给再受

洗礼者喝的一种饮料是由圣餐杯里取来的。喝过之后他们就对施洗礼者的事业怀有不可动摇的信念，而且马上看见圣灵“显圣”，听见并预示“上天的声音”。他主要是携带违禁的闵采尔写的和类似的小册子，但同时也携带路德的著作到处漫游。他把闵采尔最近在途经纽伦堡时撰写的那本宣传暴力变革的著作出版了；闵采尔被赶出米尔豪森之后，投宿于胡特在比贝劳的家里，同他盘桓了“一昼夜”。这位再洗礼派信徒在农民战争期间主要在维尔茨堡地区，特别是在维尔茨堡城郊的营寨里起了较大作用。

正如后来法庭调查所表明的那样，许多再洗礼派信徒十分积极地参加了农民战争的准备工作；可是一些对此负有严重罪责的人当时还不是再洗礼派成员，而是后来才加入的。1524 年 5 月，在福希海姆四周地区和邻近的安斯巴赫地区，以及在拜尔斯多夫和赫尔措根奥拉赫等地的秘密活动与暴动中，再洗礼派信徒，如彼得·瓦格纳、孔茨·齐格勒和迈尔家三兄弟等特别活跃。

可是，再洗礼派信徒所起的鼓动作用比他们实际参加农民战争的作用还大，因为大多数再洗礼派信徒并不属于闵采尔派。

人们把闵采尔本人也列为再洗礼派，甚至说他是它的创始人，这是错误的。根据一位最可靠和对这件事最清楚的同时代人确凿证明，闵采尔既非施洗礼者，他本人也从未行过再洗礼。甚至在他死后很久，在他的秘密弟子里的大批信徒也都不是施洗礼者。但是闵采尔为了实现他的崇高计划，曾利用最热忱的施洗礼者和再洗礼派。他们只是他的同盟者，而他却是领导这个本身在信条上并不统一、“完全按各人意志行事”的教派中最活跃部分的首领。因此，从 1524 年中以后，虽然闵采尔自己没有行再洗礼，却认为再洗礼符合他的目的而坚决要求实行①。

这样，闵采尔就可以利用宗教的标志和形式作为达到自己
215 目的的有效手段。在他看来，这本来是他为自己和他的事业所要求的那种自由。他喜欢在人民面前使自己的思想蒙上一层幻觉和梦想的色彩，给自己的理智意图披上神的启示的动人的外衣。按照他的思想和教义来说，人的精神即启蒙的理性是神对人进行启示的唯一媒介。每当他独自在房间里思索考虑，而后变为大声的自言自语，事后他却喜欢把这当作与神的一次对话。他在阿尔施泰特住在一个阁楼，有一天，他的一个信徒来到他的房前。他听到里面有两个人在交谈。当他打开门一看，只见闵采尔一人在屋里，于是就问他，刚才他在屋里同谁在一起。闵采尔回答说："刚才我问我主，明天我该做什么。"这位信徒又问："哦！主也这么快就给了指示？"闵采尔点了点头。这并不是闵采尔的虚构，他的确感觉上帝附在他身上，他信仰上帝，并且在他那充满人民事业的思想中听见了这个上帝讲话。甚至企图诬蔑他同上帝交谈只不过是演戏式的耍手腕的人，也不得不承认他具有那些既是人民的解放者、又是预言家的伟大人物所具有的胸怀。一句话，设想为直接从上天讲出来，与仅仅从人们口中说出来，对人民所起的作用是不同的；闵采尔也认为，用幻觉和直接启示对群众证明他的天职是必要的。

① 再洗礼派是一个主要以城市平民为来源的教派。平民阶级是"被摈于正式存在的社会之外"（恩格斯）的一个阶级，他们没有财产、没有权利，是革命农民的天然同盟者。他们在许多城市取得了权力，同时也就跟农民结合起来。托马斯·闵采尔力图将他们纳入农民的斗争中来，这特别在图林根地区获得了成功。——编者

第十二章　托马斯·闵采尔和普法伊费尔在上士瓦本

在闵采尔被驱逐出纽伦堡之后，他的信使先于他早就来到了南方高原地区[①]。正如他自己所说，他选择这条路是为了了解当地的局势，利用这个高原地区的起义为他自己取得活动空间。他由士瓦本而上，来到克莱特部和赫部。他的足迹遍及巴塞尔和苏黎世地区以及亚尔萨斯。卡尔施塔特也在这里，在莱茵河上游地区。很可能，普法伊费尔也曾伴随闵采尔来到这些地方，而普法伊费尔曾在这里用他的明快而犀利的笔从事写作活动。

闵采尔在克莱特部的格里森村居住了几个礼拜之久，为了按 216
照自己的意图从事活动，他不止一次地到邻近地区，特别是去伯爵领地施图林根作短途旅行。他在巴塞尔布道已经讲到这样一个问题：哪里的统治者不信仰基督，哪里的民众也就不信仰基督，这种情况必须改变。他在克莱特部和赫部布道，多次讲到拯救以色列的事情：主降临他的人民，建立天国——千年王国，以及全体基督徒成为一个亲如兄弟的民族的时刻快要到了。他撰写和散发反对

① 南方高原地区按字面讲是指高原地区。在这里是指上巴登，即与瑞士接壤的巴登南部山地。——译者

领主暴行的传单。早已群情激愤、并且大部分实际上已经处于起义状态中的这个高原地区的民众请他留在这里，可是他原来没有这种打算。有学问的人，特别是苏黎世一个市政委员的儿子康拉德·格雷伯尔和瓦尔茨胡特传教士巴尔塔扎尔·胡布迈尔博士，也都拥护他。

1524年的10月底，闵采尔来到了森林山区；11月，这个高原地区的农民发起了比第一次更加激烈的运动。奥地利政府对农民这样行动有所顾虑，于是推迟了对瓦尔茨胡特的进攻。有人给奥地利政府写信说："这里事态看起来十分麻烦，叫人不安，恐怕会由此发展成为全国规模的战争。在山区里发生的事是狂暴、离奇和令人忧虑的。"

愈来愈多的闵采尔门徒游遍了高原地区，传播他的宗教—政治新教义。这个教义当然比路德派和茨温格利派的教义更合农民的心意。据一个目击者叙述说，在圣加仑，传教士多极了，每逢礼拜日和节日，无论走到哪里，都会遇到成群的市民和农民在听传教士讲道；从传教士穿戴的粗布衣服和宽檐灰色毡帽，人们很快地认出来他们当中许多人是再洗礼派，也有很多人以前是路德派，现在改宗为再洗礼派了。"喂，喂，"一个农民对另一个农民说，"这就是真正的新教派。你瞧，那些老黑袍想怎么撒谎就怎么撒谎，想怎么胡说就怎么胡说，这些无赖统统该打死。他们把我们欺骗得好苦啊！"不久，几乎没有一个牧师再敢穿着黑色长袍从这样成群结队的农民和市民身旁走过。

在同时期，各种各样的事情使人民的心情不能平静。大自然似乎也脱离了常轨，天上和地上都出现了异常现象，而对这些现象

的解释和说明，更使人们神志昏眩。人们忽而说看见了太阳周围
有三道环，当中还有一个燃烧着的火炬，忽而又说月亮周围出现了 217
双晕，中间还有一个十字架。据说在匈牙利，人们在夜里看见两个戴王冠的首领在天上交战；传说在莱茵河畔，人们在光天化日之下听见天空有巨大的骚乱声和武器撞击声，好像发生了一场大战。很多地方，动物生了极罕见的怪胎。在某些地方出现了鹳，在另一些地方乌鸦同穴鸦[1]进行着激斗。人们听说南方各邦发生了地震；士瓦本、巴伐利亚和奥地利鼠疫猖獗，仅阿尔部的肯普滕城一地从1521年到1523年，就有一千六百多人死于鼠疫。此外，还发生暴雨成灾，出现彗星和时令反常现象：最近三年内，有一年冬天天气非常暖和，穷人像在米迦勒节前后那样可以光着脚走路，虫蝇如夏天滋生、乱飞；二月里樱花就已盛开，林木长满嫩枝新芽，花蕾含苞欲放。但是，到了复活节前后却又出现了严冬。由于严重的暴风雨，粮价猛涨，所有高原地区的平民都陷入了真正的困境。这一切都被解释为怪事即将来临的预兆。人们无需任何征兆和预言
天才，就可以从多年来局势发展中预测将要发生的一场巨变。值 218
得注意的是，不仅是民间的预言家预言，而且作为被当时人们信仰并尊崇为高级科学的星占学也确定1524年是“发生空前巨变”的时期。1520年初巴伐利亚总务大臣埃克给他的公爵写信说：“从五行命运来看，星占学家的话可能是对的。现在到处都燃烧起来的火焰，是不可能平安无事地熄灭的。”民间早就流传一些预言，其中一个预言说：“谁要是在1523年没有病死，1524年没有溺死，

① 穴鸦，乌鸦科禽类，体大如鸽，常筑巢于岩石隙中。——译者

1525 年没有被打死，谁就能讲述奇迹。”

托马斯·闵采尔在克勒特部向人民布道

站在进行鼓动的传教士面前的是头脑里充满上述这些东西的平民：人们看到这儿有一个人，面色苍白，形容枯槁，怒目而视，除了他本人，他的老婆孩子大概也在挨饿；那儿有一个人，长年被奴役，无休止的徭役看来已榨尽了他的全部精力，他只是躬身倾听；但在前面，又有一些身强力壮、挺胸阔步的人向前逼视传教士和他的嘴，在他们的目光、步履中充满勇敢的神情；在后面，有一群人在互相诉说他们至今的遭遇是多么坏，同时手拉着手，共同向往较好的时代。不少人对布道感到满意，因为它把行将熄灭的火焰重新煽起，而火点燃起来以后就可以报仇雪恨，夺回财产。诚然，也有少数人站在那里是单纯出于好奇和闲散无事。听讲的场所是一个广阔的天地，因为宣讲新教义通常都在野外，很少或者根本不在教堂里进行；他们喜欢在村前高大的菩提树旁，在田野里，在广阔的草地上，在山丘上，在森林的边缘，像最初预告穷人福音的人那样，自设讲坛即席布道。闵采尔本人在南方高原地区逗留了将近三个月；普法伊费尔则先期回到米尔豪森。

第十三章　领主们最初的共同对策

组成士瓦本联盟的诸侯、领主和城市，一听到骚乱开始的消息，就立即派威廉·冯·菲尔斯滕贝格伯爵到农民那里去，好言抚慰他们，并详细了解一下情况。农民向他解释说："我们不是新教 219
派，也不是为福音而聚众闹事。"由于好言抚慰的尝试并未收到效果，卢普芬伯爵和祖尔茨伯爵自然更加感到不安，因为他们的臣民在瑞士战争中曾参加联邦方面，而在战后，这些有"瑞士"思想的人，又备受他们的折磨。

鲁道夫·冯·祖尔茨伯爵是克莱特部的诸侯，当地的农民起初极不愿与施图林根的农民合作，共同采取暴力行动。他们因为害怕那些造反的邻人对他们进行讥笑和骚扰，所以宁愿向苏黎世人寻求保护和帮助。他们的伯爵、罗特魏耳诸侯法庭的世袭法官兼因斯布鲁克奥地利政府的首席顾问鲁道夫·冯·祖尔茨一年前就任命汉斯·冯·海德格为驻克莱特部的总监。由于农民的要求，海德格也派遣了一名叫彼得的当地法官，同农民代表一起去苏黎世，请求苏黎世为他们调停，以便恢复和平与安全。农民们向苏黎世市政会呈递了他们对领主的四十四条控诉和要求。市政会问他们，是否愿意服从市政会的法令和接受茨温格利的主张时，农民回答愿意，但是海德格的代表却说，对此他并未受命发表意见。同时，市政会声明，如果他们相信公爵和他的官员不反对新教，也不迫使臣民保持旧的教会习俗，那么，市政会愿意写信给布尔根巴赫的汉斯·米勒和他的助手，说克莱特部没有人反对新教义，请他们不要再去骚扰了。市政会也给黑森林的农民首领写了这样的信，并且取得了良好的效果。

苏黎世人仅仅从宗教根源中寻找骚动的起因。但是，根据农民自己的陈述，居于首位的主要的原因是纯世俗的，而同时代各派人士的说法与此也是一致的。

8 月初，士瓦本联盟对日益扩大的平民骚乱进行了讨论。“由于多处城乡人民和臣民聚众造反，想摆脱迄今为止的俯首听命状态，甚至企图迫使官厅按照臣民的意志与愿望行事”，因此决议，“要各代表征询他们领主的意见以准备召开下次联盟会议”。10 月，士瓦本联盟重新举行会议，并答应给受臣民威胁的领主以紧急援助。

同时，冯·卢普芬伯爵向他的保护人斐迪南大公求援，大公
220 向农民颁布了一道指令，要他们保持平静，向他 8 月底将在拉多夫策尔指派的委员会陈述他们的疾苦。这些农民多次地、长期地曾向帝国法院申诉他们的疾苦和贫困状况，但他们从来未被理睬或根本得不到保护！现在竟要他们指望一个大公的委员会来拯救他们；被选入委员会的，除了汉斯·冯·弗龙茨贝格、克

里斯托夫·富克斯·冯·富克斯贝格和几个士瓦本联盟的代表外，甚至还有鲁道夫·冯·祖尔茨伯爵和奥地利边区政府总督汉斯·伊默尔·冯·吉尔根贝格，此人住恩吉斯海姆，对他的用心，农民了如指掌。

所以没有一个农民到委员会去，是很自然的事。他们同样也没有理会大公的指令。他们依然集合在自己的旗帜之下。

在指派委员会的同时，大公募集了二百名骑兵，一千五百名雇佣步兵，配备四门小炮、六门蛇炮和一百支火绳枪，还有二十五辆攻城车；此外，特鲁赫泽斯·格奥尔格·冯·瓦尔德堡也已同意派二百名骑兵前往支援。由于这些部队不能立即集中，领主们在9月3日于策尔召开的第二次会议上决定，今后八天内仍与农民在他们认为比较合适的沙夫豪森进行谈判；在此期间，每个领主都要"利用妇女和其他有效的谍报"侦察"农民驻在何处，他们的策略、计划和企图是什么，兵力多少，他们希望和期待什么，依靠什么援兵"。恩吉斯海姆政府还要负责防止农民从亚尔萨斯得到军需品和援军。

策尔的市府秘书博尔施泰特尔代表冯·卢普芬伯爵出席了沙夫豪森会议，他要求农民把旗帜交给自己的领主，跪下来为自己的不法行为请罪并赔偿造成的损失。只有这样，伯爵才会给以宽恕，一切情况照旧；因此，农民对他的建议毫无兴趣。

在这期间，只有一部分征募的军队慢慢集合起来。为了弄清农民是否得到瑞士联邦的支援，领主们在9月14日写信至沙夫豪森："皇帝陛下将给予桀骜不驯的臣民以应得的惩处；我们现在能指望从瑞士联邦那里得到什么呢？"瑞士联邦回答说："我们不过问农民的事;如果我们的农民有类似行动,我们同样要给他们以相应的惩处。”

布尔根巴赫的汉斯·米勒把黑森林那边的农民也已集中到自
221 己那里,并且在9月30日从巴亨经勒芬根、伦茨基尔希、诺伊施塔特、朔拉赫和乌拉赫,向富特旺根推进,10月1日进入布雷格河谷,开往布罗因林根,10月2日开往希尔青根,次日是礼拜天,是教堂集市节。

新教兄弟会的新军队与他在这里会合,他们由汉斯·毛雷尔率领,来自赫部和赫里,即康斯坦茨主教辖区和赖歇瑙修道院辖区的村庄,双方还达成了其他一些协议。早在10月11日,在黑、红、黄三色盟旗下已经聚集了三千五百多人。汉斯·米勒得到领主的军队逼近的消息后,立即率领农民撤到埃瓦廷根和里特海姆附近的安全阵地。他的部队大都只是刚刚用叉子、镰刀和斧头武装起来的。

但是,领主们要对农民发动进攻仍然怀有某种畏惧。他们在小城许芬根和它周围集结的人马不过是八百名步兵和二百名骑兵,而起义的规模正日益扩大。对领主来说,在目前遭受一次挫折,将造成极其危险的后果。况且沙夫豪森城对来自阿尔佩部和克莱特部方面的侵袭表示了最强烈的抗议。

沙夫豪森在施图林根伯爵领地占有许多产业,在战争爆发时会遭受领主军队和农民的严重破坏。因此,这个邦反对战争的态度最坚决;本来领主们最害怕的莫过于现在同瑞士联邦卷入一场战争纠纷,哪怕是对联邦的小小冒犯。所以,他们经过多方考虑,愿意接受沙夫豪森关于该邦与政府全权代表共同进行调停的建议。但是，当沙夫豪森详细制定和解建议时，领主们却声明，未经通知斐迪南大公和士瓦本联盟，他们不能接受这个建议；农民也声称，在事先未通知与他们结盟的全体农民，未经他们同意，他们同样不能接受这个提议。

冬季已经临近，这不是军队愿意上战场的季节。在领主看来，休战是再好不过的了。

这时，康斯坦茨主教的宫内大臣汉斯·冯·弗里丁根，博林根的地方官维尔纳·冯·埃因根和于伯林根的两个市政委员，来到埃瓦廷根的农军营寨与农民谈判，要农民同自己领主或是和解，或是把他们的事情提交仲裁。他们说，西吉斯蒙德·冯·卢普芬伯爵也将被邀请，并期待他作出决定。农民的
疾苦由施托卡赫地方法院负责审理，在此期间农民们应保持冷 222
静。农民接受了这个建议；当领主的军队撤走时，他们也解散了。

但是，农军中的老百姓来自各个方面。他们绝大部分迫切要求解放或减轻负担，当然，也有不少人，特别是其中的雇佣兵，喜好懒惰闲散和到处流浪。赫部和克莱特部这样一支蜂拥聚合的农军，来到逼近瑞士边境的地方。沙夫豪森和苏黎世都派代表向他们示意，不要入境，不要骚扰他们，要约束自己。

当代表问他们出征的目的时，他们说："我们好比天空的乌鸦，到处漂泊，圣经、神灵和我们的迫切要求叫我们到哪里，我们就到哪里。"代表要求他们不要去与这两个城市的农民联合，并立即回师，他们认为，未征询自己弟兄的意见他们不能答应；然而他们还是撤回去了。

第十四章　图尔部[①]的农民骚动

瑞士联邦完全有理由不让士瓦本农民接近其边境，因为他们所做的，正是瑞士人过去做过的，就是现在，瑞士人仍然打算支持农民争取自由的努力。各邦的态度有分歧：苏黎世、沙夫豪森和阿彭策尔推崇新教义；巴塞尔、索洛图恩、伯尔尼和格拉鲁斯倾向新教，但仍公开地与旧教信徒保持关系；卢塞恩、乌里、施维次、下瓦尔登、楚格和弗赖堡，却牢牢地皈依旧教，而且对新教和信奉新教的人毫不隐讳地表示敌意。他们同周围德国各邦领主们一样，视新教义为一切叛逆和暴动的根源。事实上，它们的农民从这年春季起，也已开始活动，进行反抗了。

没有经过宗教改革的十个邦的发言人说："宗教改革使民众如此骚动不宁，竟至拒绝缴纳息金、什一税和其他贡赋，坚信一切应该归公，而且对官厅蔑视的程度可能使瑞士遭到毁灭。"

223 特别是在图尔部境内，农民群情激昂。图尔部农民发誓，直至他们成为自由的图尔部人之前绝不刮胡剃须。托根堡农民拒绝缴纳什一税，在扎尔甘塞兰德和莱茵河谷的农民也是这样。圣加仑、罗尔沙赫、明斯特林根、克罗伊茨林根、费尔特巴赫和德尼肯等修

① 图尔部，现在瑞士东北部的一个州。——译者

道院，都慑于农民的威胁。7月中旬，图尔部人洗劫并焚毁了伊廷根的卡尔特派修道院。尤其是这一事件对于瑞士联邦对待士瓦本农民的态度发生了重大影响。

图尔部境内施维次邦的地方官、居住在山上的约瑟夫，在最近于楚格召开的一次会议上就图尔部的情况、农民的骚动和传教士的布道，作了一番绘声绘色的描述。瑞士联邦依据他的报告，命令并授权驻巴登和图尔部两侯爵领地的地方官对崇信新教义者，尤其是真正的首要分子，不论男女老幼，僧侣世俗，一律加以拘禁，听候惩处。

图尔部的四个村区，即上施塔姆海姆、下施塔姆海姆、努斯包门和瓦尔塔林根，皆隶属图尔部高等法院及其设在苏黎世的初等法院管辖。像苏黎世本身一样，这几个村区也取消了弥撒供品和圣像，并且与莱茵河畔施泰因城所辖村区结成同盟，只要他们的牧师或农民在事前，特别是因为新教问题，受到迫害，在必要时，他们就迅速前来，维护其权利不受暴力侵害。

这位居住在山上的地方官尤其注意约翰内斯·维尔特，他是一位热心的宗教革新派，作为苏黎世派驻施塔姆海姆的副地方官掌管司法和赋税，而约瑟夫对他有私仇。7月17日礼拜日夜里，约瑟夫利用他的全权，带领一队士兵闯入施泰因近旁城堡中的牧师宅院，逮捕了从艾因西德恩来到那里当教区长兼新教传教士的汉斯·厄克斯勒，将他带到长官驻地弗劳恩菲尔德。

当他们骑马带着汉斯牧师离开时，汉斯大声呼救；喊声惊醒了邻人，施泰因响起警钟，霍恩克林根城堡发出紧急号炮，于是附近村庄的居民都拿起武器，追赶被拖走的人，但是已经来不及了，他已被拖进弗劳恩菲尔德城门内。

次日清晨，约四千农民集合起来。施塔姆海姆的副地方官汉斯·维尔特[①]从圣安娜礼拜堂取出一面小旗，亲自率领农民前去抗议这种对福音的暴力迫害。施泰因的地方官康拉德·
224 斯特凡和苏黎世的热心传教士兼牧师埃拉斯穆斯·施密德大师，也为此挺身而出。他们打算在附近的伊廷根卡尔特教派修道院举行群众大会，进行讨论。由于首领们决心要地方官交出
225 教区长，否则要用强力把教区长夺回来。他们派人往迪森霍芬和沙夫豪森求援和要求枪支弹药，两处都表示拒绝，并劝阻他们。

与此同时，农民队伍为了喝“早餐汤”闯进了卡尔特派修道院。在黑夜和美酒的刺激下，秩序混乱，他们冲破院门，赶走修士，分了教堂的财物和衣服，劫掠仓库，倾倒圣餐，还用弥撒书和赞美诗集生火煎鱼，最后，把整个修道院付之一炬。据说纵火者是一个不幸的父亲，修道院院长曾不顾他的一再抗议，硬把他的孩子留在修道院内，不久以前这个孩子被野猪咬死了。

首领们赶来时，看到这些越轨行动觉得于心不安，便尽力加以制止。当地方官听到农民骚乱时，便在弗劳恩菲尔德和其他地方叫人鸣钟报警，有不少人闻声跑到他这里来，但并不是农民，因为农民行动迟缓；来的却是那些忙不迭表示愿为他献出生命财产的贵族。但是，在农民和地方官可能发生冲突之前，苏黎世市政会的

① 即上文提到的约翰内斯·维尔特。——译者

使者带着城市旗帜赶来，要求双方媾和和撤退。与此同时，沙夫豪森的代表也从中调停。由于这些代表先生们的劝告，农民便都解散回家。苏黎世人却逮捕了他们当中的几个人，把他们带进城里，其中有努斯包门的副地方官布克哈特·吕特曼，施塔姆海姆的副地方官汉斯·维尔特以及他的两个儿子：一个是施塔姆海姆的教

农民把修士赶出弗劳恩菲尔德的卡尔特派修道院

区长汉斯牧师，另一个是同一位修女结婚的阿德里安大师；他们都是热心的传教士。

人们要求苏黎世当局把被捕者移往巴登，引渡给那里的瑞士人，苏黎世当局则希望在本城对他们依法审判。但是，在巴登开会的瑞士联邦的使者塞巴斯蒂安·冯·施泰因老爷答应，依法审讯他们是仅仅因为暴动，决不涉及宗教问题；苏黎世当局信以为真，就把他们交出来。

在审讯他们的法庭上，坐着的全是愤怒的旧教徒，其中也包括住在山上的地方官约瑟夫。他们遭到最残酷的严刑拷问，不仅因为暴动问题，而且主要因为路德教派和茨温格利教派问题。领主们怀着宗教仇恨和政治仇恨，要求他们付出鲜血。虽然查明他们在抢掠和焚毁卡尔特修道院事件上是完全无罪的，可是两个副地方官和教区长汉斯仍被判处死刑，并于 9 月 24 日在巴
226 登被斩首。他们坦率地承认，他们热爱新教义和自由，他们起义是为了反对用暴力加害于福音事业。他们作为自由人，以基督的忍耐和坚忍不拔的精神视死如归，以赢得人们像对待正直的殉道者那样的尊敬和珍惜；对于法官的非法和残酷的审判，新旧教徒一致表示愤慨。也许这种情况才迫使法官宣布赦免并释放了汉斯·厄克斯勒牧师和阿德里安大师，条件是发誓绝不进行报复。施泰因的康拉德·斯特凡逃往康斯坦茨，那里没有把他交出去。但是，苏黎世要求对其臣民判刑的九个地方赔偿损失，禁止图尔部地方官进出苏黎世城乡，并下令把他的一个在弗劳恩菲尔德的下级官员斩首，经证实此人曾肆意迫害和无礼辱骂过新教徒。

第十五章　士瓦本领主的拖延政策

上士瓦本的领主非常希望使他们的农民同样迅速地安静下来。农民提出了十六条要求；后来克莱特部和赫部的农民，以及施蒂林根和巴尔的农民都以同样方式援用了这些条款。

条款内容如下：第一，不再给领主饲养牲畜和打猎，一切野兽、水源和飞禽都应自由取用；第二，不得再打农民的狗；第三，允许自由携带枪支和弓箭；第四，猎场守护人和护林官不得惩罚人；第五，不再给大领主运粪；第六，不再给领主收割、刈草、伐木和运送干草、禾把或木材；第七，不应束缚经营困难的商业和手工业；第八，凡能保证出庭受审的人，不得再关入监牢或上镣铐；第九，除法定捐税外，今后不再缴纳任何杂捐、赋税；第十，不再缴纳建筑粮，也不再服田间徭役；第十一，不得再惩罚与“外人”，即外地田庄的普通人结婚的男人和女人；第十二，领主不得夺取自缢者或自杀者的财产；第十三，领主不得继承有亲属在世的任何人的财产；第十四， 227
废除苛捐杂税和官吏特权；第十五，允许任何人零售家庭酿酒而不受罚；第十六，法官不得处罚被控犯罪而无充分证据的被告。

大多数农民真诚愿意并希望通过调解与领主达成协议。但是，贵族却不这样想的。他们表示愿意按法律行事只是由于目前的压力和窘境所迫。他们早就十分惊慌，因为大部分精锐军队或已在意大利，或必须派往那里，皇帝和法国在意大利的决战胜负未定。到1524年底，连最后的比较重要的兵力也倾巢而出。此外，大公一开始就缺乏征募兵员的经费。因为领主们感到国内力量过分薄弱，难以使用暴力，就选择慢慢谈判的办法以争取时间，为自己筹集足够的兵力和军需品，以便在谈判突然破裂之后或就在谈判过程中，以意外的优势打农民一个措手不及。在整个战争过程中，领主一贯采取这个策略，很多史家之所以认为领主的和解建议具有诚意，误以为或受骗以为这些人会克制自己愿对自己的权利作出某些让步，其他人也盲目相信，是因为他们心肠过于善良，同时对那个时代的外交文件缺乏了解。

不，领主不仅不按照他们自己已经推延很久的日期到场谈判；同时不仅用其他方法欺骗农民的虔诚信仰；在他们作好准备以后，无耻地表示，一定先要农民服从，然后才肯就农民的申诉和疾苦进行答辩；而且他们的亲笔信里直言不讳地说，他们打算利用让步和法律谈判的伪装拖延时间，直到他们能用暴力镇压人民时止，这在当时互通情报的领主之间当然是一件不得外传的秘密。

当农民答应在他们的事得到合法解决前愿意保持平静时，他
228 们曾设想在这期间领主不会对他们提出要求。但是，农民刚一回到家里，领主就照旧要求他们服徭役，缴纳租税和一切有争议的负担。农民们拒绝了这些要求。他们坚持直到问题解决之前，领主不得要求征收那些农民否认其合法性的贡赋，如有要求，必须到法院去控告。领主们的这种行为引起了农民极大的愤慨；这时有一部分农民认为，他们也没有遵守诺言保持平静的义务了。

在这期间，闵采尔来到这里，一些传教士展开了积极的活动，

他们通过布道和散发传单鼓动农民。

当时是11月。菲林根城的臣民，特别是布雷格[①]河谷的臣民，也开始骚动起来。在高山地区，在符腾堡公国，在图特林根周围，农民都很活跃。奥地利政府派遣了一支由鲁道夫·冯·埃因根率领的骑兵前往图特林根去监视农民的活动。这个地方的农民只在图特林根附近的图宁根驻有近三百人，由一个叫做“机灵鬼”[②]的人和奥斯瓦尔德·梅德尔率领。布尔根巴赫的汉斯·米勒来到这里同他们会合，打算率领他们到符腾堡地区去。当奥地利和士瓦本联盟的军队迎击他们的时候，汉斯·米勒率领他们和他自己的人撤退到布罗因林根，并将他募集的队伍派到黑森林去，不久他就在被称为小山的山林里把将近六千人集合在他的旗帜之下。他企图袭击菲林根和许芬根，但是他的计划不是被泄露，就是被识破了，在他能够有所作为之前，敌人已经得到来自弗赖堡和瓦尔德基尔希的强大增援部队，占领了这两座城市。他所率领的人绝大部分都分散回家了，只有原来的雇佣兵和少数农民继续留在首领左右。他们攻打西吉斯蒙德·冯·卢普芬伯爵的宫城，而克莱特部农军则围攻鲁道夫·冯·祖尔茨伯爵的屈森堡宫城，另一支赫部农军则向许芬根和多瑙埃申根进发。

原来，在赫部又有将近一千农民起来了。格奥尔格·特鲁赫泽斯·冯·瓦尔德堡同他们谈判，窥测方向，最后，为了试探他们的斗志，在他们的眼皮底下占领了他们最高首领汉斯·毛雷尔居

① 多瑙河的源流之一，发源于福特旺根的西北。——译者

② “机灵鬼”（Hecht），在德语中戏指活跃的青年小伙子。——译者

住的米尔豪森村，并把牲口赶走。他赶着牲口通过穆特贝格山下的一个浅滩，以为农民定会紧紧追赶他，那时他就可以用三百骑兵奇袭他们。但是农民没有被诱离自己的有利地形，而是转移到一个坚固的阵地，那里是特鲁赫泽斯所不敢进攻的。以后，农军从那
229 里继续向多瑙埃申根进发。鲁道夫·冯·埃因根加上菲林根的强大守军迫使他们进入乌塔赫河谷。这支农军在这里分散了；一部分回家，另一部分越过乌塔赫河，把豪恩施泰因地区的农民鼓动起来，一直推进到圣鲁普莱希特修道院，使修道院遭到一场浩劫和破坏，接着又进袭圣布拉西恩修道院，破坏和劫掠了院中的一切，连圣器和圣经等书籍也不放过。巴登的区长弗赖和市政会的其他委员以及克灵瑙的一些委员前来，试图进行调解和安抚。但是，他们的努力像在圣马丁节前后在莱茵费尔登的谈判一样，毫无结果。在布卢梅格、乌塔赫河谷、圣布拉西领地和菲尔斯滕贝格地区内，不满现状的人与日俱增。恩吉斯海姆的奥地利政府命令它仓促间所能调集的军队同其他一些部队会合。他们全部开进了圣鲁普雷希特山谷，在那里击败了一个农军支队，烧毁多处农舍，掠走了全部牲畜。

在这期间，施托卡赫地方法院预定开始法律审讯的日子到了。那是 12 月 27 日，新教派的圣约翰节日。农民代表看到坐在法庭上的是清一色的贵族，就抗议说，他们不要贵族法庭，要一个非党派的法庭。这些贵族便命令宣读马克西米利安皇帝关于地方法院的诏书，并由此证明地方法院的陪审官必须由贵族充任。贵族们就这样以原告身份出席在完全由他们的人组成的法庭，控告农民。但是，被告在这时未作任何回答，而只是要求有一个日期，以便能

够对贵族的指控进行申辩。贵族只得同意这个要求，因为法院有此惯例。下一次会议定在1525年1月6日主显节[①]重新举行。在这次会上，除了农民代表以外，将有于伯林根、塞金根、劳芬堡、莱茵费尔登、菲林根、弗赖堡、瓦尔德基尔希和特里贝格等城市的代表，以及康斯坦茨主教的使节以仲裁人身份出席。

事态使领主中的稳健派愈来愈感到不安。暴动的火焰吞噬着大地，从一个边界蔓延到另一个边界。多数乡间贵族都从他们的城堡迁往拉多夫策尔，政府和地方法院的官员也从施托卡赫迁到那里，因为那里坚固的城池和心地善良的市民给他们以更多的安全感。

主显节到了，仲裁使节来了，农民代表也来了，但是，有关的领主却没有到场。西吉斯蒙德·冯·卢普芬伯爵、鲁道夫·冯·祖尔茨伯爵和达维德·冯·兰德克都没有出席。因此，这回农民又未能作任何申辩。他们只好约定四个礼拜以后再见面。 230

格奥尔格·特鲁赫泽斯和奥地利政府的一些委员，于1525年1月20日同布雷格河谷的农民以及菲林根城的其他臣民举行谈判，与会者除布雷格河谷人之外全都接受了特鲁赫泽斯提出的对农民作了某些让步的建议。圣烛节[②]前的礼拜日，他又单独来到，也说服了布雷格河谷人，使他们重新归顺菲林根城，保证以后毫不动摇地保持平静。他同圣格奥尔格修道院院长的臣民进行谈判也取得了成功。

---

① 主显节，纪念耶稣显灵的节日，也是耶稣诞生后的第十二日，故又称十二日节。——译者

② 圣烛节，每年的2月2日。——译者

但他在对付赫部人时也用这一套手法却失败了。尽管他多么能言善辩、心平气和地谈判或威胁利诱，都未能使这里的农民平静下来。农民不相信领主的主动态度具有诚意；他们并没有看错。

不久以前，在同类人物中还算是最好的那个威廉·冯·菲尔斯滕贝格伯爵，为了自己和他兄弟，为了冯·卢普芬伯爵和冯·祖尔茨伯爵，在埃斯林根帝国最高法院同施蒂林根、巴尔和克莱特部的农民进行过谈判。农民坚持以十六条款作为谈判的基础；可是伯爵只肯对其中的几条予以承认，作为让步。于是，谈判在农民与领主在埃斯林根达成和解消息到处流传期间破裂了。

这时，大公从奥格斯堡的韦尔瑟尔家族[①]处获得一笔贷款，而且武器装备也已部分就绪。因此，领主开始用另一种语气对待农民了。

早在1月中旬，大公就给他在施托卡赫的全权代表写信说："骑兵应该侦察造反的、桀骜不驯的农民和臣民；在哪里遇到他们就在哪里逮捕、拖走他们，并用其他方法进行民事审讯或严厉讯问，逼他们供出谁是他们的首领、头目和主要人物，兵力多大，企图是什么，曾经阴谋反对过谁；讯问之后，要把这些被捕者杀死、绞死或严加惩处，决不能对他们手软。骑兵首先要尽一切努力侦察出罪魁，即农民的首领、旗手、军士和其他头目，以及他们最常逗留的地方，然后出其不意地在夜间袭击他们的家宅或住处，相机把他们一起或者个别地消灭掉。对那些在逮捕前已逃入森林或其他安全

① 韦尔瑟尔（Welser），奥格斯堡的贵族世家，经营同土耳其、希腊、埃及各国和印度的贸易；十六世纪时成为经济势力特别大的金融商业家族。——译者

地区的人，要把他们的家宅财产毫不留情地予以破坏、毁灭和烧 231
光。至于对在逃的罪魁，不但要毁掉他们的房屋和财产，还要将他们妻子儿女驱逐出境。”

这时，这位敌视一切人民自由的西班牙—尼德兰公爵，即曾由牧师用暴政原则教育出来的斐迪南大公就操着这样的口吻。他继续筹措军费，招募兵员，“以便在需要更多的暴力镇压和惩罚农民时，有更充分的准备”。在悬而未决的谈判期间，这位君侯就下达了这样的命令。

大公把这个任务交给了格奥尔格·特鲁赫泽斯·冯·瓦尔德堡去执行，特鲁赫泽斯任总司令，由两个军事顾问——冯·格罗尔德泽克和鲁道夫·冯·埃因根担任他的助手。

特鲁赫泽斯担心小城恩根可能倒向农民，就迅速占领了该城。城内居民是不一致的，有些人已经参加了农军。特鲁赫泽斯费了九牛二虎之力才得以进城。他试图从这里下手分裂农民；由于没有成功，他就在 2 月 15 日通告“在赫部暴动和叛乱的农民”，如果不遣散隶属于奥地利君侯殿下的农奴和臣民，尤其是不遣散被他们裹挟而参加反抗和叛乱的米尔豪森、维希斯和基尔希施特滕的农奴和臣民；如果不向他交出还留在他们中间的一切叛民，以便给予其应得的惩罚；最后如果每一家，特别是参加了这次叛乱的人家不在次日天黑以前向他交出十个莱茵古尔盾罚款，或者没有现款而又无可靠保人以保证在一个月的期限内付款，那么，他将把他们当作破坏帝国治安的罪犯，以抢、烧、杀治罪。他们应该按照这个通告行事。

赫部人对接受这种和解建议并无兴趣。两周来，他们大大增强了自己的实力，很多过去一直安分守己的人也被他们拉进了兄弟会。他们用袭击来威胁那些不肯拥护他们的村庄。所有那些因军队和特鲁赫泽斯一直驻在附近而不得不服从的村庄里的农民，在特鲁赫泽斯刚刚骑马离开这里到恩根去以后，马上又都起义了。1 月底那几天，黑森林人再次在埃瓦廷根聚会，互相叮嘱勿忘誓言，要求大家一律按照相同而正确的动机行事。这个月 27 日夜间，奥地利政府得到警告，说农军打算在许芬根城郊安营扎寨。30
232 日这天是礼拜日，农民打着一面蓝白旗从克莱特部开进已经公开起义的瓦尔茨胡特城。

政府委员们几乎感到束手无策。起义遍及许多的地方，从布莱斯部到博登湖，从阿尔部到里斯[①]，政府微薄的兵力根本无济于事；如果与特鲁赫泽斯敌对的是所有起义者联合起来的一支军队，局势就会是另一种样子。何况，大公在因斯布鲁克设想的情况与实际情况完全不同。他仓促间连续下达的指令自相矛盾，一道命令刚发出，随后又发出一道相反的命令。他刚刚命令士瓦本境内奥地利领地各据点的骑兵和步兵集中在湖滨去进攻农民；接着又发出相反的命令，停止行动，要已经开到的骑兵撤回，其他部队驻守原地待命。委员们只好擅自违反后一道命令，“因为这道命令显然对殿下不利，会引起嘲笑，招致损失”。

政府委员们顾及到同士瓦本联盟的关系，不好贸然从事，不得不建议和指示特鲁赫泽斯，没有明显的理由不要对农民采取任何措施，以免给士瓦本联盟以口实，似乎他们未通知联盟就秘密地发

① 法兰克尼亚汝拉山和士瓦本汝拉山中间的盆地，包括许多村庄。——译者

动战争了。

可是，当起义迅猛扩展而且还有新的危险从另一方面迫近时，士瓦本联盟才赫然震怒，急忙行动起来。联盟的一个宿敌似乎企图要控制农民运动。1525 年 2 月 11 日埃克总务大臣给巴伐利亚的威廉公爵写信说："路德派的几个信徒已经两次发现符腾堡的乌尔里希公爵在用钱资助瓦尔茨胡特和其他地区的起义农民。"

第十六章　被放逐的乌尔里希公爵和农民

1514 年符腾堡的平民为"保持他们的古老权利和公道"，或者像其他人所希望的，为"维护神圣的正义事业"的行动失败后，成千成百的农民，其中也有"许多善良的人"、"很多虔诚无辜的人"被迫
背井离乡，他们在瑞士和黑森林寻找避难之所。在这里，他们这些 233
"贫苦的被放逐的符腾堡人"曾再三请求议会帮助他们得到正当权利；他们的命运和他们的性格使他们得到瑞士联邦政府的同情；瑞士政府倾听他们的申诉，替他们斡旋；但是乌尔里希答复说，愿意赋予所有请求返回本国的人以这种权利，但"首要分子、头领和诱惑者除外"。这些提出请求的人回答卢塞恩议会说："我们这些穷苦人无法接受这样的答复；因为过去我们是头领和首要分子，但是我们不是要做坏事，而是要行使我们的传统权利；要像瑞士联邦的

先辈施陶法赫尔[1]和威廉·退尔[2]做过的那样，因为他们的英勇气概和行为至今仍为整个瑞士联邦感到自豪，虽然毫无疑问，要是人们相信诸侯和贵族的话，按他们的说法这两个正直的人只能是叛逆的恶人。"瑞士联邦一再为他们向公爵斡旋，但是没有结果，这些流亡者多年来满怀对符腾堡的乡愁，激起回归祖国的希望，徘徊于祖国的门前，甚至不惜企图通过暴力手段来实现这个愿望。还在1518年年底，公爵要求瑞士联邦对这些人不予理睬，也不给予避难。

符腾堡的乌尔里希公爵

然而，1519年4月，乌尔里希公爵本人也成了被驱逐者和流放者，不得不离开祖国，成为向瑞士联邦议会乞求保护和寻求援助的人，在祖国的边境往来漂泊。

穷康拉德起义后，乌尔里希依然故我。各地区感到"似乎有人想用他们的血汗以换取快乐和勇气"。

他的顾问们曾劝谏他说，如果他不考虑忠诚的臣民，尤其是不顾及上帝我主，不改变举止、生活和宫廷开支，而仍如往日一样一意孤行，固执到底，那么，十分明显，不久他就会面临失去诸侯的尊

① 魏尔诺·施陶法赫尔(Stauffacher)，传说是瑞士一个农民，1307年与阿尔诺耳德·梅耳赫塔尔和瓦尔特·菲尔斯特缔结同盟。——译者

② 威廉·退尔(Wilhelm Tell)，瑞士传说中的人民英雄，曾英勇反抗统治阶级的暴行，一直为人民所称颂。——译者

荣和爵位乃至生命的危险，同时也会使他的顾问和邦议会同归于尽。但是这种劝谏毫无结果。乌尔里希认为，这只不过是市民贵族阶级野心勃勃的夺权阴谋，想使他步他前任“小埃贝哈德”[1]的命运的后尘。他试图用恐怖手段来慑服名门望族，这一恐怖措施就是使几个顾问，其中也包括那个在审理穷康拉德的死刑法庭上控告农民的康拉德·布罗伊宁，经过前所未闻的残酷拷问以后，送 234
上了断头台。他虐待他的妻子巴伐利亚女公爵。他用谋害乌利亚[2]的办法亲手把一个出身于法兰克尼亚名门望族的亲信汉斯·冯·胡滕暗杀了；女公爵扎比娜害怕失去自由以至生命，便逃回巴伐利亚。胡滕家族、几乎所有法兰克尼亚和士瓦本的贵族以及巴伐利亚的公爵们都拿起武器反对他；宣布剥夺他的法律保护权；当他不顾一切又去袭击帝国直辖自由市罗伊特林根、要把它成为符腾堡的邦辖市时，士瓦本联盟派军队驱逐了他，占领了他的国土，最后并把他的邦国卖给了奥地利王室斐迪南大公。

符腾堡人对奥地利早就怀有深仇大恨，现在这些外国人又在符腾堡邦横行无忌，因此，符腾堡人甚至忘却了在乌尔里希统治下所受的痛苦。三个月后，乌尔里希企图再次夺回自己的国土，其兵力是新招募的十二队雇佣兵和几乎所有“以前因为他的关系而离 235
乡背井的人”，其中有四十名无马鞍的骑马农民。

---

① 埃贝哈德(Eberhard)(1447—1504)，公爵，因奢侈的暴政被马克西米利安皇帝免职。——译者

② 乌利亚，见圣经《旧约·撒母耳记》(下)第十一章：列王出战时，大卫在王宫中见一美妇，差人打听后，知系乌利亚之妻，大卫想霸占该妇女，就差乌利亚给约押带信去，信中说：“要派乌利亚前进，到阵势极险处，你们便后退，使他被杀。”结果乌利亚阵亡，以后大卫占有了乌利亚之妻。——译者

这些人是在乌尔里希之前作为穷康拉德被驱逐而逃亡在外的符腾堡人。他的敌人不断指责他企图利用一个新的穷康茨恢复旧日的地位。1518 年底，皇帝谴责他拉拢那些穷康茨的头目，创立一个新的穷康茨。在他被驱逐前的最后时期，邦议会公开宣布："当他料到本邦名门贵族对于他的拙劣行为和事情表示不满的时候，他就不肯再相信他们，而立即倒向堕落卑鄙的贱民，拉拢他们，并纠集了一些放荡的人，其中有一部分按照他们的罪行早就该绞死的人，利用这些人的帮助反对名门望族。"那个首先来到斯图加特城门前、代表他进行谈判的人是他的典狱长朔恩多夫人贝斯特林。在穷康拉德当中，有"许多坚强的优秀伙伴和战士"，特别是来自雷姆斯河谷的那些人。现在这些人当然受到被驱逐的公爵的欢迎。

斯图加特和符腾堡邦的大部地区都归顺了他。当时有一首歌谣说得很清楚："乌尔里希用暴力又复辟上任，靠的是农民和穷人。"但是面对贵族和士瓦本联盟，他却无力确保自己的国土。尽管他的雇佣兵总指挥汉斯·米勒智勇双全，可是在温特尔图尔克海姆附近的遭遇战中他还是失败了。他再次逃出他的公国；随他一起驻扎在营寨的平民都纷纷回村或回家去了；不少随他刚进入本邦的人，又逃出境外，另有许多人是现在才跟随着他们的。

尽管被放逐的公爵利用平民力量返回公国之举失败了，然而占据这个邦的奥地利政府仍然害怕他可能依靠农民和亡命他乡的人卷土重来。

在堡垒如林、废墟遍野的赫部，有一座耸入云霄的岩石山，这就是特维尔山，又名霍恩特维尔山，它坐落在八个孤立的圆锥形火山当中，由山下至山顶有三刻钟路程，从山顶可以俯瞰小集镇辛根。早在罗马时代，这个由天然和人工构成的不可攻克的要塞就是一座堡垒，现在它已经完全毁坏了。自1515年起，乌尔里希公爵就从这座岩石城堡的主人海因里希·冯·克林根贝格手里取得了出入权，1522年5月23日又取得了全部使用权。当他并不在瑞士而只是由一个城市流浪到另一个城市以寻求瑞士联邦援助的 236
时候，他就先后在莱茵河西岸的世袭领地默姆佩尔加德[①]、霍恩特维尔和索洛图恩住过，他在索洛图恩像在卢塞恩一样成了当地市民。

大约在1522年年底，一个惊人消息传到瑞士：高原地区兴起了“一个新的鞋会”，乌尔里希公爵想赖以东山再起。图尔部、赫部以及周围其他地区的农民纷纷起事；他们举起一面白色锦旗，旗上画着一个太阳和一只金色农民鞋，周围写着：“谁要自由，谁就到这里的阳光下来！”

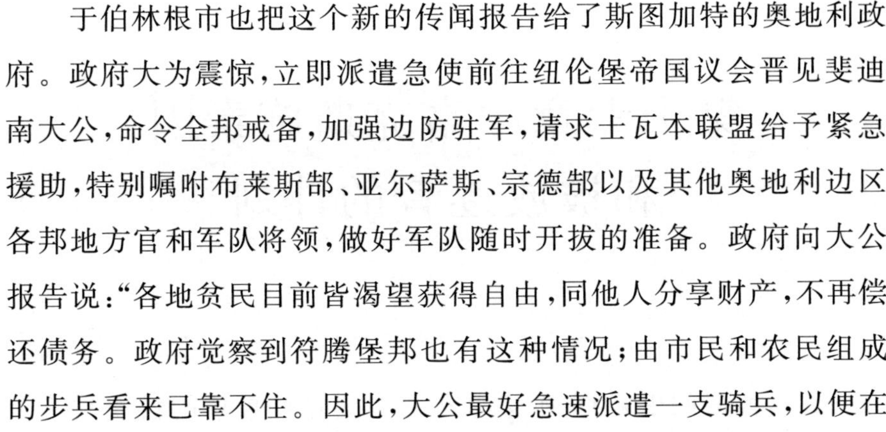

于伯林根市也把这个新的传闻报告给了斯图加特的奥地利政府。政府大为震惊，立即派遣急使前往纽伦堡帝国议会晋见斐迪南大公，命令全邦戒备，加强边防驻军，请求士瓦本联盟给予紧急援助，特别嘱咐布莱斯部、亚尔萨斯、宗德部以及其他奥地利边区各邦地方官和军队将领，做好军队随时开拔的准备。政府向大公报告说：“各地贫民目前皆渴望获得自由，同他人分享财产，不再偿还债务。政府觉察到符腾堡邦也有这种情况；由市民和农民组成的步兵看来已靠不住。因此，大公最好急速派遣一支骑兵，以便在

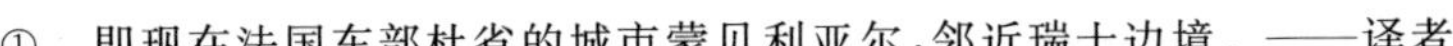

① 即现在法国东部杜省的城市蒙贝利亚尔，邻近瑞士边境。——译者

贱民们聚众闹事蔓延开来之前，及时扑灭。”

随着 1524 年夏天的到来，奥地利政府又再度恐惧起来。

米迦勒节[①]前后，格平根的地方官雅各布·冯·伯恩豪森，用斯图加特总督和市政会的名义通知帝国直辖市乌耳姆的市政会说，赫部农民意欲完全摆脱对领主的隶属关系，阴谋协同乌尔里希公爵入侵符腾堡。

至于直到最近还常常引起怀疑的乌尔里希武装农民的活动，也确有其事。农民起义在各地蔓延愈广，奥地利政府与士瓦本联盟的领主们和各城市受自己领地和人民的麻烦愈甚，乌尔里希侵入他所失去的国土的道路也就愈宽敞。乌尔里希不但一有机会就利用、而且还煽动、资助农民起义；处在他的情况，这也是十分自然的，因为他在选择手段时从来无所顾忌。长久以来，乌尔里希为法国服务并取得报酬，当时法国正与他的主要敌人奥地利处于交战状态。而他用以拉拢赫部、图尔部和巴登伯爵领地农民的钱，就是法国给的。

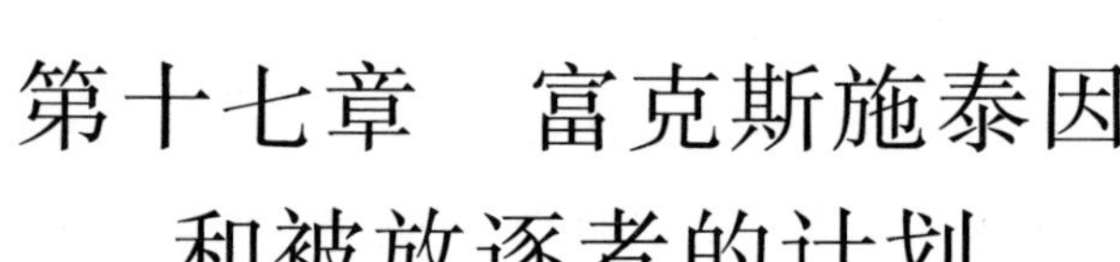

第十七章　富克斯施泰因和被放逐者的计划

237　在这段时间里，为乌尔里希秘密奔走这些事情的代表是一个

① 9 月 29 日。——译者

自称为约翰·冯·富克斯施泰因的人，一个奇怪的冒险家、骑士和博士。这个姓富克斯施泰因的人出身于法耳次一个世居乡村的贵族世家，但不是累根斯堡著名的巴伐利亚区长之子，而是安贝格地方法官的儿子，在1523年以前，他是法耳次伯爵弗里德里希的总务大臣。他的称呼是根据他在埃伯尔曼斯多夫的法耳次领地而来。

同时代人，甚至他的敌人，无不赞赏他的才能；而对其品行，则无论是朋友还是敌人，评价都不甚佳。有人说他是“一个要尽阴谋诡计的机灵鬼”。继富克斯施泰因之后任法耳次伯爵总务大臣之职的胡贝特·托马斯谈到他时说：“富克斯施泰因很有才干，但性情乖戾；为了金钱，可以出卖公理和正义，他利欲熏心，会任意颠倒黑白。他善于口舌为罪恶辩解，致使很多人受骗，误以为他是正人君子，其实不然。”

像那些追求享乐的领主、法耳次伯爵们一样，他追求时髦，作风轻佻，周旋于伯爵的宫廷。1522年，法耳次伯爵弗里德里希提拔他为帝国政府的陪审官。

富克斯施泰因就是以此身份赞助西金根的事业的；他是法兰克尼亚骑士起义的核心人物之一，曾力图争取法耳次伯爵们赞成西金根反对教会诸侯的计划，而在争取失败后，又使伯爵们卷入了同他们的亲戚发生争斗中去。由于富克斯施泰因的阴谋暴露，特别是由于他的亲笔书信从西金根的文件中被查出，他原有的地位无法保持了。在法耳次伯爵们未及惩罚他们这个总务大臣之前，他逃出了公国，因为根据他给西金根的一封信里的话，他“认为，现在是时候了”，并且协助进行了“抑制妄自尊大的诸侯、把德国贵族

238 从诸侯的不可忍受的桎梏中解放出来”的工作。他的领地被没收而丧失了。他前往瑞士，其他被放逐的骑士在西金根失败后也逃亡到那里。

他效忠于被放逐的符腾堡公爵乌尔里希。从此，他有时称为乌尔里希的顾问，有时称为他的总务大臣。他是西金根骑士起义的一个核心人物，而且像他那些老战友一样，由于同样的原因成为政治流亡者，因此，他更易于使他们同他的新主人、亡命诸侯乌尔里希之间建立联系。

西金根被放逐的朋友在瑞士的有：哈特穆特·冯·克龙贝格；美因兹选帝侯的宫廷大臣弗罗温·冯·胡滕；罗森贝格·冯·博克斯贝格家的几个人；剽悍的托马斯·冯·阿布斯贝格；弗朗茨·西金根的儿子施魏克尔·冯·西金根；除去这些著名的法兰克尼亚骑士联盟的主要人物，还有其他一些从美因河、陶伯尔河和莱茵河来的被放逐的骑士。吉伯尔施塔特的弗洛里安·盖尔·冯·盖尔斯贝格[①]似曾出现于被流放那些人中间。

这些骑士大都在士瓦本联盟服役过，是被乌尔里希杀死的胡滕的亲戚和复仇者，曾协助把乌尔里希公爵驱逐出符腾堡公国。公爵和骑士们本是昔日的仇敌，现在灾难使他们在瑞士聚合在一起，而且结成同盟反对他们共同敌人，他们像他一样，都有回归祖国、恢复家产的同一目的。

乌尔里希早就同波希米亚[②]的骑士们建立了联系。在波希米

① 弗洛里安·盖尔(Florian Geyer)(1490—1525)，法兰克尼亚骑士，站在1525年起义的农民方面，曾指挥黑军，在战斗中牺牲。——译者

② 波希米亚，捷克西北部地区。——译者

亚—巴伐利亚边境，他们为他准备了精锐的雇佣兵和坚固的阵地。

在乌尔里希所属莱茵河西岸伯爵领地默姆佩尔加德驻有被放逐的法兰克尼亚人及其所率的一百一十名骑兵；公爵在巴塞尔召集他的所有朋友开了一次军事会议。军事会议的决议是，首先分裂士瓦本联盟的力量；为此目的应该联合上士瓦本的起义农民，并在波希米亚边境组织一次对巴伐利亚公国的入侵。

巴伐利亚、它的公爵和精明的总务大臣埃克，是士瓦本联盟特别有力的支柱。为了牵制这些支柱，应有一部分被放逐的法兰克尼亚贵族和波希米亚骑士从波希米亚出动，由背后攻入巴伐利亚；与此同时，乌尔里希和一支由招募来的瑞士人及逃亡者，主要是符腾堡的老鞋会成员组成的军队应协同阿尔部农民由正面攻入巴伐
利亚，然后乌尔里希迅速拿下他的公国，在公国内现在已有穷康茨 239
的一些精明强干分子潜入，并在原来穷康茨的农民中做准备工作。

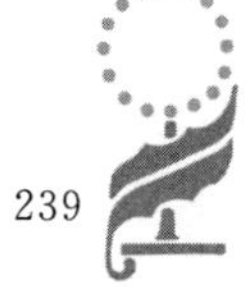

哈特穆特·冯·克龙贝格和一部分被放逐的法兰克尼亚人前往波希米亚；其中有富克斯施泰因。其他一部分被放逐的法兰克尼亚贵族仍留在高原地区，以便领导士瓦本农民向巴伐利亚进攻。

可以看见被放逐的法兰克尼亚人在波希米亚边境乘马巡视、鼓动民众和征募兵员，他们的手下人甚至去上法耳次招募骑兵。1524 年秋，富克斯施泰因亲自率领骑兵在巴伐利亚、上法耳次和波希米亚之间的边境巡视。

其他的人仍留在原地，待机率领自己招募的雇佣兵和鼓动起来的波希米亚农民攻入巴伐利亚，在这期间，富克斯施泰因急忙赶回瑞士见乌尔里希，并在 1525 年 1 月代表乌尔里希谒见法国国王弗朗茨，以取得新的经济支援。乌尔里希在信中写道，天赐良机，

使他能够集中数目相当庞大的骑兵和步兵，其中有他和法国国王的共同敌人奥地利的佃农，另外还有他自己的臣民，分布在上、下黑森林、赫部和克莱特部等地，有几千人。为了重建他的世袭公国，他只缺少一笔数目不大的钱，因此他请求国王陛下借给他一万五千克隆[①]，以便维持上述黑森林人、赫部人和克莱特部人以及若干瑞士人和骑兵，共计一万二千人再加上大炮和炮手的给养，他准备给每人发饷银一个古尔盾，为他服役一个月，或者必要时更长一点时间，直到他恢复了他的公国为止。

在富克斯施泰因到帕维亚[②]城郊法国国王弗朗茨的军营期间，公爵仍在继续募集兵员和四处奔走。他住在周围都是暴动农民的特维尔要塞里，有时住在紧靠特维尔山麓，即克莱特部人和黑森林人会合的希尔青根。现在，他力图与布尔根巴赫的汉斯·米勒取得谅解（不要把这个汉斯·米勒同1519年任雇佣兵将领、为他出色服务的那个汉斯·米勒相混淆，那个汉斯·米勒据说只有一只手，目前正在士瓦本联盟的军队里任职）。黑森林农军首领对符腾堡的进攻最初只是一种侦察和试探；1524年底，农民和乌尔里希的军队都尚未装备就绪；同时乌尔里希还希望法国在上意大利对奥地利取得决定性的胜利，那样，起义农民的胜利可能会像公
240 爵收复符腾堡那样轻而易举了。1525年2月10日，弗朗茨国王也给乌尔里希写信说，他希望不久可以告诉乌尔里希一些好消息。

乌尔里希又从他的莱茵河西岸领地巴塞尔和索洛图恩筹集了

① 克隆（Kronen），德国过去值十马克的硬币。——译者

② 帕维亚（Pavia），意大利北部的城市，在米兰以南。——译者

大批款项，他派人把他的大炮从这些地方运往特维尔，还购置了新的大炮，并且在他的要塞里制造火药和子弹。他以其军饷把雇佣兵和农民集结在沙夫豪森，霍恩特维尔山上山下和希尔青根。他在住处同上亚尔萨斯的贵族沃尔夫·迪特里希·冯·菲尔特一起进餐时，极其愉快地谈到，人们如何毫无道理地责备他好像要同鞋会一起进入他的本邦。不论谁，穿靴子的还是穿鞋子的（骑士或农民），只要帮助他重返故国他都愿意，但是他仍希望光荣地达到目的。他打算先（在士瓦本联盟的辖区）征服一些地方和人民，然后不费吹灰之力占领本邦，因为他确信他可以得到巨大的援助。

第十八章　乌尔里希公爵和富克斯施泰因的活动

但是，乌尔里希昔日的名声，使他不可能对农民具有吸引力。因而这位公爵最后不得不装扮成农民的模样，骑马到各地去找农民，对他们说："我和农民一样，需要神圣的法律。"他骑马亲自会见赫部人和克莱特部人，参加在诺伊基尔希举行的一次农民大会；他的说客东奔西走，参与其他的农民集会。这位高贵的侯爵未能取得克莱特部人的信任，他在他们的眼里简直与他们的领主、专横的冯·祖尔茨伯爵一模一样。在其他地方的农民中间，他最初也不大受欢迎。

因此，他的总务大臣富克斯施泰因前往阿尔部，并在帝国直辖的小城考夫博伊伦住下来。

富克斯施泰因在考夫博伊伦，并不以军人身份，也不以曾任过法耳次大臣身份出现，而是以新教义的传教士、文件撰写人和农民总监的身份出现的。他在教堂设立了一个讲道坛，在那里用德语朗读和解释圣经。他为考夫博伊伦附近的、特别是累赫河两岸的很多农民撰写了申诉条款，这些条款都具有当地的特点。他作为
241 农民的传教士和律师，很快就赢得了农民莫大信任，以致他们在3月间向士瓦本联盟推荐他为仲裁人之一，因为他们的申诉要服从这些仲裁人的裁决。但是，联盟的委员们极不愿意接受他为仲裁人，而农民，特别是阿尔部的农民，则坚持要他当仲裁人。

富克斯施泰因和乌尔里希所追求的目标就是使巴伐利亚诸公爵在自己领地内同时受到来自波希米亚和士瓦本两方面的攻击，而自己则置身于这些公爵和士瓦本联盟之间。但是，通过巴伐利亚高原地区同蒂罗尔人、萨尔斯堡人和上、下奥地利人结成士瓦本人的军事联盟则是农军阵营的上层领导，即运动领袖们所热心追求的一项计划。他们在上述这些地方都派有使者，不断互通信息，且经常从士瓦本往这些地方派人联系和发出指示。3月初，伊尔湖、奥格斯堡地区、蒙特福尔特地区和肯普滕公国的农民一心等待上巴伐利亚的信号。他们是这样团结一致，以致巴伐利亚的军事指挥官对这个地区的任何巴伐利亚村区不敢采取暴力行动。他们把这里的情况写信告知慕尼黑。信中说："如果从巴伐利亚传出警钟声，一个强大的农民联盟就会揭竿而起，前去援助。"

乌尔里希公爵打算从巴伐利亚各主教和诸侯那里取得军费。他根据富克斯施泰因的方案考虑到，通过所有隘路都未设防的布

雷根次森林，进入罗滕费尔斯伯爵领地，同蒙特福尔特和肯普滕的农民以及其他地方的农民联合起来，在菲森附近攻入巴伐利亚境内。

正如巴伐利亚的情报员报道的那样，瑞士人已经“开辟了一条通向深山高岭的捷径，车马完全可以通过；以前这儿根本没有道路”。

但是，乌尔里希公爵没有越过布亨山去罗滕费尔斯；也没有侵入巴伐利亚，而是由最近的路进入符腾堡。

他为什么放弃了原来的计划，已无法知道，也许是由于经济困难。他已经为几千瑞士人和其他地方的人发军饷，时间长了，他是无力支付的，一旦发生这种情况，这些人就会离开他的麾下。这一点，加上他渴望尽快重新占有自己的公国，促使他火速地向本邦前进。

他在克莱特部和赫部发动农民遇到障碍时，曾在瑞士招兵，并获得成效。2 月中旬，大概是由于乌尔里希作了某些妥协，布尔根
巴赫的汉斯·米勒代表赫部人和黑森林人同他缔结了一项秘密协 242
定，但乌尔里希后来并没有遵守他的诺言。后来米勒对乌尔里希作了进一步了解后，他就不太相信他了。因此整个森林地区，只有七队人马从赫部和赫里去增援他，这些军队集合在希尔青根、施泰斯林根和巴尔。乌尔里希率领这些军队和四百名巴塞尔人，三百名沙夫豪森人，以及来自索洛图恩、图尔部和阿尔部的几支军队，加上其他雇佣兵，共计六千名步兵和二百名骑兵，大约在 2 月底向他的公国符腾堡方向推进。他的炮队拥有三门大加农炮、三门蛇炮和四门小炮。2 月 26 日，他从施派欣根向巴林根发出招降。

第十九章　士瓦本联盟和总务大臣埃克

1525年2月5日，士瓦本联盟在乌耳姆举行特别会议，会议认为："平民的叛乱已经十分严重。他们的人数增加很快，一支二三百人的农军，不几天就发展到三四千人。他们想要取消一切官厅和显贵，自己当家做主。"因此，2月11日对联盟成员发出动员令：首批三分之一紧急援兵应于2月27日到达指定集合地点，尽可能提前到达。第二批三分之一援兵应整装待命。首批三分之一的兵员计骑兵一千零三十五名、步兵二千四百零七名，集合地点是斯图加特和乌耳姆。2月15日联盟军指挥官乌尔里希·阿尔茨特致信帝国直辖市埃斯林根："如不火速抗击，事情将有不可收拾之势。拖延一小时都太久了。"

联盟会议内部意见分歧，情绪沮丧。一部分原因在于危机不断增长，联盟缺乏兵力；但另一部分原因在于联盟会议成分复杂，政治利益和宗教利益又极不相同。各城市和所有倾向新教义的人要求与农民和解，不采取敌对行动，至少出于明智，暂时要给人以这种印象；诸侯和伯爵虽然过去很反对城市并笃信旧教，可是由于处境窘迫和心怀恐惧，也只得赞同前者的意见。巴伐利亚总务大
243 臣埃克认为："开始时观望是不利的，一步被动，步步被动；用五六百名骑兵就能把农民打垮、驱散，给以惩罚。"——他见过乌耳姆周

围的农民，却没有见过阿尔部人和湖滨的农民；特鲁赫泽斯对那些人了解得清楚一些。谈到贵族的怯懦时，埃克在2月12日致公爵的信中说："处于暴动农民包围之中的那些贵族成了老太婆，几乎快要死了；他们为他们的家产担惊受怕，除非有联盟的军队在一起，否则谁也不肯采取任何暴力行动。我担心，如果农民看出贵族如此怯懦，将向我们进攻。"

总务大臣建议应立即夜袭乌耳姆南边、距离最近的这支农军的首领，把首领劫走，不必顾虑联盟一方正同农军进行的谈判。当时联盟会议的大多数还不肯干这种事。2月12日，这位总务大臣又愤怒又讽刺地给他的君主写信说："用十名骑兵就可能俘虏农民首领；但是，联盟会议上那些善良的虔诚的人，因为我的建议和妙计几乎要哭了。"

然而，这位笃信的政治家并没有率领他也许能拼凑的十名巴伐利亚骑士策马出城，到农民那里去做一次军事冒险，猎取荣誉，而是在2月15日冷静地向他的君主写道："明天农民们又要集会。那时我们要派人前去，发给他们通行证，要他们派代表团进城同我们继续谈判。只要他们参加谈判，我们就把这些为非作歹的家伙拖到我们的军队里来。然后我们向他们进攻，对他们采取严厉的行动。"

第二十章　肯普滕的侯爵修道院院长和农民

在从黑森林到博登湖这一带的起义初具规模并互有联系之

前，在阿尔部、肯普滕修道院辖区的情况已是这样。

当武装起义的火焰经过克莱特部和巴尔继续向赫部和湖滨地区蔓延的时候，肯普滕农民还仍然只基于他们美好的古老的权利
244 进行着活动。这里的平民遭受压迫还为时不久，对自由尚记忆犹新，即便现在，他们起初的行动也较其他各地为冷静、慎重与和缓；因此，这里统治者的非法行为比其他任何地方尤为严重。他们违背正义，实行专制统治，傲慢地、轻率地拒绝臣民的任何善意而正当的要求。

肯普滕城市最杰出的新教传教士是圣罗伦茨的牧师马蒂亚斯·魏贝尔。

魏贝尔并不属于运动派；他忠告他的听众不要暴动；但是他强烈反对教会领主的骄奢淫逸。因此，教会领主恨透了他，“要是他没有朋友们的保护，这些人也许早就把他杀死了”。

在士瓦本开始群情激愤时，侯爵修道院院长塞巴斯蒂安似乎在一瞬间和其他领主同样感到恐惧，因为他曾以最残酷的手段压迫、欺骗和剥削所属农民。由于他竭力削弱农民的古老权利，非法征收赋税，因而他同农民发生了激烈的冲突。这时，仲裁法院传唤双方到京次堡进行和解。农民派去了代表，但是侯爵修道院院长傲慢无理，使调解毫无结果。于是代表们向仲裁法院声明，他们准备也不得不把在京次堡的审理情况和他们仁慈主人侯爵修道院院长的最后意见，公诸于整个地区。

他们回到家乡，在洛伊巴斯的古老的马尔施塔特召集所有村区代表。属于肯普滕教堂的二十七个牧师辖区各派几人，共同举行了地方代表会议。他们一致同意不作任何决议，而是各自回家

向本村区宣布，肯普滕地区全体居民应在塞巴斯蒂安节（修道院院长的命名日）之后的礼拜一到洛依巴斯的马尔施塔特参加全体民众大会，听取京次堡会议的审理情况介绍，并讨论和决定下一步应该如何试求和解，或者应该如何进行诉讼。

在预定的1月21日这天，教区所有地区的农民都到洛依巴斯河畔来参加地方全体大会，他们来自伊勒河在峭壁中间汹涌奔流的胡明富尔特、豪恩山陡峭的罗京斯绝壁、海伦格斯特、伊斯内沼泽地、埃沙赫河和劳特拉赫河、霍恩赖因山林、泽德尔温泉、伯恩的贝伦温泉、明德尔河的发源地、韦尔塔赫河、格尔特纳赫河、罗塔赫河。

住在肯普滕城南阿尔部的农民成群结队地穿过城市，前往洛
依巴斯，进入修道院大门，把修道院看做“旅馆”。住在城北的农民 245
也是这样。住在奥格斯堡主教辖区的农民经过郊区前往。城市为他们敞开大门，他们在城内可自由出入，吃喝自己花钱。市民对这种情形并不是没有怨言和争执，因为一部分市民支持农民，另一部分则拥护修道院院长。农民在洛依巴斯开会时，市政会也派几人骑马前去参加。

地方的全权代表向大会宣读了他们所拟定的并向京次堡会议提出过的各项申诉；接着陈述了谈判经过，报告他们的努力未获结果；并声明，因为修道院院长最后的答复堵死了任何善意和解的道
路，现在他们不得不诉诸法律。据此，他们召集地方大会，不是为 246
了破坏修道院，也不是以暴动或使用暴力来反对修道院；谁想要或采取这样的行动，谁就应被揭发并受到严惩。

但依法律解决，即便对大的团体来说也总是极其困难和耗费非常大的。为了避免庞大的开支，地方至今曾一再试图和解。现

在地方发言人建议，为了保证筹集这笔诉讼费，凡赞成诉诸法律者，现在可以表态，所有赞成者应以诺言代替宣誓，凭诚实和信用承担诉讼直到结束为止的费用。

最后，两个农民举起一支梭镖，赞成者从梭镖下面走过。住在修道院辖区的全体与会者都鱼贯而过，没有人留下，连一个也没有。只有从市政会和邻近地方来此观看和旁听的其他一些人弃权，因为只有修道院的臣民才可走过去。当场决定从给领主的年赋中拨出三分之一来支付这项费用，并且决议：下礼拜五，每个牧师辖区派一至两人前往肯普滕城，选举一个负责诉讼的委员会。并约定，万一敌人对这一村区或另一村区使用暴力，应鸣钟报警，然后，大家就各自分散了。很多人像来时一样，成群结队地奏乐唱

在洛依巴斯的表决

歌，斗志昂扬，“痛痛快快”地又穿城而过。但是，他们没有丝毫越轨行动，秩序井然、安安静静地分别回到各自的村区和茅舍。

肯普滕农民的这种坚定和守法的态度，决非任何压迫、任何侮辱、任何违法行为、任何嘲弄所能改变得了的，这种已经集结起来并持有武器、但只求诉诸法律而不寻求其他援助的忍耐和坚毅——这就是如此众多的史学家所描述的肯普滕人的暴动。

1 月 25 日，各村区代表在肯普滕城聚会，选举全权委员会，代表各地同不法领主依法进行斗争。代表中最活跃的是洛伊巴斯的耶尔格·施密德，别号克诺普夫，是洛伊巴斯三十年前作为地方发言人和使者去谒见皇帝并在途中被修道院阴谋暗害而失踪的施密
德的儿子。由于修道院院长的迫害，这位为肯普滕地方可以信赖 247
的人的儿子一贫如洗，在肯普滕一家漂布作坊当漂布工人。但他的名声和他的忠实受到人们热烈赞扬。他第一个被选入委员会，第二个当选的是劳本修道院辖区霍伊泽恩的耶尔格·托伊贝尔；如果不是修道院把他的祖父逼成农奴，他现在仍然是自由人；他的妻子原来也是一个自由妇女；她的自由是被现任修道院院长的直接前任约翰·鲁道夫强力剥夺的。委员会的第三个委员是贝齐部牧师辖区内格岑的康拉德·迈尔。

这三个委员向士瓦本联盟和皇帝递交了一份反对他们领主修道院院长的行为的抗议书。他们在抗议书中要求对他们的申诉依法解决，并且愿意缴纳凡侯爵修道院院长有合法文件为依据的一切租金、地租和贡赋，绝无异议；希望在诉讼结束以前，联盟制止修道院院长采取反对他们的行动。但是，侯爵修道院院长一方也向士瓦本联盟控诉他的臣民结成团体反对教会和联盟，并要求给予

武力援助。他在控诉中把臣民为依法保护原有的自由并根据古老合法权利联合起来，说成是非法的叛乱。

在乌耳姆的联盟顾问像其他地方的领主一样，每当感到处境困难时，就采取和解办法。现在他们派代表向肯普滕地方会议答应和平解决或依法解决农民的申诉。联盟顾问甚至表现得非常恳切，因为在上、下乌耳姆又有三个新的地点爆发了起义。

第二十一章　伊勒河、博登湖和多瑙河畔的农军营寨

乌尔里希·施密德住在乌耳姆南面沼泽地祖尔明根，他精于冶炼优质铁，也擅长讲演和计划。每逢农民聚集在他的周围，他就利用喝酒和重要时机发表谈话。他成了居住在比贝腊赫和乌耳姆
248 之间的全体农民的起义领袖。1月29日，他同二十个农民在比贝腊赫养老院所属巴尔特林根的一家饭店里制定了第一个计划。他和他们约定每天聚会。2月2日，来到上述地点聚会的已有八十个农民。他们说，他们希望共同有一个好的团体。巴尔特林根的集会活动日益频繁。在阿尔部各地，甚至在远方的伊勒蒂森、克鲁姆巴赫、耶廷根和魏森霍恩，农民们都借饭馆喝酒之机举行这样的集会，“好像他们在一起喝酒似的”。第八天，2月9日，已有约两千农民在位于比贝腊赫和乌耳姆正中间的劳普海姆的沼泽地集会。读者请不要把这个劳普海姆同乌耳姆东北面的莱普海姆相混

淆。他们建立了一座营寨，组成了兄弟会。参加的人要交两个克里泽的入会费。兄弟会的宗旨是："从劳役、地租和农奴制度的重重压迫下解放自己，重新发扬湮没已久的福音和圣经。"兄弟会在短期内就发展到一万两千人，甚至还要多。他们希望并且估计比

劳普海姆附近的农民营寨

贝腊赫城也会参加。比贝腊赫城的许多市民倾向农民，甚至有一部分已经参加了农军。来自该城的两个面包师法伊特·特勒格林和亚历山大·斯特凡在营寨中说，不出三天比贝腊赫人就会把领主们抛出城墙外。营寨上空飘扬着一面红旗，随时有农民出出进进。他们的头领是瓦尔特豪森的汉斯·万纳，他的女婿是旗手；但全军的灵魂却是他们的总监和发言人——祖尔明根的乌尔里希·施密德。这支军队自称“巴尔特林根农军”，人们也叫它“红旗军”。沼泽地及其周围地区的所有农民，远至梅明根和伊勒河下游各地的所有寺院和世俗领主的臣民，都参加了这支农军。不过一眼就可看出，这些农民并不以他们的勇敢和战斗姿态令人可怕。他们说：“领主的无法无天把我们逼上了梁山。”

2月25日，上阿尔部农民集合在一个营寨。第一批集合的是泰特南、赖特瑙和朗根阿尔根一带的农民，以及冯·蒙特福尔特伯爵的全体臣民。不久，集合起来的人数达到七千，因为上阿尔部所属其他地方的农民这时也武装起来了。肯普滕地方会议现在采取了更为严肃的态度。

肯普滕地方会议看出，虽然人们对它说尽好话，实际上士瓦本
联盟却在忙于备战，因此，它自己也行动起来，特别在得知敌方可
249 能首先袭击它以后，备战更加积极了。这时关于一队骑兵正逼近
肯普滕的谣言（大概正是这个谣言使泰特南人也武装起来了）传开
了；根据在洛伊巴斯所作的决议，2月26日，礼拜日，肯普滕地方
所有教堂都敲起警钟，警钟响遍整个上阿尔部。肯普滕人在迪特
250 曼斯里德集中，准备抗击侵袭，但是到晚上，因为毫无动静，又都散
去了。

泰特南人在赖特瑙集合起来了。

翌日，肯普滕人在洛伊巴斯举行了一次地方全体大会。那天是忏悔节前的礼拜一。会议预定在这天举行的。目的是建立一个更紧密、更巩固与更广泛的兄弟会，以便依法维护他们原有的各种自由。这次，奥格斯堡主教辖区的佃农和邻近地区其他领主的佃农也都普遍出席了这次大会，而且被吸收加入了兄弟会。

地方全体大会开了几天，并未发生任何越轨行为；他们根据传统的合法权利集合在一起，共同进行商议和讨论。这次又有肯普滕城的几个委员匆忙赶来参加了他们的会。他们向农民保证，他们作为农民的邻居和亲戚，对于农民的正当事情绝不会袖手旁观，而是要为农民的申诉作证；出席大会的还有肯普滕的其他市民，主要是一些行会师傅，他们也向农民承诺了许多事情。

侯爵修道院院长也派人到农民这里来，对农民说，他愿意以和平方式、通过法律途径与农民和解，或以武力解决，任农民随意选择。农民让他们回去告诉他，他们无意同殿下大动干戈，只希望和解或依法解决。侯爵和他周围的人把农民这种缓和态度看做是软弱的表现。他们认为恫吓就能把农民完全吓倒。侯爵的顾问马奈特·冯·舍伦贝格、汉斯·冯·弗龙茨贝格[①]和奥托·茨维克尔等人，骑马来到农民这里。汉斯·冯·弗龙茨贝格斥责农民说："你们建议依法解决，我并非为此而来的。我们不会答应你们任何要求，而是要对你们使用武力；把你们的妻子变成寡妇，把你们的儿女变为孤儿；一定让你们死在我们的长矛之下。"农民问他，如果

① 不要与同姓的著名的格奥尔格混淆起来。——编者

他处于农民的地位将怎么办呢？他说，他将劝他们按现在的规定纳税，但远征税可以以一年为期；这也不勉强任何人，不过谁给修道院院长和教堂立字据，日后绝不会受到歧视和亏待。谁愿意听从他的话，可以从容地考虑到第二天，他将派一个使者到他们这里来；谁要不肯听话，他将制服他。他给他们送来了一张通行证，以
251 便农民能派代表安全地到侯爵的利本坦宫去。可是，当农民代表来到利本坦宫时，汉斯·冯·弗龙茨贝格却告诉他们说："我同你们所磋商的，侯爵已宣布无效了。"

大概连最没有见识的人也会看出，侯爵在怎样玩弄农民；农民们不能不被激怒；他们看到自己有了强大的农军，他们自己觉得"成了伟大的男子汉；他们认为自己有能力制服士瓦本联盟了"。他们选举了首领和发言人，决定在3月5日即复活节后第一个礼拜日在肯普滕城召开一次所有村区代表参加的阿尔部农民同盟大会，随后，地方全体大会又解散了。农民依然兴高采烈地穿城而过。虽然乌耳姆的联盟顾问曾禁止他们进城，他们在最近几天内还是随意进了城，买了他们所需的东西。

发生这些事情的期间，洛伊巴斯的克诺普夫并不在阿尔部，而是作为地方会议的代表和另外两个被选的人一起到杜宾根，为了向著名的法律学家约翰·费宁格尔博士请教。博士劝他们，要依法解决，但不委曲求全。这时，卢特波尔茨的巴托洛缪·弗赖带来地方会议的消息。他说："你们为什么在杜宾根逗留这么久？我们高原地区的力量已经非常强大，不再需要打什么官司了。"于是他们又返回阿尔部。

在肯普滕城市民中，也已群情激愤，人心波动。市民诉苦说，

一切手工业都负担太重，各行各业都在乡间经营，使得城内的老百姓无以为生。他们不想再向修道院院长缴纳积欠修道院的息金和地租。他们还要求有宣讲路德教义的传教士。行会间彼此派人询问应如何行动，结果商定，每个行会选出几个人共同开会讨论。但是，行会之间的意见并不一致，有人拥护市政会，有人维护市民，还有一些人支持修道院院长，另一些人则同情农民。第二天，行会代表开会讨论，一致认为，在这些骚乱中看来最有利的行动是利用骚乱完全摆脱侯爵。礼拜六，行会代表召集市民开会，市民对此感到满意，就把行会代表的建议递给市政会，请市政会看看人们如何摆脱修道士和修道院院长。市政会对此当然表示欢迎，答应尽力促成这件事。因此，市政会和市民保持着和睦的关系。

这时，上阿尔部的全体农民，不论是在什么领主的统治下，共
同组成了一支农军，即上阿尔部农军。农军的各路首领是：阿乌的 252
瓦尔特·巴赫，宗托芬的彼得·米勒，来自阿乌的博伊希林，内瑟尔旺的托马斯·贝特林和米夏埃尔·肯普夫，韦尔塔赫的汉斯·韦茨和洛伊巴斯的克诺普夫。

3 月 5 日，复活节后第一个礼拜日，这些首领偕同上阿尔部所有牧师辖区的委员们，策马进了肯普滕城，举行了首届同盟会议。他们决定用武力迫使附近地方一律加入他们的同盟。

一向非常克制的阿尔部人，现在才在自己领主的逼迫下前进了一步，现在他们合法的反抗斗争才采取了武装起义的形式，但是，即便是现在，他们的反抗仍然带有慎重和温和的特色。

在他们背后的累赫河畔，有一个隶属于大主教辖区奥格斯堡的菲森城。他们绝不容许背后有这样一个坚固据点不与他们联合或者不在他们的控制之下。属于该城的村庄已在圣烛节前后归附了肯普滕。

2月24日，在考夫博伊伦和菲森之间的奥伯多夫集结了约八千名农民，其中大部分是来自奥格斯堡主教辖区的农民。他们和赫部人联合起来。所有累赫河畔属于士瓦本一方的、并在巴伐利亚高等法院管辖下的村庄，也都同他们联合起来了。

奥格斯堡的主教克里斯托夫·冯·施塔迪翁本人驰往奥伯多夫，亲自同他的农民进行谈判。他客气地请求农民，“不要骚动，在另作答复之前要保持安静”。农民向他提出十到十五条要求，并且说：“他不先同意他们这些要求，他们绝不答应他的要求。”主教发现农民中间有不少教士。他们都全副武装，在农民中充任指挥；其中有奥伯多夫的助理牧师、来自肯普滕的安德雷阿斯·施特罗迈尔。

上阿尔部农军中，教士特别多，有些只是志同道合的人或任战地传教士，有些则是参谋和顾问，也有些当了首领；他们是梅姆赫尔茨的助理牧师马蒂阿斯·勒特，哈尔登旺的牧师克里斯蒂安·万纳，马丁斯策尔的助理牧师瓦尔特·施瓦茨，布亨贝格的助理牧师曼格·巴策尔，雷部的助理牧师汉斯·赫林，上京次堡的首席副牧师汉斯·哈芬迈尔，上廷部的助理牧师汉斯·翁津，上京次堡的第二副牧师法伊特·里德勒。

主教看到“他的属下几乎全部脱离”他而倒向赫部人，他已经
253 失掉他们的信任，因此未作任何承诺，就在2月25日匆匆奔赴他的菲森城；但是，第二天，他在告诫该城居民要忠诚、并安慰说他会援助和保护他们之后，又策马离去了。

巴伐利亚的诸侯们听了起义已蔓延到巴伐利亚内部，直到累赫河畔；奥伯多夫的农军营寨把埃普法赫、莱德尔、阿施、登克林根和施瓦布佐伊恩的农民都吸收入盟，而且胁迫其他地方的人参加，于是就采取了较有力的行动。2月25日，他们已派骑兵和步兵并配备必要的野战炮驻在累赫河畔。但是，他们没有派任何援军到奥格斯堡的主教那里去。主教的执事和使者从慕尼黑带来的消息使菲森人感到失望。他说："这回没有人愿意为这位僧侣效劳了。"

梅明根当局善于运用圆滑的让步安抚所属农民，对其他农民也奉行着这一条争取自己所属农民的策略。在梅明根城里，有一个强有力的党派支持农民；凡是对福音虔诚的人都把农民当作新教教友，认为他们的申述是正义的，因为城里平民自己也有许多疾苦。他们的传教士沙佩勒尔对农民起义至少也并不反感，只要农民起义像现在这样保持在有节制的范围内。这个城市分为两个阵营。这里的贵族像许多地方一样对新教福音根本"不愿听问"，看着沙佩勒尔也不顺眼。沙佩勒尔布道时，他总要让大批信徒像一支卫队似地护送他。市政会每次开会时，也要让上百个拥护它的市民卫护着。

因此，梅明根城对于臣民的申诉做了一些不寻常的让步。市政会答应臣民，凡在教会经费归它掌握的地方，只要找得到基督教传教士，它愿意给他们派去；在其他地方，市政会愿与牧师和领主本着同样目的进行磋商。关于什一税问题，臣民应该静候农民团体与联盟代表会议达成协议以后解决。至于农奴隶属关系，虽然是用相当多的钱买来的，市政会也愿意放弃它。但是，臣民只要是在梅明根管辖下生活，每年应缴适当数目的保护金[①]，不得再寻求其他保护，不得允许非自由人搬到他们这里，不得与农奴结婚，此外，在一切正当的事情上还要服从官厅。臣民有迫切需要，特别是在他们自己的土地上，可以捕捉、屠宰和射击野兽与飞禽；但不得
254 使用正规猎具和陷阱，不得伤人。臣民只准在无主的池塘或河流捕鱼；在公共水域捕鱼只能用渔网，每次所捕数量以自己家庭食用为限，不得赠送或出售；不得使水源枯竭，不得挖掘或破坏河湖沿岸牧场。劳役不是市政会加给臣民，而是偿以代价的；因此臣民不应对此抱怨。但是某些人对疾苦仍有抱怨的理由，市政会也愿对他们表示关切。市政会要免除荣誉捐，农场田地出租只以一年为限，以便当一个农民不肯交地租或不愿给农场种地时，就可以解雇他。对私自砍伐树木，处以每株一古尔盾的罚款，这项规定对公共森林和领主森林同样适用；市政会愿意随时供给他们急需的柴薪，扎篱笆和盖房用的木材。关于其他罚金，应保持原有规定，因为有一部分罚金是按臣民的要求决定的。如果各村区民众对森林、山地牧场、田地等感到负担过重，市政会愿意根据他们提出的控诉进行调查，予以解决。臣民一经缴纳地租，市政会绝不禁止他们出售自己的财物；如有这种情形发生，他们可以告发。遇有雹灾，市政会可以随时减低地租。至于臣民们认为有一些田产负担过重，只要提出控告，市政会愿意立即派人调查，并作适当考虑。但是，总的说来，市政会以保持自己的职权为前提。

① 保护金，原是由封建主征收的一种税，是领主对仆从进行所谓“保护”、法庭“辩护”所索取的报酬。——译者

因此，无怪乎士瓦本联盟的人说：“梅明根属于农民了。”阿尔部农民甚至希望与该城建立更紧密的关系；市政会巧妙地回避了这件事。也有一些农民通行无阻地在城里出出进进。有一个教士，名叫尼克拉斯·施魏克尔特，和农民生活在一起，戴着农民帽子，穿着农民上衣，也以农民身份来到城内，高声演讲，以鼓动平民。他说：“的确骚动行将发生，但还未真正开始；人们没有义务向僧侣交什一税；过去他们把我们欺骗够了，我们宁愿交给圣·瓦伦亭而不愿交给他们。”3 月 21 日，首领们和阿尔部基督教同盟的代表团骑着马甚至进入梅明根，并在那里举行第二次同盟会议。

在富克斯施泰因的住地考夫博伊伦城境内，农民在圣烛节前后集结起来。他们向自己领主提出了十一条要求：自由捕鱼，自由狩
猎，自由伐木；自由迁移至各城市和其他地方；除非真正的永租地，255
否则一律没有义务接受；取消死亡税和人头税；取消赋税和远征税；但是，在十分必要时，他们愿意以身体和财产效劳；领主控告穷人结果败诉时，应适当地赔偿被告损失；不得拘禁任何进行诉讼的人；取消一切宫廷劳役和忏悔节献鸡；让他们保留古老传统，准许他们用考夫博伊伦量具交纳地租；最后，对起诉者应依法给予援助。

考夫博伊伦市政会觉察到了本城市民的情绪，它知道，如果想防范城内骚乱及事态进一步扩大，这一次不能采用严厉手段，而决定在事态好转之前持忍耐态度。一些市民出城参加了农民队伍。尽管市政会既未同农民公开协作，也没有行动默契，它仍然不得不允许农民出入城池，在城里吃喝，不得不允许市民把卖给农民的面包和其他供应品运出城去。

在这期间，大约在 2 月底，第三支强大的农军也组织起来了：

博登湖畔的农军集合在一个营寨里。以赖特瑙为集合地点的阿尔部农军,其首领是林道的迪特里希·胡尔勒瓦根,他们派出使者敦促湖畔的友邻武装集合起来。来自湖滨地区和士瓦本辖区的农民,首先在艾林根集合,然后派使者分别前往伊门施塔德、哈格瑙、冯·韦尔登贝格伯爵领地、扎尔曼斯魏勒修道院的佃农居住地、整个博登湖周围地区,直到泽尔纳廷根和齐普林根,并且越过山区达到普富伦多夫伯爵领地。这支农军自称湖军,它的最高首领最初是本地一个村镇下托伊林根的艾特尔·汉斯·齐格尔米勒。不久以后,艾特尔·汉斯把他的指挥部设在贝马廷根。他带着一支由十二名“亲兵”组成的卫队住在贝马廷根村教堂附近。和其他农军一样,这里也有一个农民顾问委员会辅佐首领。每个农民入盟必须履行一项特别宣誓。每个村区归附同盟时,首领及其顾问都得随征一笔费用:每百人一次交五个弗罗林,用以维持首领、顾问和亲兵的费用。除去给指挥部提供这笔费用之外,任何人不再有其他负担。

与此同时,下阿尔部的农民也武装起来。冯·舍伦贝格骑士
256 的臣民和蔡尔的佃农特别活跃。早在 2 月下半月之初,他们就已起事了;他们力图鼓动格奥尔格·特鲁赫泽斯·冯·瓦尔德堡的
257 臣民起事,威胁他们说,如不肯归附,就袭击他们,并予以消灭。这时格奥尔格·特鲁赫泽斯在赫部为大公效劳,迄今为止,他对他的臣民一直比较仁慈;他从未向他们派过远征税或其他捐税,臣民在他的治下过着安居乐业的日子。这些臣民听到下阿尔部起义农民召唤他们,就派人去见特鲁赫泽斯,迫切要求他在 3 月 3 日礼拜五以前赶到他们这里。这天正是下阿尔部农民给特鲁赫泽斯的臣民

规定与他们结盟还是采取敌视态度的最后期限。他们希望得到自己领主的保护。他们写道，届时他如不来，他们将不得不倒向别人，并随之一起行动。

艾特尔·汉斯·齐格尔米勒和他的亲兵

在预定的这一天，起义农民在特鲁赫泽斯的这座小城乌尔察赫集合起来，想用和平方法或强制手段迫使这里的臣民加入基督教同盟。因为他们的领主对他们弃之不顾，这些臣民就参加了起义者的队伍。这部分农军现在将近有五千人，自称下阿尔部农军，推举由特鲁赫泽斯在艾希施特滕授予封地的教士弗洛里安·格赖泽尔为最高首领，人们通常称他“弗洛里安教士”。

在乌耳姆以北，领导武装起来的平民的有莱普海姆的传教士汉斯·雅各布·韦厄大师、朗格瑙的雅各布·芬斯特瑙尔牧师和京次堡的牧师。

汉斯·雅各布·韦厄是京次堡著名宗教改革家汉斯·埃贝林的近亲，也是本地传布新教福音的首批人士之一；因为周围地区的城乡居民，特别是离莱普海姆只有三刻钟路程的布尔部的京次堡人，纷纷前来听他布道，所以附近那些死心塌地皈依旧教的教士称他为异教徒，指摘他诱惑民众。韦厄感到自己有必要、也负有使命向一切人宣讲福音，而且把基督教的自由也传播到市民的生活中去。他受到多次迫害，甚至危及生命，但仍然坚持自己认定的天职而毫不动摇。的确可以说有一种狂热支配着他。1524 年圣餐节，他在讲坛上宣布，从现在起，他终生再也不想做弥撒了。按照他的敌人诽谤他的话说，当时他还补充说过：“如果这并不违反兄弟之爱的话，我宁可杀死那样多的人，而不愿做那样多的弥撒。”当他走下讲坛时，他的教区信徒唱起了感谢主的赞美诗。

258 莱普海姆属乌耳姆管辖，乌耳姆市政会在奥格斯堡主教督促下宣布，将韦厄驱逐出莱普海姆教区。主教已开除了他的教籍。但是，乌耳姆并没有积极执行驱逐他出境的命令；韦厄仍留在那里。埃贝林在一篇献给韦厄的印刷的文章中写道:"您的生命仍然随时有极大危险;可是上帝保佑您毫不畏惧地继续传布圣经;听众带着极大的兴趣和热忱,以致使周围的民众也从远处赶来聆听。"

这时,上士瓦本的平民运动爆发了,并且沿多瑙河向下游继续扩展。韦厄,芬斯特脑尔和韦厄从前的劲敌京次堡的牧师在1525年公开成为运动的领袖。韦厄被指控煽动周围邻近地区平民进行暴动。这个时期的乌耳姆地区传布着一篇领主们认为危险的《告农民书》。这篇著作已从莱普海姆传到了京次堡城。在五旬礼拜日[①]以后的礼拜五(3月3日),乌耳姆市政会决定追查和没收这篇著作,逮捕农民的发言人和头目,特别要逮捕前莱普海姆的牧师韦厄大师,如果他还在该地的话。3月6日,乌耳姆市政会下令禁止莱普海姆人在乌耳姆市场上购买燕麦和其他必需品;3月15日,又与联盟顾问商讨,是否动用军队占领莱普海姆。3月初,约五千人在莱普海姆地区集结,他们来自伊勒河谷、罗特河谷、比伯尔河谷和布尔部地区、奥格斯堡与乌耳姆之间和乌耳姆与多瑙韦特之间的各个地方;最初他们并未集合在一处,而是分成若干队伍分散在各地,如在莱普海姆本地、朗格瑙、阿尔贝克、京次堡、劳因根、埃尔欣根、内伦斯特滕等地。有十五个村区完全武装起来了,另外多瑙、罗特、伊勒和里斯等河沿岸的一百一十七个村镇和田庄也前来参加新教或基督教兄弟会,来的人数时多时少;有时少则一人,有一次只来了一个寡妇,有时还有律师。来自乌耳姆及其邻近地区

① 五旬礼拜日(Estomihi),复活节前第七个礼拜日。——译者

的，总共有四千三百人，其中有七个首领[①]、五个旗手、九个顾问和三十二个头目。

首领中有：莱普海姆的乌尔里希·舍恩及其女婿梅尔希奥·哈罗尔德；朗格瑙的汉斯·齐格勒、马丁·赫林和马丁·诺伊费
259 尔；英格斯特滕的耶尔格·埃布纳，别号巴伐利亚人；朗格瑙的汉斯·格布哈德和贝恩施塔特的汉斯·鲁本；称作顾问的有旧世家子弟、朗格瑙的托曼·保罗和莱普海姆的卡斯帕尔·布劳恩；作为旗手的是朗格瑙的克诺普夫。因为暴动是从莱普海姆开始的，这里是初期的中心点，后来指挥部又设在这里，所以整个队伍就称为莱普海姆农军。

最初，各村区只不过也打算同压迫他们的领主和解，或者依法解决，但是这里领主和别处一样的顽固不化，也就迫使他们不得不联合起来组成一支农军。档案中的一系列事实都说明了这点。

2 月 19 日，巴尔茨海姆的农民派人通知乌耳姆市政会，如果市政会担负起解决争执的责任，他们愿意把这些争执交给市政会裁决；市政会表示同意。与此同时，罗根堡修道院的佃农和赫尔瓦廷根修道院的佃农请求乌耳姆裁决他们同领主之间的争端。由于罗根堡修道院院长的臣民对修道院院长提出控诉，市政会立即同他谈判，并要他作书面答复。农民得到一份书面答复的副本。市政会规定到圣灰礼拜三[②]（3 月 1 日）进行裁决，附加条件是：在此期间农民要保持平静；农民也答应在裁决前不对修道院院长采取任何行动。

---

① 根据下文应有八个首领，但原文为七个。——译者

② 四旬节的第一天，即耶稣复活节前的第六个礼拜三。——译者

但是，市政会进行这一系列谈判，纯粹是为了赢得时间，根本没有为臣民办事。比贝腊赫市政会总算比较诚实。临近 2 月底时，比贝腊赫的臣民也通过和平方式要求摆脱农奴制度；但是，大、小市政会的多数都表示断然拒绝。

修道院和贵族邸宅中的领主同乌耳姆市政会可敬的老爷们的想法是一样的，不过他们并不都像后者那样善于运用外交策略来拖住和欺骗他们的贫苦臣民，恰恰因为这一点，臣民特别厌恶乌耳姆的老爷们。施尼尔弗林根的领主、乌耳姆的市民艾特尔·贝塞勒就是完全按照乌耳姆市政会的策略对付自己的臣民的。市政会传唤双方，当面对这个贵族说：他应该考虑考虑这个文件，不应对穷人过分苛刻；然后对穷人说：市政会打算暂时把双方的问题搁置一下，容后再作详细讯问；在这期间，农民可以对施尼尔弗林根的牧师不履行任何义务，但对他们的贵族领主仍应履行原有的一切义务。然而上层僧侣并不这样顺从。特别是罗根堡的修道院院长连口头上也不对农民表示有让步的意愿。最后乌耳姆市政委员对 260
这个修道院院长宣布，因为他丝毫不作能使农民满意的承诺，又不肯到市政会来，农民也就不愿继续和解，所以市政委员对修道院院长爱莫能助了。“罗根堡的修士”（当时市政委员间这样称呼他）的傲慢态度完全跟肯普滕的侯爵修道院院长一模一样。韦滕豪森的修道院院长向乌耳姆要求军事援助，但市政会拒绝援助他反对贫苦人民。但是，不管怎样说，市政委员还是几乎完全站在领主这方面；他们对赫尔瓦廷根修道院院长的农民直截了当地说，市政委员将把修道院的文件和农民的申诉对照审查，然后再作公平的裁决；但是，农民必须留在修道院院长那里，如果他们不愿这样做，将把

他们的代表监禁起来。

所以，我们看到各村区的农民相继同他们的领主接洽和解或依法解决，只有当农民察觉出领主对于他们单个人连最合理的要求也不肯答应的时候，他们才团结起来。他们想试探一下拒绝单个人的事，是否对成群的人也是不答应；是的，他们集合组成军队也是为了在依法解决问题的过程中，万一领主用暴力攻击以镇压他们时，能够进行联合的抵抗。

这样多农民集合参加基督教同盟的消息传到哪里，就对哪里的民众发生巨大的影响。这个事件在农舍前、在田野里、在酒馆中，成了唯一的中心话题。人人对此都要表态，大多数人赞成农民，少数人反对，因而到处出现了热烈争论的场面。

第二十二章　阿尔部人的同盟章程

阿尔部农民的首领和委员们在梅明根举行的第二次同盟会议上，草拟了一个章程，首先责成基督教兄弟会对此遵守。这个章程有十二项条款。“令人敬重的基督教同盟地方会议”在这个章程中申述了人们按神的法律对教会官厅和世俗官厅应负的义务，即严格服从，不得以任何方式进行反抗。他们宣布他们的意愿和主张
261 是，维持地方上的公共治安，任何人不得对他人行违法之事。如果
发生了如下情况，即有人被鼓动起来和他人进行战争或从事暴乱，

那么任何人不得聚众或结党，邻近的人不论身份如何，都有权制止骚乱，和平的呼吁和要求一经发出，就应立即加以维护；不听从这种和平要求者，应论罪惩处。承认的债务，以及有字据、印鉴或可靠证件证明的并已到期的债务应当偿还；如有人提出异议应保留其权利。在本地区如有未参加基督教同盟的宫城，应善意地劝导宫城主人，除去供给最必需的粮秣而外，不得配备大炮或用未参加基督教同盟的人员驻守其宫城；如果他们想加强宫城原有的守卫，应该像修道院那样自备经费，只用同情或属于阿尔部基督教同盟的士兵驻守。为诸侯和领主效劳的侍役人员，应放弃自己的誓言；凡放弃誓言者，可吸收入盟，但是对不愿放弃誓言者，应允许他们携带妻子儿女，不受约束地离开本地。如有领主驱逐一个参加基督教同盟的管事或其他人，他必须再雇佣两个或三个人，而且要查问他是怎样对待被驱逐者的。应友善地恳请所有的牧师及副牧师宣讲神圣的福音，教区应给予愿意这样做的人以相应的生活待遇，但是应辞退那些不愿这样做的人，配备愿意这样做的其他人。如果有人愿与自己上司订立契约，必须通知基督教同盟地方会议，并取得它的批准，否则不能作出任何决定。此项特别契约，虽经地方会议同意订立，订约人仍应与基督教同盟保持永久的关系。每支农军应任命首领一人和顾问四人，他们应有权与其他首领及顾问洽商处理各项应当负责的事务，以便各村区不必事事召开大会解决。任何掳获物品，不得侵吞挪用。如果手艺工人根据工作情况
要迁出本地，必须对本教区的首领宣誓绝不被人利用反对基督教 262
同盟，而且听到和发觉当地有反抗地方会议的情况，应向基督教同盟报告，必要时应立即迁回原籍，给故乡以建议和行动上的援助；

所有在外从军的人也都应这样做。法院应像过去一样行使职能，法律应一如既往有效，禁止不正当娱乐，禁止亵渎上帝，禁止酗酒，违者依据罪过轻重给予惩罚。最后，在发布其他的决定之前，任何人不得借任何理由对自己的领主和官厅有反抗行动，不得用暴力攻击他们，不得夺去他们的森林、水源和其他财产，违者处以体罚和财产上的处罚。

3月7日，四旬斋后的礼拜二，上阿尔部农军各部接受了这个章程，同样也被湖军和巴尔特林根农军以及下阿尔部农军所接受。所有这些农军互相保证，矢守忠诚，并宣誓保证攻守同盟。至此没有发生过任何暴力行动。各地农民按照新的章程，又从举行会议的大营帐各自返回各自的村区。仅在各指挥部留下了首领和委派给他们的顾问。农军所属各部的主要集中点是：巴尔特林根农军在比贝腊赫附近的沼泽地、上阿尔部农军在洛伊巴斯、下阿尔部农军在赖特瑙、湖军在贝马廷根。凡宣誓完全参加同盟的牧师管区都有自己的首领和顾问，附近都有一个供首领召集村区民众集会的场地。后来这些场地也就成了那些只有一部分人参加了兄弟会的村区的集会场所。除首领和顾问外，还选举了法官，负责调处各地的争端。首领不时召集开会，必要时，则由最高首领召集各集合场地的人到总指挥部集合。各教堂和礼拜堂的大钟，一律停止像往常那样为宗教目的敲击；现在钟声的唯一用途是作为报警信号；只要大钟一响，人人都要遵照誓言，拿起武器，出现在他们应在的场地上，然后听候下一步的决定，在此待命或开往总指挥部。

这个地区联合起来的农民就打算这样进行他们的控诉和防御。

如果人们公正无私地纵观一下迄今原始文件中所忠实叙述的
一切，考虑到农民们按文件规定应享受的原有自由，考虑到他们有 263
拿起武器、自由集会的古老权利并考虑到他们庄严的态度，难道人们不应该赞同一个高贵的、一心为人民而又毫不加以粉饰的人的呼声吗？这个人说：“单是那个由首领和顾问在梅明根拟定的章程，就相当清楚地说明，农民战争实际上无非是那些受尽领主和骄奢淫逸者压迫的人们的一种强烈的自然呐喊，因为这些人经过长期忍耐、多次温和的抗议以后终于意识到，只有通过一次威吓性的爆炸才能得到解救。从太阳升起到夕阳西下，总有一种声音对他们呼喊：交来！交来！现在，他们再也不想交出东西来了，因为他们再也交不出来了，但还得交。上层人物的暴虐压迫就是这样逼迫农民走上绝路；此后，他们的教会和世俗暴君便把这叫做叛乱和暴动。”

在对同盟章程宣誓的那天，三支农军的委员会和地方会议的代表给在乌耳姆开会的士瓦本联盟顾问发出一封信，信中请求不要把他们的同盟说成是应受惩罚的，因为他们除了纯洁的福音和神的法律之外，别无他求。

第二十三章　士瓦本联盟对付农民的外交手腕

农军刚一集合起来，士瓦本联盟立即派代表打着主动和解的幌子探询他们的要求。汉斯·冯·柯尼希塞格-奥伦多夫伯爵和乌耳姆市长乌尔里希·奈特哈德就是这样由乌耳姆骑马到巴尔特林根农军驻地来的。他们得到的答复正是农民委员会在信上所说的:农民并无伤害任何人的意图;他们只要求维护纯洁的福音和圣经。这两个代表竭力使他们相信领主无意反对福音,如果他们对官厅和领主有什么不满,就应该讲出来,人们将给予一切公平合理的帮助;如果问题不得和解,可依法裁决。

264 领主们所以这样说是为了欺骗农民,并把他们拖住。乌耳姆的联盟顾问们暗地里在他们之间嘲笑着农民的轻信。如果说埃克总务大臣在2月15日写信给巴伐利亚的威廉公爵说他们想伪装迁就,把这些农民恶棍拖到联盟军队的到达,再突然袭击他们,那么他在2月22日的信中却这样写道:“只要上帝保佑我们对付特维尔那个狂人得手,这些农民就会立即受到必要的惩处。”这时已有消息说乌尔里希公爵即将到来,因此一定要哄骗农民保持平静。他在2月26日写道:“明天我们必须再派人到农民那里去,好歹要跟他们达成一项停战协定,以便我们能以全部兵力迎击符腾堡公爵。”27日他又写道:“这次我们置农民于不顾,就是说丢到一边,首先去迎击公爵;得手后,再回师痛击农民,定把他们打得落花流水。”3月2日,正当一部分联盟顾问策马奔驰于各农军营寨之间以图利用谈判拖住农民的时候,这个巴伐利亚总务大臣写信给君侯说:“今天各地的联盟军队都出发了。这是费了很多周折才做到的,至于如何做到的,我回去后要把它当作笑话禀告殿下!”埃克就是这样嘲笑农民受了骗,因为士瓦本联盟在农民的眼皮底下把军队全部撤走,并且利用谈判和农民希望对他们的申诉得到调解的

心情把农民拖住不动。埃克和他的属下非常明白如何去应付农民的申诉。3 月 7 日，他给他的公爵写信说："目前千万要冷静，要保守秘密！从农民的要求中可以看出路德的教义所起的作用。他们要自由渔猎！他们要免除一切捐税！没有刽子手帮忙是降伏不了这个魔鬼的。"就在农民等待通过士瓦本联盟和平解决他们问题的期间，联盟的顾问们却在筹措军费、准备弹药和武器。3 月 9 日，埃克给君侯写信说："不久我们将对农民采取严厉措施，使他们万恶的福音在短期内销声匿迹。在埃斯林根执政的那些善良虔诚的人们认真地希望对农民让步。我们不会这样做；那样我们就会像老妓女一样没有脸皮了。我非常厌恶农民的兄弟之爱。连跟亲兄弟姊妹我都不愿意有兄弟之爱；更何况跟别人、跟农民呢？"

在联盟顾问、总务大臣埃克秘密地写这封信的时刻，正是联盟
在他眼前公开与农民达成和解协议或者依法解决从而实行停战之 265
际。

农民终于接受了联盟提出的和解建议。拉文斯堡和肯普滕两城调停了士瓦本联盟和农民之间的停战，前面我们所述的农民同盟章程表明，农民对待自己在谈判期间作出的保持和平的诺言是多么严肃。阿尔郜、博登湖畔和沼泽地三支农军的代表，为了把他们的事情提交联盟代表会议，凭士瓦本联盟的通行证前往乌耳姆，他们奉农民全体大会指示，首先致力于按和平解决的建议行事；但如果联盟代表会议不接受这个建议而坚持诉诸法律，代表则应提出农民认为有资格解释神的法律的法官。代表们遵照指示提出的法官如下：斐迪南大公，他作为皇帝的总督并偕同两名基督徒教师；萨克森的弗里德里希公爵，偕同马丁・路德、菲利普・梅兰希

通或波梅拉努斯（布根哈根博士）；纽伦堡市当局，偕同基督徒教师奥西安德尔和多米尼库斯·施洛伊普纳；斯特拉斯堡市当局，偕同一至两名基督徒教师；苏黎世和林道市当局也是如此。指示说，这些人如果不被接受为法官，代表应建议联盟代表会议不妨自行遴选法官，但是代表们只有取得农民全体大会的同意，才能承认联盟代表会议提出的人选。

农民建议参加和谈的人选中，由下阿尔部农军提出的有：联盟代表会议的两个成员肯普滕市长戈尔迪安·佐伊特尔和拉文斯堡市长海因里希·贝塞勒；梅明根市长和与当地有利害关系的顾问；梅明根的传教士克里斯托夫·沙佩勒尔博士。由博登湖农军提出的有：康斯坦茨市长兼税务局长和行会会长汉斯·舒尔特斯；林道市长汉斯·法恩布赫勒和该市的汉斯·博登迈尔。由巴尔特林根农军提出的有：里德林根市长施普林格；绍尔部市长法伊特·毛雷尔；巴本豪森的神学教授利奥波德·迪克先生；里德林根的牧师汉斯·茨维克博士；肯普滕的神学教授乌尔里希·罗根布尔格；富克斯施泰因博士；比贝腊赫的传教士巴托洛缪大师，比贝腊赫的康拉德·施塔克和考夫博伊伦市长。由上阿尔部农军提出的有：肯普滕市另一市长海因里希·泽尔特曼，该市的行会会长汉斯·海斯
266 通；洛伊特基尔希市市长马丁·洛因格尔；伊斯尼市市长卡斯帕尔·埃贝哈德；伊斯尼市市府秘书；埃伦贝格法院辖区内罗伊廷市市长；坦克魏尔的阿曼·韦尔瑟尔先生和来自布雷根次森林的阿曼·艾哈德先生。

这些都是市民贵族中为农民所信赖的人。当农民在乌耳姆的代表提出这些仲裁人并预先说明，如果不能达成和解协议，这种行

动也不应损害双方当事人的权利时，乌耳姆的领主们根本不愿闻问，他们认为建议过于啰嗦，“对于有效的结束这一棘手事件并不适用”而予以拒绝。海因里希·贝塞勒，戈尔迪安·佐伊特尔和三支农军的代表于3月25日提出一项新建议。发生纠纷的官厅和臣民，双方都从世俗人士中选出两名仲裁人，这四个人应竭力设法使双方达成协议，和平解决纠纷。如有某些条款不能和解，双方应就这些条款同意让原来的四个仲裁人当陪审员和一名陪审长依法解决。陪审长应由双方协议推选，如果不能达成协议，可以各自提名二至三人，通过抽签或通过联盟代表会议从中选定一人为陪审长。凡经陪审长和陪审员组成的法庭一致认为或用双方口头或书面申诉以过半数通过认为合法的，任何一方都应无异议地遵照执行。如果双方接受这些建议，那么在接受之后，三支农军的农民应立刻无保留地解除彼此间的同盟关系和义务，各自回家，而且此后不再集结。他们要像组织兄弟会以前一样地服从官厅和领主，而且在裁决之前要一如既往、毫无异议地纳一切赋税，服一切劳役。凡是认为不合理的事，今后都应取消，这样的事情应在最近半年内或者在接受仲裁法庭裁决和解时完全结束。每个官厅和领主都应抛弃他们对臣民的不满和一切反感，从而使任何人可以不必担心报复。对上述各点双方应提出保证，宣誓并立出书面的保证。为了组成仲裁法庭，农民应任命一个全权代表团前往乌耳姆。

对于这些建议，双方同意用八天时间来进行考虑，因此农民全 267
体大会应在鸠迪加礼拜日(4月2日)[①]把他们的答复通知乌耳姆。

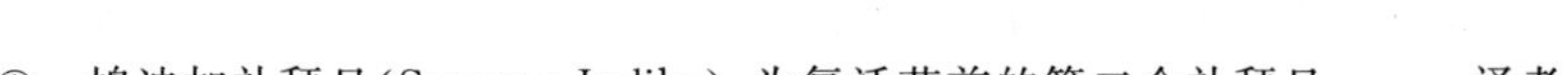

① 鸠迪加礼拜日(Sonntag Judika)，为复活节前的第二个礼拜日。——译者

在此期间，农民不得采取任何暴力行动，不得强迫任何人加入兄弟会；士瓦本联盟也许诺停止暴力行动。

在农军营寨中，温和派和信任贵族的人占多数。领导运动的人物和比较聪明的人未能贯彻自己的主张；足智多谋的富克斯施泰因也是如此。

三支农军就这样被虚假的和谈拖延着，人们利用了他们的诚实天真，使他们错过了最有利的进攻时机，而在此期间，士瓦本联盟却平安度过了被放逐的乌尔里希公爵进攻的重大危机。

第二十四章　乌尔里希公爵的战斗忏悔节、特鲁赫泽斯在赫部的诡计和瑞士人对乌尔里希的背叛

被放逐的符腾堡公爵入侵的消息不但使慕尼黑宫廷，而且使远近各地的诸侯和领主们惊恐万状。蒂罗尔和弗拉尔贝格[①]地区的农民骚动日益增长；2月中旬施瓦茨矿工发生叛乱，斐迪南大公亲自出马花了九牛二虎之力才把它平息下去；士瓦本境内出现了一些农军营寨；被放逐的骑士在波希米亚境内招兵买马；传说法耳次和黑森已同那个符腾堡人[②]结成联盟。这些事正好是在乌尔里希向符腾堡进军的时候发生的。

① 弗拉尔贝格（Vorarlberg），即现在奥地利最西部的一个邦。——译者

② 指被放逐的符腾堡公爵乌尔里希。——译者

士瓦本联盟的首领格奥尔格·特鲁赫泽斯·冯·瓦尔德堡受命担任联盟最高指挥官，以迎击这个符腾堡人，因而他急忙用和平的、有利于农民的建议，安抚赫部的各农民团体。

乌尔里希公爵从巴林根附近的多特恩豪森派出一个青年骑兵到乌耳姆向士瓦本联盟下战书。联盟给他五个古尔盾，扯破他的上衣，作为收到信件的标志，并派人护送他回到他的主人那里。乌尔里希自己驻在多特恩豪森，瑞士人则驻在他们正过忏悔节的附 268
近几个村庄，因为那天正是 2 月 28 日忏悔节。

特鲁赫泽斯安抚了赫部人之后，就立即率领三百骑兵和七百步兵，大部是雇佣兵，经图特林根尾追公爵。雇佣兵的最高首领是独臂汉斯·米勒；他在第一次入侵时，曾奋不顾身地效忠于乌尔里希公爵。特鲁赫泽斯沿着一条崎岖难行、但近得多的道路越过贝伦山谷追赶公爵，来到了耸立在巴林根近旁的洛亨山地，这里居高临下，像一面垂直的悬崖俯瞰着这个城市。还在中途，他曾与一队来自赫部、企图增援公爵的农军遭遇。那时正是忏悔节礼拜二中午前后。他立刻进攻这支农军，刺死约六十人，缴获他们一面带有白十字架的黑、红两色旗。他把这面旗子作为战利品送给了他的堂兄弟威廉·特鲁赫泽斯，此人是符腾堡公国内的总督。就在这里，弗里德里希·冯·菲尔斯滕贝格伯爵曾负过伤，他的农民后来说："如果我们的领主死了，那大概是天意，我们一定要戴红头巾为他服丧。"晚上，特鲁赫泽斯到达洛亨，从洛亨悬崖俯瞰公爵营寨，他和他身边的一些贵族都俯卧在地上，为了不让敌人发觉。他发现瑞士和黑森林的农民约三百人开到一块田地上，举行全体大会。他们讨论的是夜间宿营地点问题，紧接着就看见农军转移到洛亨

悬崖下面的魏尔海姆小村。这时，格奥尔格老爷说："如果拂晓时袭击他们一下，那真是我们一顿适口的早点！"因此，这一夜他严加戒备，很早就起床。但是，当 3 月 1 日拂晓他率领前卫沿洛亨山道下来时，农民发觉了他们，准备迅速奔往公爵的营寨。格奥尔格老爷看到了这种情况。随他下来的还不到五十名骑手，几乎清一色是伯爵和贵族。他立即布置这一小队人马，切断逃窜的瑞士人和黑森林人的退路，瑞士人和黑森林人沿着一个湖滨逃到一道沟渠后面，在这里布置好进行防御。可是他们已经如此惊慌失措，以致跪地求饶。特鲁赫泽斯为了在瑞士人和农民中造成恐怖，杀一儆百，以使他们都脱离公爵回家去，因而他绝不宽恕，反而劝告他们拼命抵抗。他们这样做了。特鲁赫泽斯的骑兵骑着骏马，越过沟渠，刺死了一百三十三人，连他们的军旗也都缴获了。贵族中只有
269 少数人中弹受伤，没有人阵亡，只损失了十五匹战马。当公爵营寨听到警报时，所有人都拿起了武器，全体出动。但是，稳操胜券才肯交战的特鲁赫泽斯已经达到目的，又鉴于自己兵力薄弱，早已向厄宾根方向撤退。事实表明，格奥尔格老爷对瑞士人和农民的特性是很熟悉的。当夜，就有大部分瑞士人回国了，一方面是由于害怕，因为他们看出占领公国并不那么容易，而且刚刚进入符腾堡便吃了一个大败仗；另一方面是他们看到在公爵这里拿不到多少钱，而公爵还对他们的暴力行为横加指责。布尔根巴赫的汉斯·米勒率领的几旗农军就在这里离开了公爵的军队，其原因大概是他们发现符腾堡农民的情绪并不像乌尔里希对他们所吹嘘的那样好。他们的情绪表现了善良的农民风格，但并不是很倾向公爵的。

乌尔里希进入他的公国后，也感觉到这种情绪。他在瑞士曾

经答应，一旦他恢复了故国，他要保护福音，要把穷人从农奴制和一切徭役中解放出来，取消教堂和修道院。但是，追随乌尔里希、为争取自由而起义的农民现在已经看出，他并非是他们的兄弟，而是派头十足的公爵，与宣布废除农奴制和徭役风马牛不相及。于是他们抛弃了公爵和他的事业。受到乌尔里希的雇佣兵劫掠的符腾堡农民，转而投靠了代表他们利益的首领、布尔根巴赫的汉斯·米勒。

巴林根附近的袭击

礼拜六，乌尔里希渡过内卡河，进军到邦多夫，从这里向黑伦贝格推进。黑伦贝格人看到他带着他的军队来了，就用双筒火绳

枪向他开了三枪。原来是他为了替三个在内布林根小村被刺死的雇佣兵报仇而在村里放火烧了三座房子，这三座燃烧着的房子向黑伦贝格城里人报告了他的到来。乌尔里希向该城前进的时候，特鲁赫泽斯也从高地上下来。士瓦本联盟的兵力在此期间已经增加到步兵一万四千人，骑兵七百人。格奥尔格老爷率领联盟军队以完整的战斗队形前进，三十面大鼓咚咚震响，三十二面色彩鲜艳的军旗在队伍上方闪闪发亮，与士兵的盔甲交相辉映。乌尔里希公爵早已屯兵城前，并且将大炮瞄准城内；他自己住在养老院的田地上。格奥尔格老爷迫近公爵军营到两军步枪射程以内的距离。公爵命令大炮掉转方向，对联盟军的骑兵开了三炮，但是瞄得太高，并未给对方造成损失。特鲁赫泽斯请符腾堡邦新募集的军队
270 赶快开进赫伦贝格，保卫城池；但是他们拒绝执行，而且不等公爵继续射击，便掉转方向，撤退到邻近的居尔特施泰因村。在这个村子后面，布置着几旗联盟雇佣兵。

这些雇佣兵想说服或者用武力阻止后退的人，但是他们觉察到同乡黑伦贝格人又归顺了旧日主人，他们也想效法这样做。他们赶着车辆从联盟军旁边走过向杜宾根转移，到了那里，他们在厄斯特山上的老营房里驻扎下来。布拉肯海姆、魏欣根和毛尔布隆的各旗队士气极为低落。在他们撤退以后，格奥尔格老爷还在战
271 场上支持到下午四时；不过由于作战装备不足，他便向罗滕堡和杜宾根退却，傍晚五时，赫伦贝格向乌尔里希投降。乌尔里希当夜驻在附近的格尔特林根，次日（礼拜一）开往伯布林根和辛德尔芬根，因为这三城并未设防，乌尔里希毫不费力地占领了它们。但是，在这里乌尔里希再次暴露了他不是统帅之材。他的军队占领了莱昂

贝格，而他从3月6日到9日却始终停留在辛德尔芬根。瑞士人和他的士兵把市郊一个修道院中僧侣储存的葡萄酒和啤酒喝得精光；他们在这个富裕修道院中还找到了大批储存的美酒。乡民从四面八方涌来向他宣誓效忠，情况之盛，却使他把本应占领首府斯图加特以取得全邦的事忘记了。

特鲁赫泽斯却没有忽略这一点。当指挥部联盟顾问因为将不可靠的符腾堡部队全部遣散回家而敦促派兵据守杜宾根、基尔希海姆、朔恩多夫和格平根等最重要地点，以待联盟援军的时候，格奥尔格老爷坚持不能分散兵力，否则斯图加特连同其他城市将会失守；他认为，必须重视斯图加特，因为谁占领这个城市，谁就能以它取得全邦。由于公爵已经把攻城炮留在巴林根，只要他们对斯图加特严加防守，公爵用手下的少数野战炮对付这个城市是无能为力的。如果公爵不得不长期包围斯图加特，剩下的瑞士人也会离开他，因为没有钱瑞士人在哪里也不能久留，而公爵是拿不出钱的。这些有力的理由占了上风，于是，当公爵同他的瑞士雇佣兵和农民在辛德尔芬根正举杯畅饮、完全没有料到这种可能的时候，路德维希·冯·黑尔芬施泰因伯爵奉特鲁赫泽斯之命，率领一千六百名步兵和六百名骑兵，配备一门精良大炮，急速开进斯图加特。公爵似乎确实相信特鲁赫泽斯和他一样，是一个性情不太急躁的英雄；原来乌尔里希也想到了斯图加特，而且命人在该城宫殿安置下榻的地方，晓谕市民，明天夜里他要在那里安歇，但他并未考虑派兵占领这座城市。黑尔芬施泰因看到斯图加特的宫殿里应有尽有，感到非常高兴。斯图加特市民非常向往符腾堡公爵，只是被突然冲进城内的强大联盟军队吓住了。

第二天，乌尔里希公爵才从辛德尔芬根翻山越岭，向斯图加特移动。如果他不是在辛德尔芬根停留那么久，他早就一帆风顺地进城了。现在，他必须围攻这座城市。城里他最活跃的内应是个刽子手。这个刽子手住在城墙塔楼上。从礼拜四到礼拜日，公爵
272 的军队只击毙守军七十人左右，而这个刽子手为了援助公爵，一个人就击毙了七个城内雇佣兵。他巧妙地使人觉得射击的子弹仿佛是从城外敌人那里射进来的，因而侥幸没有被发觉。

2 月 24 日，乌尔里希公爵的后台和同盟者——法国国王弗朗茨在帕维亚一场会战中战败被俘，瑞士各邦因此大为震惊，立即召回追随乌尔里希公爵的瑞士人，违者处以体罚，且要受到财产上的惩罚；奥地利向来坚持要求召回瑞士人，而现在瑞士各邦不再反对这个要求了。除去巴林根、赫伦贝格和斯图加特附近周围地区以外，符腾堡其他地方都没有农民起来拥护乌尔里希。现在，他只有撤退了。3 月 17 日，他再次越过边界撤离本邦。他失去了瑞士人和农民的心，他们嘲笑地说，一场“忏悔节打斗剧”演完了。这次进军对瑞士人和农民以及对公爵来说都毫无好处；失败的原因，第一是他的进攻违反原定计划，行动太早了；其次是大公收买了乌尔里希军队中的瑞士人，使他们背离了他，甚至出卖了他。然而他的脱逃并不能归咎于瑞士人。

第　三　卷

第一章　士瓦本联盟对上士瓦本农民背信弃义 275

农民正如总务大臣埃克先前说过的那样，被人“用谈判拖住了，直至军队开来向他们进攻”。来自乌耳姆的联盟成员不断奔波在沼泽地、阿尔部和湖畔一带的农军中间，竭力使农军在联盟受乌尔里希威胁的危险过去之前，停止任何行动。这些骑马奔波的人中主要有魏因加滕修道院院长格尔维克。难怪农民相信了他们的花言巧语，似乎士瓦本联盟会真诚关心他们的疾苦，因为连那些接近联盟的人起初也信以为真。这是由于人们看到，农民的事情一提交到乌耳姆联盟顾问那里，伯爵、上层僧侣和一般贵族就立即纷纷同自己的臣民谈判，向他们坚决保证，凡属农民在士瓦本联盟获得的结果，不论有无法律根据，他们一概愿意作出让步。

这些策马奔波的老爷们特别致力于离间三支农民队伍，动员他们与自己签订单独协议，不过在目前，这还是枉费心机。

在这些日子里，农民草拟他们准备提交士瓦本联盟的条款。早在复活节前第五个礼拜日，修道院院长格尔维克就陈书联盟道：驻扎在阿尔特多夫的下阿尔部农军让他看过他们的条款；这些条款与沼泽地农军所提出的如出一辙。

乌耳姆的联盟顾问们始终信守他们的政策：他们让农民去议写条款、进行谈判和等待，“直到联盟腾出手来”。“用诺言拖住农民，愈久愈好，在此期间作好反击的准备”。现在那些曾被其臣民向士瓦本联盟特别指控的领主直言不讳地宣称：首先要重新制服农民，尔后他们才愿意去联盟答辩。

276 这也是士瓦本联盟的观点。联盟正命令格奥尔格老爷回师向多瑙河方向开去讨伐农军。

不仅在停战期间，而且在3月25日停战开始之前也是如此。

在斯图加特，联盟雇佣兵哗变了。他们以保卫住城市未被公爵攻占而要求发给战斗加饷。特鲁赫泽斯正忙于制服和惩罚叛逆的莱昂贝格、伯布林根、赫伦贝格和巴林根辖区，首先是解除他们的武装。当他获悉雇佣兵哗变，即下令各旗手单独撤离该城，因为雇佣兵非拿到饷钱不肯开拔。队长、军士和旗手从斯图加特打着迎风飘动的旗帜开往驻有另一支军队的达格斯海姆。第三天，哗变的雇佣兵也随后到来，而且服从了。联盟代表会议所募集的军队从四面八方向这里集结，然后朝着乌拉赫、杜宾根和基尔希海姆，向山区移动，以便越过山区向乌耳姆和埃因根方面的农军营寨接近，“伺机对付农军”。但是，雇佣兵又不肯开拔了：队长们“没有严守秘密”，在雇佣兵中传扬说“又要去打农民”。他们全副武装，举行大会。他们要求队长向大家说清楚，指挥他们去打谁。由于队长们说是去打农民，而农民的行动是正义的，所以大家约定，谁也不要被利用去同农民作战，并一致声明，“他们不愿意跟自己的朋友——农民打仗。”梅明根雇佣兵队长当即率其部下撤走，继他之后，奥格斯堡的雇佣兵也撤离了；最后剩下的只有一个旗队[①]，

① 旗队（Fähnlein）指在一面旗帜下集合的部队，约步兵三百至六百人或骑兵二百五十人。——译者

队长米夏埃尔·弗雷森迈尔和七名雇佣兵。

格奥尔格·特鲁赫泽斯仍旧同骑兵队驻扎在伯布林根。他们在军事委员会上决定，派遣雇佣兵特别爱戴的弗里德里希·冯·菲尔斯滕贝格伯爵率领若干骑兵赶到辛德尔芬根，以动员那些撤走的雇佣兵回来。伯爵使大多数人转回达格斯海姆军营。格奥尔格老爷命令队长们召集一次全军大会，说他要出席并对雇佣兵讲话。队长们把队伍集合在伯布林根附近的旷野，格奥尔格老爷和他的军事委员会委员们走进集合场地。骑马陪同他前来的主要有弗里德里希·冯·菲尔斯滕贝格伯爵和弗罗温·冯·胡滕老爷。格奥尔格老爷要求全场安静，然后说："亲爱的、虔诚的士兵将士 277
们！我听说你们不肯去打农民。按照农民的说法，他们的行动只是为了贯彻实现上帝的意旨，并没有人要做不合理的事。联盟同样也要贯彻实现上帝的意旨；但是农民的言行不一致，他们怀有邪恶的企图，实际情况就是这样。你们看：他们夺去了我的领地，这是我从我的主人和父亲那里继承下来的、公平购置的产业；遭受他们的暴力和伤害的不仅是我一个人，还有弗里德里希·冯·菲尔斯腾贝格伯爵和他的兄弟威廉伯爵以及许许多多领主、贵族和教堂。虔诚的兵士们，为了使你们看清楚我没有任何不合理的要求，我愿开诚布公地同你们讲话，让你们了解事情的真相；你们提出的要求，我愿意接受。你们要明白，不应该图谋不轨。谁愿意帮助我伸张正义，去打农民，跟我一起举起手来。"

全场鸦雀无声。大约有十五只手举了起来，大部分是队长。格奥尔格老爷沮丧地说，谁不愿跟随他，尽可以立刻走开或者撤离。但是他要求他们慎重考虑；假如贵族和骑兵离开他们，那他们可就完了。上帝不会遗弃出身显赫的贵族;他们应该考虑到这一点。格奥尔格老爷最后说,他要骑马去伯布林根。于是他离开了。

特鲁赫泽斯在斯图加特城前

奥格斯堡城的队长米夏埃尔·弗雷森迈尔首先说服了他的旗队,结果这队雇佣兵一致认为,忠诚的战士不能拒绝出征,而应服从指挥。其他部队也效法奥格斯堡旗队,他们都听从了自己队长的劝说;只有康斯坦次人例外,他们撤离回家了,除队长和旗手外一个人也没有留下。所有的部队共同委派勃兰登堡的卡西米尔侯爵的雇佣兵队长耶尔格·佩伦法因和特鲁赫泽斯的传令官奥格斯堡的汉斯·卢茨“作为他们的两个全权代表”去见特鲁赫泽斯，表示“作为其忠诚的部下，他们愿意遵照格奥尔格老爷和贵族骑士的指示出发去讨伐农民，征服恶魔”。特鲁赫泽斯宽厚为怀，接受了这个表示，并说，他也要像一个忠诚的统帅那样行事，在战场上他一定冲锋在前，决不退缩。

于是达格斯海姆和伯布林根两处兵营的部队全部出发，开
往泰克河畔的基尔希海姆，在那里申明军纪并向军旗宣誓。有
一些人在基尔希海姆又表现出对抗情绪。骑士沃尔夫·格雷姆
里希的雇佣兵完全是骑兵，他们在这里拒绝去打农民，独臂汉 278
斯·米勒统率的各旗队也拒绝宣誓。骑士沃尔夫·格雷姆里希
和步兵指挥官汉斯·米勒留在原地，特鲁赫泽斯则率其余军队
开往乌耳姆；他把鲁道夫·冯·埃因根留下保卫符腾堡。乌耳
姆城是特鲁赫泽斯打算率领联盟全部骑兵前往宿营两昼夜的地
方，它的市政会也只让四百名雇佣兵进入城内，而且是市政会自
己的雇佣步兵。乌耳姆城市区的居民、各行会虽然保持了完全
平静，可是他们并不厌恶农民的行动。他们卖给农民盔甲和武 279
器，为他们绘画旗帜，而且还听到他们说些联盟代表会议认为不
应该说的话。乌耳姆市政会虽然对联盟顾问解释，它不相信它
的平民会图谋不轨，但是，尽管如此，它还是害怕市民可能一反
常态，把权贵们都从城墙上扔出去。

在乌耳姆的联盟首脑和顾问们连续四天商讨如何对农民作战。联盟的许多权贵，如肯普滕的侯爵修道院院长，他们早已从谈判开始之时就公开备战了；联盟也置正在进行的谈判于不顾，毫不

掩饰“它已决心动用武力和依靠上帝的援助来对付农民胆敢从事的冒险”。尽管很多联盟成员非常蔑视农民，但是士瓦本联盟的顾问们并不把这场斗争看成是轻而易举的事情。奥格斯堡的市长、联盟军首领乌尔里希·阿茨特写道：“不管打算用什么方法来防范侮辱、嘲笑和损失，都需要一支比目前所募集的更强大的兵力。”因此联盟按照他的建议，继招募了第一批、第二批联盟援军之后，又连忙催征第三批援军，而这一批要用现钱招募，因为若想效益显著，唯有雇佣外国兵。于是，在这最后的几天里，联盟调拨了巨额款项，尽管有些自由城市缴款并不踊跃，乌尔里希·阿茨特不得不对他们再三依次催促。他警告说，如果他们不立即缴付分摊的征集金，那他们将有可能失去生命和财产，因为缴款刻不容缓，耽误一小时，就会使形势十分危险。领主们看到钱和兵员都有希望得到，也就趾高气扬地行动起来。格奥尔格老爷竟想出一个可能迅速把联盟金库充裕起来的办法。为了有利于作战，他建议，外出抢劫和掠夺应绝对禁止，因为这常常分散队伍的精力，造成某些战斗失败。要任命两名免蹂躏费[1]征收官，让他们在所有占领地区征收免蹂躏费；这笔钱的三分之二上缴联盟金库，三分之一发给军队代替掳获品。预计可能有几千个村镇将被占领和征收免蹂躏费，
280 那么只须各征三百弗罗林，就不难筹得一百万。但是某些博士不满意这个办法。“他们只会按照学院里所学的道理来理解这个问题。”

① 免蹂躏费(die Brandschatzung)，指向城乡征收免遭抢劫和纵火威胁的一种费用。——译者

第二章　敌对行动开始

农民曾经热诚期待谈判会有某些成果。现在，他们从逃到他们那里的雇佣兵嘴里得知特鲁赫泽斯的军事行动和他在辛德尔芬根的讲话，以及听说了联盟的大规模的备战活动，同时农民代表从领主要坚决摧垮农军的狂妄的话里也推断出事态的动向，于是，农民满怀愤慨，他们的信赖一变而为愤怒，这就给运动人物造成有利的机会，而过去他们一直处于力图通过和解或者法律途径来解除疾苦的温和派的优势压制下。

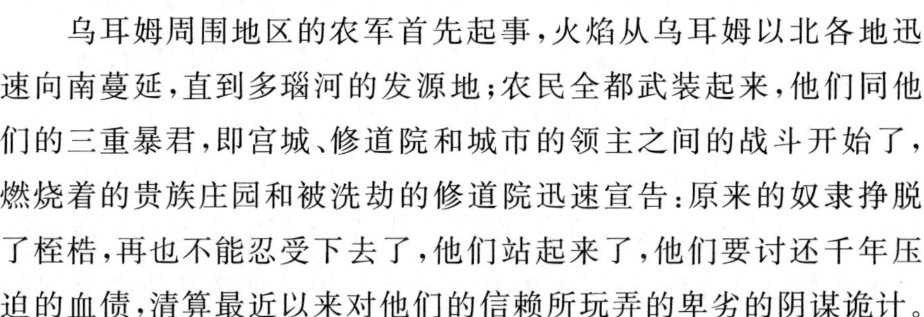

乌耳姆周围地区的农军首先起事，火焰从乌耳姆以北各地迅速向南蔓延，直到多瑙河的发源地；农民全都武装起来，他们同他们的三重暴君，即宫城、修道院和城市的领主之间的战斗开始了，燃烧着的贵族庄园和被洗劫的修道院迅速宣告：原来的奴隶挣脱了桎梏，再也不能忍受下去了，他们站起来了，他们要讨还千年压迫的血债，清算最近以来对他们的信赖所玩弄的卑劣的阴谋诡计。

但是，就在这时，坚决战斗者争取到的只是农民的多数，而不是其全部。在整个战争进程中随处存在着动摇的现象。掀起短时间浪潮的，忽而是这一派，忽而是那一派；今天温和派占了上风，明天运动人物居于优势；接着是恐怖派大显身手，随后温和派重又得势。在群众的心中，怀疑和信任迅速交替，然后他们怀疑一切，甚至怀疑他们自己的领袖，后来他们又为他们百般不信任的那些领主们所迷惑和麻醉，重新信赖他们和他们的诺言。

在农民中始终存在着主和派和主战派。甚至有许多人到营寨
281 里来不是出于自愿和真心。其他那些最早参加进来的人，时间一长，逐渐失去了兴趣和勇气，有不少人一心想如何名正言顺地脱离这场斗争。甚至有某些人是由于害怕而参加起义队伍的。

农军营寨中士气最高的自然是那些雇佣兵，其中某些人对军营生涯很适应，同情农民，就是说他们赞成起义，因为起义能给他们提供获得丰富战利品的机会。看来也有不少雇佣兵，特别是许多敌视僧侣的人原则上支持农民。除去非自愿参加进来的而外，那些财产雄厚的人很快就表现出最缺乏战斗意志。田产的经营管理需要他们留在家里。还有许多人认为农民比不上领主的装备精良，因此不相信诉诸武力会有好结果。

在这场战争中，各处农军的战斗力也很不平衡。上士瓦本人，尤其是阿尔部人，自幼素谙军事，持武器，穿铠甲，他们中许多人参加过战争。与此相反，黑森林人既没有那样好的装备，也不像那样训练有素。一开始就实行的征募，办法是通过抽签从每四个人中征召一人入伍。不愿入伍者，则雇人代替，出周饷十五克里泽。第二次征募也已进行，每三人中有一个穿铠甲及携带其他必要的装备来到军营；代役者得周饷二十克里泽。但是缺少火药和攻城炮。农军的主要弱点是缺乏骑兵，而这恰恰是敌军之长。此外，由于给养问题，庞大的军队也不能长久集结在军营之中。农民中自行摊派缴纳的军税不敷所用，不足以维持精兵。部分营寨，如莱普海姆和巴尔特林根两地营寨，在 3 月底已明显感到粮食短缺。这足以使不少平民“渴望和平”。黑森林农军中招募的雇佣兵特别多，他

们行为不端。农民深受其患，这也使他们愿意重新与自己的领主言归于好。沃尔夫施泰因的农军首领写道：“这些雇佣兵只顾追求个人利益，丝毫不管穷人的死活，如同一切堕落的无赖的所作所为，如果不是军中这种雇佣兵太多，农民早就愿意与领主和好了。”

领主对农民所玩弄的阴谋手段，也是目前使温和派深为不满、使过激派占了上风的原因。

使用暴力也是从这时开始的。各地的情况几乎都是如此。在 282
领主方面最开明的人看来，各地农民开始时的要求并不过激，而是适当而合理的。但是，从一开始各地也都有这样一些人，他们要求取消一切从属关系，取消一切负担，消灭一切贵族，要求像瑞士人那样自由。大多数地方，例如肯普滕、班贝克和萨尔斯堡地区，农民只要求颁布一种地方宪法和铲除公认的不合理现象。3 月中旬，上士瓦本人似乎还未想到要建立一个共和国，而是想进行他们所理解的那种“选罗马国王”式的选举，他们想到的对象大概是萨克森的弗里德里希。连运动人物内部的观点也不一致。一部分人仅仅主张建立只有一个君主的统一的德意志帝国，取消教会诸侯和世俗诸侯，再就是传布自由的福音。另一部分人比他们更温和，他们只要求打倒教会诸侯，而在世俗诸侯的治下制定一部自由宪法。还有一部分人则希望打死所有的领主，平分他们的财产。

现在，连最初只谋求维护古老权利的稳健的上士瓦本人中的大多数人，也觉得上述最后一部分人是最明智的。于是，那些不久前还只希望取消什一税和维护真正的福音的人也追随他们了。这时，上士瓦本人也就这样被卷入了其他地方由另一些人做了长期准备工作而爆发在即的革命中去。

那些从来没有对领主抱过任何希望的人，即使在谈判期间也致力于在力所能及的地方，最大限度地扩大和加强人民同盟。现在，正是这些人在筹集进行战斗的资金，并准备亲自组织这一战斗。

首先，他们尽力在各处除掉最能影响平民情绪的家伙，即那些不按新教义传道的牧师。一些地方农民成群结队到牧师那里，不但告诉他们，农民领导人要求他们按照经文的精神，响亮而清楚地宣讲圣经，不要增加任何人为的补充内容；而且还直截了当地说明，如果他们不愿意同农民一致行动，他们就得放弃牧师职务和薪俸。

为了与士瓦本联盟的巨大财源相抗衡，农民方面也积极开辟财
283 源。人民运动的领导人决定，没收教堂中的金银器皿，将其变卖来装备自己；也要征用教堂的现金，并把各村庄有价值的公用财物典押成现金。他们还希望通过修道院和其他大寺院还俗的方法（实际上就是他们所称的取缔）得到重大的财源。由于士瓦本联盟的敌对态度昭然若揭，三支农军在盖斯博伊伦举行了一次全体大会。

3 月底 4 月初，各地的农民都行动起来了，起义的火焰不但在上士瓦本、因河河谷、黑森林、布莱斯部和亚尔萨斯，而且也从乌耳姆以北各地燃起，经韦尔尼茨河、雅格斯特河和柯赫尔河之间的地区，疾如闪电地一方面发展到内勒斯海姆、博芬根、内尔特林根、艾尔万根、厄廷根、丁克尔斯比尔和克赖尔斯海姆；另一方面蔓延到格明德、阿伦、盖尔多夫、哈耳、整个霍恩洛厄地区；进入奥登瓦尔德、莱茵部，越过山脉到达法兰克尼亚中心地带；在托马斯·闵采尔坐镇的整个图林根森林到处揭竿而起。

早春时节，南德约十二个彼此远离的地点，在几天之内，同时爆发了人民武装起义。在同一个时间里，蒂罗尔人起义；布尔根巴赫的汉斯·米勒打响了黑森林和布莱斯部的战斗；湖滨、阿尔部和沼泽地的三支农军以及在乌耳姆以北又聚集起来的莱普海姆农军都在准备进攻；符腾堡山区、海尔布隆城辖区和德意志骑士团领地的农民，在其首领的指挥下武装起来了；陶伯尔河畔普遍地发动了起义；格奥尔格·梅茨勒[①]带领一支农军，从奥登瓦尔德开出；文德尔·希普勒[②]在霍恩洛厄地区策划了最初几次暴动；也是这个时间里，闵采尔在米尔豪森拔出了共和国之剑。

还有另一种精神在各地的集会上起了主导作用。在几乎所有的村区，过激派都占据优势，敌对行动首先在最近遭到领主侮辱和威胁的地方开始。

从湖滨到黑森林边，从多瑙河向下，直至乌耳姆以北的京次堡，到处响起了进击的钟声或是宣誓效忠的呼声，于是，农民从3月最后一周开始，纷纷前往集合地点报到。所有的营寨都挤满了；在圣母通告节[③]前几天，多瑙河畔莱普海姆宛如一个农军大营寨，充满了战争期间所特有的嘈杂声。

三支农军的代表从乌耳姆回来密报，谈判已经破裂，领主们口口声声要坚决镇压，而且傲慢地把这种无理要求叫做“心平气和 284

① 格奥尔格·梅茨勒(Georg Metzler)，1525年奥登瓦尔德农民起义的领袖之一，华美军的司令，属于温和派，华美军被击溃后逃跑。——译者

② 文德尔·希普勒(Wendel Hipler)(1465—1526)，德国贵族，1525年参加法兰克尼亚农民起义，“海尔布隆纲领”的主要起草人。农民起义失败后逃走，1526年被捕，死在狱中。——译者

③ 即3月25日。——译者

的、理所当然的提议”;此外,农军又获悉,特鲁赫泽斯正调动军队准备向他们进行突然袭击,于是,巴尔特林根农军首先出动,在3月26日攻打了几处领主宫城。

这些宫城的主人正是最为盛气凌人、最会玩弄诺言、参加了特鲁赫泽斯的军队的那些人。汉斯·布尔克哈德·冯·埃勒巴赫在劳普海姆的宫城被洗劫了,扎尔曼斯魏尔的修道院院长在舍默尔贝格的宫城和格奥尔格老爷在西默廷根的宫城都被抢掠一空。农民把所有的家具、酒和粮食统统拿走,然后将牢固的房屋放火烧掉。佃农虽然害怕火势蔓延到自己的村子,因而前去把火扑灭了,但是,在拿光领主仓库的存粮和捞尽池糖的鱼虾的事情上,他们和厄普芬根人都是最为积极的;他们每一家都得到一份虏获品。接着,农民包围了贵族康拉德·冯·罗特的罗特尔斯豪森宫城;其中最为积极的又是他自己的佃农。这位骑士参加联盟军队在外,宫城里只驻有少数雇佣兵,他们见到自己势力孤单就听任农民冲进来,而他们则逃避到一个储存火药的坚固的地下室里。农民追进地下室,一个农民把一块燃烧着的引火物扔到火药上;于是一部分宫城和雇佣兵以及许多农民都给炸飞了。

这些严重危及特鲁赫泽斯自己财产的事件,使他决定不先到莱普海姆,而转向上士瓦本,直奔巴尔特林根附近沼泽地的农军。

3月30日,全部联盟军徒步开往各支部队的集合地点埃尔巴赫,打算从多瑙河左岸埃因根附近渡河,因为农军正陈兵在右岸。联盟军拥有约二千多名骑兵、七千八百名步兵,配有精良的大炮。但大炮不能带过多瑙河,联盟军的主力——骑兵队在沼泽地又无用武之地。特鲁赫泽斯只好派弗罗温·冯·胡滕带领狙击兵渡过

多瑙河。胡滕在德尔门辛根遇到刚从明德尔河谷开来的农军一旗
队，称为温策尔旗队。这支农军发现狙击兵后，立即逃越罗特河，
使联盟军无可奈何。兵力雄厚的巴尔特林根农军沿沼泽地开往里
斯蒂森，希望引诱特鲁赫泽斯追赶他们。可是，特鲁赫泽斯率领一
半骑兵撤往乌耳姆，命令另一半骑兵撤回埃因根。这天晚上，威
廉·冯·菲尔斯滕贝格伯爵率领步兵停留在埃尔巴赫，而雇佣兵
所干的唯一的一件事，就是抢掠和烧毁了几个村庄。第二天早上，285
正值格奥尔格老爷准备到乌耳姆高等法院去办理例行公事时，巴
伐利亚旗队的几小队雇佣兵窜入德尔门辛根村，意图抢掠。农军
发现这种情况，立即从沼泽地回来，袭击村中的雇佣兵，刺死百余
人，俘虏了几个，打发他们带着白棒返回联盟军兵营。农军甚至故
作姿态，似乎意欲跨过埃尔巴赫附近的桥梁去袭击菲尔斯滕贝格
的军营。伯爵依靠有利的地形，命令向农军开炮，但很少命中。格
奥尔格老爷和埃因根的人马听到警报，火速赶来增援，跑得马匹汗
如雨下。但是农军又向里斯蒂森撤退了。

联盟方面反复谋划如何进攻农民。格奥尔格老爷和威廉伯爵详细视察了沼泽地的各个地点，发现这里无法使用骑兵。于是，他们从另一边开往厄普芬根。这时格奥尔格老爷望见农军分成很多队停留在蛇炮射程以内，就派一个青年妇女携带一封以联盟的名义写的信到农军方面，信中他劝他们撤退，答应给予每个服从的人以人身安全；同时他也让这个妇女询问农军，他的部队的使者是否能得到农军的同样的安全保护。农军答应了，于是他派一名鼓手携带新的建议去见农军。但是，充分了解对方侦察意图的农民在入夜时分就拔营起寨，撤退到一个森林附近。鼓手害怕在归途中

遭到哨兵的射击，就擂起他的大鼓。

联盟军营的哨兵没有接到有关的通知，鼓声恰恰使他们产生了误会，他们大声报警，顿时全营起身，喧嚣声之大，甚至相距很远的农军营寨也都听见了。他们寻找敌人在何处，只发现鼓手，别无他人。鼓手报告说，农军已经撤离了原来的阵地。但是这场盲目的混乱给特鲁赫泽斯带来了莫大的好处。原来联盟步兵中有人同农民有默契，他们曾通知农民，他们打算攻打骑兵及其雇佣兵，然后同农民联合起来。约定在这一夜里哗变，农军来袭击联盟军兵营。农民听到联盟军军营中的警报声，感到惶惑和惊慌；他们怀疑起来，或者认为事情已经败露；当夜便退到施塔迪翁。特鲁赫泽斯趁机追赶，抢掠和焚烧了好几座完全无辜的村庄。骑兵抢到的牲口非常多，以致一头母牛只卖半个巴岑[①]；在这些村庄里，大多数

286 农民都留下没走，财物也未转移，因为他们还没有参加兄弟会！迪特里希·施佩特奉命率领骑兵追赶农军。在施塔迪翁和格伦茨海姆之间他赶上了农军，相距之近已经可以彼此答话。但是农军阵容整齐，他不敢冒险进攻，反而退却了。

第三章　乌耳姆以北的暴力行动

在这期间，朗格瑙和莱普海姆两处营寨的农军日益壮大，乌耳

① 巴岑（Batzen），古时南德和瑞士之货币名称。——译者

姆联盟顾问们的忧虑也随之与日俱增。两个营寨驻有农军五千多人;另有四千多人正从明德尔河谷开来增援他们。士瓦本联盟的所有兵力都已调离这个地带,同特鲁赫泽斯的部队汇合在一起。

集结着约六千人的伊勒蒂森农军营寨致函魏森霍恩,信中要求该城参加这个地方的“基督教同盟”。他们写道:“我们出于兄弟般的友爱和热诚的信赖劝告你们,应该如好兄弟那样与我们同甘共苦,勿再观望,因为上帝与我们在一起。”

到了次日,4月1日,朗格瑙、莱普海姆和伊勒蒂森三个农军营寨也和这一天帝国很多地方一样行动起来了。莱普海姆农军首先攻下威廉骑士在比尔的宫城,从中抢走了枪支、弹药和贮存物品,并且捣毁了建筑物。然后队伍分散行动;大队转移到普法芬霍芬,少数逆比贝腊赫河而上。他们派人去魏森霍恩,接洽入城问题,他们表示愿意自己出钱在城里吃喝;遭拒绝后,农军要求交出罗根堡修道院院长和其他外地教会领主逃亡带进城里的一切财物。这个要求也被市政会拒绝。于是农军开往阿滕霍芬。雅各布·韦厄本人也随同出发,但是他无法防止个别酒醉的和复仇心切的农民的越轨行为。他随军行动目的是用缴获的金钱建立一个军费金库。

莱普海姆农军没有钱,而参加进来的雇佣兵要求发军饷,农民自己也要生活。雅各布大师派人把阿滕霍芬的牧师住宅中所有能够搬运的东西全部运走;这个在逃的牧师特别敌视人民的事业,雅
各布大师甚至要派人把牧师的住宅拆毁。只因一个妇女代为哀 287
求,并说明住宅是教会的房产,他才作罢。周围一带所有神甫的住宅都空无一人;所有的牧师都逃到魏森霍恩去了。分散在这些地方的农民并没有造成其他损失,只不过喝光几瓮酒,牵走几只羊,

拉走几头牛或者抓走几只鸡，打坏一些门窗。这些也并不是大队人马所为，而是个别散兵游勇干的。

雅各布大师只从牧师住宅里拿了一块涂猪油的面包，自己吃了。现在，他率领庞大的莱普海姆农军开往魏森霍恩。随军带有六十辆车。队伍本身就已使魏森霍恩市政会十分恐慌，而这些车
288 辆更增加了队伍的声势。队首已经到达魏森霍恩园圃，队尾还没有走出阿滕霍芬。农民队伍不但长，而且还相当宽，有人在休耕地上数了数，足迹达三十一个，可以想象队伍是何等庞大，而农军队伍的人数之众（这可以从上面的描述中推算出来）更使魏森霍恩心惊胆战。

农民已经作好一切冲锋的准备，双方开始射击，连从邻近地区逃来的教士也参加了守城战。射击持续了一小时左右，农民在城郊的房舍里住了下来，天色暗下来，双方暂时停火。

魏森霍恩城里的人担心第二天早晨会重新进攻，农民却趁黑夜撤离此城，开到罗根堡修道院的前面。众修士早就闻风逃走。修道院不攻自破。农民不顾当时正值忏悔节，痛痛快快地把修士的鱼、肉和美酒拿来大饮大嚼起来。于是队伍失去了纪律的约束。喝醉酒的农民毁坏了修道院漂亮的大风琴，用木棍打碎了神龛，拿走了圣饼及圣油盒，破坏了礼拜堂中的一切，撬开了图书室，撕毁或运走了其中的书籍和记载农民地租及其他债务的文书，拿走了圣餐杯和其他器皿，撕碎了做弥撒的祭服和旗帜，用来做成“裤带”。组织运走修道院物资的首领们，发现了贮存的大量谷物、酒类、役畜、家禽、羊以及各种用具。这一夜，耶尔格·埃布纳自己当起罗根堡的修道院院长，尽情地同他率领的农民玩笑取乐。

农民在罗根堡的暴烈行动

很多村庄的农民都朝着还剩下大量财物和其他东西的魏森霍恩和罗根堡奔来，认为可以一下子解决一切问题；在罗根堡活动的约有一万两千人，伊勒蒂森的六千之众，本应与他们在魏森霍恩城前会合，因为来迟了，在巴本豪森宿了营。大多数村镇全体参加了农军，只有少数人参加的村镇不多，“因此，若干村镇中只剩下一些雄鸡在那里报晓”。

4月2日，即复活节前的第二个礼拜日，天刚破晓，绝大部分莱普海姆农军带着虏获品返回莱普海姆。在这期间，联盟顾问们已来到特鲁赫泽斯军营，同他商定了向莱普海姆农军进攻的大计。

289 第四章　特鲁赫泽斯袭击莱普海姆农军

像莱普海姆人一样，朗格瑙农军也并没有偃旗息鼓。牧师雅各布·芬斯特瑙尔和出身城市贵族的农军法官托曼·保卢斯也未能制止他们的越轨行动。在复活节前第二个礼拜日，朗格瑙营寨的首领和顾问们给莱普海姆营寨的首领写信说，他们已经发动进攻，而且每天还在继续抢掠。只剩下一座宫城，如把这座宫城再攻下，他们这里所有领主的邸宅就都收拾完了。假使莱普海姆人不能全部开来，也应给他们派来两千至三千步兵和两三支火绳枪。他们打算在烧毁这座宫城之后，立即全部出动去增援莱普海姆农军。如果上帝愿意的话，他们就随后一起向乌耳姆进军，给予各路兄弟部队以强大的援助。倘若莱普海姆农军不能援助他们，他们希望知道下一步应该做什么。

如果向乌耳姆的联合进攻告捷，农民拿下了这座坚固设防之城，士瓦本联盟就失去了它在多瑙河畔的根据地，而农军就获得了一个重要据点。农民对乌耳姆的领主们仇恨极深，任何领主胆敢冒险出城都有遭受农民虐待的危险。

莱普海姆人用计占领了京次堡。这个城市的市政会一直不听参加人民的事业的劝告。当时许多人出城跑到莱普海姆城前的营寨中。几天后，他们书面要求市政会准许他们回去探望妻子儿女。市政会在他们走后，已将他们作为叛逃者处理了，现在由于害怕，又答应他们进城。这些京次堡人返回城里时，外地农民也混在他们的行列里。首先进城的农民立即占据了各城门，随后其余农军各队挥舞刀剑冲入城中，攻到市政厅前，强迫市政会参加农民的事业。这座城市就这样落入农民手中。

雅各布·韦厄原以为联盟军队在上士瓦本活动并被牵制在那里，现在发现特鲁赫泽斯近在咫尺，就同在乌耳姆的士瓦本联盟的首领和顾问们接洽谈判，以期赢得时间。这时，农军首领都希望各路结盟农军开来增援，以便取得对联盟军队的优势。

但是，特鲁赫泽斯已逼近他们。同一天，他命令西格蒙德· 290
贝格尔队长率领一支由黑森人和乌耳姆人编成的骑兵分队，渡多瑙河向埃尔辛根推进，他自己则向莱普海姆进军。开往侧翼的这支骑兵部队在格平根附近的森林与一千两百名农民遭遇，其中一部分正携带着虏获品乱哄哄地返回朗格瑙，另一部分还在忙着抢掠埃尔欣根修道院。骑兵冲进他们中间，他们立即四散溃逃。离得远一点的人为了活命逃之夭夭；其他在修道院内或在其附近的人遭到了袭击，近五十人被刺死，一部分被赶到多瑙河里，淹死者为数不少。约有二百五十人被俘，被绑解到乌耳姆去。

莱普海姆农军首领迅速地布置防御。有三四千农民据守容霍尔茨（小森林）附近一条高于比伯尔河桥的崎岖陡路。地形很有利，左有森林，右临小溪，前面是一片沼泽，背后布置了一道车垒。他们以农作物为掩护，把许多旧车辆翻倒在通往多瑙河方向的车道上，很多车辆的马夫座上装有火绳枪和其他小炮。特鲁赫泽斯的骑兵一出现，他们就勇猛地射击。格奥尔格老爷十分清楚，“莱普海姆人的小炮弹药不多”。因此，他大胆地率领他的快速部队（前卫）以及先头部队向前挺进，主力部队和其他分队留在稍后的地方。但是，农民已看到了兵力比自己多一倍以上的强大的联盟部队开过来，并进行部署，因此他们决定，在短暂交锋之后撤回莱普海姆，同在那里集结的兄弟部队会合；因为比较大的一队人马正从京次堡开来。一支新的农军也正向这里推进。尽管大敌当前退却很困难，可是他们进行得很巧妙，连伤员和阵亡者都放在车上带走，一直运到莱普海姆附近，才在道旁的田地里掘了一个坑，掩埋

了死者。联盟军的骑兵被沼泽地所阻，不能立即追赶农军，不得不绕道而行。这时，特鲁赫泽斯率领的快速部队赶上了后撤的农民队伍，切断了他们的去路。联盟军的雇佣兵按照特鲁赫泽斯的号令，转向那里的十字架纪念碑，疾速前进，切断了农民向莱普海姆的退路。很多农民退回容霍尔茨，被联盟后卫骑兵刺死或俘虏，许
291 多人跳入多瑙河，游到对岸，可是又落到了扫荡了埃尔欣根的乌耳姆和黑森的骑兵手中。与他们相反，不少在埃尔欣根附近遭到袭击的农民，渡过多瑙河，脱险到了莱普海姆。根据最少但最可靠的统计数字，在莱普海姆附近，有五百农民被刺死，四百人左右溺死在多瑙河中，两千多人幸运地退回到莱普海姆城中。至于火炮，联盟军只缴获了四门小炮。

第五章　雅各布·韦厄之死。第一次死刑判决

雅各布大师是否像传说的那样，曾亲临战场，已经无法肯定；很可能进攻时他还在京次堡，到紧急关头才赶来的。现在，特鲁赫泽斯率领全军开到小小的莱普海姆城下，要大举进攻。他把大炮排列在十字架纪念碑前面的广场上，同时部署步兵冲锋。雅各布大师的部队大部分驻守在莱普海姆和京次堡两座小城，他曾竭力激励他的部队进行英勇的抵抗。事后敌人诽谤他说，他以前就曾欺骗过农民，说联盟的枪械和武器会掉转来打他们自己的人。但是，像韦厄这样的人是有其他方法影响民众的。看样子，莱普海姆的农军据城守卫了一些时候，据说，韦厄本人从城楼上向联盟军射击。但是，他的部下却没有他那样勇敢。市民们派一个老人和几个妇女出城去请求特鲁赫泽斯开恩。他的答复是，他们必须无条件投降，而且首先要把那个用谎言蛊惑农民的传教士交出来。于是这个城投降了。

雅各布大师一看出这种情况，立即出了城。他的住宅挨着城墙，有条暗道从城墙下朝多瑙河方向通到野外。他知道城外河岸旁有个小洞。他从他所建立的军费金库中取出二百弗罗林，带一名亲信，由这条暗道奔往那个小洞中去。

特鲁赫泽斯在准备进攻时，曾允许步兵破城之后可以抢掠。

现在这个城市等于不战而降，可是，雇佣兵仍要求抢掠。特鲁赫泽
292 斯担心他们会抢掠太多，而雇佣兵弄到太多的战利品就容易开小差。因此他答应，把该城的动产交给他们变卖，但是不许抢掠。雇佣兵同意了。于是骑士和联盟军首领这些"长官"们宿营在莱普海

特鲁赫泽斯

姆小城内，而雇佣兵只好留在城外，在城墙外边扎营。特鲁赫泽斯曾经答应过骑兵队在京次堡抢掠。这个城也派来使者请求开恩纳降；他们说他们是被农民胁迫参加变乱的。特鲁赫泽斯也同样回答他们："除了无条件投降，别无其他选择。"于是，这个城也投降了。骑兵队驻扎在布伯斯海姆、京次堡及其附近一带。到处在搜捕雅各布·韦厄。

一只狗在雅各布躲藏的洞穴前面狂吠，引起了几个雇佣兵的

注意。他们用长矛往里刺，把隐藏的人驱赶了出来。另外一个说
法是，有一个农民看见他走进多瑙河边的一座丛林中去，随后该农
民被捉住，在追问韦厄的下落时，这个农民出卖了他。韦厄交出他
那二百弗罗林给追捕他的人，要求放他。但是，他们还是把他拴在 293
马笼头上，押解到布伯斯海姆，交给了特鲁赫泽斯。在 4 月 5 日，
礼拜三这天，特鲁赫泽斯对京次堡进行宣判。市政会免于处分，市
民必须交出九百金古尔盾作为罚款，一个比较好的老贵族，也许是
市政会中唯一拥护农民的人，被罚了一百古尔盾。京次堡的牧师
也曾企图逃出城去，但结果被捉住了。

莱普海姆人惨遭不幸，朗格瑙人也是这样。雇佣兵要求得到虏获金，便推举出虏获品负责人，对特鲁赫泽斯许诺的动产进行估价，并以此决定免蹂躏费的数目。他们去见指挥官威廉·冯·菲尔斯滕贝格伯爵。这位伯爵建议，干脆要每个农民和市民缴纳一份月饷(四弗罗林)作为免蹂躏费。雇佣兵听了很满意。被捕的市民和农民已被关在教堂里过了一夜；当伯爵和虏获品负责人来到他们这里并宣布了这项建议后，他们“作为可怜的阶下囚”，对一切只能唯命是从。正在京次堡的特鲁赫泽斯闻风急速赶来。他料想其中会有误解，所以来到教堂，询问那些在押的人答应了步兵什么。他们承认是一份月饷。格奥尔格老爷当场对他们说明，这笔钱总额超过三万四千弗罗林，他们由于害怕而答应得太多了。格奥尔格走出教堂时诙谐地说：“谁会想得到我竟然在莱普海姆教堂里布道呢?”他十分清楚，在押的人不可能付出这笔钱。他担心他们连自己的保证人和头目也不会去赎，而是把这些人交给“屠宰场”，因此他亲自估定此城交付的数目为一千五百弗罗林。在雅各

布大师用作军费金库的写字台里还有六百弗罗林。但是,步兵坚持要一份月饷。特鲁赫泽斯何尝不愿意把这个小城连同市民和农民都交给雇佣兵,任其为所欲为。但是,雇佣兵只坚持非拿到一份月饷不可。就在这种争执的情况下,军事委员会委员们对在莱普海姆首要的在押犯进行了宣判。

汉斯·雅各布·韦厄大师、别号巴伐利亚人的耶尔格·埃布纳、乌尔里希·舍恩和他的女婿梅尔希奥·哈罗尔德,在 4 月 5 日晚上被军事委员会判处死刑,并在当晚就押到莱普海姆和布伯斯海姆之间的一块野花盛开的田地上执行了。判处死刑的还有两名京次堡农民和那里的牧师,他们是一起被捕的。被判死刑的还有一个从联盟军投诚到农民方面来的老骑兵。共有八人被判了死刑。

294 当雅各布大师被解赴刑场时,特鲁赫泽斯对他说:“牧师先生,假如您安分传布圣经而不宣扬谋反的话,那您和我们原本都会安然无恙的。”雅各布大师从容而威严地回答道:“老爷,你们对我不公正,我并没有宣扬谋反,恰恰只是传布了圣经。”特鲁赫泽斯说:“我得到的报告却不是这样。”

特鲁赫泽斯的私人牧师走到雅各布大师面前,劝他忏悔,求主饶恕。但他拒绝这个劝告,并说:“亲爱的老爷们,谁都不必因此而动感情;我已向我的上帝和造物主忏悔过了,并且把我从主那里得到的灵魂交还给主了。”说罢他转向同他一起将要被处死的几个人说:“兄弟们,勇敢起来,我们今天还会在天堂相会。”说到这里,他仰望天空,高吟一句赞美诗作为祈祷:In te, domine, speravi(主啊,我对你虔诚不移)。然后他说道:“天父,饶恕他们吧，他们不知道他们自己做的是什么。”在他又一次高声祈祷把自己的灵魂交给上帝以后，他跪了下来。他的头颅立刻滚入了花草丛中。

耶尔格·埃布纳的头也落了地，哈罗尔德、舍恩和另一个农军首领也被斩首了。现在该轮到京次堡的牧师和那个老骑兵；其时已经夜深，这两个人经再三祈求，才幸免于死。这个牧师被特鲁赫泽斯捆绑很久，随着军队到处拖来拖去，最后被释放，但须交付八十古尔盾，他的骏马、牧师俸禄和布道权也失去了。

朗格瑙也有两个俘虏被斩首。朗格瑙农军溃散后，被市民取缔了的旧市政会立刻又重掌大权。特鲁赫泽斯亲自从莱普海姆乘马到纳乌来执行死刑。农军的法官托曼·保卢斯，总指挥汉斯·齐格勒以及牧师雅各布·芬斯特瑙尔幸运地逃掉了。乌耳姆市政会对待一部分被押送来的俘虏也是残酷的；复活节前第二个礼拜日之后的礼拜四这天，市政会向纳乌写信给老市长伯恩哈德·贝塞勒和市政委员塞巴斯蒂安·伦茨，要他们派刽子手来，以便处理联盟代表会议押送来的俘虏。领主们如此嗜杀成性，农民想报复岂不是很自然的事情吗？因此，农民恨透了乌耳姆，以至于到处传说着农民要捣毁乌耳姆，杀死城内所有居民。

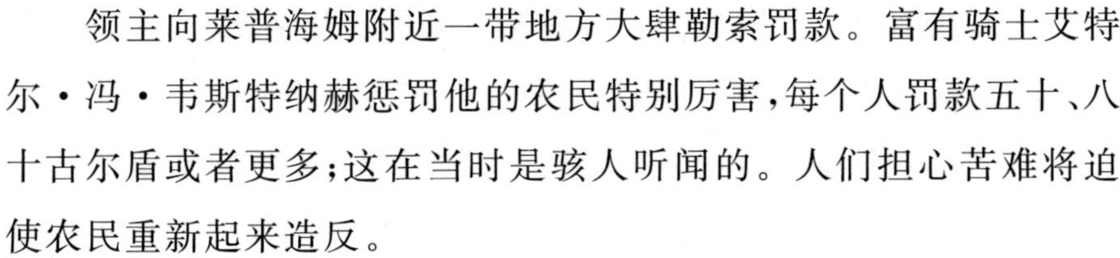

领主向莱普海姆附近一带地方大肆勒索罚款。富有骑士艾特 295
尔·冯·韦斯特纳赫惩罚他的农民特别厉害，每个人罚款五十、八十古尔盾或者更多；这在当时是骇人听闻的。人们担心苦难将迫使农民重新起来造反。

第六章　沼泽地、阿尔部和湖滨三支农军的暴烈行动。奥地利的阴谋

雇佣兵对金钱的要求不是特鲁赫泽斯用这些死刑判决所能满足得了的。他们以哗变相要挟，非要得到许诺给他们的那份月饷不可；对此，联盟必须想办法，不然就得自己付，这个问题不解决，他们一步也不肯前进。格奥尔格老爷的处境十分困难；他得到消息说，农民正逼近他自己的几处宫城，威胁着他的妻子和儿女的安全，而雇佣兵又不听劝说。转瞬间，军队在京次堡和莱普海姆已停留快八天了。由于格奥尔格老爷指挥不动这些雇佣兵，又担心农民可能夺取他在沃尔费格的宫城和瓦尔德泽的大炮，于是就派人向几个贵族求援，要他们率军前去保护这两处地方。赖沙赫、罗森贝格、赖纳赫、菲尔特、霍恩施泰因、朗道等地的领主，也一齐率军开入特鲁赫泽斯的领地；特鲁赫泽斯的一个士兵格奥尔格·亨策充当向导。在此期间，格奥尔格老爷和威廉伯爵已设法使联盟同雇佣兵达成谅解，两个统帅保证，联盟将在三十天内支付那份月饷；雇佣兵答应在此期间完全服从特鲁赫泽斯的调遣。复活节前的礼拜二，联盟军根据达成的谅解全部出动，进攻三支结盟的农军。

阿尔部农军得知士瓦本联盟已经剑拔弩张，特鲁赫泽斯正率军攻来的消息后，他们也不甘示弱。现在，首领们处理问题也比较

谨严；有些人宣布：谁不站在我们一边，就将被当作共同事业的叛徒，将如对待敌人一样，在他的家门前竖立一根木桩。在其他地方，凡至今不参加人民同盟者，则处以大量罚款。

4 月 1 日，他们集合起来；2 日，即复活节前第二个礼拜日，上阿尔部农军开到侯爵修道院院长逃往的利本坦宫城，切断了这座宫城的水源，封锁了所有通路。肯普滕市政会担心农军攻城。但 296
是得到确实消息说，农民的主攻目标是修道院。因此，市内在城墙和城门上做了一切防御准备，4 月 3 日拂晓，在城里敲起了警钟召唤市民上城墙，这时，农民在洛伊巴斯的克诺普夫、宗托芬的瓦尔特·巴赫和汉斯·施尼策尔指挥下大举进攻，一举攻占了修道院。众修士及其仆从被迫离开修道院，首领们接管了大部分贮存物资及所有贵重物品，然后全军大吃大喝起来。农民们友好地想到城中市民，给他们送去了两大桶酒；但是，市政会不肯接受这项礼物，而且为了争取各行会，还自己出钱，分别在各行会会址招待他们酒饭一次。农民将图书馆的书籍、文书室里的所有的记录和文件，连同几口钟搬到他们的车上，从马厩里拉走所有马匹（这中间也有些人胡闹一气），然后，开到施韦伯尔斯贝格的宫城，攻占了它，抢掠一空后，将其捣毁。霍恩坦和沃尔肯贝格两处诸侯宫城也被他们袭击、洗劫并捣毁。农民允许霍恩坦的地方官维尔纳·冯·赖特瑙和地方官莫里茨·冯·阿尔特曼斯霍芬安全地离开。农民把前者的财物一直护送到洛依特基尔希；后者到肯普滕城去了，农民听任他满载家产的十八辆车随身带去。

上阿尔部农军的主力向累赫河转移，打算占领菲森。复活节前的礼拜一，瓦尔特·巴赫率三支农军进抵城前。他派三个农民

到楼门前接洽谈判。城里派遣冯·伊岑多夫和几个市政会及法院的代表出城会见瓦尔特·巴赫，他正在一个由五十名农民组成的委员会中等候他们。这位农军总指挥谴责他们，对地方上的一切要求始终没有给予满意的答复，他代表新教兄弟会最后一次要求菲森人支持兄弟会，拥护和赞助上帝的法律和神圣的福音，因为他们想要建立的正是这些；农民的负担过重，领主对他们的压迫太残酷了；他们宁愿采取现在这种行动，宁可让大地上血流成河，也永远不愿再走老路了。菲森人回答，他们无权决定参加农民同盟。
297 冯·伊岑多夫提醒瓦尔特·巴赫注意他关于对奥地利皇室所属的一切概不过问的诺言。瓦尔特·巴赫听了这些话，装出十分愤怒的样子，威胁要把这座与农民有不共戴天之仇的、奥格斯堡主教所属的城市打得天翻地覆，并认为奥地利君侯殿下那样支持菲森人是十分不公正的；一个诸侯拉拢和庇护其同盟者的敌人，是违反战争惯例的。

农军总指挥最后发表这些暧昧的话的要害是：斐迪南大公同阿尔部农军的一些首领，特别是同曾在格奥尔格·冯·弗龙茨贝格手下为奥地利皇室在意大利服务多年的瓦尔特·巴赫有秘密谅解；斐迪南大公这个有政治头脑的人，比任何新教派的诸侯都乐于利用当时的宗教—政治运动来扩张奥地利皇室的势力，他曾十分认真地向巴伐利亚人建议，利用这种有利的形势，联合瓜分萨尔斯堡大主教的领地；他想利用平民的力量占有那些尚不属奥地利的美丽的南方高原地区；他想统治大大小小的一切教会领地和世俗领地，像美丽的符腾堡那样，也把这些地方置于奥地利皇室控制之下。因此，斐迪南在人民运动开始阶段对农民虽然毫不宽容，但随着运动的发展，却表现出愿意保护和拉拢农民。士瓦本联盟甚至表示出对大公不满，联盟向大公的代理人弗兰克富尔特博士明确声明，在联盟对农民所采取的一切行动上，迄今为止，殿下可以指责之处比任何其他人都多，如大公再不郑重行事，贵族将要离开他。

这就清楚地表明了斐迪南大公对阿尔部人和其他农民的态度。农民实际上已被瓦尔特·巴赫出卖给了奥地利，而他们自己还蒙在鼓里。当冯·伊岑多夫断言，菲森人已经宣誓归顺奥地利时，瓦尔特·巴赫同意了暂时退却的要求。一切都表明，瓦尔特·巴赫曾用特有的欺骗手段使上阿尔部人同意不过问奥地利皇室的事。但是，广大农民不相信菲森已经归属奥地利了。他们大声疾呼，这是一种骗局，一项黑市交易。起义农民的首领之一内瑟尔旺的地方官彼得高声宣布：他们决定马上去殿下的宫廷打听清楚，是不是真像人们欺骗他们所说的那样，菲森人已经宣誓归附奥地利
皇室。假如不是事实，而是他们花言巧语愚弄农民，那农民将要把 298
这座城市彻底摧毁，连未出生的胎儿也不饶恕。但是，瓦尔特·巴赫坚持让农民撤退了。达成的协议是：鉴于菲森近郊直到城墙都已宣誓参加了农民同盟，所以，在问题解决以前，城里人应当留在城墙之内，不得出城。不过，农民中的明眼人，以及渴望抢掠城市的人（他们的妻子已带着车马在魏森泽等待着虏获品）在瓦尔特·巴赫撤退到内瑟尔旺以后，终于说服群众，解除了瓦尔特·巴赫的总指挥职务，并由奥伯多夫的保罗·普罗布斯特接任。

上阿尔部农军的另一个首领耶尔格·施密德，即洛伊巴斯的克诺普夫，比较能干和正直得多，虽然他未能掌握所部肯普滕人，

使这些本来非常谨慎的人也像其他人一样免于做出越轨和放纵的事情。肯普滕城很多不务正业的人陆续跑进农民营寨，腐化了农民。克诺普夫封锁了利本坦，在等待占领肯普滕城有利时机期间，他夺取了城郊的所有据点。在围攻这些据点时，个别小队流散到一些地方。4 月 14 日正是复活节前礼拜五（耶稣受难日），这天就有一支这样的小队第二次光顾肯普滕修道院，把上次光临后厨房和地窖中剩余的一切，搜索一空。这方面表现得最坏的还是那些城里来的游民，他们虽然被禁止外出，但还是参加了这个小队，据同城居民证明，他们造成的破坏超过农民。他们把修道院吃喝得精光。接着他们还在那里恣意妄为。在往常举行大弥撒的时刻，农民现在举着梭镖、长枪和弓箭，嬉笑嘲讽地列队围绕修道院行走，打翻了圣像，对人们视为神圣的一切，竭尽亵渎之能事。有些人把美丽的圣母玛利亚像的头锯了下来，打碎了她怀中的圣婴，搬倒并拿走了洗礼石盘，炸开了神龛，砸坏了讲坛和两架风琴。这种粗野、疯狂的行动表明，在这个地区活动频繁的再洗礼派教徒对农民有着相当的影响；这些情形同再洗礼派教徒以前在瓦尔茨胡特和苏黎世辖区所做的丝毫不差。最后，这个小队吵吵闹闹、吹吹打打地离开了，留下的是一座荒凉冷落的修道院。

在肯普滕修道院破坏圣像

阿尔部境内贵族的宫城，在宗托芬的汉斯·施尼策尔及其他首领率军包围和攻击下，陆续陷落。亚当·冯·施泰因和贵族地主耶尔格·曼戈尔特在瓦尔德克的产业遭到了严重破坏。格奥尔 299
格·冯·朗格内克被迫把朗格内克宫城交出，听任农民占据。迪波尔德·冯·施泰因由于农民放火和采用别的方法而遭受了巨大的损失，舍内克的保护官阿卡茨·冯·罗滕施泰因的法尔肯宫城也遭到了同样的命运。农民按照已经通过的条款，用武力对付一切拒绝参加兄弟会的人。他们把康茨·冯·里特海姆从他在伊尔马茨霍芬的宫城中捕获；他抗拒逮捕，被长枪刺成重伤。他是农民的死敌，农民把他放在小车上随着队伍带着，拿他取笑，他不得不亲眼看着农民怎样冲击、抢掠、烧毁他在昂格尔贝格和森林中的两座宫城。他曾表示愿意向农民拿出四万古尔盾，以取得自己的自由并使他的宫城免于抢掠和烧毁，结果是枉费心机。他只得到一个农民的同情。在他过着艰苦的俘虏生活时，莱斯佩尔格的汉斯
偷偷地给他送吃送喝。最后他贿通首领，首领们只征他四千古尔 300
盾；他还必须给每个首领六古尔盾，每个双饷雇佣兵三古尔盾，每个农民一古尔盾。

侯爵修道院院长塞巴斯蒂安·冯·布赖滕施泰因老爷对他的坚固的利本坦宫也逐渐感到不安起来。最初，他同教长埃克·冯·赖沙赫、他的修士、亲戚和顾问们，带着从修道院抢救出来的贵重物品、金钱、细软和文书，住在这里，安逸度日；他自以为这座城堡是个安全的避难所。其他的领主，如亚当·冯·施泰因等也带着金银珠宝和其他财物逃到这里。但是，这位诸侯眼看着自己和其他领主的宫城纷纷落入奉命攻城的各农军首领之手，解围的

希望愈来愈渺茫，于是忧心忡忡。这个一向践踏农民和他们的权利、嘲弄农民的家伙，现在频频装作仁慈了；这个曾经在十四天会议上愚弄过忠厚的农民的人，现在接二连三地对洛伊巴斯的克诺普夫提出和解的建议。他看出，他再也得不到农民的信任和市民的援助了。于是他在宫城里同自己人商议。他们一致认为，只要农民保全他们所有人的生命，就可以把这个要塞交给农民。农民们同意这一谈判。肯普滕的市政委员促成了这位侯爵同受其凌辱的农民达成了协议。他为农民饶了他及其顾问们的命，感到庆幸。农民甚至还允许这位侯爵、修士们以及所有他的亲人仍在肯普滕城居住；但是，除了侯爵一人而外，其余所有的人失去的财产都不予发还。

农民把虏获品、修道院财产，如金、银、粮食、酒类、钱币、大炮和其他武器等分配给各路农军；这是继续进行人民战争的一大批物资；京次堡人接管了修道院的文书，也占据了利本坦宫城。虽然农民把这个宫城的东西拿光后放了火，但这个宫城只不过遭到破坏，并没有完全烧光；城郊的修道院虽几经大火，但幸未烧掉。

上阿尔部发生这些事件时，下阿尔部人正进逼当地贵族邸宅，其中包括特鲁赫泽斯的宫城沃尔费格和瓦尔得泽。复活节前礼拜三，来自伊勒河谷的一队农军闯进奥克森豪森修道院，打算抢掠。这时修道院的佃农闻讯赶来，赶走了抢掠者，占据了修道院。由于
301 他们的保护，房屋和教堂没有受损失。当下阿尔部农军总指挥弗洛里安·格赖泽尔率军沿大路往上阿尔部开去时，洪德施皮斯的雅各布首领指挥一支分队围攻沃尔费格和瓦尔得泽。特鲁赫泽斯派往沃尔费格去的骑士，因农军已将宫城团团围住而未能进入。

可是他们冲到瓦尔得泽，进入了尚未被包围的宫城，但在进去之前，不得不与相当数量的农民交锋。这座宫城很快也被农民包围了，里面的人因缺粮，不久只好通过瓦尔得泽市民同农民进行谈判，答应今后骑士愿意依法对待受害农民，不再向农民大动干戈，还由瓦尔得泽城作保，答应付给农民四千古尔盾。根据这一条件农民撤离了特鲁赫泽斯的妻室儿女居住的宫城，这座宫城也就可以得到粮食供应了。

湖军的行动最为稳健。艾特尔·汉斯·齐格尔米勒听到特鲁赫泽斯进攻沼泽地农军的消息以后，立即率领一队人马出发去援助被袭击的弟兄。到了魏因加滕，听说特鲁赫泽斯已撤离沼泽地，便又转往贝马廷根。4 月 1 日，萨莱姆修道院的人，风闻阿尔部农军大队人马要来收拾这座修道院，非常忧愁。当夜，修道院派人到贝马廷根去见湖军的总指挥。总指挥请他们尽管放心，并无此事，不过他明天带三百人要经过那儿，请他们届时招待他的部下吃碗汤，喝碗酒。复活节前第二个礼拜六上午十时，艾特尔·汉斯率领所部来到修道院。修士们在饭馆中招待他的士兵，在修道院内款待首领及其顾问、军士和亲兵。饭后他开往奥因根，在此建立了一个由首领、普法芬霍芬的乌勒为首的营地。归途中，又在萨莱姆修道院吃喝了一顿，同时要求修道院的人宣誓参加同盟，“因为华美军命令他这样做”。修道院方面请求给予考虑时间，他同意了，又重新率部下回到贝马廷根。4 月 2 日，复活节前第二个礼拜日这天，贝马廷根举行了一次群众大会；参加集会的有近八千农民。晚上九时，他们出发到马克多夫城前，要求该城宣誓参加同盟，否则就攻占它。吓坏了的市民未经开火，甚至一枪未放，就把城池连

302 同一切武器交了出来。当夜近四千农民进驻城里，次日清晨，全体市民在艾特尔·齐格尔米勒主持下宣誓入盟。同日早晨，他继续进军至埃滕多夫宫城，夺取了它并派兵把守，就在当天，他还继续前进至梅尔斯堡。市民抬着酒和面包迎接农军，交出城池，农军首领命令该城宣誓参加同盟。在这期间，萨莱姆修道院也获得了逃到于伯林根的上层僧侣宣誓入盟的许可，他们的宣誓是在艾特尔·汉斯指派的两名农民顾问贝马廷根的地方官贝内迪克特和莱希施特滕的汉斯·雅各布·耶尔格主持下进行的；他们只须对两个条款宣誓：宣讲福音不加人为的内容，帮助农民行使“神的法律”。同时，首领的几个全权代表委派三个世俗人士在修道院里全权掌管金库，并防止酒和粮食被偷运走。首领向修道院担保，他无意损害修道院的利益。艾特尔·汉斯完全是以谨慎和温和的态度对待贵族和僧侣的邸宅的。萨莱姆的修士说：“他是一个善良的教友，真心实意地庇护了我们；没有他我们恐怕已经遭到不幸。”在迪特里希·胡尔勒瓦根指挥下，从赖特瑙集合地点来的阿尔部人，曾多次想捣毁萨莱姆修道院，都被总指挥艾特尔·汉斯制止了。

他从梅尔斯堡城开到梅尔斯堡宫城前，宫城因有康斯坦次主教派的地方官基利安·罗伊希林守卫，所以没有和梅尔斯堡城同时投降。农民迫切要求发起进攻，把它捣毁。艾特尔·汉斯保护了这座美丽的城堡不受破坏，他同康斯坦次主教胡戈·冯·兰登贝格达成如下协议：主教为该城付三百古尔盾免蹂躏费和六千公升酒，将宫城本身连同所有的武器提供农军首领全权使用。艾特尔·汉斯也对胡戈·冯·蒙特福尔特的宫城泰特南招降，拿下宫城后也派兵把守。他将布赫霍恩城，即现在的腓特烈港，和它的修道院，从水陆两方面包围起来。正当围困之际，他接到斐迪南大公劝他撤退的信。由此看来，大公与湖军彼此也有谅解。

布赫霍恩派遣几个全权使者到贝马廷根去见农军首领，代表该城宣誓入盟。艾特尔·汉斯借他们返回之机会，通过他们要求于伯林根人释放几个被俘的农民，但是，于伯林根人没有答应。他们把自己的城市充分设防和装备起来，以致农民对他们无可奈何。303
这里的市民完全不倾向农民，已经很长时间连城门也不打开，不准任何人出入。艾特尔·汉斯于是带领五百士兵渡湖到对岸，那里的沃尔马廷根及其周围所有村庄，纷纷宣誓入盟。然后，他又渡湖返回。4 月 13 日，复活节前礼拜四，他在萨莱姆修道院举行了一次规模很大的军事会议。出席的全是来自新接纳入盟的各市镇的委员，主要是梅尔斯堡和马克多夫的委员，共计约六十人；拉多夫策尔也派有一个代表参加，来共同决定今后的作战行动。

当农军这样前进并从帝国各地不断传来噩讯时，士瓦本联盟、各宫廷和城堡内“很多人胆战心惊”，曾几何时还非常骄横的一些人，“也变得有点胆怯了”。

第七章　乌尔察赫战斗

复活节前的礼拜二，4 月 11 日，特鲁赫泽斯率军从京次堡和莱普海姆的鲜血染红的原野出发，向上士瓦本进军。他在乌耳姆和巴尔特林根之间遇到二百名农民停留在一个教堂墓地上，农民当即向一座森林撤退，在撤退中损失了一百人。特鲁赫泽斯扎营在巴尔特林根，这个村庄是起义发祥地之一。他和部下全体首领同桌用饭。吃到一半时，烟囱里冒出了火。火被扑灭了，可是当夜有二百名巴伐利亚骑兵外出抢劫离开营寨太远，几乎全被农军歼灭。第二天，特鲁赫泽斯在他的山上宫城格吕南坦附近的一块沼泽地又遇到六百名农民。和前述的农民一样，这些农民大概是增援乌尔察赫附近的大军来迟了的，他们遭到了骑兵的袭击。绿、白两色旗被特鲁赫泽斯缴获，约二十人被刺死，近二百人被俘；其他人则幸运地退走了。格奥尔格老爷强行军前进。联盟从乌耳姆来信，要他向左方前进，前面已经提到，那里有一支从伊勒河谷出来的农军，刚刚攻入奥克森豪森修道院。他接到南方来的消息说，他的宫城沃尔费格告急，在瓦尔得泽的家属处境危险。同时他还得
304 到消息，巴尔特林根农军的各旗队分散了；于是他急速行进，打算

各个击破他们。巴尔特林根周围的一切村镇都“自觉自愿、迫不及待地”向联盟投降，并重新归顺，“可见，这些村镇是被其他农民胁迫附和的，那些农民是一切暴动和骚乱的根源”。格奥尔格老爷取最近的道路进入他的领地。

305 他从几个在途中零星俘虏来的农民口中了解到，伊勒河农军分开了，一部分已开至瓦尔得泽前面，一部分开到绍尔部去了。从圣加仑来的一个纽伦堡信使说，他刚才在埃森多夫遇到八百名举着两面小旗的农民。于是格奥尔格老爷和威廉·冯·菲尔斯滕贝格伯爵立即率快速部队追击这些农民。农民发觉了他们，就赶快调动大炮。已经回到故乡的格奥尔格老爷高声叫喊，要人们赶紧跟他前进，不要等农民大炮掉过头来，阵容就绪；他很快就同农民

遭遇，将农民击溃。很多农民冲进邻近的低湿地，即温特施特滕附近的沼泽地，骑兵不能尾追了。格奥尔格老爷停止前进，等待步兵到达。这时还有一旗队农军赶来增援。骑兵切断这队农军进入沼泽地的道路，于是农军冲进一座树林，骑兵马上又把这座林子包围了。特鲁赫泽斯命令放火烧这块低湿地；步兵刺死和打死不少农民，其他的一百四十一人投降，他们多半是特鲁赫泽斯家的臣民。大部分农军带着大炮逃脱了，这证明，阻止追击的少数人是精通战术的。

联盟军在这座叫做施奈特的树林旁边扎营。格奥尔格老爷写信恳切地劝他的农民投降，否则他将根据福音，以牙还牙，给他们最严厉的惩罚。农军首领弗洛里安教士平和地回信说，农军打算选派一个代表团去进行谈判。特鲁赫泽斯认为这不过是企图欺骗和拖住他，以待阿尔郜农军和湖军到来；弗洛里安已经把最近的部队迅速集结起来了；因为特鲁赫泽斯自己写信的企图也是这样的，所以，他不顾首先主动提出和谈的是他自己，就急急越过了乌尔察赫的原野。他为这次背信弃义辩解说，他得到了消息，弗洛里安也已催促沃尔费格附近的农民迅速前来增援，意欲开战。途中，他遇到八个农民代表，他们一起发出信号，说明他们是应他邀请前来进行和谈的。但是，当他向他们派去一支由埃贝哈德·舍内克率领的骑兵分队的时候，他们没有听舍内克的招呼，即掉头朝农军方面逃跑，骑兵紧紧在后追赶，最后被农军的射手击退。

弗洛里安所部农军有七千人之众，在乌尔察赫附近的小教堂后面严阵以待。格奥尔格老爷一进攻，农军立即撤到三个高丘上，然后退入沼泽地。这位统帅占领了这几个高地，可是随后又退回 306

乌尔察赫战斗

城堡，企图利用这一假象将农军诱出他们的有利阵地。但是，农军只派他们的神枪手前进，猛烈射击联盟军的骑兵；大队则掉头隐蔽在阿赫河畔洼地后面的漂布场上，利用沼泽地作掩护。这位统帅对一个因为年老体衰未能同弟兄们一起撤退的老农汉斯·卢茨说："我生平究竟做了什么对不起属下的事，使你们想拥戴一个下贱的教士并驱逐我呢?”老农在这个老爷面前跪下说道:“仁慈的主人,我们的行动像叛逆的狂人一样;请大人准许我再到臣民那儿去一趟,他们一定会向大人无条件投降,我看这是十分有希望的。”特鲁赫泽斯说:“老头儿,就这样办,只要他们把那个教士交给我,我就饶恕所有的人。”他利用谈判机会,集中了精良的大炮和全军八千人,并部署就绪。骑兵队布置在乌尔察赫城后面,主力部队分布在辽阔的田野上,车垒设在山后;大炮则直指农军的先头部队。

一千五百名农民弟兄刚从伊勒河开来增援。农民拒绝了要他们交出自己的首领这一无理要求后,格奥尔格老爷立即命令他那精良大炮中的三门特大口径炮开火。每发一炮;农民即刻卧倒,几无损失;三门大炮第六发才命中。弗洛里安发现自己在谈判时被敌人包抄了,便率领农军撤退。

在这次战斗中被击毙或刺死的农民不过四十人,而耶稣受难节这天,人们在距离相当远的魏森霍恩听到炮声将近一百响。天色愈来愈黑,联盟军无法再与农民周旋,农军在这种情况下撤离战场,到各地去了。弗洛里安打算利用黑夜向友军方面撤退。联盟军里有人大喊,应让骑兵、步兵追击农民。可是,格奥尔格老爷并未采取任何行动,因为骑兵陷在沼泽地里,而步兵又说:“我们只管赶走农民,不愿意打死农民。”

在撤退中,因为夜色昏暗,一部分农民挤进水很深的护城壕里,几个人被刺死,近一百人溺死。虽然格奥尔格老爷预先派出一队骑兵过了阿赫河,但是农民在不得不投降的乌尔察赫城里和退却途中,被俘的总共不过四百人。弗洛里安率全军到了盖斯博伊伦。然而,北方低地的谣传(也许是领主故意散布的)竟把农民被

杀的人数夸大到七千人，这对于促成魏因斯贝格的流血复仇事件
307 起了不小作用。后来，特鲁赫泽斯的传令官含糊其辞地说："四百俘虏中大概有一百人上了镣铐，至于他们被解到何处和如何处理的，我就不知道了。"

但是，特鲁赫泽斯在向上士瓦本继续进军途中，在盖斯博伊伦附近遇到了兵力强大的农军，使他本人极为忧虑，联盟顾问和诸侯也感到恐惧。

第八章　运动的力量和派别

380 使士瓦本联盟以至所有领主特别恐惧的，除了营寨中的农民，还有帝国内其他各种因素。第一是各城市的情况。

首先被怀疑的是纽伦堡。帝国政府已经从新教的这个主要策源地迁到埃斯林根。

阿尔部的城市肯普滕、梅明根、林道、考夫博伊伦和伊斯尼等，都背上了嫌疑的罪名，仿佛这些城市不仅出谋划策和以行动支持士瓦本境内的暴动，而且还煽起了暴动，借以使这些地区能参加瑞士联邦，并使共和国宪法能扩大实施到整个南德意志。

诸侯和贵族愈露骨地嫉妒和憎恨这些城市及市民的财富，愈明目张胆地要占领和压迫这些城市，他们就愈害怕这些城市可能倒向农民，特别是害怕它们起来领导农民运动。大多数城市都信奉新教。正是那些最热心、最积极地以讲演和写作拥护政治革新

和宗教改革的传教士，在南方高原地区各城市任职和居住。这些城市甚至彼此结成联盟，并且同瑞士人和波希米亚人洽商派遣援军问题，以防止皇帝和旧教徒因信仰而出现武装进攻它们的情况。此外，平等权利的被剥夺尤其引起城市平民对权贵充满了愤慨，权贵们至少不能不担心平民会靠拢农民，特别是靠拢长期受尽领主
压榨和鄙视的城市辖区农民。自上世纪末以来，城市民众中就流 308
传这样一句话："如果情况总是这样，我们非当瑞士人不可。"由于诸侯和结盟贵族长期对城市采取威胁态度，由于在骑士阶层中新近对城市掀起的抢掠寻衅之风，使城市不得不采取自卫对策，因而造成巨大开支。结果，城市的负担比以前大幅度地增加了。此外，还有愈益沉重的帝国税，工商业的萧条和上述的一切灾难，一起压在全体人民的头上。

因此，最近三十年来，首先在帝国各大城市，甚至在较小的城市里也发生了日益加剧的贫困化，它程度不同地波及每个城市的广大群众，并与新的思想和连年歉收同时使社会状况愈益恶化。特别是在质朴的风俗习惯和生活方式比乡间消失得早的城市里，贫困交迫的过剩人口与日俱增，其中一部分是轻浮的，往往是堕落的，一部分满心要找工作，却经常失业，没有收入。这两部分居民同样痛恨有产者和统治者。他们把自己贫困的主要根源归咎于有产者和统治者，并不是完全没有道理的，他们唯一的期待是以变革，以打倒他们所痛恨的人和推翻他们所痛恨的制度来改善自己的处境。正是一小撮几乎把一切金钱攫为己有的富豪，像有永佃权似的占有着城市的显要官职，同时从事与基督教不相容的重利盘剥。闵采尔正是看到这些，才满腔愤怒地大声疾呼："主啊，要想

建立起真正的基督教世界，那就非消灭放高利贷的吸血鬼不可。”重利盘剥者和城市显贵也在奥格斯堡、纽伦堡、乌耳姆和海尔布隆组织了大贸易公司。这些富豪利用贷款给诸侯、重礼贿赂诸侯顾问、甚至通过与诸侯顾问联姻的手段获得了垄断地位。他们借此压迫穷苦的小商人，夺去成千上万人的职业和生计；平民遇有不时之需，就不得不用极其高昂的价格买他们的东西，以致路德在1524年发表了一篇严厉谴责重利盘剥的文章。这些贸易公司擅自决定很多商品的价格；它们在最近四年内把这些商品的价格提高了两倍甚至三倍。它们不经营德国产品的出口贸易，大多只输
309 入外国奢侈品，而且不是以德国的生产品和制成品进行交换而是用德国钱币偿付。它们买进德国国内城市手工业者的产品时，由于它们是大贸易公司，垄断着贸易和资本，便随心所欲地规定工资和价格，工人完全落在它们手心里。同时它们还拥有优先购买权。它们只以最低价格收购穷苦农民的农产品，把大批粮食堆积在他们的地窖和仓库里，然后再以高价和最高价格出售。它们操纵市场，它们多年来保持着人为的物价高涨，其结果是平民常常把“干吧，杀吧，分吧”挂在口边。贪婪的诸侯同重利盘剥者分肥的事，也屡见不鲜。

与这些大富翁共同在城市中占居要职的“名门望族”，由于他们生活奢侈而使家产渐渐减少，于是把自己的高官显位当作摇钱树。他们丝毫不去改善城市工商业者的处境，反而常常犯下贪污受贿的罪行。在很多城市中，已经证实这些市政官员有最卑鄙和最重大的贪污行为，像以前对待暴君一样，现在普通市民已习惯于把这些市政厅的显贵看作是“骗子”和“吸血鬼”，虽然这种怀疑有

时是不正确的。

在事态进程中本应严格区别的两部分城市平民，即有产业而没有地位的市民和负债累累而一无所有的市民，由于他们对权贵的意见和看法一致而完全联合起来了。

城市内“权贵”和“平民”之间的这种冲突，虽然在近几年内由于新教义的出现，由于新教义那些形形色色的宗教的和宗教—政治的流派的出现而大大尖锐起来，但是，正因为这一冲突的宗教色彩首先如同避雷针一样将权贵头上的乌云引向旧教僧侣，所以，那些对新教义怀有好感的权贵一时也并非不愿看到这种情况。

长时间以来，人们曾在历届帝国议会上要求对教会和国家进行改革。在1523年的帝国议会上，人们要求举行一次全国教会代表大会，会议应有世俗人士出席和参加表决。城市和世俗诸侯基于他们的本身利益都希望实现西金根和他的朋友首先提出的计划，即取消僧侣领地、主教辖区和修道院，以及使教会财产还俗。这是他们早在路德和闵采尔及其门徒布道取消僧侣统治之前已长久怀有的思想；奥地利信旧教的斐迪南大公和巴伐利亚信旧教的 310
公爵们同信新教的卡西米尔侯爵及其他诸侯，以及各城市的权贵，都有这种思想和欲望。当农民运动在上士瓦本开始时，“他们举杯为僧侣祝贺，他们想借僧侣的煤火自己取暖；因为运动只打击修士和教士，所以他们最初对之抱宽容态度”。尤其在各帝国直辖市，早就有很多市民在一本正经地或是兴高采烈地谈论取消寺院和夺取寺院财产及权利的问题了。当权贵们在事态发展中看出，运动的矛头不会也没有单独指向教会领主时，成分虽然非常复杂的新教派仍在多数城市里取得了优势。因此，诸侯和他们的顾问在谈

到纽伦堡时，忧心忡忡地说："但愿上帝保佑它不倒向农民！"他们对帝国其他很多城市的想法和谈论也是这样。

诸侯派往各地的人员纷纷写信报告说："市政会毫无权力，平民当家做主了。"3 月 7 日，埃克总务大臣给他的公爵写信说："我和其他一些人对几个城市非常忧虑（和怀疑）。"3 月 21 日，他又写道："农民力量大大增长了，不过，几个城市，特别是乌耳姆，如果坚定可靠，他们的暴行还是不会得逞的。"在士瓦本联盟中，诸侯委员对城市委员非常不信任，以致他们不敢在有城市代表参加并听取报告的士瓦本联盟委员会上，公开报告他们备战的经过和他们本邦的事情；他们还不能不想到，农民暴动是城市人鼓动起来的。有某种意图的城市，如果听到僧侣诸侯无法招到步兵的话，它们的决心就会因此更加坚定，而这必然会给联盟的诸侯在行动上造成重大不利。

诸侯们仅仅通过亲信互通必要的情报，而且每次都要提醒对方严守机密，"这样，谁也无法知道我们招募步兵的困难了。"这是卡西米尔侯爵所说的话。在高原地区的领主中间，人们普遍认为，城市平民是完全倾向农民的。

造成领主对自己的事情感到忧心忡忡的第二个原因，是刚才提到的征募步兵的困难。

时代的精神把过去一向谁出军饷谁就可以雇到的雇佣兵也感
311 染了。把这些雇佣兵开去打农民，本来就是困难的，因为他们都是农民出身。诚然，他们当中有很多人由于长期靠拿枪杆子营生，对于自己的出身和故乡已经生疏，完全成了士兵，脑子里只有打仗、金钱和战利品，对别的毫无兴趣。还有很多人，生在军营，没有故乡,与农民和城市居民毫无瓜葛;他们大部分是从帝国各个角落走到一起的,其中一部分人怀有北德意志人对南德意志人的乡土偏见,这至少是可以加以利用的。但是,在运动初期,雇佣兵对于"福音"和农民的事业根本上是好感多于厌恶,因为斗争矛头是指向"教士"的。此外,农军营寨中比较自由,而且有希望从僧侣领主的豪华邸宅中虏获别处所没有的财物。因此,那时愿意应征去打农民的,实际上只有雇佣兵当中那些一向喜欢压榨农民和虐待穷人的"堕落的无赖"。但是,连这些人也只愿意为世俗领主效劳,而不愿给主教当兵。

招募新的雇佣兵去打农民始终是不容易的事,而且连长期在联盟当兵领饷的人里,也有许多人直截了当地拒绝去打农民,其他的人至少也表现出迟疑情绪。在各地,乃至在巴伐利亚高原地区征募的情形也说明,"所有农民彼此都息息相关,他们赞同阿尔部人的要求"。再者,从各地征募的青年不但不可靠,而且缺乏军事训练,不善于作战。累赫河畔朔恩部的守军司令发牢骚说:"我希望这些兵永远别征来,更别开到我们这里来。"

造成领主害怕的第三个原因,是乡村中散居在农民中间的下层僧侣,即旧教教会的在俗传教士。其中很多人"淫乱好色,不成其为教士",而且"自私自利",以致 1523 年萨尔斯堡大主教在给他的主教们的一份公告上说:"巴伐利亚各公爵派一名特使通知他说,下层教士在他们领地的表现令人忧虑,可能会发生突如其来的、反对教会的暴动、骚乱和凶杀。"

也有很多在俗传教士并不像这些人那样,而是为人正直、诚实,但同时感染了民族和宗教的时代精神,只是表面上还为旧教服

务，在内心里却信奉着新教。他们出于纯粹的信念有时比较公开
312 地、有时比较隐蔽地传布新教义，同时，他们作为爱国人士，一心拥护并希望通过国家的政治状况的变革以改善人民的处境。

但是，其中也有不少这样的人，他们希望通过变革宗教和国家来改善自己的处境，他们对上层僧侣颇为不满。

帝国的大多数主教辖区和上层僧侣的职位，早就变成了君主的“供应站”。巴伐利亚和奥地利的君主，只要他们高兴或者还无法找到其他世俗的收入以前，就采用主教和上层僧侣的名义和收入来维持他们豪华的生活方式所需的开支。但是，这些宫廷上层僧侣按其职位的收入即使再大，也不足以维持他们那种养尊处优的奢侈生活。他们的殷勤而富有创造天才的枢密顾问的聚敛方法，首先是非法地搜刮民财，其次是以敲诈勒索的形式搜刮乡间下层僧侣即在俗教士的收入，这些人的收入，由于上层僧侣吝啬，本来就微乎其微，加以时代精神的影响，更大大减少了。

正因为近年来上层僧侣邸宅的需要不断增长，以及他们的官员的聚敛手段已经把人民榨干，乡间教士从人民身上所得无几或者丝毫无有；自从新教兴起以后，很多地区的人民不但取消或削减对乡间教士的传统的自愿的奉献，而且连他们依法应得的东西也不给了。

因此，有成千上万的乡间教士处于绝望境地，这种处境使他们对教会头目满怀愠怒，甚至间接地反对这些人，他们终于被饥饿所迫，倒向农民一边。有些地方的农民，直接跑到教士的屋里，开门见山地对他说，如果他不肯给他们宣讲“真正的福音”，他就得离开传教士职位；对于这样处境困难的人，无论教会诸侯和世俗诸侯都

不予以保护，他们为了能够待下去，就倒向农民了。

全德到处都有男女修士跑出修道院，从事平民劳动和结了婚的。修道院僧侣和乡间教士还这样给平民开了一个恶劣的先例：他们把平民一向奉为圣物而献给教堂的器皿，完全当作普通金属器皿处理和吞没了。在施魏德尼茨[1]，方济各会教士干脆把教堂的金银珍宝熔成金块和银块，彼此平分，然后还俗去过市民生活。这种情况并不是个别的，很明显，教士这样做了，世俗人士，即官厅 313
和起义市民和农民，也就无所顾忌地把古老教会的财物和贵重物品据为己有；群众往往把宗教和教士的越轨行为混为一谈，而教会由于上层僧侣和下层僧侣的行为早在这些群众中声名狼藉了。

这样的教士到处都有。陶伯尔策尔附近瓦尔梅尔斯巴赫的牧师，把一只做弥撒用的金圣餐杯抵押给乌芬海姆一个酒店的女店主，换了许多酒送到另一个教士家里去，这只圣餐杯是农民从法兰克尼亚境内离克雷格林根不远的弗劳恩塔尔女修道院抢来的。这个神甫说："没有金的圣餐杯，用铜的也一样能做弥撒。"

很多牧师结了婚，可是继续任职；其中大多是出于恋情和信念而结婚的。但也有这样的人，他们娶妻是迫不得已的，因为士瓦本和阿尔卑斯山区的农民坚决主张："一个牧师应当按照福音教义同正当的配偶过廉洁的基督徒的生活，以杜绝教区内发生伤风败俗的事。"不久，亚尔萨斯、法兰克尼亚和图林根的农民也都效法士瓦本人提出这个要求。农民之所以信任结过婚的牧师，因为他一结

---

① 施魏德尼茨（Schweidnitz），现在是波兰的城市，在弗劳兹拉夫市西南。——译者

婚,就同旧教脱离关系了。当然,也有不少牧师在“领着他的姑娘上教堂”以前,已经先“在主的面前”结了婚;他们也往往把这种事坦率地告诉农民。

在志愿参加运动或者参加鼓动和领导运动的牧师中,除了已经提到的以外,在运动一开始就表现得很突出的有:艾希施泰特地区的多灵、梅格林和施图默尔;卡西米尔侯爵辖区冯·泽肯多夫-阿贝达领地内的尼德岑的贝希托尔德·朔尔;布劳费尔登的副牧师安德烈亚斯·巴托尔梅;克赖尔斯海姆附近达克斯巴赫的牧师,附近罗斯费尔德的牧师;安斯巴赫地区施陶夫辖区的两个纽伦堡牧师:纳格尔·普朗克和西蒙·普朗克;乌芬海姆救济院的牧师托马;霍尔费尔德的牧师;埃贝斯贝格的副牧师约布斯特·霍夫曼;福伊希特旺根附近滕莱因的牧师;士瓦本-哈耳的在俗教士;盖尔多夫附近的弗里肯霍芬的牧师沃尔夫冈·基申拜瑟;克莱希部境内埃平根的在俗教士安东·艾森胡特,他出身于士瓦本的一个旧贵族世家。所有这些人和上百的其他人,在士瓦本、法兰克尼亚和蒂罗尔,都用刀剑和盔甲武装起来,成了农军的首领。人们从来只见过主教和修道院院长穿盔甲,例如奥芬堡附近舒特恩的修道院
314 院长、班贝克地区班茨的修道院院长、萨尔斯堡大主教马特霍伊斯·朗格,以及主教座堂神甫和德意志骑士团的成员。上述志愿参加运动的牧师连仪表上也表现了自己是农民事业的人物。当时教士的习俗是蓄“蓬松而打鬈”的头发,而他们却像农民一样,都把头顶周围的头发剪掉。他们还把一些必然会刺激群众情绪的上层教士的事情讲给农民听。

与这些身穿盔甲、佩带利剑的教士农民首领不同的,是那些单

纯布道的牧师，如斯图加特的曼特尔博士，他在讲坛上以自由年为内容来布道，他说，自由年的情形，像以前犹太人的圣年一样，一定会释放所有囚犯，解放所有奴隶，取消一切债务。他大声讲“亲爱的人啊，可怜的虔诚的人啊，赦罪年到来的时候，那才是好年月！”布道反对什一税的有梅明根郊区的尼科劳斯·施魏卡特牧师、斯特拉斯堡的奥托·布劳恩费尔斯、蒂罗尔的乌尔班博士和雷吉乌斯博士以及贝希托尔茨加登的教士雅各布·施特劳斯、陶伯尔河畔的罗滕堡的多伊施林博士、维尔茨堡地区劳达的莱昂哈特·拜斯博士、乌耳姆的康拉德·扎姆以及其他很多人。他们的布道首先是反对教会诸侯和僧侣领主；但是，从他们提出的原则和所作的解释来看，结论必然是导致反对整个现存制度的暴动，就是导致革命。

以沙佩勒尔为首的改良派传教士，不鼓吹暴动，而且还加以劝阻；原因是他们当中有些人希望一切都通过改良方法来实现，另一些人则估计，革命爆发过早不会成功，因而害怕任何孤军作战。按照他们的见解和意愿，一切用于共同目的手段、物力和人力都应该预先准备并使之成熟。他们打算先在群众中创造、形成和扩大宗教的力量，这种力量不仅使群众明确认识到政治斗争的目的，而且鼓舞、加强和持久地促进他们从事这一斗争。连闵采尔本人最初也具有他们这种见解和计划。

真正的革命者和赞成立即发动革命的人是为数众多的在俗传教士，他们从未当过僧侣，而是突然开始布道的世俗人士；他们自修圣经，然后作为巡回传教士往返各地；其中有些人不久前甚至还不识字；他们从某些传教士宣讲路德派布道词中受到感染，于是学习阅读，然后买一本《新约全书》，深入钻读，随后就开始据此布道。

在俗传教士中也有这样一些人，他们从前当过僧侣，但是穿上了农民或市民服装后，在从事农业或手工业劳动之余传教。

315 世俗人传教，就这件事本身而论，原属无可非议，可是人们总是不公正地嘲笑他们。在基督教初期，也正是毛纺工人、制鞋工人、制革工人、染色工人和未受过教育的农民成为基督教最热心的传道者。在宗教改革时期，当新信仰的学者彼此对信条及其内容争论不休的时候，当他们在各种吹毛求疵的争论中大出风头的时
316 候，这些在俗传教士却坚持自己所认为的德国人民的大事：他们把“神的正义”，也就是圣经所确定的人类和基督徒的天赋权利，从圣经分散的章节中摘引出来，加以整理和宣讲，而且在布道结束时总是要求听众维护神的正义，也就是用暴力来实现它，按照基督教的要求和制度来改变世界。

他们布道的主要内容总是十分简朴，虽然目无法纪，却是切合实际的。在符腾堡地区有一个自称卡尔斯特汉斯的传教士就是这样传教的。他的这个名字通过胡滕的宣传小册子早已家喻户晓了。这样传教的，在纽伦堡城内和城郊以及在法兰克尼亚其他地方，是一个来自士瓦本的过去的牧师，他在纽伦堡的郊区韦尔德当了农民，自称“韦尔德的农民”，传教深受欢迎；他本名迪波尔德·佩林格尔，出生在京次堡对面多瑙河畔的埃申布罗南；在艾希施泰特地区这样传教的，有亨勒师父的一些织布徒工；在法耳次-诺伊堡有扎哈里亚斯·克雷尔；在巴伐利亚克鲁姆巴赫地方法院辖区的劳瑙，有西蒙·洛赫迈尔。

西蒙·洛赫迈尔坐在车上到各处布道；他第四次布道时，听众已经有七千人。他宣讲：“人人应该自由，除了皇帝一人，不应该再

有任何君主；所有参加士瓦本联盟的人，每一个反对基督教兄弟会的人，都应该打死，并且破坏、烧掉和毁灭他的一切。”这位洛赫迈尔是个农民，是汉斯·冯·弗赖贝格的寡妇的依附农。他也是最早从布道转为行动的人们之一。他把士瓦本和诺伊堡范围内所有贵族的、城市的、寺院的佃农都发动起来，使很多人脱离了领主，组织了温策尔农军。这支农军决定，以后任何人都不要服从领主，也不再为领主服役。

洛赫迈尔向七千人布道

如果领主起初并未过分轻视一切平民，也未因为在俗传教士属于平民而予以轻视的话，那么，传播福音的在俗传教士会是使领主恐惧的第四个原因。不管怎样说，这些在俗传教士是运动的不可轻视的成分，在运动的发展中，他们甚至比幕后领导和促进运动的那些人物，所起的作用还要大些，其中一部分真正有伟大的天才，一部分至少有军事知识、勇气和久历戎行的荣誉。但那些幕后领导人物，本来应该是领主最为害怕的人，可是领主们却完全不知道他们是这样的人，虽然他们当中有一部分人就在领主近旁。

这些人在幕后活动着，工作着。其中有的久已在为革命作准
317 备工作，有的是在革命发展中才参加的。有些人，动机十分纯正，是斗争失败后连敌人也不得不承认的；另一些人带有个人欲望，动机不纯；还有一些人，主要是出于自私自利。在早期，在革命爆发前即开始形成和准备阶段，参加的人无疑是很少的；后来才参加的人和参与领导的人，肯定比人们通常想象的多得多。

在大规模的民族运动中会出现这种情形：受时代精神的洪流推动而成为核心和参与领导的人物，在运动进行中始终没有为被领导的人所知道，甚至在运动失败之后，他们的情况仍是一个谜。由于他们从来没有出头露面，所以他们甚至常常留在他们的官职或者平民的地位上，好像他们是被命运保留下来，以延续进步的秘密线索；这些线索是他们从那些为运动而抛弃了财产和家庭、官职和故乡的人，或者牺牲了性命的人的手中接过来的。过去的东西之所以在某些人身上出人意外地安然保留下来，是因为运动的过程和结局使得这些人的思想改变了或者至少放弃了实现自己的理想。在农民战争的运动中，只有少数人显露了这种高超才能；这些

人的行动虽很谨慎，但他们的精神力量影响深远。如米尔滕贝格的魏甘德、文德尔·希普勒、沙佩勒尔、富克斯施泰因、自由市内的若干市政委员，在诸侯中则有亨内贝格和卡西米尔侯爵。

如果把那些从理想出发、从改造德意志帝国的伟大思想出发的人物与那些怀有私心的、不从这一理想出发的人相提并论，那是很荒唐的。一场革命往往在它的进程中会用粗糙的手拭去一个人身上和思想上原有的美好的东西，如同现实毁灭理想，狂风暴雨摧残玫瑰的鲜艳一样，如同一只粗糙污秽的手抓住一个人穿着的洁白大衣而玷污了它，或者这个人在肮脏的地方自己弄脏了它一样。从来没有一个人在脱离革命时会跟他参加革命时一模一样。

只要革命的流水在奔腾，就随时有很多堕落的人随波逐浪，而且是出身上层社会的、中间阶层的乃至最下层社会的人都有。他们的目的只是逢场作戏和混水摸鱼。也有很多人，只要有运动，也就是只要有人闹事，世界又动荡了，他们就感到高兴。

所有这几种人在1525年的运动中占了很大的比重，而一开始
就决心采取运动一旦失败自己还能有退身余地态度的，也不乏其 318
人。许多城市显贵和乡间宫城的领主所以抱相当暧昧的态度，其原因就在于此。这种人到处占多数，而且始终占多数，他们的原则和谋算是：为自己保留回旋余地，永远可以跟着胜利的一方走。

三十多年来帝国内一直动荡不安，而且每隔几年在很多地方的零星暴动此起彼落，所以，为了准备革命并不需要像人们所说的什么阴谋。时代的空气中充满着革命的因素，而且感染了上自君主下至乞丐，帝国的所有等级。在这种情况下，如果认为或者说革命是某个人或者某些人制造的，那是出于无知。实际发生的革命，

绝不是某个人或者某些人制造出来的;革命是自己发生的,犹如水汽上升而成雷雨,腐败食物和不讲卫生造成疾病一样。不满的因素产生之后,通常是采取倒行逆施的办法去对付它,结果这些因素不是消除了,而是加剧了。于是,有些人就起来利用这些现成的因素,他们是自私自利还是大公无私,则要看他们是自私自利的人还是有理想和爱国的人而定。革命一旦爆发,当权在位的人便张皇失措。他们色厉内荏,昏庸胆怯。在震撼世界的霹雳和暴风雨下,错误的步骤一个接一个,于是危险愈来愈大,应当留下的人逃脱了,应当果断的人却一筹莫展或者软弱无力,以至踌躇不决。

德意志帝国是长期病患者。革命是帝国内部病情发展的结果,而非致病的原因。在国家躯体内的老废淤血得以化掉、一切病菌得以排除、所有多年的积弊和危害整体的情况得以消除以前,如果这场高烧得到正常发散,而没有被抑制下去,那么,帝国经过这场危机之后是可能恢复健康的。在每次革命中都有不同的力量,即要重新建设的与要破坏的两种力量。有些人只是为破坏而破坏,另一些人则以建设为目的,对他们说来,破坏仅仅是不可避免的不幸,是一种使祖国从岌岌不可终日状态过渡到繁荣复兴的手段。

319 1525 年,德国就有很多人抱定宗旨,要在破坏旧建筑之后,重建一个德意志国家,以使伟大的祖国复兴,并且曾为此秘密地工作了多年。但是,他们还是落在形势发展的后面。革命在他们还没有把一切条件准备妥善、没有把分散的力量统一在一个计划和一个最高领导之下时,就提前爆发了;平民的暴动走到了知识界思想的前面。

调查的结果说明，人民的起义是早就讨论过和决定了的。例如闵采尔和普法伊费尔在图林根，文德尔·希普勒在内卡河下游和霍恩洛厄地区，弗洛里安·盖尔骑士和他的朋友们在维尔茨堡和罗滕堡地区，雅各布·韦厄在多瑙河上游，又如魏甘德在美因兹地区，盖斯迈尔在蒂罗尔，以及几百人在南方高原地区和莱茵河流域各城市；他们长期以来为德国的宗教改革和政治革新进行活动。这些人彼此都有联系，有的利用印刷品，有的依靠通信，最后也有的通过集会，正如文德尔·希普勒所说的，"在给领主安排了活儿的地方"集会。

像乌尔里希·胡滕在帝国骑士等级的谋划时期已经做过的那样，现在各地的有识之士和地位较高的人士纷纷与工农交往。城市里组织起了秘密社团。人们以秘密社团为中心同四周的村庄和其他城市取得联系和了解。手工业者和农民都向那些以其一贯表现而得到平民信任的地位较高人士请求指导。

但是，举行普遍的起义是在 1525 年春季前不久才决定的，同时规定了发动起义的时间、集合地点和军用符号；这时，由于不断派出信使和征兵人员，才使从图林根到莱茵河下游和南方高原地区、从阿尔部到黑森林和阿尔卑斯山地区的交通特别活跃起来；巴伐利亚和奥地利境内多瑙河上游、下游、左岸、右岸地区也都是这样。

时代给革命事业提供了广阔的营垒。两个营垒里都有非常多的腐化堕落和轻浮放荡的人，他们为了找个安身之处和晋身之阶而加入普通士兵的行列，像街上的污泥附着在献身信仰、大步前进的人的鞋后跟上一样。诸侯营垒和平民营垒都有很多无赖。巴伐

利亚诸侯的雇佣兵，特别是从六年前符腾堡地区战争以来，已经声
320 名狼藉，多瑙河流域的城市无不拒绝他们进入，因为“放他们进城，市民就可能遭殃，因为他们以前曾打伤和打瘸无辜的市民，侵害他们的财产，使他们昼夜不宁，寝食不安，他们还抢掠过并非敌人的僧侣和世俗人士”。在农民营垒和城市平民队伍里，也是既有正直的贵族，又有堕落的贵族，这些堕落的老爷“已经把自己的财产挥霍殆尽，一无所有，却想搞到点什么”。例如：过去住在福希海姆、现在迁到布尔格的乌勒·冯·佩格尼茨，首先敲警钟高呼：“非这样不可，非这样不可！”以后就在班贝克城当了雇佣兵，他始终十分轻浮，喜欢捣乱。又如别号“私生子”的骑士托马斯·格罗斯，在拜罗伊特地区的格泽斯农军营寨中是旗手。这位贵族老爷以其凶杀和路劫闻名于安斯巴赫地区，像他在法兰克尼亚和士瓦本的同阶级的其他出名人物一样；可是，由于他的君侯“施恩”，他居然还得到了安全通行权。

正是他向米斯特尔部的农民自荐说：“你们要起义，我愿做你们的首领！”他为暴动招兵买马，并带领他自己的佃农去抢劫教士；他曾同弗雷德维施教士窥伺贵族妇女冯·维克森施泰因转移藏匿的财产，他向奥伯塞斯的农民提议，如果他们暴动，他可以当他们的首领或旗手，并且给他们输送三百名精兵。他说：“我不愿意让别人再骂我是容克大地主了，我希望别人叫我庄稼汉托马斯。”他的堂兄弟赖岑多夫的汉斯·格罗斯和特罗考的克里斯托夫·格罗斯两个贵族，也声明不要再称他们“格罗斯兄弟”[①]，而希望叫他们

① 原文“die Großen”尚有“大人”之意。——译者

“庄稼汉克里斯托夫和汉斯”。这样一些人就是使领主害怕的第四个原因。

在帝国中，“堕落”的贵族或没落的贵族非常之多。他们似乎是上天安排的城乡平民的首领。跟贵族一样，市民和农民中也有游荡分子，如他们自己所说，想“帮助维护福音和主持正义”；并且像痴人一样责骂那些人不得好死，因为那些人说：“难道抢劫人家的财物是正义的吗？”

农军中有很多“得意忘形的不正派的人”，例如虔诚老年人的浪子、小贩、囤积居奇者、商人，“他们常常往来于纽伦堡，传播新闻，在平民中进行煽动”。农军中也有养尊处优的富家子弟，如瓦亨罗特的格奥尔格·霍尼斯，关于他的青年时代，据说是这样：“在整个施泰格森林[1]中，有格奥尔格·霍尼斯和他的手腕，就没发生过调解和争讼。”又如，克莱因瓦亨罗特的彼得·梅茨勒，他在起义失败以后，被瓦亨罗特的官厅描绘成“一个以言行煽动叛乱的流氓，他除了上帝，不愿意有任何其他君主，煽惑了数百人同他一起造反，他经常捕鸟、酗酒”。农军中也有一些头脑清醒的人，因为职业关系而显得很活跃，如画家、音乐家、理发师、金银工匠，还有曾长期为诸侯服役的雇佣骑兵，他们因为不满而脱离了诸侯，现在参加农民队伍，而且得到或高或低的领导地位。这些骑兵和参加农民队伍的僧侣，只要是没有轻浮放荡行为的，在农军中都起着重要的作用。后来农军在上士瓦本和法兰克尼亚对那些轻浮的教士和骑兵都迅速处理了。被农民清洗出去的教士以后变成叛徒，被敌方利用为间谍。

① 施泰格森林，是士瓦本-法兰克尼亚的一个森林密布的高原。——译者

1525 年大规模的人民运动中的情况同所有的人民运动一样。在法国、英国、北美、西班牙和意大利、瑞典和丹麦等国的革命中，以及在德国最近大规模的运动中，参加进去的人不完全是“贱民和那些破产了的或濒于破产而把最后希望寄托于革命的人”，同样，参加 1525 年运动的也不“只是一贫如洗或一无所有的流氓”，“落魄和无用的人”。在参加运动和赞成运动的人中，无论哪里都一样：富人和最富的人同各种平民共事，有理想的人和爱国人士同一味追求个人名利的人相处，高贵者和卑贱者并列；其方式，与他们在漫长的和平时期和国家升平时期在客厅、酒馆、诸侯会议上、市政厅、市民房间聚首共处的情形完全一样。过去如此，现在如此，将来仍然如此；在 1525 年也不例外。

从文献中知道，有些小康之家和富有之家出身的人是不愿参加运动的。这些人说：“如果不是别人逼迫我们参加，我们是不愿意跟着跑的。”里斯[①]的一些富裕农民就是这样。但是，仍然有厄廷根的两位市长骑马到里斯去通知农民，尽管来吧，他们欢迎农民进城。

诸侯的地方官的报告起初带有官吏和贵族的傲气。他们的眼光充满了他们习以为常的对人民的轻视；他们使用的语言像他们
322 惯常那样称农民为“马蝇”，称市民为“贱民”。巴伐利亚的将领埃哈德·穆肯塔勒就是这样向他的公爵报告的。他说：“默辛格山上驻扎的，无非是一些不可救药的无赖，他们是小偷、赌徒、破产农民、堕落市民、流浪汉、修锅匠、辎重兵、逃兵、游勇、吹鼓手、淫棍，

① 里斯，中法兰克尼亚的一片盆地。——译者

诸如此类。”农军中常常含有这些成分，但是他们并非是农军的核心，也不占多数。农军只吸收一贫如洗的人，但这些人是组织不起农军来的。

诸侯本身是使领主们，特别是使僧侣诸侯恐惧的第五个原因。起初，世俗诸侯和贵族把人民运动的矛头看作是专门针对僧侣领主的，萨克森的选帝侯贤者弗里德里希曾直截了当地说出了这一点，他还说穷人暴乱是人们逼出来的，主要的原因是禁止圣经。他给他的兄弟写信说：“平民要掌权，如果上帝愿意的话，就会是这样的。如果上帝不希望，也不赞成，那么，情形就会很快改变。”

僧侣诸侯的和世俗诸侯的受采邑贵族，都希望利用人民运动的机会解放自己，获得自由，并把采邑地产转变为私有地产。例如维尔茨堡主教的采邑保有者弗里茨·措伯尔·冯·吉伯尔施塔特，他同农民的关系与同卡西米尔侯爵的关系一样，尽管这种关系是秘密的，遮遮掩掩的，但还是自行泄露了，这和骑士斯特凡·冯·门青根同卡西米尔侯爵、符腾堡的乌尔里希公爵、罗滕堡市民以及陶伯尔河畔的农民的关系表现得一样。

冯·亨内贝格伯爵和卡西米尔侯爵都有利用农民起义打倒所有教会领主的想法，甚至巴伐利亚诸侯和奥地利的斐迪南大公也有这种想法。亨内贝格伯爵渴望有一个独立的王国，甚至对维尔茨堡公国垂涎欲滴；卡西米尔侯爵尽心竭力要更多地夺取土地和人口，巴伐利亚各诸侯则觊觎艾希施泰特主教领地和萨尔斯堡地区，而奥地利的斐迪南大公也想染指萨尔斯堡地区，而且对奥格斯堡、布里克森和特里恩特等主教领地，以及位于奥地利各属地之间和附近的大大小小的僧侣领地和田产抱有野心。

尽管诸侯对自己的欲望和企图严加保密，但还是有风声走漏出去。时势已经发展到这种地步，即僧侣诸侯和教会领主必然要
323 怀疑那些和他们同阶级的世俗人士。施帕尔特的农民在艾希施泰特地区起义初期就同萨克森选帝侯的宫廷传教士有联系，而且有通信来往，这的确使有些人对萨克森选帝侯都感到诧异。当时普遍传说，贤者弗里德里希的宫廷传教士、路德的密友施帕拉廷，早就同艾希施泰特的纺织行会会长、人民党首领亨勒以及同农民有秘密通信的来往。施帕拉廷访问他的故乡施帕尔特，而家乡人依靠他，这本来是无可非议的事，可是，由于他正好在这个时候在故乡施帕尔特停留了一些时候，人们就怀疑萨克森选帝侯觊觎艾希施泰特地区，或者至少希望僧侣领主垮台，以便新教得势。

最初确是有这种情况：对教会领主进行抨击，首先是由农民进行的，这对许多城市、贵族和一些世俗诸侯看来是一件正当的事。但现在，随着起义范围的扩大，这些人自己也愈来愈恐惧了。农民已经有了团结战斗的旗帜，至少是暂时团结起来，在当时局势所许可的范围内团结起来。这个旗帜就是十二条款。

第九章　十二条款和托马斯·闵采尔

农民同表现要为多瑙河畔的领主和农民进行调解姿态的士瓦本联盟所举行的谈判，已化为泡影了。但是，这件事却使农民有了

收获，虽然这只不过是一纸文件，却也是一座纪念碑，它表明在适当的时机把一种思想形成文字，恰当地把它表达出来，会产生多么大的力量。这就是《十二条款》。

城乡平民把自己的疾苦列为条款，这是自古以来的习惯。

冯·菲尔斯滕贝格、祖尔茨和施图林根三个伯爵所属的农民，把他们的疾苦概括为十六条或十六点，写成文字，准备在施托卡赫、沙夫豪森、拉多夫策尔和埃斯林根等地举行的会议上提出。全
德国的平民都这样把自己的疾苦写成或多或少的若干条，希望通 324
过和解途径同他们的领主对此协商期望贵族阶级仁慈地体恤他们的贫困，向他们作出让步，减轻他们的负担，归还他们被剥夺了的古老权利。维尔茨堡地区的农民提出五十条，美因兹地区的农民提出二十九条，法兰克福的市民提出四十一条，明斯特的市民提出三十四条，因河河谷的农民提出十九条等等。根据各地不同情况提出的所有这些条款，有一些是彼此吻合的，也有很多是互相分歧的。

1525 年第一季度内，在上士瓦本出现了一小批表达农民阶级要求的印刷品，这些要求以十二条款的名称闻名于世；虽然在巴伐利亚和奥地利都加以禁止，但是自 3 月印发以来，就迅猛地传遍了全德国。这本印刷小册子很快成为全体农民所承认的平民共同宣言，并且给大规模人民运动的进程指出达到共同目的的更加明确的方向，使分散的人民群众围绕着一个宗教—政治的纲领团结起来。

宣言的标题是：“教会官厅和世俗官厅的所有农民和佃农向上述官厅申诉的根本的、公正的主要条款。”紧接一行引言是：“愿基

督把和平与上帝的恩典赐给基督徒读者。”

“现在，有很多反对基督教的人把聚会的农民作为理由来诋毁福音，他们说：‘这就是新福音的结果，没有人再服从了，到处有人起来造反，使用暴力，聚众结党，要求改革和取消教会官厅和世俗官厅，也许还要打倒它们！’”这里所写的条款可以答复所有这些目无上帝的、罪恶的论断，以便这些人停止对圣经的诽谤，进而以基督的教义谅解所有农民的反抗和暴动。

首先，福音并不是暴动或者骚乱的原因；因为福音是救世主基督的讲话，他的言论和生活完全是教人友爱、和平、忍耐与和谐（《保罗达罗马人书》第二章）。因此，一切信奉基督的人都应是友爱的、和平的、忍耐的与和谐的，农民全部条款的基础，可以清楚地看出，全在于听从福音和遵循福音生活。反基督教的人怎么能说

325 福音是暴动和反抗的原因呢？一些反基督教的人和敌视福音的人

所以出来反对和抗拒这种要求和愿望，其原因并不是福音，而是福音的死敌魔鬼，它利用不信奉宗教使它的信徒们的心中动了疑念，借以压制和取消上帝教人友爱、和平、和谐的圣言。

另一方面，很明显，不能把条款中要求视福音为教义并把它用于生活的农民说成是反叛或捣乱。农民们诚恳地依照上帝的话去生活，无论上帝是否愿意倾听他们的呼声，谁会责备上帝的意志（《罗马书》第十一章）？谁能干涉上帝的判断呢（《以赛亚书》第四十章）？谁愿意违反上帝的尊严呢（《罗马书》第八章）？难道上帝没有接受以色列人的呼吁，从法老的手里将他们解放出来吗？难道他今天不能解救自己的孩子吗？是的，上帝是要解救他们的，而且会很快就要救他们（《出埃及记》摩西第二书第三章第十四节。

《路加福音》第十八章第八节）。因此，基督徒读者们，请将下列条款细加阅读，而后加以评判吧。

第　一　条

第一，我们的恭顺请求和愿望（也是我们全体的意志和意见）是今后我们要有权，每个村区应有权选择并且任命自己的牧师（《提摩太前书》第三章），如果牧师行为不端，也有权解除他的职务（《提多书》第一章）。这样选任的牧师应当教我们纯洁而简明的福音，不得将人的牵强附会的说教和训诫掺杂进去（《使徒行传》第十四章）。因为，如果将真正的信仰不断地教给我们，那么就可以给我们一种机缘来祈祷上帝，靠他的恩典，愿他赋予我们这种有活力的信仰，而且在我们身上加以证实（摩西《申命记》第五书第十七章；摩西《出埃及记》第二书第三十一章）。因为，如果上帝的恩典在我们身上不产生感召，那我们永远只不过是无用的血肉之躯（摩西《申命记》第五书第十章，《约翰福音》第六章），正如圣书所写明的那样，我们只有通过真正的信仰才能到上帝那里去，只有靠上帝的慈悲才能圣洁（《加拉太书》第一章）。因此，我们需要这样一位先驱和牧师，而这个形象是以圣书为基础的。

第　二　条

第二，既然合理的什一税是旧约中所规定，而且是在新约中已经实现的，那么我们也愿意缴纳公平的谷物什一税，但是必须合理地缴纳。应该把这种税交给上帝，分配给上帝的仆人（《希伯来书》，《诗篇》第一〇九篇）。这种税应该归一名能清楚传布

圣经的牧师来掌管，我们希望：今后应由村区选任的教会总铎负
326 责征收这项什一税。他应当从中拿出一部分作为由整个村区人
民选出的牧师的薪给，使他和他的家属能维持相当简朴的生活；
数目多少须由当地人民规定。剩下的部分应根据情况需要与群
众要求，分配给当地的穷人（摩西《申命记》第五书第二十五章第
一节，《提摩太前书》第五章，《马太福音》第十章和《哥林多书》第
九章）。如再有剩余应加保存，以备遇有战争时，不必再向穷人
征税，就可以此款支付。假如某一个农村，或某几个农村由于急
需、经全村人民同意有人出售了什一税谷，他就不必再偿还，我
们愿意根据情况同买者达成适当的协议（《路加福音》第六章，
《马太福音》第五章），在一定期间替他偿还。但是，如果谁动用
的什一税谷不是从任何村庄买来，而是他的先人侵吞而来的，那
么，我们除了如上所说的、以此供给我们所选出的牧师或者按照
圣书所说的、以此分配给穷人以外，不愿意，也不应该再补给东
西，也没有义务再替他偿还。无论是对教会领主或世俗领主，我
们绝不再交小什一税①。因为上帝造畜是为人类自由享用（《创
世记》第一章）。我们认为，这种什一税是巧立名目的东西，是不
合理的，因此我们不再缴纳。

第　三　条

第三，迄今为止，人们一直把我们当作奴隶，这是一种可悲的习俗，基督既然用他的宝贵的血解救和赎回我们全体（《以赛亚书》

① 小什一税，指从农民家畜中或其他副业中抽取十分之一的税款。——译者

第五十三章第一节,《彼得前书》第一章,《哥林多书》第七章,《罗马
人书》第十三章),无论是卑贱的牧人还是高贵的人,都无例外。因
此,依据圣书,我们应当自由,我们也希望得到自由(《箴言》第六章
第一节,《彼得书》第二章)。并不是说,我们希望绝对自由,不要任
何官厅;上帝并没有这样教导我们。我们应该按照训诫生活,不应
放荡淫乱(摩西《申命记》第五书第六章,《马太福音》第四章),而要
爱上帝,把他当作我们的主,我们要看到自己的近邻都是上帝创造
的,并且像上帝在最后的晚餐上所教导我们那样,凡我们愿意得到
的东西,也都给他们(《路加福音》第四章第六节,《马太福音》第五
章,《约翰福音》第十三章)。因此,我们应该按照上帝的戒令生活。
这个戒令并没有指示和教导我们不服从官厅。我们不仅对官厅,
而且对任何人都应谦恭(《罗马人书》第十三章)。既然我们也愿意
在一切正当的和合乎基督教义的事情上服从我们所选举的和主指 327
派给我们的官厅(《使徒行传》第五章),那么,我们也毫不怀疑,你
们作为真正的基督徒将把我们从农奴制下解放出来,或者从福音
中找出我们应该是农奴的根据。

第　四　条

第四,迄今为止,穷人一直没有权利捕捉野禽野兽或在河中捕鱼;我们认为,这是完全不公道的,不友爱的,自私自利的,也是违背圣经的。某些地方官厅还不顾我们的利益保护野兽,使我们遭受巨大损失,因为我们必须忍受这些毫无理性的野兽任意吃掉上帝为造福人类而给我们生长的禾稼,我们对于这种违反上帝和为害近邻的事情,还必须默不作声。因为我主上帝造人时,他给人以

统治一切兽类的权利，无论是空中的飞鸟，或是水中的游鱼(《创世记》第一章，《使徒行传》第十九章第一节，《提摩太书》第四章第一节，《哥林多书》第十章，《歌罗西书》第二章)。因此我们要求：如果某人有一个池塘，他应有充分的文件证明确系由他买来的，我们并不想用暴力从他手里夺取，而且出于友爱，还应该按照基督教教义给予照顾。但是，无论何人，如拿不出充分证据，就应将产权相应归还村区。

第　五　条

第五，我们为了伐木的事情也备受欺压，因为我们的领主把一切树林都据为己有，穷人若有需要，不得不出双倍的价钱去购买。我们的意见是，凡一向落在教会领主或世俗领主之手而非经他们购买的树林，应该归还全村区，而村区人人可以根据家中急需，适当自行采伐而不必付款，如需木材做木工活时，也可以无代价地采伐，但必须事先通知村区被选定的负责人，以防止破坏树林。但是，假如除了正当购买的树林外再无其他树林时，应该以友爱和基督教义的精神与买主协商解决。但如果一片树林，先经非法侵占，后又售出，应依照友爱的精神和圣经指示与买主协商解决。

第　六　条

328 第六，我们所负担的过重的劳役与日俱增。我们要求对此给予适当的体恤，使我们的负担不要这样沉重，而要对于我们加以仁慈的考虑，让我们完全按照上帝的话(《罗马人书》第十章)，像我们父母所做过的那样去服务。

第　七　条

第七，我们希望今后不再受领主的压迫，而是领主只能依据他与农民之间的契约对农民提出公平合理的要求。领主不应该继续强制和逼迫农民，不应继续无偿地强迫农民承担劳役或其他义务(《路加福音》第二章，《帖撒罗尼迦书》第六章)，以使农民无痛苦地安心利用和享受这项田产；但在领主必需人服劳役时，农民应甘愿并且优先服从他，但在时间和季节上以不致造成农民有损失为限，而且对劳役应付给应有的报酬。

第　八　条

第八，我们感到负担很重的是，很多农民耕种着负担不起地租的田地，以致农民遭受极大损失而破产。我们要求领主派公正的人对这些租地进行调查，然后规定公平合理的地租，使农民不致徒劳无获，因为每个短工都应有他的报酬(《马太福音》第十章)。

第　九　条

第九，我们由于犯了大罪感到痛苦，因为新法不断颁布[①]，科罚我们不是根据事实，而是有时出于严重的嫉恨，有时为了偏袒别人，失之过宽。我们的意见是：科罚我们要根据旧日成文的惩罚条例，要根据事实处理，不应偏袒(《以赛亚》第十章，《以弗所书》第六章，《路加福音》第三章，《耶利米书》第十六章)。

---

① 此时罗马法逐渐代替原来的法律，使农民遭受损失和痛苦。——译者

第 十 条

第十，我们深感苦恼的是，有些人把原属村区的草地和耕地据为己有。这些财产我们要收回交还村区，然而也可能有正当购买来的；但如有非公平合理购买者，应根据具体情况，本着和气、友爱的精神相互协商解决。

第 十 一 条

329 第十一，我们要将所谓缴纳死亡税[①]的习俗全部废除，绝不能再容忍下去，也不能容许像许多地方发生过的以各种方式违反上帝意志和公道而卑鄙剥夺孤儿寡妇的东西和掠夺他们的人。领主从我们手中榨取和搜刮他们理应保护和照顾的东西，稍有口实，他们就可能把这些东西完全夺走。上帝再也不容忍了，应当全部废除，今后任何人都没有缴纳死亡税的义务，不论多少，都不再缴纳（摩西《申命记》第五书第十三章，《马太福音》第八章及二十三章，《以赛亚书》第十章）。

结 论

第十二，我们的结论和最后的意见：以上所举各条，如有任何一条或几条不符合圣经，只要根据圣经对我们说明，证实确属不当时，我们愿意立即取消。即使其中某些条款现在已同意，而日后发现它们并不合理，也应及时作废，不复生效。同样，如果依据圣经还有违

---

① 死亡税即租地继承税。——译者

反上帝和损害友邻而根据事实提出控诉的条款,我们决定也予以保留,我们要履行和运用全部基督教教义,因此,我们祈求上帝给我们这一切,而且只有他才能这样做。愿上帝赐给我们大家和平。[①]

人们可以感觉到这个值得重视的宣言并非是一气呵成的,而是由不同的部分组成的。显而易见,引言和结论是后来加上去的,而且不同于中间绝大多数条款,是由另一起草人撰写的。条款所要求的可以分为三类:一类是几百年来一再重复提出过的,如自由渔猎和伐木,消除野兽的危害;另一类是要求废除各种新的负担和增加多倍的、不合理的徭役和赋税,取消不公正的司法,总之要取消领主的侵犯行为;最后要求实现福音自由的新教义,废除违反圣经和基督教的农奴制、小什一税、死亡税,把自由礼拜和村区选举传教士看作福音的权利。第一类条款由来已久,不过是旧事重提而已;第二 330
类是 1524 年夏季已经出现的。最后一类,很明显,是那些最近时期争取宗教和世俗自由的传教士对人民运动起了影响才产生的。

产生十二条款的地区是上士瓦本。它的文体与同时期当地所发表的很多文件完全相同;这就是那种正在形成的普遍书写语言。有人认为,这些条款的草拟大概领主们在施托卡赫和乌耳姆第四次和第五次伪装诚意要减轻农民负担的时候进行的。这些事在施托卡赫发生于 1525 年 2 月 26 日至 28 日之间,在乌耳姆发生于 1525 年 2 月中以前。总务大臣埃克在 2 月 15 日就给他的君侯写信说:

“农民的要求列成了许多条款,大致如下:首先他们希望不从

---

① 所引全系原文,仅个别词句改为现代语言,以便于理解。——编者

属于人，只从属于基督。其次他们要求取消一切徭役、忏悔节献鸡和小什一税，不再负担这些义务。他们说这些义务是违反友爱的，在福音书上根本找不到人们应尽这些义务的话。再次，他们要求完全取消一切地租、息金和杂捐。第四，他们要求自由用水、渔猎和伐木，因为这些财富是为全人类创造而交给他们的。还有许多离奇的条款，他们也认为应该做到。”

2 月 17 日，他报告了“接受全体（上士瓦本）农民的要求情况”。

这大概是闵采尔根据普法伊费尔所写的米尔豪森条款而草拟的第一个比较详尽的草案。因为托马斯·闵采尔正是在 2 月的这些日子里沿多瑙河进行活动的。

这些要求集中和压缩成十二条款之后，大概在 3 月中，作为上士瓦本三支兄弟农军的请愿书交给了士瓦本联盟。这个最后的文本可能是新教兄弟会的委员会在梅明根会议上拟就交给他们的。

最早的版本没有引用圣经上的话，并用了一个简单的标题：“全体集会农民本着基督精神的申诉和友好要求”。

331 接着在多瑙河上游的农民中产生了一种想法——把这些条款作为全体人民的基本权利印刷出来，这一想法立即付诸实现了，这是一个进步。3 月间付印的版本，标题中“多瑙河畔集会农民”已改为“德意志全体农民”。这些版本所用的标题是：“教会官厅和世俗官厅的所有农民和佃农向上述官厅申诉的根本的、公正的主要条款”。有一个版本的题词很奇怪，使人想起闵采尔和再洗礼派的千载太平之国：“MC quadratum，LC duplicatum，V cum transibit，Christiana secta peribit”。旁边译有德文是“一 M（千）四 C（百）

二 L(五十)加在一起然后再加两个 X(十),不久人们将写上一个 V(五),①将不存在许多基督教派别”。

战后不久,同时代的灵通人士在追溯“十二条款最初出于何人之手”时,最后总是追溯到托马斯·闵采尔。十二条款的极其温和的形式说明它并非出于闵采尔的手笔。闵采尔临终前还声明,他不是十二条款的撰写人。他承认,“他在赫部和克莱特部曾根据福音书写过几条应如何统治的条款,以后别人从这些条款中又写了其他条款”。但在反复拷问他撰写人姓名时,他同时承认说:“黑森林农民和其他农民的十二条款来源于一些激励弟兄的条款,他不知道这些条款的撰写人是谁。”很可能,即使拷问,他也不肯供出那些激励弟兄的条款是谁写的,因为起草人也许是海因里希·普法伊费尔。

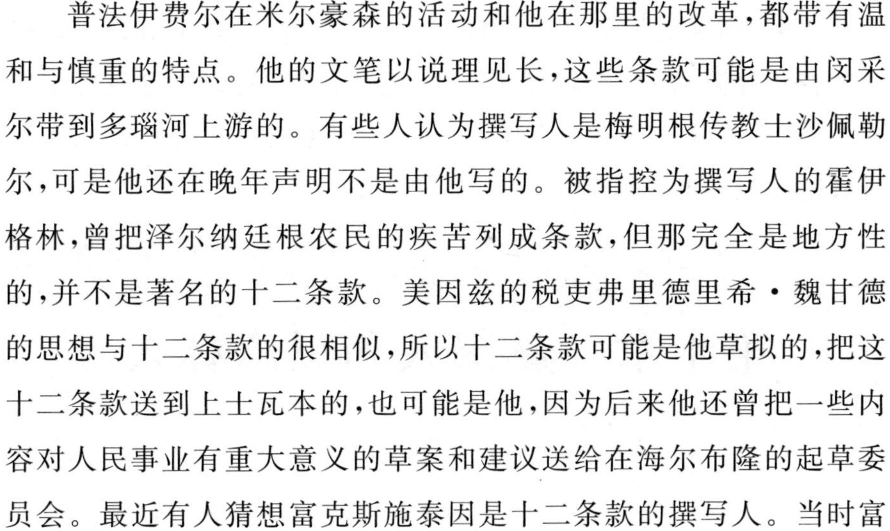

普法伊费尔在米尔豪森的活动和他在那里的改革,都带有温和与慎重的特点。他的文笔以说理见长,这些条款可能是由闵采尔带到多瑙河上游的。有些人认为撰写人是梅明根传教士沙佩勒尔,可是他还在晚年声明不是由他写的。被指控为撰写人的霍伊格林,曾把泽尔纳廷根农民的疾苦列成条款,但那完全是地方性的,并不是著名的十二条款。美因兹的税吏弗里德里希·魏甘德的思想与十二条款的很相似,所以十二条款可能是他草拟的,把这十二条款送到上士瓦本的,也可能是他,因为后来他还曾把一些内容对人民事业有重大意义的草案和建议送给在海尔布隆的起草委员会。最近有人猜想富克斯施泰因是十二条款的撰写人。当时富 332

① 1000+400+50+50+10+10+5=1525,即指 1525 年。——译者

克斯施泰因还住在考夫博伊伦，他在事实上和名义上都是“农民律师”，而且在巴伐利亚政府看来，他就是为那里周围各村区写申诉书的人。埃格洛夫施泰因曾往慕尼黑写信说：“我们认为，在考夫博伊伦的富克斯施泰因可以说是起草一切条款的秘书。”无论如何，当梅明根委员会以很多其他著名条款或普法伊费尔-闵采尔条款作为基础对著名的十二条款的编写工作进行讨论和决定时，如果说富克斯施泰因没有动手和献策，这是难以令人置信的。

这些条款的内容是温和的，语气措辞更是温和。它似乎是这样一个人在说话，他无意实行暴力革命，也没有实现完全平等的自由的要求，而只想从圣经中抽出一个准绳，交到领主和臣民的手中，并由他们能够稳妥而公平地据以遵循。条款用清楚的语言阐明了人民的愿望；这就是指向领主对平民所犯下的新旧不法罪行而提出的要求，只此一点，它就是正义的；而大自然和圣经都支持这些要求，则更增加了其正义性。在十二条款的被压迫者语言里回荡着一种温和的、和解的气氛，一种基督教的精神，它只要求实现圣经所承认的一切，无意用暴力损害领主而以善意和正当手段所取得的权利和达到领主的让步。

第十章　赫部人和黑森林人

森林山地（黑森林）的新教兄弟会，与发表《十二条款》的同时发表了一份《书简》。书简本身带有闵采尔的特点，而且以后闵采尔也依据其内容作为自己行动的准绳。书简的内容如下：

“迄今为止，教会领主和世俗领主、教会官厅和世俗官厅所强加于城乡贫苦百姓的沉重负担是违反上帝和一切正义的，他们自己从未承担过，由此可见，平民不应继续负担这种重压，忍受这种疾苦，如果这样下去，贫苦平民和他们的子子孙孙都将沦为乞丐。因此，
本基督教同盟有计划，有决心，依靠上帝保佑摆脱这些东西，而且尽 333
可能不动干戈，避免流血，为达到这一目的，必须和兄弟同盟一道进行包括在下列条款中的、有关基督教共同利益的一切正当事业。

因此，我们友好地、兄弟般地恳求并渴望你们自愿地参加基督教同盟，抱着友好意愿同我们一起在兄弟会工作，以便重新培植、建立和增进基督教的共同利益和兄弟友爱。你们这样做，就是执行上帝的意志，履行上帝关于兄弟友爱的训令。如果你们拒绝这样做（我们料想你们绝不会拒绝的），我们就要根据本书简的规定对你们处以世俗斥革，直到你们回心转意，友善地归顺本基督教同盟为止。

1. 世俗斥革包含的意思是：所有参加本基督教同盟的人，应凭自己的名誉和所承担的最崇高的义务，与抗拒参加兄弟同盟、不肯促进基督教共同利益的人断绝一切关系；不同他们一起吃饭、饮酒、洗澡、绘画、烤面包、耕作和收割，也不允许供给他们食物、饮料、肉类、粮食、盐、木材或其他物品；不购买他们的任何东西，也不卖给他们任何东西，让那些不肯促进反而企图妨害基督教的共同利益和国内和平的人处于被隔绝和垂死的境地。一切市集、森林、捕鱼冰洞、牧场和水域，如果不是由他们控制或不在他们的领地内，也应拒绝他们使用；在入盟者中，如有人忽视这项规定，当然也

要被清除出去，处以同样的斥革，而且连他的妻子儿女一起遣送到可恶的人或被放逐的人中间。

2. 关于宫城、修道院和大教堂。

宫城、修道院和教堂是发生和形成背叛、强制性压迫和道德败坏的根源，应当立即对之宣告世俗斥革。如果贵族、僧侣或修士自动离开这些宫城、修道院或大教堂，愿意和其他虔诚的人们一样迁住普通房屋并加入基督教同盟，应该友好而善意地接受他们和他
334 们的财产。按照上帝的法律应该归属于他们的一切，必须完全听任他们处置，不加任何损害。

3. 关于对本基督教同盟的敌人提供食宿和援助者。

一切对本基督教同盟的敌人提供食宿和援助的人，应同样善意地劝阻他们。如果他们拒绝接受，也应立即处以世俗斥革。”

这份书简是闵采尔在南方高原地区活动时出现的，因此黑森林山区的弟兄以它作为他们的特别宣言。闵采尔从 1524 年 10 月至 1525 年 2 月初停留在这里，曾主持与上士瓦本的弟兄建立联系和制订计划，随后即沿多瑙河上游而下，经法兰克尼亚返回图林根。

上士瓦本人和下士瓦本人很不相同。在上士瓦本人身上，冷静，特别对宗教问题上的冷静占优势。这种天性阻止他们接受闵采尔的奔放性格的感染，以致闵采尔未能鼓动他们。像闵采尔那样大刀阔斧的做法，是与上士瓦本人的本性不相合的。士瓦本联盟的领主的一切诬蔑，都无非是企图欺骗上士瓦本人，使闵采尔对他们无能为力。闵采尔曾把很多信徒和密使留在上士瓦本，他在中途还印发了一份措辞极为激烈的宣传小册子。这个小册子大概是他早些时候根据福音草拟的条款《应该如何统治》的修改稿，因

为他多次看到一部分南方高原地区农民甘受或听任诱惑去缔结协定，所以才提出这十一项激烈的问题，作为对他们的当头棒喝。

他在小册子里非常明白而具体地叙述了领主如何统治和反过来农民应该如何统治；真正的基督教信仰不愿有人间的官厅，只有非基督精神才需要这种官厅。接着他论述了一个基督教官员（不论他是诸侯、教皇还是皇帝）应尽的责任；阐明了那种妄自尊大、漫无节制的专制统治是错误的，不应对它服从；探讨了应该要哪种官厅的问题，是世袭的，还是定期由民众选举的；捍卫了平民猎捕田间和森林野兽的权利；还探讨了关于村区罢免官厅的权利，申述了村区有这种权利以及如何对统治者行使这种权利。闵采尔说："地方或者村区都有权罢免作威作福的统治者，我可以从上帝的法律
中引出十三条箴言予以证明；这些箴言绝不是地狱恶魔以其全体 335
骑士再能毁灭得了的。总而言之，所有统治者都是根据个人高兴和顽固不化的头脑制定自身必需的法令，更不要说暴力迫害、课征赋税、关税、杂税了，他们是不折不扣的强盗，是当地人民不共戴天的敌人。推翻这些莫阿普[1]、阿加克[2]、阿哈布[3]、法拉里斯[4]和尼禄[5]，才是上帝最大的快慰。圣书不称他们是上帝的仆人，而称他

① 莫阿普，路特之子，死海以东山地中闪族的一个古老民族，莫阿普比特人之始祖。奴役希伯来人达十八年之久。——译者

② 阿加克，阿玛莱基特的国王，为扫罗战败并被俘，后来为大祭司撒姆耳下令杀死。——译者

③ 阿哈布，以色列的国王。——译者

④ 法拉里斯，西西里岛上的古城阿克拉迦斯（建于公元前600年）的暴君，传说曾用一个铜牛把很多人活活烙死；这个铜牛被称为"西西里牛"。——译者

⑤ 尼禄，一世纪时罗马的暴君。——译者

们是蛇、龙和狼。”接着，他分析了造反的意义和到底应该骂谁是反贼。最后他鼓励农民要坚定，任何情况下都不要放弃自己的计划而使自己畏缩不前。结束时他还向农民指出，如果他们不忠于自己的信念，他们将会遭到怎样的不幸和悲哀。他大声疾呼：“你们要是综观全局，就会发现自己面前只有无穷的痛苦，而且将有一场大规模的屠杀临到你们和全体农民的头上。啊！痛苦和不幸将要落在你们的子女身上，你们留给他们的将是这样一份可怜的遗产。看啊！现在你们必须带着锄头、镐和马匹去服徭役；将来你们的子女就非自己拉犁不可；以前你们还可以把自己的田地围起篱笆以防野兽，今后就不得不给野兽敞开；过去他们只是挖掉你们的眼睛，以后就得刺死你们。今天你们是农奴，交纳人头税，以后你们就要变成真正一无所有的奴隶，既没有人身自由，也没有财产；他们将完全按照土耳其的办法把你们当家畜和牛马卖掉。你们稍有反抗表示，结果只会遭受他们的折磨，拷问以至无穷无尽的斥责和咒骂；只会马上把你们当作叛逆关进附近的监牢，依次进行拷问，然后不是鞭笞，就是烙两颊，断手指，割舌头，肢解，斩首。”末了，他提起一个快要应验的古老预言来鼓舞他们。他说：“在法兰克尼亚境内施瓦南山上有一头牛，它一面游荡一面叫唤，叫声在瑞士中部都能听见。在这个预言和这个古老格言可能实现之前，局势是不会缓和的，傲慢的专制者和一切当局也不会得到安宁。看起来这真像个笑话，但这也很可能变为现实；更何况，使瑞士增加钱财的除了领主们的贪婪，又会是什么呢？”

336 这份宣传小册子是在纽伦堡付印的。其中每句话都是闵采尔的风格和闵采尔的语言。小册子结尾，还对贵族嘲讽说：“你赶快改弦更张吧，一句话，即使你再狡猾，也一定要完蛋。”

闵采尔满怀信心，因为他亲眼看到了大大小小领主的兵力多么薄弱，装备多么缺乏，他们又是那样束手无策，那样狼狈不堪，那样满怀恐惧；他们意志沮丧，惊惶失措达到了极点。他看到起义从一个地区如何扩展到另一地区，当他又转回德意志中部时，不同派别的运动人物都在活动着；用布道、向群众演说、甚至答应给钱的
方法，以发动各地平民拿起武器；用恫吓和诱惑办不到的事，却靠 337
发军饷办到了。

他们挖掉了你们的眼睛

湖军总指挥艾特尔·汉斯·齐格尔米勒随带一队亲兵出

行，声势威武，俨然如一位诸侯统帅；黑森林农军总指挥、布尔根巴赫的汉斯·米勒身穿红袍，头戴红平顶羽帽，尾随一辆饰有簇叶花綵和彩条并插着大旗和战旗的花车，走在他前面的有一个装束入时的美少年骑在马上，手里拿着印好了的书简和十二条款。这个人用姣美的喊声召唤群众，然后朗读条款。汉斯·米勒就是这样走过黑森林的。黑森林人也是在早春就武装起来；跟他们同时拿起了武器的还有赫部人。4月9日，当时以汉斯·本克勒为首领的赫部农军，同来自菲尔斯滕贝格地区、巴尔、克莱特部和黑森林的强大农军联合起来，会师地点在邦多夫。汉斯·本克勒从邦多夫出发时只有四千人。他从这里经勒芬根开往德京根、许芬根、福伦，布罗因林根和许芬根向他开城投降，许芬根是在4月13日投降的。他在这儿留下一支守军，派人往菲林根下战书，同时把壮大了的部队分成好几个支队，各支队迅速相继攻下老菲尔斯滕贝格、多瑙埃申根、卢普芬和瓦滕贝格等宫城，夺得了其中最好的武器。默林根和盖辛根两城也受到了同样对待。接着，阿赫和恩根两城开城投降。汉斯·米勒在所有这些占领的坚固据点留下了农民的守军，然后转向拉多夫策尔，将它四面围困。这里住有恩吉斯海姆、因斯布鲁克和斯图加特三个奥地利政府的委员和赫部地区大部分贵族及其家属，随身还带着珍贵财物。拉多夫策尔的地势对农军非常重要，因为农军如果控制了它，再同瑞士联系就特别容易了。目前农军尚未进行正式围攻战，只是切断该城的一切运输线，甚至在湖上拦截从康斯坦次开来的船只，抢掠拉多夫策尔的四郊。

第十一章　里斯和安斯巴赫地区的农民 338

新教早已传入内尔特林根，新的人民理想也正在农民阶级中酝酿起来。内尔特林根市民也是里斯农民起义的鼓舞者和领导者。

3 月 27 日，在内尔特林根和厄廷根之间的戴宁根村已有一千五百名里斯农民扎了营。五天后，增加到八千人。厄廷根的两个市长甚至骑马到戴宁根来见农民，邀请他们进城；他们对农民说，尽管来吧，人们欢迎他们进城。但是，农民的领导人进驻了内尔特林根，农民在这儿可以随意出入。

农民首领和城市谋反者在“制钱袋者”巴尔塔扎尔·格拉泽尔家里集会。3 月 31 日晚，他们在这里一致决定：“攻占所有修道院和教堂，夺取所有藏匿在这里的僧侣的财物，把修士和教士驱逐出城，驱逐里斯的所有领主，把里斯并入内尔特林根城，自己当家做主。”

但对内尔特林根城群众行动具有最大影响的要算安东·福尔纳了。福尔纳此人有丰富的作战经验，在本城担任过各种重要官职，现任副市长。人们在格拉泽尔家里编写和歌唱嘲讽士瓦本联盟和颂扬农民的歌曲。安东·福尔纳把作曲者邀请到家里，殷勤款待，还亲自“为一首辱骂士瓦本联盟的歌曲”配了几首讽刺诗。

在这之前,巴尔塔扎尔·格拉泽尔和安东·福尔纳是互相敌对的,新的情况和共同的目的使这两人结为朋友。在朗格瑙的运动中,有一个特别活跃的妇女,大概是汉斯·齐格勒的妻子。在莱普海姆,妇女们表现得和男人一样激昂。在内尔特林根最活跃的妇女是安东·福尔纳的妻子,她策划最诡秘的"计谋",筹备会议,起草致各地的有关人民运动的信件,公开抨击市政会,并且自夸说:"只要我一挥手,就能发起一次暴动。"

4月1日,这个妇女、她的丈夫和他的朋友们,甚至在内尔特林根城内成功地发动了一次群众夜间骚动。

第二天早晨,当骚动的群众还在安睡或正对尊贵的市政会怀
339 有恐惧的时候,市政会逮捕了安东·福尔纳先生。但是,4月4日夜,他的妻子和市民一同把他从监狱中营救了出来。福尔纳被推举为第一市长,罢免了原任市长费斯特纳,并派人通知戴宁根的农民:"如有必要,可以抽出四分之一的市民携带本城全部武器前去支援农民。"

这时,安东·福尔纳几乎成了独揽大权的市长,大小市政会吸收了很多来自人民党的新委员。在经过这样更新和加强的市政会中,强制实行了贵族曾予以限制的很多事情。贵族抱怨说,人们强迫他们遵守那些针对全体名门望族的条款。市府秘书写给乌耳姆的信件被截获拆阅,运动人物要把他作为人民事业的叛徒来审讯。他自己的亲友把他送进监狱;但是他们无法使市民作出对他严厉惩办的决定;因为在截获的那些信件里,并不存在构成严惩的内容。不过释放他时,他们让他宣誓表示对这次遭遇终生不予报复。

农民特别信任福尔纳。他们也从戴宁根给内尔特林根写信说："因为他们在内尔特林根的英明的、敬爱的和善良的主人、朋友和弟兄们都已忠实地皈依圣经，完全倾向圣经，又因为目前每天在戴宁根集会的农民全体会议缺乏粮秣、枪炮以及其他各种物资，所以他们恳切希望内尔特林根的弟兄们能予以资助，以便解决他们这方面和其他方面的急需。他们也希望对他们的神圣事业给予援助。"

安东·福尔纳坚持要市政会以现金、粮食和木柴救济农民。就在他的妻子和巴尔塔扎尔·格拉泽尔领导暴动营救他获得自由的那天夜里，他即下令从市政会军械长手里取得军械库钥匙，打算用本城的武器装备农民。可是他又把武器留下了。在暴动后改组市政会的那天，他很想把事情引向极端；他在市民群众中屡次仰天捶胸，非常激动地说，非流血不可！他公然在大市政会和市民委员会上建议，内尔特林根应召开一次城市会议，因为农民请求邻近各
城市声援并以行动响应他们的事业。人们反驳他说，只有乌耳姆 340
能这样做，农民应该先请求乌耳姆，这使他很不愉快。他也希望内尔特林根参加在温茨海姆举行的农民会议，并且同其他几个城市一起，根据真正的民众利益来处理本城的问题。

他经常同农民保持着秘密联系。是的，有人说看到他骑着马并由四十个农民簇拥着出入于戴宁根；又据说，农军首领和顾问在驻营期间也曾出入于他的住宅。甚至有人说，不论是谁，只要暗中严厉抨击皇帝和士瓦本联盟，他就对这人表示最衷心的支持，这个人就成为他最好的朋友，可以得到他的一切保护。他还公开说，假如他是农民首领，他就要使士瓦本和法兰克尼亚的农军马上增加到十万人，并且把那个"疙瘩"解开；这个"疙瘩"指的是士瓦本联

盟。据说同他商谈这件事的农民答应，如果他做他们的首领，他们可以敬致一千古尔盾和一份优厚薪俸。

这次商谈由于受到来自其他方面的影响，没有取得结果。

因为起义在各地迅速蔓延开来，所以帝国政府和各城市便更积极地利用和谈来安抚农民。4月第二周，帝国政府的代表及所有湖滨及阿尔部的城市同阿尔部的农军、湖军和沼泽地农军开始新的谈判，都未获得结果。与此同时，奥格斯堡、丁克尔斯比尔、韦尔特和内尔特林根等城市的代表也同里斯的农民举行谈判。

农民向他们的领主、厄廷根的伯爵们提议，解除他们的一切农奴制的负担及其他疾苦，为了弥补伯爵们的损失，他们愿意把里斯的所有教堂占领，然后把教堂财产交给伯爵。

伯爵们认为，这件事不仅做不得，甚至是危险的。于是进行仲裁的城市提议：农民和领主均应不咎既往，而由双方各推选两名到四名公道正直、通达事理的代表，在他们和双方席位相等的陪审官主持下，共同谋求和解的协议。凡是他们一致通过或过半数通过的裁决，对双方均有约束力，票数相等时，则推选一名公正的仲裁人来决定，不论仲裁人选自哪一方都应有效。和解法庭或仲裁法
341 庭定于4月21日开庭，分别在丁克尔斯比尔、多瑙韦尔特或内尔特林根举行，裁决的执行期限为一年。在此期间，农民们应履行传统的义务。

这个和解方式是4月7日提出来的，农民是否接受，应于五天内作出决定。多数农民接受了，并在4月12日离开营寨，分散回家。

农民之所以如此轻易表示同意的原因是，当时在内尔特林根

占多数的又是市民，而不是农民。不多几天，内尔特林根的市民就冷淡、平静下去了。

内尔特林根人曾在回复农民的信时答应供给农民武器和粮食，但是他们对两者都没有兑现。僧侣用狡猾伎俩欺骗了市民。原来，附近地区有四个上层僧侣已将他们的财产和很多粮食运到内尔特林根城里藏匿起来，而拿出四百堆黑麦作为礼物送给市民。市民感到心满意足，于是答应保护上层僧侣和他们的财产。4 月 10 日，慕尼黑宫廷中就有人说，内尔特林根城里的暴动已经部分停止。费尔斯费尔德写道，四百堆黑麦差不多就平息了市民的暴动。福尔纳派就这样瓦解了。在内尔特林根有一个福尔纳派的饭馆老板，他气愤地对一个在他那里喝酒的农民说："你们为什么不在你们城外的车垒里坚持下去？至少也应该等四个城市的代表从士瓦本联盟回来，他们肯定会给你们带来好消息。"那个农民回答说："老板，如果你们和其他人把你们答应给我们的东西给了我们，我们也许能够多坚持一些日子。饥饿和贫困逼着我们回了家。即使在我们车垒的两个大门外各有五千名雇佣兵持枪把守，也休想把我们控制在车垒里。"

在农民从车垒离散以前的 4 月 12 日，有一个人喊道："上帝保佑我们脱离这场战争吧，我们再也不想打仗了。"很多人赞同他的意见。

农民撤离戴宁根期间，内尔特林根市政会派市长安东·福尔纳和两个委员到赖姆灵门，严令不许放一个农民进城。可是，福尔纳却暗中把"农民中最坏的家伙"，即他们的头领们，主要是他们的纠察队长放进了城，并且同他们商谈下一步的安排。

福尔纳想使内尔特林根和温茨海姆建立联系，因为温茨海姆
342 的农民和市民一个月以来一直扰攘不安。传教士托马斯·阿佩尔早就在这个位于肥沃的艾施河谷的帝国直辖市以新教义的精神进行布道，他的讲话既尖锐又坦率，在讲话中他像埃贝林、路德和闵采尔一样，明白地指出高贵者和卑贱者的状况，因此，市民感到十分满意，而市政会却感到非常不满。市政会委员们已经觉察到，通俗著作和公开演说这一时代精神的新产儿近年来发展得多么迅速，它们以特有的直言不讳的风格，已经反过来严重地影响到时代的精神和人民的情绪。市政会把这位谈吐激昂的牧师撤了职；2月 26 日，民众已对此表示不满和埋怨。当 3 月 25 日圣母通告节城里没有传教士布道时，埋怨立即爆发成为骚动。一些手工业者在市场集会，推出十个代表到市政会去请愿，委员们正在那里开会。他们把市长塞巴斯蒂安·哈格尔施泰因叫出来，然后俨然以全体市民代表的资格质问他。市民在世俗和宗教事务方面都提出了言之成理的控诉。他们控诉了把他们敬爱的牧师撤职、不让他们听圣经、赋税过高和家族统治。他们说，在市政厅里开会的是一个表兄弟会议，因为这些委员彼此都有裙带关系。

市长想方设法进行安抚，企图打发这些手工业者心平气和地离开。但是他们没有被说服，或拒绝安抚；市民也是如此。当时谣传有三千名联盟军正向这里开拔，准备镇压市民。晚上，城里发生了民变，全体市民拿起武器集合在市场上，编成部队，夺取了城门钥匙，解除了城市雇佣兵的武装，冲击了市政厅，还撬开了军械库。市民们兴高采烈地把矛、戟、铠甲扔到市场上；没有武器的人都武装起来了；在这期间，警钟响了有半小时之久。市民推选奥伊夏里

阿斯·胡特为首领，另外又从他们中间推选四人为军需。这位首领立即宣布一项法律：任何人不得对他人施加暴力，违者处死。市民彻夜警戒；第二天，他们夺取了大炮，占领了城楼，无论普通人或信使，未经检查一律不准入城。3 月 28 日，从纽伦堡来人进行调解，使市政会与市民达成如下协议：改组市政会，减轻赋税。

3 月 27 日，温莰海姆周围的农民纷纷起义时，该城市民仍在
武装反对市政会。农民要求温莰海姆城同他们联合起来，因为这 343
个城虽然小，却有坚固的设防，市民又刚刚击败城市统治者，如果该城同农民靠拢，农民就有了有利的后盾。但是，谨慎的纽伦堡市政会给这个友好的城市送来一封措辞恳切的信，以阻止它采取这一步骤，同时，送信来的市政会代表也半警告半恫吓地劝诱温莰海姆的市民拒绝农民的要求。

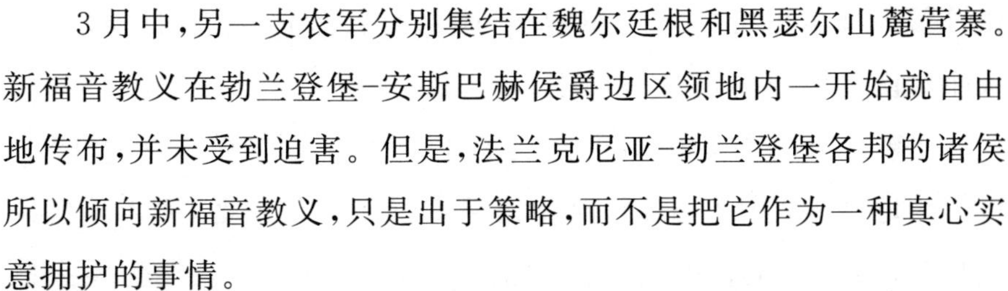

3 月中，另一支农军分别集结在魏尔廷根和黑瑟尔山麓营寨。新福音教义在勃兰登堡-安斯巴赫侯爵边区领地内一开始就自由地传布，并未受到迫害。但是，法兰克尼亚-勃兰登堡各邦的诸侯所以倾向新福音教义，只是出于策略，而不是把它作为一种真心实意拥护的事情。

那时统治法兰克尼亚-勃兰登堡地区拜罗伊特和安斯巴赫两个侯国的是卡西米尔侯爵和他的兄弟格奥尔格。在他统治期间，他的父亲侯爵弗里德里希四世，被孤独地幽禁在普拉森堡的塔楼里，经受了十二个痛苦的年头；为了不使这个被幽禁的人看见自己忧愁的面容，里面连镜子都没有。弗里德里希侯爵四世在德皇马克西米利安御前供职时，曾因宫廷开支浩大、债台高筑而感到非常忧郁。1515 年忏悔节，他的长子卡西米尔和次子及三子同他一起

吃过晚饭，并在他就寝后，从睡梦中叫醒了这位忧愁的父亲，强迫这个白发老人签署退位命令，然后把他囚禁在普拉森堡；同时他们让托钵僧在国内到处散布说老侯爵愚痴，对人民有害无利。于是，人民不得不忍气吞声，卡西米尔取得了骑士的拥护，掌握了政权，他的两个弟弟仅在名义上和他共同执政。

卡西米尔的心术，从对待他父亲的所作所为上，可以反映出来。他智慧出众，富有政治头脑。贵族妨碍他，他就设法使贵族就范。为了不依赖贵族，从 1520 年起，他以抽签方式从每个市区和乡区征集一定数目的壮丁，一律发给黑白两色军服，把他们武装起来，并由能干的将领进行训练；服役期为一个月，期满后退伍，经过一些时候轮到时再入伍。生活费用由各区自筹。因此，他不几年就有了一支训练有素的部队，既省钱、又易于驾驭。他的宫廷可以和符腾堡乌尔里希的宫廷相媲美，生活日益奢侈，需要日益增长，从而对臣民的压迫也日益加剧。

344 当农民在黑瑟尔山麓集合准备开会时，卡西米尔于 3 月 18 日写信给厄廷根的沃尔夫冈、路德维希和马丁三位伯爵，要求他们同他联合，共同镇压农民的叛乱。伯爵们这样做了。一支骑兵大队袭击了农民，刺死了一部分人，其余的被驱散了。

于是，卡西米尔邀请邻近诸侯于 3 月底在艾施河畔诺伊施塔特举行一次诸侯会议。到会的代表不多。他又发出通知，在 4 月 4 日再次举行会议，4 月 11 日第三次举行会议。由于各地都爆发了起义，路途不靖，第三次会议也只有维尔茨堡、艾希施泰特、勃兰登堡的顾问前来参加。他所邀请的法兰克尼亚范围以外的诸侯，都向他解释了不能派代表参加会议的原因，例如班贝克的主教没有派全权代表，却送来在他的首邑爆发了民众暴动的消息。卡西米尔本想在诸侯会议上使各诸侯认拨战费，以能对农民作战，并且想代表其他诸侯亲自指挥作战；他认为，出军队少的，应以金钱抵补。结果，诸侯的顾问都以没有全权为理由而未接受这个要求。

第十二章　班贝克人和他们的主教

在班贝克城，这个讲经师施万霍伊泽尔和加尔默罗会[1]隐修士奥伊夏里乌斯宣讲新福音自由的地方，市民于 4 月 11 日起事，并武装起来。市民已同农民取得谅解，并派使者到农村去请求增援。魏甘德主教由于市民不信任他的诺言，不得不出城逃往阿尔滕堡这个古老的坚固宫城。他的教堂中大部分牧师也跟他逃往此地。但是，那里既缺少守兵，又缺乏物资储备。主教的这个避难所这样毫无战备，证明他对于运动的爆发是多么出乎自己的意料之外。宫城中只有一个管理人，一个雇佣兵，一个狱卒，一个城门卫兵，一个酒窖管理人和一个厨师，粮食一点也没有。宫城所需每早都由那个雇佣兵从城里背到这个峻峭的小山上。现在，宫城迅速被市民团团包围了。第二天，几千农民应邀开进班贝克城，市民争 345

① 加尔默罗会，一种天主教隐修士的教团，1155 年创立于加尔默罗（以色列的一道多森林山脉）。——译者

先恐后安排农民从事守城工作，以防诸侯和领主冒险来进攻；街道用铁链封锁了，设置了障碍物，城墙周围掘了很深的壕沟，封锁了大小道路，人人都劳动、服役，没有例外。城里的教会领主和贵族领主，不管他们感到如何艰难，还是被强制参加劳动，在城壕旁站岗，守卫城门。

从市民和农民中被选出的委员会在市政厅举行各种会议，统管全局。主教曾向邻近诸侯和士瓦本联盟求援，把希望寄托在诺伊施塔特集会的维尔茨堡、勃兰登堡和艾希施泰特的顾问们身上，可是他们在本邦已经自顾不暇。士瓦本联盟则表示目前不可能援助他而致歉意。主教既然已被诸侯和领主所抛弃，就不得不接受城市委员会发来的邀请，在复活节前的礼拜四，持委员会的通行证，下山进城，通过和平协商以解决他和民众间的争执。他准备在宗教问题和世俗问题上暂时作出一些让步。

在加尔默罗修道院附近，一支武装的民众队伍等候着，以迎接这位骑马进城的人。这支队伍的代表请求主教解除人民的一切疾苦，特别是要没收僧侣和贵族的财产，他们只要一个主人，即主教。魏甘德老爷对这项要求感到惊讶，极力设法解脱自己。他说："我无权不经审讯就没收任何一个人的财产。"农民和市民对他做出威胁的姿态，主教听到身边砰砰响了几枪，他们在恫吓的枪声中要他骑马前行。一些全身甲胄的市民在主教府内迎接他，然后把他送到市场。整个市场已经严阵以待。这时他看到自己辖区各城市能服兵役的市民一律全副武装，列成队伍。他十分亲切地向他们打招呼，但得到的回答只是委员会要同他在市政厅谈判。护送他的人继续引导他通过由修道院辖区各村庄来的武装农民夹道排列成的长长的队伍，他从他们中间穿过，被引到市政厅去。当然，在这里他听到的要求同在加尔默罗修道院旁听到的完全一样。委员会对他声明，他们决定，今后除他一人外，不承认其他主人。必须没收僧侣和贵族的所有财产，用来为地方谋福利。贵族的宫城危 346
害着市民和农民的自由和财产，必须拆除；否则无法平息民愤。主教回答说："这是妨害帝国治安的，违反公道的，我不能做，也不愿意

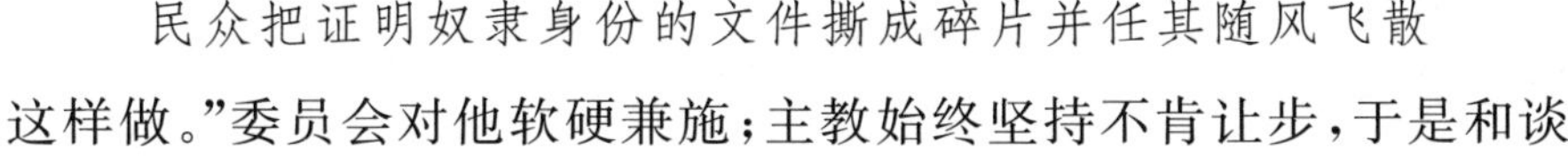
民众把证明奴隶身份的文件撕成碎片并任其随风飞散

这样做。"委员会对他软硬兼施；主教始终坚持不肯让步，于是和谈

陷于僵局,未能达成任何协议。委员会放走了主教,并护送他回到阿尔滕堡。人民开始自己执行他们关于没收和处理教会领主财产的决定。充当主教座堂住持和主教家臣的数百贵族,迄今从未分担市民的各种负担和租税,他们用民众的钱养尊处优,对国家却毫无用处。对此民众不能不加以限制。主教在返回阿尔滕堡的途中,听到身后敲起了警钟,所有民众都行动起来,抢掠和捣毁主教座堂广场上改建成主教府的古代帝王行宫、主教座堂住持的邸宅、米歇尔山上的大修道院以及所有僧侣的家宅。民众只放过了两所宅第,一所是丹尼尔·冯·雷德维茨的,另一所是魏特布雷希特·冯·泽肯多夫的,因为他们都是市民爱戴的人。在国库的文书室里,民众直扑古老的登记簿和案卷,把证明他们奴隶身份的文件撕毁,这些用多少穷人血汗写下的证件顿时化为碎片,随风飞散。在米歇尔山上活动的是农民,在主教座堂广场上活动的是市民。城里的抢掠和骚乱持续了两天,一直到复活节前夕才停止。由于市民的保护,宏丽的主教座堂丝毫未受损坏;一些市民守护着座堂,以防任何人对它企图袭击。

主教见形势发展到如此地步,才同意签订协议。复活节前夕,一致同意选举一个邦议会委员会,代表由主教任命骑士九人,班贝克市任命三人,郊区任命六人,共同组成委员会。这个邦议会委员会应对本邦的贫困和疾苦状况作出有决定意义的决议。民众应在4月19日以前提出书面的申诉,邦议会于20日召开。在事情解决以前,不得再索缴贡赋和什一税。取消宗教委员会,主教是本邦唯一的君主。

阿尔滕堡的炮声和城内各处的钟声都宣告了主教和地方间

存在的争执开始和解；班贝克的市长、市政会和市区民众满怀喜
悦地写信给邻近诸侯，特别是卡西米尔侯爵。城里的一切也一 347
时恢复了秩序。复活节期间，民众像往常一样，又涌往教堂去做
礼拜。但刚刚开始的平静，又被主教一手破坏了。尽管协议中
已经明白规定，主教指派的九名邦议会代表应该都是骑士，不许
有僧侣，但他企图从他的僧侣顾问中指派四五人。这个撕毁协
议的行动引起民众哗然，新的骚动又在全城兴起。主教急忙从
邻近诸侯的顾问中指定了五名代表；其中有四人出席，他们和五
个骑士代表同城市和郊区的代表按指定的日子集会。城市又平
静下来，因为市民期待着会议能讨论和消除他们书面提出的本 348
邦的贫困和疾苦。但是，农民在乡间继续抢掠僧侣和贵族的家
宅，砍伐树林，捕捞河塘鱼虾，并以其他方式进行暴力活动。因
此，在“骑士、市民和农民三个等级”的代表举行会议的第一天，
他们就和主教发布了一道命令，禁止任何暴力行为，保持已经建
立的和平，一切听候邦议会解决；凡以言行反对和平或煽动叛乱
者，定予严惩不贷。

邦议会的商谈取得一定进展，八天后，主教就承认，“根据尊贵的诸侯同邦议会委员会共同制定的宪章”，应在整个班贝克教区内自由地、纯洁地、清楚地和明白地宣讲圣经。无论在发布那道命令时，还是在制定和公布这项决议时，都只字未提宗教委员会；人们认为，教士时代在班贝克已一去不复返了。

暴动结出在班贝克制定地方等级会议宪章这个丰硕的和平果实，在此期间，邻近的维尔茨堡主教辖区、陶伯尔河畔自由城市罗滕堡辖区和各处德意志骑士团的领地都活动起来了。

第十三章　罗滕堡地区的运动和卡尔施塔特博士

新教义在陶伯尔河畔有坚固城墙围护的帝国城市罗滕堡，获得一片耕耘好了的肥沃土壤。1523 年，罗滕堡城内就已按照新教义公开布道了。当时该城的传教士中有约翰·多伊施林博士，他的成长过程和性格与瓦尔茨胡特的牧师胡布迈尔有不少相似之处。他像胡布迈尔一样，曾在布道中反对犹太人和犹太教堂，鼓动过一次民变，在驱逐了犹太人之后曾把犹太教堂改为童贞圣母礼拜堂，而且是产生过奇迹的礼拜堂。从维滕贝格射出的光辉和他
349 本身的进步认识，使他很快地跨上了一条相反的道路。与多伊施林同时在一起活动的还有汉斯·施米德，外号叫“狐狸”，是赤足修道院的修士。他双目失明，民众称他为“盲修士”。但是，发自他内心和精神的光辉却更加光耀夺目。他虽然失明，但对于民众在世俗和宗教方面的需求却比大多数有眼睛的人看得更加清楚。德意志骑士团在城里也有一所礼拜堂，这所礼拜堂的人甚至被多伊施林和“盲修士”争取过来拥护新教义了；德意志骑士团骑士梅耳希奥公然娶了“盲修士”的妹妹，并且举行了盛大婚礼，市政会对此却一无所知。注经师诺伊卡姆曾受到这两个传教士的激烈攻击，后来被骑士团团长召回，由热心赞助新教义的卡斯帕尔·克里斯滕代替。不久，巡回讲经师也都支持了这些在罗滕堡传布新精神的

人物。值得注意、并且在运动进程中不容忽视的是，1524 年年底，有几百名讲经师，其中大半是以托马斯·闵采尔及其教义为中心而团结起来的，自多瑙河上游而下，在黑森林、赫部、博登湖畔和阿尔部进行活动，而与此同时，在法兰克尼亚，特别在罗滕堡地区，也出现了新教的，即革命派的密使。1525 年初，里斯的起义农民中有一个讲经师在许岑草原和布吕尔的广大民众中布道。还有巴特尔·阿尔布雷希特、彼得·赛勒尔和退职教士“矮个子”，跟他同时在市场、街巷、教堂庭院布道。正如闵采尔在图林根，再洗礼派在多瑙河上游和博登湖两岸的情形一样，这些讲经师布道时多半谈政治、臣民对官厅的关系，而且极其激烈地抨击官厅的一切弊端。不论老幼都去倾听他们布道。布道逐渐变成了交谈，传教士询问听众的各种疾苦，市民和农民各自述说自己的疾苦，传教士便遵循福音评论，然后再进一步探讨，发表恫吓和咒骂领主的言论；实际上，这已经不是布道了，也不是宗教的集会了，而是在民众大会上向民众发表演说。多伊施林博士是这些人当中最勇敢的一个。他详细说明任何人都没有义务负担教堂供奉、牲畜税、什一税。市民和农民莫不细心倾听。他甚至在家里举行集会。内市政会开始感
到不安，便与外市政会商议驱逐这个危险的博士。外市政会赋予 350
它以全权处理此事，但内市政会的委员虽然决议免除他的职务，却不敢把这个深受城乡居民爱戴的人驱逐出城。注经师克里斯滕也被他的主教开除了教籍，他自己在讲坛上宣布了这件事，几百个市民和农民涌到他跟前，坚决表示愿意为他牺牲自己的生命和财产。参加这一巨大骚动的，有一个被萨克森驱逐出境的法兰克尼亚人，他已经以宗教改革家闻名，不久前他还是路德的朋友，而现在成了

路德的敌人，这就是非常有名的卡尔施塔特博士。他从莱茵河上游转移到东法兰克尼亚。他遭到卡西米尔侯爵的追捕，来到施魏因富特、基青根和罗滕堡近郊，甚至在罗滕堡城内住了下来。多伊施林博士、德意志骑士团礼拜堂的牧师和注经师克里斯滕、盲修士、老市长埃伦弗里德·孔普夫和其他市民秘密地招待他食宿，帮助他秘密印刷他的著作。他在剪布工人菲利普家中停留的时间特别久。市政会禁止他在本市辖区内居住，并取缔他的著作，但他依然停留不走。在这期间，罗滕堡地区的起义正在酝酿中。

关于福音自由和财产公有的教义，在这里有了一块容易滋长的土壤。为了掀起一次平民起义，这里进行着“密谋策划”。1525年初，农民已经在一些饭馆里集会和商议。市政会得到农民中间有出现令人不安的迹象的警告，但认为这些都是无稽之谈，未予重视。卡尔施塔特在郊区各地作过几次布道；虽然由于禁止过他在本城逗留，他不得不隐藏起来，可是他还是冒险在城里作了一次布道，他身穿粗布农民上衣，头戴白色毡帽，随着许多赶集和有事进城的农民，一起来到大墓园前面的基督受难像旁，对农民宣讲时代和新事物，劝勉他们在自己的道路上继续前进。

1月27日，市政会发布命令，严禁任何人今后再藏匿卡尔施塔特。卡尔施塔特不见了；他的朋友们说他大概在斯特拉斯堡。可是过了一夜，市政会布告牌上的这道禁令也不见了。虽然他的朋友们很有势力，也未能向市政会为他取得他所申请的市民权，甚至连居留权也没有得到；虽然邻近诸侯多次向市政会提出警告和
351 恫吓，要它无论如何把这个“黑人”除掉。可是，他的信徒埃伦弗里德·孔普夫势力非常大，竟然说，市区民众中拥护他孔普夫的人比

拥护市长埃贝哈德的人多一倍。其他一些朋友，如多伊施林，也几乎从来不把当局放在心上。当他被开除教籍时，他满不在乎地用嘲笑的口吻回答说："我很奇怪，你们维尔茨堡人总是对人的话比对上帝的圣言更重视，但是，人的话终究会破灭，而上帝的圣言却永世长存。我还以为你们精通福音，不会再这样斥责弟兄的呢。"

卡尔施塔特毕竟没有在斯特拉斯堡，而是轮流隐藏在剪布工人菲利普、老市长埃伦弗里德·孔普夫和贵族斯特凡·冯·门青根等人的家里，很多市民秘密地聚集在这个激昂的黑皮肤的矮个子周围，尽管他的人身和著作不受法律保护。犹如在维滕贝格一样，罗滕堡的方济各会修士也想脱离修道院去学手艺，并从修道院的动产中得到一笔生活费。卡尔施塔特在他主持的这些秘密会议上"灌输着他的仇恨并发挥着他的主张"，但无人能证明这些主张实际已变为政治革命的主张；现在，在黑暗中举着火炬来往于帝国各地以进行鼓动的政治密使的火星却落到了这些集会上，罗滕堡地区就在 3 月 21 日开始出现闪电了。

这天，离城两小时路程的大村奥伦巴赫的两个村长西蒙·诺伊费尔和文德尔·海姆，率领三十几个武装农民进入罗滕堡，其中主要是盖森多夫人，还有格奥尔格·伊克尔斯海默和瓦伦丁·伊克尔斯海姆；后者是罗滕堡的拉丁语教师、第一本德语语法的著者、卡尔施塔特的热心朋友和拥护者。他们吹笛擂鼓，来到汉斯·康拉德家门前，声称给低级法院付款，就走了进去。这时城内不满现状的人，诸如汉斯·克雷策尔、摩尔太人注经师的仆人洛伦茨·克诺布洛赫、剪布工人基利安、屠夫阿尔布雷希特等都集合到他们一边。城里也有从布雷特海姆来的农民加入他们的行列。长期积压在胸中的不满情绪开始发出大声怒吼，仿佛暴动一触即发。市政会派去一名法官，命令农民立刻离城。农民哗然，并威胁、嘲弄他，双方几乎扭打起来。但他们还是退出城外，不过却像进城时一样豪放不羁，又吹又唱。

352 他们吹笛擂鼓，回到了奥伦巴赫，立即召集村区大会，一致同

奥伦巴赫的农民在罗滕堡

意要仿效上士瓦本的农民，兄弟般地团结起来，拥护福音。他们派使者到邻近村区，号召人们武装起来，到奥伦巴赫来集合。3 月 22 日，十八个村区的有战斗能力的男丁，全副武装地集合在奥伦巴

赫。各村长在格奥尔格·迪沃尔夫家里组成了委员会;每村区选出农民顾问两人;当选的顾问推举诺伊费尔村长和格奥尔格·伊克尔斯海默为所有村区的首领。奥伦巴赫农军旗队就这样组成了。

新选出的首领于23日早晨获悉附近的布雷特海姆也要举行 353
农民大会,就派去使者,询问他们什么时候开始行动。奥伦巴赫的使者看到,布雷特海姆已经有一支约八百人的农军,而且,队伍显然随时在扩大着。

布雷特海姆农军旗队像奥伦巴赫农军一样,差不多在同一个时候组织起来了。布雷特海姆的首领和委员会派出了使者,分别沿陶伯尔河而下,经奥斯特海姆险路,号召一切有战斗力的人都来集合。这时,旅店主人莱昂哈德·梅茨勒和汉斯·伯海姆这两个首领,亲自随同奥伦巴赫的使者到奥伦巴赫去,邀请奥伦巴赫人到布雷特海姆来共同商议作出决定。

罗滕堡当局知道这些情况以后,大为震惊,派人到农民那里并质问他们想干什么。奥伦巴赫人说:“真高兴啊,这儿在举行盛大的婚礼。”村前有一队正开往布雷特海姆,那里的人回答说:“上教堂集市节喝新酿的酒。”古老的美好风俗给他们作了可以置信的借口。

我们曾看到,人们在赫部和在黑森林如何巧妙地以希尔青根和瓦尔茨胡特的教堂集市节为借口,举行政治性的集会,我们也看到温特尔图尔克海姆的穷康拉德曾经这样做过。人们按照古老的风俗,从所有邻近地方,欢度节日般地结成游行的队伍,衣冠漂亮,旗帜飘扬,手持梭镖,佩带刀剑,吹笛打鼓,连声欢呼,络绎不绝地穿过一个又一个的村庄,来到举行教堂集市节的地点;他们连跳舞时也都喜欢武装起来。

但是，奥伦巴赫的农民的一位村长向市政会告密说，他们的集会并不是为了参加婚礼和喝酒，而是为了统一大家的意志，“应该怎样拥护福音”。不久，布雷特海姆附近几个村区的村长来向市政会询问他们的行动计划。布雷特海姆人已经要求他们不惜牺牲身家性命来靠拢布雷特海姆人。加默斯费尔德人一面在教堂公墓构筑防御工事，一面向城里求援。可是市政厅的老爷们并没有派军援助，只是送来一封短信，嘱咐他们不要上当受骗，应当拿起武器；他们还写信严词劝阻农民开会。奥伦巴赫的农民看到这封命令式的书信时，都笑了起来。他们说：“这些字要是刻出来的就好了，我们读着会更方便些。”他们没有接受这个命令。

354 布雷特海姆和奥伦巴赫农民大会的消息传到安斯巴赫边区侯爵那里，比传到罗滕堡几乎还早一些。侯爵派他的机要秘书安东·格拉贝尔到罗滕堡的市政会去，建议市政会采取他最近在黑瑟尔山所用的办法，“以杀头来对付农民”，而且，如上所述，表示全力支持他们这样做。市当局认为这个建议对自己并不合适，因为本城所属农民实际上就是本城的军队，他们受军事训练已有一百多年的历史，一部分是骑兵，大部分是好枪手，都用铠甲、梭镖、戟、头盔、皮手套等武装起来的。本城几乎没有雇佣兵，而各村都有围墙坚固的教堂公墓和障碍物，设防相当牢固。市政会没有军队去攻打这些村庄，只有市民的忠诚才能做到孤注一掷。但市政会对市民也不能十分信赖，因为少数贵族，即“名门望族”，长期以来以一切伤天害理的手段，在城内实行专制暴政的统治，对市区民众，即各行手艺工人和臣民的最正当的请求、希望和需要，一向置之不理。为了保持独裁统治，由权贵们组成的执政委员会或内市政会，出缺时总是从他们自己人中间替补。虽然在这个由十二个委员组成的内市政会之外，还有应该代表市区民众的四十人委员会或外市政会，但是权贵们有办法让他们自己人占据这个市政会的多数席位。在最近这次灾难之前的七十年，权贵们曾被迫与手艺工人达成一项协议，但他们玩弄各种阴谋诡计，使得那项协议在1525年就已名存实亡。统治者犯下了盗用和霸占公共福利事业的严重罪行，十分心虚。当他们知道城内一部分人同农民有了默契，一旦号召出兵，就立即参加农民队伍，协助农民夺取本城，袭击、惩办和抢掠名门望族，就更加惶惑和恐惧了。

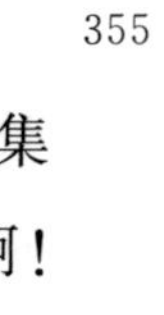

3月24日礼拜五早晨，内市政会和外市政会反复进行了磋商。几个市政委员骑马出城，试图把农民安抚下去，其他委员则试图了解他们指望城内市民能做些什么。他们决定，不去大批召集市民，而是“按照六个哨所”分队召集，首先召集多数权贵聚居的“贵族市场”区的市民。市政会向首批应召的人提出市政会关于镇压农民暴动的决议和市政会可否得到市民支持的问题。当时有二
十五个市民站到市政会方面，并以这个行动表示支持市政会。 355

贵族斯特凡·冯·门青根也住在“贵族市场”区，是未被召集而自己来到市政厅的。这时，他大声疾呼：“你们在想些什么啊！你们是奴隶还是市民？你们愿意不假思索地、眼睁睁地往死路上跑，去当杀害自己兄弟的凶手吗？你们先不要做决定，回去考虑考虑吧！”

市民面面相觑；这几句话相当有道理，提醒了他们。门青根又连声地喊道：“走啊！走啊！”大厅里很快只剩下那二十五个人；随

后，中间有个莱昂哈德·施托克走到委员们面前说："委员阁下，我年老多病，耳朵又聋，做不了这些事情，我请假。"说着他也走了出来，参加到其他人中间，像往常法院裁判时那样，这些人在外面站成了一个圆圈。

门青根在这儿又开了口："市民们，市政会一直是这样压迫我们，而且很快会更加残暴地、变本加厉地压迫你们，难道你们愿意讨好它来伤害自己吗？跟我来吧，我要领你们走上自由的道路，这件事由我来对皇帝和帝国负责。"

他劝告他们，让市政会以书面要求交给他们考虑和讨论，他们照办了。在这期间，"所有六个哨所"的全体市民陆续聚集在广场上。门青根使市民与市政会的距离越来越大。市民根据他的建议，着手选举一个真正代表民众的市民委员会与市政会分庭抗礼。

在市政委员们徒劳地等待市民重新回来的期间，市民却选举了委员会的成员，这个委员会应不仅满足于提出申诉，而且还要做领导工作，与市政会分掌权力，裁决一切争端，监督市政会的一切计划和行动，并承担保卫本市的任务。

在选举委员会的过程中，卡西米尔侯爵的一个信使骑马给市政会送来一封信。门青根大声说："啊！这个人送来的信是卡西米尔老爷对市政会的诺言，他要来，并想占领本城；市政会曾写信向他求援；当心吧，骑兵已经快开到了。"基利安·卢茨和洛伦茨·克诺布洛赫同时喊道："到城门去！"转瞬之间，一群市民已把城门关上，并把守起来，把钥匙交到委员会手里。有人提出要求：要把市政厅那些人赶出来打死。差一点发生了这样的事。

委员们听到民愤不断增长，知道要发生变乱。他们便派老市

长埃伦弗里德·孔普夫和格奥尔格·贝尔梅特尔去会见市民。埃
伦弗里德先生跳上一个凳子，如实地向市民说明侯爵曾两次主动 356
提出援助而市政会却从未向他请求的经过，希望大家不要上当。
埃伦弗里德先生是受民众尊敬和爱戴的，他是平民的朋友，他拥护
福音，因此民众听信他的话，平静下来了。门青根说："全是一派胡
言！让我们看看侯爵来信和市政会的回信吧！"有人把两封信都交
给了他，内容正如埃伦弗里德先生所说的那样。于是委员会的选
举从容地进行完了。被选入委员会的四十二人几乎都是热爱新事
物的；其中有：拉丁语教师瓦伦丁·伊克尔斯海默、老校长威廉·
费森迈尔、格奥尔格·施佩尔特老人、洛伦茨·克诺布洛赫、莱昂
哈德·施托克、屠夫莱昂哈德·施坦德、印书工人克恩、面包师汉
斯·洛伊波尔德、陶器工人马丁·胡夫纳格尔、汉斯·克雷策尔、
剪布工人基利安、格奥尔格·凯德尔、屠夫阿尔布雷希特、基利
安·卢茨、约斯特·沙德、彼得·梅尔克、格奥尔格·普夫吕格尔。
施佩尔特老人请求内市政会准许他接受这个选举，并表示对自己
的被推举感到遗憾；市政会却因为委员会中有他这样对市政会忠
心耿耿的人而感到高兴。斯特凡·门青根也被选为委员，被选人
推举他为委员会主席。晚间，他让全体委员宣了誓：忠诚团结，至
死对委员会的内部事务保密。

这时，门青根才派人把市民大会的答复通知市政会，因为市政会从早晨起一直在等着这个答复。答复说，关于他们是否拥护市政会反对农民的问题，在他们没有了解农民的疾苦以前，不能给予肯定的答复。因此，他们将派一个代表到农民那里，了解农民的谋划是否违反福音，如有违反福音的情况，他们将给予市政会以满意

的答复。如市政会愿派几名委员同他们一起到农民那里去，他们则表示欢迎。

门青根虽然把一半城门钥匙交还内市政会，但是他自己偕同委员会把守城门很严，未经他本人同意，都不许出入。他还强制市政会同意，他可以随时敲击本市的大钟，作为召唤市区民众在犹太教堂公墓集合的信号。委员们简直吓破了胆，什么要求都答应了。

罗滕堡市政大厅

城外的骚动又像要自然而然地停止似的。24 日夜间，骑马出城会见农民的市政委员回来了。他们在布雷特海姆几乎只看到一 357
百来个农民集合在一起，是从四个村区来的。布雷特海姆的几个农民客客气气地表示歉意，把这几个委员送出村庄，他们说，奥伦巴赫人大批地到过他们这里，但是他们不了解这些人的意图，他们愿意继续做忠诚的臣民。另外四个村区来的人也诚惶诚恐地为自己解释说，他们是被集合起来的农民以身家性命相胁迫应征而来的，他们来的目的只是要看看那些农民究竟在干什么。

23 日夜，奥伦巴赫的几乎所有有作战能力的男丁一律全副武装起来出发了。他们推举诺尔登贝格的费里茨・默尔克纳和哈尔特斯霍芬的汉斯・福格勒为首领，奥伦巴赫的保罗・伊克尔斯海 358
默为旗手。他们把在当地瞭望台上找到的火绳枪都带上，然后步行的步行，骑马的骑马，举着几面旗子往布雷特海姆开来。他们在此商讨后又散开，以便在起义全面展开之前加强兵力和装备，然后与陶伯尔的全体农民共同安设一处坚固的营寨。

这时，斯特凡・门青根和委员会一致同意，应友好地认为农民是基督教教友，农民反对市政会的申诉可以交给委员会，由委员会与市政会交涉并为双方调解。全体市民一致接受了委员会的这项决议，但在决议提交内市政会时却被拒绝了；委员会坚持这项决议已为市区民众所接受，也没有效果。可是，内市政会派了几个委员参加访问农民的代表团，其中有格奥尔格・贝尔梅特尔。他骑的马刚走到城门就失了前蹄。代表团在格布萨特尔正好遇到大批农民秩序井然地安营扎寨。代表团中有委员会的成员、旅店主克雷策尔。他和农军首领里的大个子莱昂哈德是连襟；通过这个人的关系，他为代表团弄到了通行证，得以进入农军营寨。内市政会的希罗尼穆斯·哈塞尔首先发言，没有按照委员会和市区民众指示的精神。他谴责农民暴动，并且告诉农民，只有立即老老实实解散回家，才可以完全得到宽恕，否则，他很遗憾，市政会非杀人不可；他们如有疾苦，应向帝国高等法院申诉。

这位市政委员不该提起这一点，因为平民对高等法院根本没有好感。所以，农军首领问道："怎么？难道这是罗滕堡全体市民的意见吗？"委员哈塞尔回答说是。农军首领默尔克纳说："简直是狐狸在说话！"

这时，委员会派来的其他代表按预先指示的口吻发了言。农军首领们这才和蔼地回答说，他们根本无意伤害市区民众。他们只是想要申诉一些疾苦；目前他们只要求一天的自由通行权，否则他们就只好采取比较强硬的态度。

谈到这里，代表团就骑马离开了，已经走出了相当距离，委员会的代表又返回农军营寨，和农民一起喝酒，商谈了很久，让内市政会的代表在路上一直等候了五个小时。

359 在这期间，城里的运动正在继续发展。第二天夜里，童贞圣母玛利亚教堂庭院中巨大的基督受难像的头和手臂都被打掉。卡尔施塔特的影响显示出来了，白天，面包师克里斯蒂安·海因茨带领一群人冲进了圣母礼拜堂，把弥撒书从圣坛上扔下来，把教士赶了出去。这是复活节前第三个礼拜日的事。3 月 27 日，礼拜一，埃伦弗里德·孔普夫把教区礼拜堂的教士和唱诗班的少年都撵了出去，扔掉了圣坛上的弥撒书，从此停止做弥撒，开始了卡尔施塔特式的破坏圣像的运动。不久以后，童贞圣母玛利亚礼拜堂很快被夷为平地，这个坐落在城外陶伯尔河畔的壮丽教堂，由于卡尔施塔特作了一次布道而被磨房工人抢得一干二净，圣器全被投入陶伯尔河，圣像统统被捣毁。

这次破坏圣像的运动是城里最善良的一派发动的，他们热衷于宣传福音：他们强调教会改革，只是在农民也起来拥护福音时，才认为农民是结盟弟兄。这派的首领就是埃伦弗里德·孔普夫。

还有一个目的完全不同的派别，它的灵魂是盲修士，领袖是斯特凡·冯·门青根。这是真正的革命派，他们的最近目的是争取市民阶级的自由，他们的首脑显然都是曾经负责在德国各地准备起义的新教兄弟同盟的核心人物；这些人与其他地区的领导人保持着经常的联系。

门青根出身于一个士瓦本贵族世家，在这次暴动发生前二十年，与市政委员普勒尔的女儿结了婚，定居在城内，享有市民权。他一度为勃兰登堡边区侯爵服务，任克雷格林根城的官员，以后在符腾堡的年轻公爵乌尔里希门下任事。他是公爵的红人，曾在乌尔里希被放逐时随同逃到霍恩杜宾根宫城，而且是在宫城失陷以后，依然得到乌尔里希宠信、还为公爵在瑞士进行活动和办理交涉的少数人当中的一个。斯特凡·冯·门青根还是乌尔里希委派去同骑士冯·克林根贝格就后者的要塞霍恩特维尔收容公爵部属问题进行谈判的三个亲信之一。1518 年他买下坐落在罗滕堡境内的庄园赖因斯堡，曾因庄园纳税问题与市政会发生争执，被剥夺了市民权。克雷格林根城向帝国高等法院控告他有压迫行为，帝国高等法院授权罗滕堡市政会进行处理，门青根侮辱了几个显要的市政委员，随后大概去瑞士了。1525 年初，他突然回到罗滕堡，以 360

等待与市政会诉讼为借口，取得了本城的通行权。至于他与被流放的乌尔里希公爵是否仍有联系，或者甚至按照同乌尔里希公爵的约定，像富克斯施泰因在阿尔部、公爵本人在黑森林所做的那样，参与和推动法兰克尼亚起义，迄今尚未得到考证。门青根在瑞士可能也从乌尔里希公爵所交往的从而使他见解有所改变的那些人那里在宗教问题和政治问题上得到不少新的启示，因为至少在罗滕堡他是以卡尔施塔特教义的热烈拥护者的面目出现的。但他又与那位喜欢蚕食邻近领地的卡西米尔边区侯爵有联系。门青根的财产状况也并不好，迫切要求改善，这也是引起他对罗滕堡市政委员怨恨的原因之一。

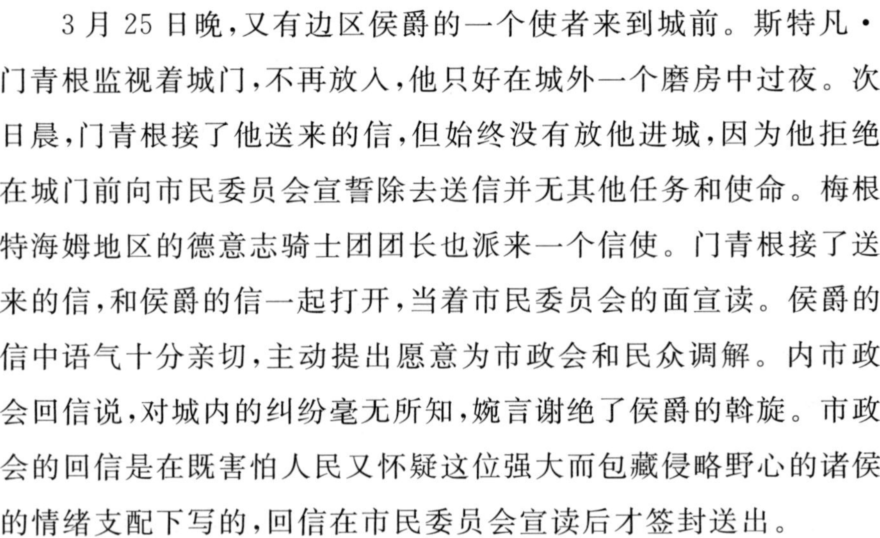

3 月 25 日晚，又有边区侯爵的一个使者来到城前。斯特凡·门青根监视着城门，不再放入，他只好在城外一个磨房中过夜。次日晨，门青根接了他送来的信，但始终没有放他进城，因为他拒绝在城门前向市民委员会宣誓除去送信并无其他任务和使命。梅根特海姆地区的德意志骑士团团长也派来一个信使。门青根接了送来的信，和侯爵的信一起打开，当着市民委员会的面宣读。侯爵的信中语气十分亲切，主动提出愿意为市政会和民众调解。内市政会回信说，对城内的纠纷毫无所知，婉言谢绝了侯爵的斡旋。市政会的回信是在既害怕人民又怀疑这位强大而包藏侵略野心的诸侯的情绪支配下写的，回信在市民委员会宣读后才签封送出。

3 月 26 日，农民的申诉书也送到城里来了。他们在书中说，他们遭受的疾苦违反上帝和圣言，违反博爱精神，逼得他们兄弟般地联合起来了；他们负担着人头税、代役金、赋税、家畜税、酒税和其他等等。在整个地方自卫团中，连养一头牛的人都没有，这种景况多么悲惨！他们本来全都相信一个永恒的、真正的、唯一的上帝，受的是一种洗礼，希望将来过同一的永恒的生活，可是魔鬼使尽阴谋，把一种非常可怕的东西带到基督教世界里，使一个人沦为另一个人的奴隶。而大家本来是一个整体，一个教会，救世主基督就是这个教会的领袖。他们还把大、小什一税的疾苦和农奴制的 361
疾苦联系在一起；他们说，还有许多牧师长，领薪俸而不在职，除了指使副牧师每天利用谎言和空谈敲诈和勒索民众而外，无所事事。他们愿意付给为他们出力的人以报酬，但不劳动者不应当有任何享受。最后，他们控诉不合理的关税和各种新立的小额捐税。他们还保留继续申诉的权利①。

不容否认，很多新立的捐税，如家畜税（又称牲畜税）、土地捐和杂税（或酒税）以及加在最必需的进出口物资上的沉重的关税，压得平民喘不过气来，都是市政会违反法律和传统习俗任意搞出来的新花样，一部分产生于几年前，另一部分则在几个月前。当然，其他疾苦则更是确凿有据的。

罗滕堡农民的这些条款也是由僧侣起草的。执笔人有洛伊岑布龙的代理牧师莱昂哈德·登纳，他的父亲洛伦茨·登纳，是罗滕堡内市政会的成员；还有该地主持早弥撒的教士汉斯·霍伦巴赫和陶伯尔策尔的牧师安德烈亚斯·诺伊费尔。

可见，这里和其他许多地方一样，僧侣也以民众的朋友、以运动领导人的身份出现。其中固然有一些所谓从修道院逃出来的修

① 这份文件的封印是一个犁头，犁头上面，十字交叉地画着一根打禾棒和一把粪叉，下面是带有年代数字 1525 的鞋会标记。——编者

士，只能依靠民众的胜利来拯救自己，但大多数是在俗传教士，他们热诚拥护福音，遭受迫害，因而参加了民众的队伍；不过更主要的还因为他们最了解引起民众悲叹的苦难和压迫；最后，还因为教士队伍中毕竟包罗着当代头脑最清醒的、具有时代思想的代表人物。

市民委员会把农民的申诉书交给内市政会并进行调解。内市政会对此予以拒绝；但如果他们老老实实解散回家，它答应对他们的暴乱和伪誓概不追究，而且愿意考虑他们的疾苦，同他们在帝国政府和帝国高等法院和平地依法解决。农民代表回答说，他们不是伪誓者，而是愿意遵守一切合理的、不违反上帝和博爱的事。结果，农民代表又出城回去；但是，内市政会中普遍有这样一种看法：

362 即使现在对农民作某些让步，那也是受暴力所迫，因此没有义务遵守它。

3 月 27 日凌晨，门青根和市民委员会敲起市内的大钟，召集市民开会。原来有几个市民粗暴地闯进一些僧侣住宅，强迫主人以酒招待。市民委员会让市民宣誓，服从它的决议，决不侵犯任何人及任何财产。接着，通过了解散外市政会的决议。

市民委员会坚称，既然外市政会是代表市区民众的，它就必须与委员会合二为一，与委员会共同开会、讨论并改进工作。根据这一精神，市民委员会在复活节前第三个礼拜日提议外市政会与它合并。外市政会拒绝接受这个提议。市民委员会坚持根据市区民众大会的决议要合并，否则就解散。外市政会向内市政会请求解除自己的市政会责任。“被城内市民及其委员会封锁、控制的处境十分窘迫”的内市政会，“忧郁而沮丧地进行了充分的讨论后”认为，“凡市区民众所希望的，不论好坏，有利无利，都应照办”；它以“上帝的名义”批准外市政会停职，“以使外市政会成员的个人尊荣不致受到损害或侵犯”，并宣告解除外市政会的责任。

外市政会就这样解散了。它的个别成员，如希罗尼穆斯、孔茨·奥弗纳和克里斯蒂安·海因茨等人，被吸收参加市民委员会。根据门青根的另一项建议，内市政会必须对市民委员会书面宣誓，与委员会忠诚合作；如欲采取敌对行动，应在八天前声明解除誓约。从这时起，市民委员会就在市政大厅举行会议了。

在这以前，罗滕堡境内的农民还没有同其他地方的农民联合过。但现在，侯爵的臣民和其他一些领主的佃农来参加他们的队伍了。他们不断地派到陶伯尔河沿岸和其他各地区的使者进行着活动，从黑森林新教兄弟会、上士瓦本新教兄弟会和从图林根来到这里的外地自由传教士也进行着活动，所有这些活动表明：普遍起义的日子就要到来了，这个日子是 4 月 2 日。

罗滕堡的农民组织已经壮大到三千五百人，它派人到城里来，要求内市政会对他们的申诉作出答复，要求市民委员会给予财政、军火和武器的支援。同时还申述，所谓他们强迫其他领主 363
的佃农参加他们的组织之说是不公正的；其他地方的农民随时来增援他们，完全是自觉自愿，出于兄弟之爱，希望对正义事业有所帮助。

市民委员会敦促内市政会立即处理农民的申诉，要在农民尚未对本市形成威胁以前，答应他们一些要求来安抚他们。委员会还要求内市政会给予它与农民签订协议的全权。内市政会认为，这样会给其他领主的农民开了一个恶劣先例，如果外地佃农起而效法罗滕堡的农民，外地的领主势必因此敌视本市。市民委员会答复说，由于市政会最近采取的错误措施已经给本市带来很多不幸，所以，在目前险恶的形势下，不便任其行使职权了。

市政会正苦于处境窘迫，老市长埃伦弗里德·孔普夫站起来说："我知道有一个人可以促成本市与农民之间的和平，我已经把他带来，他现在在外边的前厅，我请求大家听信他，派他去与农民联系。"在惊异欲问的众目睽睽之下，埃伦弗里德先生说出了安德烈亚斯·卡尔施塔特博士的名字。人们惊讶地想起，卡尔施塔特早已被驱逐出城，怎么忽然又回到罗滕堡来了呢？于是埃伦弗里德先生说明，这位博士从未离开过本市，一直寄居在他的家和其他基督教友的家里；即使刽子手站在他身后，他也并不否认这一点。这时，委员们纷纷谴责老市长，说他几周前还振振有词地声明与卡尔施塔特不再有任何来往，对他的情况一无所知，而现在表明，事情完全不是这样。埃伦弗里德先生说："我是为上帝服务的，而且是为了上帝的事业才冒险庇护和收留卡尔施塔特；卡尔施塔特是个虔诚而不幸的人，才智出众，天禀聪颖，完全能够消弭市政会同市民和农民间的争执；我知道自己对市政会的责任，但是，遇到违反圣经和福音的事，我就不受这种约束，因为我是基督徒，即使牺牲生命财产，也只服从基督。"委员们听着这些话很不愉快；他们说，他们和他一样也是基督徒，而且也和他以及其他人一样不愿意违反福音和圣经。说到这里，他们一致站起来，离开了市政厅。

市民成了主人，通过自己的委员会执政。因此，卡尔施塔特向市民委员会申请撤销对他的放逐令。委员会把这个请求交给市政会处理。市政会声明，卡尔施塔特留在城里，会引起皇帝、诸侯和

其他帝国等级的不满，会使本市遭受惩罚。凡是他从前居住和布 364
道的地方，都发生过属下和平民的叛乱，这就表明他是什么人和宣传什么教义了。至于是否允许他在城内居留，连同他在城内传布他的教义和进行布道，应由市民委员会处理，因为现在市民委员会既已执政，大权在握，他们就听凭委员会负责此事。市民委员会答复，它允许卡尔施塔特居留市内，从事他的冒险活动，因为他已保证依法行动。从这时起，卡尔施塔特就自由地、公开地在罗滕堡活动了；同克里斯滕、多伊施林、盲修士、老市长的兄弟孔普夫以及委员会的全体成员来往不绝。尽管他的布道是纯宗教的，布道的结果却引起前面所述的破坏圣像和劫掠某些教堂。委员会没有接受他为向农民交涉的调停人，派去的是教师瓦伦丁·伊克尔斯海默、孔茨·奥弗纳和其他几个人，打算说服农民将他们的申诉交由市民委员会决定。

罗滕堡农民已经开始按照黑森林的农民书简的精神行动起来了。谁不向他们靠拢，他们就强制谁靠拢。在贝特瓦尔和奥斯特海姆，有一些人拒绝参加，他们就抢劫了那些人的家；他们还拦劫了这两个地方的牧师长的酒车。他们把营寨安扎在赖夏茨罗特。卡斯帕尔·冯·施泰因的坚固住宅被他们抢掠一空。他们也有一个军费金库。设有专人负责管理和变卖虏获品，把牲畜和其他物品或变卖现款，或交换面包，现款供支付酒饭、信使及其他各种所需费用。

这时候，运动已具有相当重大的意义。秘密同盟的核心人物逐渐出头露面；比较重要的和地位较高的人肩负起领导工作；军人纷纷自我推荐并被录用来训练农民，教以击剑。来自朔纳赫的格奥尔格·托伊费尔被任命为教练长，原在舍肯巴赫供职的弗里茨·纳格尔为指挥官，基利安·布罗克为军需长，弗里茨·默尔克纳为所有组织起来的村镇的纠察队长。在急切要求加入新教兄弟会的农民中，大张旗鼓前来增援农军的，主要是哈尔登贝格施特滕的野蛮骑士蔡索尔夫·冯·罗森贝格的佃农。

3月27日，礼拜二，他们举着新的彩旗，有的徒步，有的骑马，从赖夏茨罗特出发，行至林达赫湖畔，与罗滕堡市的调停人相遇。他们用车拉着火绳枪。经过罗滕堡城外，往离城三刻钟路程的诺
365 伊基茨去扎营。从罗滕堡经过时，有人数过，这部分农军只有两千人。另有两千人，从赖夏茨罗特的营寨转移到陶伯尔河谷。其他农军一部分监视该城，其余部分则前往指定的集合地点许普弗尔格伦德，与来自其他地区的增援部队会合。

第十四章　奥登瓦尔德起义。文德尔·希普勒，魏甘德和耶尔格·梅茨勒

四旬斋中期，3月23日，有两位客人坐在汉斯·朔赫纳在魏因斯贝格开设的酒店里，边饮边谈。一位是冯·霍恩洛厄伯爵的骑兵沃尔夫·陶伯，从海尔布隆来；另一位讲了这样一句耐人寻味的话："我在那里待过，我给你的大老爷们安排了些工作，今年够他们忙的。"

说这话的是贵族出身的文德尔·希普勒先生。

文德尔·希普勒年轻时，为追求功名，曾效命诸侯；任霍恩洛厄宫廷总务大臣达二十五年以上。1515 年他辞去官职，离开了伯爵的领地。格茨·冯·贝利欣根在为他写的传记中说：“霍恩洛厄家族对他不很公平。”此后，他担任过各种职务，因为他是“帝国内独一无二的卓越人才和作家”。由于这个原因，他对霍恩洛厄家族心存积怨，但是，如果认为我们现在看到他所扮演的角色，其动机完全出于报复心理，那就未免贬低了文德尔·希普勒这样一位俊杰了。报复是动机之一，但不是引导他踏上这条为国为民的道路的唯一动机。他的个人利益是融合到为国献身的热情中的。文德尔·希普勒表现出天赋的非凡才干。他具有伟大的、勇敢的爱国思想与谋略，具有敏锐的头脑，虽然他常常喜欢匹马单枪，却很善于找到实现伟大思想的途径；他悄悄地、巧妙地、不露痕迹地活动，就像“一只善于潜水的鸭子”。

他在宫廷供职期间曾有过痛苦的经验；他看透了统治者及他 366
们的原则；他也深知人民和国家的需要。他为国为民的全部活动证明他确实了解这一点。于是，那正在兴起的新的时代运动发现了他，吸引了他。他投入运动的动力，也不是徒慕空名的虚荣或飞黄腾达的欲望，这些更不是他投入运动的唯一动力。如果他仅仅是受野心所驱使，就他的聪明才智而论，许多条宦途本来都是向他敞开着的；在这些宦途上，他完全能够功成名就，不经风险就可满足自己的功名欲望。他亲身领教过领主们的飞扬跋扈和无法无天，不能不同情忍饥挨饿、横遭践踏的人民。他的事业和人民的事业融成一体，因为他和人民都受着虐待。早在 1524 年，他的荣誉就曾遭到霍恩洛厄伯爵的严重损害，那时霍恩洛厄的臣民受到伯

爵们的非法的残酷惩罚，他以律师身份在帝国最高法庭上为臣民辩护。最好的报复手段，就是解放自己的同胞，这样，既为自己，同时也为人民报仇雪恨。

所以，文德尔·希普勒像任何一个普通人一样，很早就参加了秘密同盟，这是确定无疑的了。

1525 年以后，人们看到他不时回到久违的霍恩洛厄统治地区附近，以前他曾在这里住过多年，影响很大。他受到霍恩洛厄臣民的信任，曾被他们推举为辩护人与领主斗争。这就使得文德尔很容易了解该地人民的心情，使他与他们的事务联系，特别是与厄林根市民的联系变成另一种性质的接触。霍恩洛厄伯爵们的残酷统治，迫使他们的臣民早在穷康茨在符腾堡境内起事之时，就已起来反抗。他们高举军旗，在队长和旗手们的率领下，开进了魏因斯贝格峡谷，并表示，如果穷康拉德帮助他们夺取厄林根，他们就愿宣誓加入该组织。这样，由伯爵们自己激起的愤慨情绪和造成的苦难正好和文德尔的意图不谋而合。他能言善辩，足智多谋，也不难组织一个党派，并把它纳入自己的计划，卷进正要爆发的人民运动。他为了这一运动暗中穿针引线，而且，他与当时的革命者、形形色色不满现实的人、被新思想所掌握的人、被伯爵侮辱、压迫和激怒的人、倾家荡产而希望在一次社会变革中改善处境的人以及

367 最可怕的鞋会成员相互交往和联系；在这期间，他机智而巧妙地长期保持着一种伪装，似乎他完全是局外人，把自己隐藏在秘密的帷幕后面，不露一点蛛丝马迹。

除了文德尔·希普勒，秘密同盟的另一位核心人物和首领是奥登瓦尔德地区米尔滕贝格人魏甘德，他是美因兹选帝侯的酒库

管理人。

魏甘德不像文德尔那样善于密谋策划，也不善于鼓动情绪和秘密写作。他是个善于思考的民众之友，刚正不阿，怀有提高民众地位的崇高愿望，且能真正了解人民的需要。他也像文德尔那样不露形迹地进行工作；但他不亲身参加到平民中间，不抛头露面，而又同他们一起活动；他只是一个笔头鼓动家，幕后提词人，民众的领袖，他告诉人民应该做什么以及提出什么要求；他在平民当中散发传单，提出设想，做出判断，但不署名；民众并不认识他，只有核心人物了解他，认识他。他就是这样把他写得非常杰出的传单送到罗滕堡地区、维尔茨堡地区以及海尔布隆等地的。

格奥尔格·梅茨勒在巴伦贝格经营着一家旅店，而巴伦贝格只是一个小城，位于丘陵，离克劳特海姆有两小时路程；雅格斯特河从霍恩洛厄伯爵领地流经这里进入昔日美因兹选帝侯的领土。

耶尔格·梅茨勒受到敌人的诽谤，说他生活奢靡；事实上，他在奥登瓦尔德远近闻名，威信极高。不但农民们在他的旅店里举行集会，而且文德尔·希普勒及同盟的其他核心人物似乎也曾在这里接头会晤。也许就

农民们举着顶端绑有一只鞋的长杆开出了许普夫

是在这里，正如文德尔·希普勒所说的那样，他给霍恩洛厄的伯爵们安排了点工作，够他们这一年忙的。

格奥尔格·梅茨勒敲着鼓，举着顶端绑着一只鞋的长杆，从上许普夫出发。农民们成群结队地从四面八方“蜂拥而来”。在奥登瓦尔德的许普弗尔格伦德山谷扎了第一个大营寨。与第一批奥登瓦尔德人会合的是两千名奥伦巴赫人，他们原属罗滕堡地方民兵，与布雷特海姆人分手后，从赖夏茨罗特营寨出发，向侧面开往陶伯尔河谷地。

他们穿过茂密的树林，向下进入陶伯尔河谷，在复活节前的第三个礼拜日，即 3 月 26 日，突然出现在预定的集合地点。

368 格奥尔格·梅茨勒被集合在这里的人一致推举为总指挥。他众望所归，人们愿意把自己的事业交托给他。他成了这里过复活节前第一个礼拜日的中心人物。

许普弗尔格伦德是个边界地区，是法耳次伯爵领地、美因兹领地、维尔茨堡领地、德意志骑士团领地及各小领地的接壤地，这里的优美草地是各个村区旗队和组织起来的部队集中扎营的理想地点。大军就在这里组织起来，还设立了正式官职和机构，拟定了作战计划。援军自愿地从邻近各地开来，也有一部分是被集中的农军胁迫而开来的。这支庞大的队伍取名为“基督教农军”，宣称以实行圣经特别是保罗的教诲为宗旨；他们指的很可能是这位使徒的那句名言：“你若能获得自由，就应更好地使用它。”到 3 月 29 日，基督教农军已有相当大的规模。总指挥格奥尔格·梅茨勒及下属队长决定于 4 月 4 日在舍恩塔尔修道院举行一次会议，邀请尚未参加进来的市民和农民，以“兄弟之爱”加入他们的队伍，以

“维护并响应圣经和保罗的教诲，惩罚并根除僧侣与世俗、贵族与平民中的恶迹”。

集中和装备部队共用了四天。4 月 4 日，格奥尔格·梅茨勒下令拔营，率领联军开赴雅格斯特谷地。舍恩塔尔修道院位于雅格斯特河畔一块风景优美、草木茂盛的谷地上。这就是富丽堂皇的西多会修道院[①]。梅茨勒占据了这座修道院，决定把总指挥部暂时设在这里。

这次光顾使修道院付出了高昂的代价。虽然修道院院长把能够匆忙转移的文件和贵重器物都运到了法兰克福，可是剩下的仍不在少数。教堂用的金银器皿被当做战利品分掉了。在修道院酒窖里发现的二十一富德[②]存酒，在农军短暂的逗留期间，或喝或卖，点滴不留。酗酒之后便是一场野蛮的行动：圣坛遭到粗暴的毁坏，礼拜堂画有精美图案的玻璃被打得稀烂，圣坛和墙壁上的油画被捣毁，精美的雕刻和塑像被打成碎块，连华丽的大风琴也被拆成一个一个的音管分给大家，韦尔特斯贝格庭院被焚，上克萨赫村被烧，这里除了剩下两三所房子之外，已荡然无存。修道院所属的农民特别急于寻找地租账簿。他们没有找到，因为这些账簿早已和 369
其他文件被转移到法兰克福去了。农军怒不可遏，呼喊着要杀死那些修士们。他们已经决定处死这批修士，但农军首领阻止了这一行动，并说服了狂怒的人们，同意只把修士们赶出修道院。修道院院长能资助他们的钱，为数无几。只有一名牧师获准留在修道

① 西多会，天主教的一个教团，创于 1098 年；俗称苦修会。——译者

② 富德(Fuder)，中世纪量酒的单位，约合一千公升。——译者

院里，条件是为首领们充当仆役。年老的修道院院长在途中遇到不幸，被开往这里的其他农民捉获，解往厄林根和克劳特海姆监禁了起来，直到交了赎身费，农民才允许他回到他在海尔布隆的宅邸，这才使他有了安身之处。

梅茨勒在舍恩塔尔等待从陶伯尔河谷、霍恩洛厄领地、德意志骑士团领地和符腾堡地区开来的增援部队。他与这些地方的首领都有联系，而且他在许普弗尔格伦德时，就曾向他们派了使者和写过信。第一批开到舍恩塔尔的部队是哈耳辖区的农民，但这支部队的队伍混乱，名声不好。

370

第十五章　林堡境内的开端和哈耳辖区戈特沃尔斯豪森的趣剧

帝国自由城市哈耳辖区的农民运动，不久就露出了端倪。林堡所属的盖尔多夫和其他地方，纷纷举行大会。在这些会上，总有原籍内尔特林根的牧师黑尔德·冯·比勒坦发表演说。哈耳市政会对此十分忧虑。要求市民宣誓效忠，与市政会共存亡。

4 月 2 日，复活节前第二个礼拜日那天，哈耳市政会得到了市民的效忠保证。可是在当天夜里，哈耳地方自卫团中的农民就起事了。七个农民，他们是兄弟会会员，并且是核心人物，坐在布劳恩斯巴赫的磨房里喝了一整天的酒。晚上，他们就为“维护上帝的正义事业”挺身而起。他们奔走全区，号召其他农民拿起武器，并于当夜出发前进。起事的农民开到奥尔拉赫，又从那里开到哈斯费尔登。夜十时，已经聚集了两百人，包围了赖因斯贝格的教堂。牧师长黑罗尔德放他们进入了教堂。农民们命令他以酒和面包招待，并强迫他随同出发；他们厉声呵斥："不走就把东西拿光，人都 371
打死！"半夜时分，他们到达阿尔腾贝格。这里的牧师，穿着衬衫只身逃跑了。农民们就动手"清理箱底"。牵出了牧师的三匹马，用两匹套车，车上装载着从牧师厨房中搬出来的面包箱和食品柜。第三匹马由来自阿斯巴赫的哈芬斯特凡骑着；他兴致勃勃地走在众人前面，前去袭击伊尔斯霍芬城。他们在这里捉到了区长。区长不得不像赖因斯贝格的牧师汉斯·黑罗尔德那样，作为俘虏跟农民们一块走。为了把汉斯·黑罗尔德留在队伍中当传教士并防止他逃走，一个年轻农民拿着枪和点着的火绳跟在他身后。恩斯林根的一个在俗教士自愿参加农民的队伍。他说："我宁愿干这个，也不愿在祭坛上喝酒演滑稽剧。"在格尔宾根和哈根巴赫，也有许多农民兴高采烈地参加了农军。每经一地，他们都把潜逃教士的捐献箱及住宅搜索一空；把田庄和堡垒中的火绳枪及其他枪支、火药、铅弹、砂粒以及一切能带走的东西全都弄走。他们还强迫来自纽伦堡的哈耳市民和正在干活的哈耳屠夫加入他们的队伍。到礼拜一早晨，这支队伍还只有四百人，到了当天晚上，却已扩大到两三千人了。

哈耳的农军是一支可笑的队伍。除哈芬斯特凡之外，又选出了两名首领。一名是恩斯林根的织网工人黑德勒，另一名叫莱昂哈德·赛青格尔，他来自柯赫尔与比伯尔两河汇合处的盖斯林根。他们的军事知识从以下事情上可以看出：他们把火绳枪和其他枪支像木柴似的一起装在车上，在队伍后面拖着走。根本没有人去考虑物色和委派会使用这些武器的人；也没有人想到可能会受到哈耳人的攻击。他们对待这次起事就像是从一地到一地，以哈耳为最后目的地的一次散步；他们打算沿途顺手牵羊，最后拿下这座城市。在哈耳境内罗森加尔滕山中的韦斯特海姆，集中了大量贵重物品，因为有许多东西藏匿在那里。起事的农民都盼着到那里去。礼拜一夜晚，他们逼近了哈耳城。一面派虏获品负责人即所谓“翻箱倒柜的人”到韦尔克斯霍芬去，战斗部队越过兰德图尔姆和盖伦基尔申，在峡谷那边的戈特沃尔斯豪森扎营。他们做着在罗森加尔滕抢劫发财的美梦，度过了从 4 月 3 日晚到 4 月 4 日晨这一夜。

从城里传来一阵“万福玛利亚”的晨祷钟声。突然间，轰隆一声，一颗炮弹从酣睡者头上呼啸而过，接着又开了第二炮、第三炮、

372 第四炮、第五炮。当第一声炮响的时候，“农民就像热锅上的蚂蚁，又像一群受了惊的鹅，张皇失措，乱成一团”。这边有人喊：“跑啊，逃命啊！”那边有人喝道：“不要动！集合！站住！”当一道闪电又划破黎明前的夜空时，农民队伍真像俗话所说的应声而倒：他们都扑倒在地上。“只见这儿倒下六个，那儿倒下十个，再过去倒下的更多。真叫人以为他们大概全被打死了。”有些人钻进了荆棘丛中或躲进了峡谷中，有些人则拼命奔逃。等闪电过去、霹雳声消失之后，那些倒下的人“像橄榄山上的犹太人那样”又都爬了起来。没有几分钟，整个战斗部队被少数哈耳步兵加上几匹马和五发小炮弹吓得全部溃散了。

哈耳的内市政会和外市政会得到农军开来的消息后，于礼拜一连夜开会，并决定派几个旗队前去迎击，以防守戈特沃尔斯豪森村附近的高地。他们召集了四五百步兵（大多是市民和手艺工人），带着四十匹马和五门蛇炮，在拂晓前两小时由城里出发。这五百人出发时心惊胆战，因为他们听说农军的人数比侦察报告的数字还大。他们连农军的位置都不知道，米夏埃尔·施莱茨市长打算摸黑确定一下方向，便命令一门蛇炮开火，不料产生了意外的效果。目击者汉斯·黑罗尔德这样描述当时的情景："那个哈芬斯特凡，原来兴致勃勃，这时却第一个逃跑了，其他首领也相继逃散。由于炮弹全都打得太高，没有击中一个农民。只有几个年纪大的农民，不能很快逃跑而被俘。我这辈子还没见过比这更大的奇迹和更大规模的逃跑；没有一个人被炮火击中，但是全都拼命逃窜，瘸子的腿不瘸了，年纪大的人也都年轻了。他们把教士们放在队伍最后，当时我是俘虏，也在这些人当中。"

哈耳人缴获了六车口粮和军火。有谷物、面粉、酒、面包、鸡、肉、子弹和火药等等，乱七八糟地放在一起。这些战利品由市政会分给了出征人员；参战的每个市民还得到现金三先令，外地的手工业者每人四先令。第二天，市政会释放了被俘的老年农民。在以后的两天里，有大批农民到哈耳来俯首请罪，自称被裹胁参加，并不了解内情。他们受到严厉斥责，但未受其他惩罚，即被放走，但他们必须向受害者赔偿损失。哈耳地方自卫团和罗滕堡地方自卫 373
团不同。哈耳从来没有发生过重大战争，因此，这里的农民不懂军事，不会作战。这次运动的主要参加者都逃到霍恩洛厄领地，打算同那里刚刚起事的厄林根人一起加入驻在舍恩塔尔的基督教农军。

第十六章　霍恩洛厄地区的起义

霍恩洛厄伯爵领地，即文德尔·希普勒和秘密活动的地区，像其他地区一样，于4月2日，复活节前第二个礼拜日晚间，爆发了谋反事件。

文德尔特别在厄林根组织了一个秘密社团，把许多旧相识吸收进来。他们在该城屠夫克劳斯·扎尔夫的家中聚会。扎尔夫原系富家子弟，野心勃勃，只因家道衰落，奢望受挫，所以愿意参加，指望通过变革得以名利双收。在他家参与策划暴动的人物有着彼此极不相同的动机。有些人出身于名门望族，决非无产者；有些人家境衰落；有些人出身于殷实人家，但其中有的是不能如愿以偿地得到他们希望或理应得到的地位和官职，有的则因为他们的荣誉或财产、或多半在这两方面都受到城市伯爵或僧侣的侵害。年轻的伯爵阿尔布雷希特和格奥尔格侵占成性，无视平民；教堂僧侣做出许多使正直人士不能不愤怒的事情。受害者向维尔茨堡主教法庭提出控诉，结果是徒劳无益；他们根本无法使犯罪者受到应有的惩罚。由于正义难伸，援助无望，自救的机会必然对他们产生一种诱惑力。文德尔·希普勒并不只是泛泛地给他们指出这种机会，而是把它描绘成完全可能的、可靠的、容易实现的事情；他对他们详细介绍了秘密同盟的来龙去脉，介绍了他如何与奥登瓦尔德山区和内卡河畔的首领们约定，和他们所率农军在霍恩洛厄领地会合，为当地不满现状者建立联络点和根据地，旨在解放自己和改变一切。

奥登瓦尔德农军与罗滕堡地方自卫团会合的消息，其他各地 374
起义的消息纷纷传来，最后还传来消息，说上述两支部队正在开来。于是他们于复活节前第二个礼拜日的晚上，在莱昂哈德·施塔尔家里欢宴，庆祝这些喜讯。他们完全按照新教行事，斋期对于他们已不复存在；尽管正值斋期，他们还是吃了一只牛犊。有人把他们这种异端邪说密告霍恩洛厄的酒库总管汉斯·西京格尔和区长文德尔·霍恩布赫；说他们还宣称，要把酒库总管勒死在床上。第二天早晨，他们拿走领主的面粉，让人烤制面包。酒库总管和区长把凡此种种报告了不在当地而在诺伊恩施泰因宫城的伯爵们。黄昏时分，他们打算派出信使，西京格尔亲自给他去开城门；就在这一刹那间，他觉得自己被谋反者抓住，他们顿时拳打脚踢，并以死相威胁，夺走了城门钥匙。他的妻子冲过来喊道："乡亲们，放开我丈夫吧！不要发火啦！我把其他城门的钥匙也交给你们！"

谋反者就这样占领了各个城门。他们把酒库总管和区长关在一个猪圈里，强迫看守钟楼的人吹紧急号，自己敲起警钟，并派人举着火把到周围各地，要农民参加起事，并威胁说，谁拒绝，就把谁的财产抢光烧光。午夜过后，他们把两位先生从猪圈中放出，叫他们宣誓，愿意作为俘虏留在厄林根。拂晓时分，农民从各村成群结队涌到城里；许多人通过格林比尔和其他地方所举行的集会对此早已有了准备。谋反者从厄林根修道院的有俸教士手里夺了修道院金柜和酒库的钥匙，用新烤的面包、酒和其他食物慷慨款待农民。

市区民众立即着手对市政当局多年的积弊进行了调查和纠正。这里也组织了一个有二十四人的委员会，负责此项调查事宜。

市民和委员会提出的那些极为公正的要求，就足以证明原来市政会的财经状况是何等糟糕。以关税为例，他们提出他们愿意继续缴纳这些税，但必须真正用在规定的项目上，诸如修筑桥梁、铺设道路等事项；对此并要求建立一个与市政会平行的市民委员会进
375 行监督，处理一切重要事务，尤其是城市财政问题，内市政会应征求市民委员会的意见。同时，他们还要求解除食盐贸易管制，所有僧侣都必须与其他市民同样负担一切捐税，在实行改革以前先降低杂税、秤捐、附加税及其他贡赋；如果说这些要求按照福音书应在帝国内普遍实行，那么在他们这里也应实施。这就是城市居民的要求。

厄林根的农民提出了更多的要求。诸如自由伐木、自由收摘葡萄、取消酒类什一税和除路捐以外的一切关税；他们已经以《十二条款》作为依据了。

在许普弗尔格伦德，格奥尔格·梅茨勒也把士瓦本农民提出的十二条款宣布为共同宣言，并为集结在那里的一切结盟者一致通过。

厄林根的农民和市民把他们的申诉和要求，以极其缓和的措词书写成文，呈送给在诺伊恩施泰因的伯爵们。伯爵们派地方长官卡斯帕尔·申克·冯·温特施特滕严厉斥责臣民的反叛行为。市民们回答说："只要解除他们的疾苦，他们永远将伯爵们尊为他们世代相传的、当然的主人。他们请求伯爵大人以慈悲为怀，体恤下情，以便穷苦百姓能在恩主这里得以继续生存。"

年轻的伯爵们飞扬跋扈，无视小民，把事情看作已经解决；他们以为，小民一时忘乎所以，现在又恭顺地尽其义务；只要稍稍软

硬兼施，一切就会如常。所以他们只派了行政长官卡斯帕尔·申克一人去传达指令，要市民和农民交出城门钥匙，回家去当顺民，遵守自己的誓言。

只是到了这时候，文德尔·希普勒的秘密影响，才使臣民们说出了比较强硬的语言。他们决定，坚持所有结盟弟兄行将约定的条件，要求伯爵给他们一份盖章的书面文件，保证满足他们的要求：解除他们的巨大疾苦；可以自由捕杀他们田地上的各种野兽，但把捕获交归官府；由双方各自任命十二名成员，组成仲裁法庭，裁决伯爵提出的要求；最后要求实行无例外的大赦，答应这些条件，他们才交还城门钥匙。行政长官把这些要求带回诺伊恩施泰因。

文德尔·希普勒一直留在厄林根。他和他的朋友们专门等待 376
着久已约定的内卡河谷的援军，以便确定这里运动的趋向；援军开到时，他们与行政长官的谈判刚刚结束。

第十七章　耶克莱因·罗尔巴赫和海尔布隆地区内卡河谷的起义

下内卡河谷，特别是海尔布隆周围，是现在符腾堡王国[①]内风景最优美、气候最温和、土地最肥沃的地区之一。该城位于一片广

① 符腾堡当时（1525年）是一个公国，1805年成为王国。——译者

阔的平原之中，平原上盛产粮食和水果，城市两侧，冈峦起伏，栽满葡萄；在神圣罗马帝国时代，海尔布隆就享有帝国自由城市的盛誉。城郊过去和现在有许多村庄，有些村庄很大。城里的贵族骄奢淫逸，逍遥自在。但是乡村百姓和城市平民的命运却与他们美丽的山峦和田野极不相称。这里除了帝国直辖市的辖区以外，还有很多教会领地。特别是德意志骑士团的贵族们在这一带拥有许多地产。介于僧侣和骑士之间的这些人，远逊于他们勇敢的先辈，成为落后于时代的遗老遗少。他们的存在，只是为了牺牲农民，养肥自己；随着时间的流逝，他们早已不再为信仰和荣誉而奋战；近百年来，他们穷奢极欲，致使他们的臣民穷苦不堪，怨声载道。

离海尔布隆半小时路程，有一个美丽的村庄叫做伯金根。雅各布·罗尔巴赫在这里开设了一家酒店。他是出身于一个德意志帝国直属的古老世家的青年。雅各布，或如他的同伴按下士瓦本习惯称呼他为耶克莱因，在家乡颇有些名望。他从小就以聪明、倔强和莽撞闻名。在酒宴或其他集会上，他的讲话总能压倒别人；要是他闯了大祸，他善于为自己辩解，使官厅和法院奈何不得他。他热情洋溢，粗犷奔放，从不放弃自助的权利，即自卫权。1519 年，
377 他独自给德伦齐默恩的区长和村区下过挑战书，曾屡次因为强暴行动而受审。1524 年，他被怀疑伙同友人刺杀伯金根区长、贵族雅各布·冯·奥恩豪森而受到严厉的审讯。可是，即使他双手沾满了血，他在农民中间享有的威信有增无减，因为他手上的血毕竟是贵族的、人民公敌的、为人民切齿痛恨的人的血。

豪放的生活导致耶克莱因家业衰落，负债累累。

附近维姆普芬的修道院副院长沃尔夫·费贝尔曾租给他一个

庄园，耶克莱因多年未交地租，费贝尔向他逼租，他声称租额过高。费贝尔就控告了他。伯金根的区长决定在3月27日，四旬斋中期后的礼拜一，对他进行审讯。

当时耶克莱因的父亲还在世，是个忠厚人。修道院副院长到伯金根请他调解，老罗尔巴赫称儿子是坏小子，拒绝调停。当修道院副院长离开伯金根回家时，耶克莱因偕同三个伙伴一路追赶他，并且高声喊道："教士、教士，你没完没了，我也就不客气了。把对你有用、与你相好的人都叫来吧，因为我不愿再拖下去了。"副院长吃惊地转身问他，这是什么意思。耶克莱因笑着答道，一切都得等到开庭那天才见分晓。

但是审判毫无结果，海尔布隆市政会的调停也无效。一切都已处在动乱之中。

于是副院长又把耶克莱因欠租一事向修道院总铎汉斯·海勒曼提出申诉。总铎写信给耶克莱因，委婉地劝他和平解决这项债务纠纷。耶克莱因·罗尔巴赫先生回信说："总铎和教堂僧侣们，赶快来舔我的屁股，愈快愈好；因为我马上就要来找诸位，而且我除了对修道院与农民所订契约之外，对别的概无兴趣。"

耶克莱因早就参与了起义的策划，他是核心人物之一。像梅茨勒在巴伦贝格的旅店一样，耶克莱因在伯金根的酒店是不满现状者的自然集合点，也是核心人物的密使的秘密交通站和下榻处。

在文德尔·希普勒给诸侯们"派了工作"的那个地方，肯定也有耶克莱因的足迹。一位目击者和参与其事的人后来说："海尔布隆人硬是把耶克莱因·罗尔巴赫给拖了来。"

看来情况确是如此。海尔布隆市政会的举动后来给该市招来 378

了许多麻烦和责难。海尔布隆这个古老的帝国自由城市确实有些事情，似已证实世俗和教会诸侯的怀疑，他们认为农民运动的策源地有一部分是在各城市的中心，这些自由城市进行着秘密活动，以消灭德意志帝国的一切诸侯，在帝国内建立一个民主的或贵族的政权，仿效威尼斯自由城邦和瑞士的先例，制定一部共和国宪法；同时认为这些城市曾利用行商，特别是在农民群众中富有影响的犹太人，对平民进行挑动，以实现上述企图。

海尔布隆有一些有革命头脑的人物，他们怀着半个世纪以来在帝国内广泛流行的强烈渴望，即结束多头统治，使德意志人恢复自由和古时的统一；向往变革的这些人，有的出自原则的考虑，有的则出于对现实的绝望。为了揭示规模巨大的人民运动在城市中也有着多么深刻的渊源，必须进一步了解海尔布隆民众生活的内部状况，从近处仔细观察事件发展的过程。

文德尔·希普勒在这个时期住在海尔布隆附近河谷中的维姆普芬。他继配的父亲和哥哥定居在那里，岳父经商，内兄是有俸教士。文德尔·希普勒曾供职于法耳次，在哈尔特河畔的诺伊施塔特任地方法院书记官，1524 年离职后，就居住在这里。他在海尔布隆和该市辖区内当律师，深受市民和农民的欢迎。因此，他在海尔布隆必然会结识这里的志同道合的人；通过这些人，文德尔与耶克莱因建立了联系。

海尔布隆的谋反者常在开设一家酒店的面包师沃尔夫·莱普海姆家里聚会。这种聚会从上士瓦本发动起义时就开始了。与会的主要人物有：马蒂阿斯·贡特尔、卡斯帕尔·黑勒、剪布工古特曼、“斜眼儿”格莱泽尔、克里斯蒂安·魏尔曼、威廉·布罗因林、绰号“烈火面包师”之一的西蒙·赫尔措格、沃尔夫·门、芦茨·塔申马赫尔、科伦米歇尔和莱昂哈德·韦尔德纳。他们首先从这个秘密社团把密谋起事的线索伸展到附近村庄，特别是扩展到弗莱因和伯金根，著名的十二条款就是从这个秘密社团传到内卡河农民手里的。马蒂阿斯·贡特尔在伯金根对聚集在路旁的农民宣读了十二条款。最后他说：“大胆干起来吧，你们现在自由了，不用再缴纳租金、什一税和杂捐；干吧，城里的葡萄农不会背弃你们的。不 379
管怎么说，城里的葡萄农很多很多。”在弗朗茨·冯·西金根麾下当过兵并参加过包围特里尔战役的勇士莱昂哈德·韦尔德纳高声喊道：“弟兄们，弟兄们！鞋会要活动起来了！”耶克莱因·罗尔巴赫不管到哪里都随身带着十二条款。条款带到的消息，就像荒原野火，很快在市民中传开了。

4月1日夜，耶克莱因来到弗莱因，他到达的第二天，即复活节前第二个礼拜日，就在这里举起了起义的旗帜。他是利用一次民众集会发起武装暴动的。

内卡加塔赫的鼓手

近八百农民和所有谋反的海尔布隆市民聚集在弗莱因。大会在鼓笛声中开始。内卡加塔赫的鼓手汉斯·韦尔德纳被特邀来助威。格鲁彭巴赫的耶尔格汉斯的儿子耶克莱因和齐默恩的雷米是主要发言人。他们讲话内容是，他们要建立一支农军，他们都应帮忙。耶尔格马丁事先还把每个人的讲话仔细修改过。他曾说过："连我们养的鸡和鹅他们都要抽税，这不是太惨了吗？我们要取消小什一税，上帝会保佑我们。"这时甚至有人已提出应把高居市政会的老爷们赶出去。耶克莱因也说，一定要取消贡赋和杂捐；地租过高的，租约一律作废；但没有依约交纳地租的，应先交纳。他们彼此间要有兄弟般的信义。谁比较富裕，谁就应替别人想办法，帮助别人。他们要剥夺德意志骑士团的财产与市民分享，把什一税和贡赋提交城市，借以减轻其他赋税；他们要赶走不敬上帝的德意志骑士团的骑士，这些人的住宅简直成了妓院；他们要接收他们的牧场并交给穷人。苏格兰人修道院也必须取缔，全体修士、修女必须赶走；发给他们一年生活费。海尔布隆市民的主要发言人是克里斯特·舍雷尔和科伦米歇尔。

海尔布隆的谋反者一方面在城外这样鼓动农民，使他们武装起来，一方面在城里活动，主要在居民人数最多的阶层即葡萄农中间进行工作；在葡萄农里，除了格莱泽尔一人外，最初无人参加同盟的谋反。第一个被耶克莱因邀来的是汉斯·比辛格尔。他在入盟宣誓时说："耶克莱因，你本应到我们的住处来发展我们加入你的团体；不过，现在发展也可以。你们没有先把事情告诉我们海尔
380 布隆人，可是我却要征求市民和同业的意见，一个礼拜以后我再给你答复。既然你接受我，我就愿意参加。"耶克莱因说："要马上宣誓，立即答复。"比辛格尔迟疑了一下说："那就两三天内答复你。"耶克莱因说："我一定要现在得到答复，只能这样，不能有二话。要不然就让别人代替你参加农民会议。"这样比辛格尔答应了。

当天，耶克莱因作为"内卡河谷农军首领"把三百人的队伍带

给他在伯金根的同伙。伯金根的区长企图动员全村区进行反抗。耶克莱因下令把他逮捕并关押起来。

宗特海姆在耶克莱因的胁迫之下也参加了起义。

这次既是自发、又是强制的起义沿着内卡河谷及附近地区迅速扩展：耶克莱因强迫周围各村镇在几小时内向他派来一定数量的增援部队。他像军事统帅，向各村镇发布训令，要他们立即出兵
与他的部队会合，不得有误；如不服从，不立即前来协助他维护福 381
音，他就要以武力将他们捉来，抢光烧光他们的全部财产。

一个同时代的人说："因此，有许多安分守己的老实人被征集来了，或者说被强行拉来了。"

耶克莱因把指挥部设在弗莱因。在这里，耶克莱因要求追随他的人集体宣誓，决心驱逐修士和教士，不再服徭役，永远废除高额地租，向贵族和领主只交适当的生活收入，没收和平分修士和教会的财产。

他为了举行一次宴会，派部下把海尔布隆注经师的池塘鱼虾全部捞光，农民对此异常欢欣，随后，他到周围地区进行视察，以继续增强自己的力量。他没有忘记维姆普芬的有俸教士、总铎以及副院长；这些教士为他的光临，少不得大大破费。

耶克莱因经过巡视，信心倍增，回到弗莱因后，他吩咐部下擂鼓吹笛，在一块大牧场上召开大会，"为了把一些新闻告诉他们"。他身边也有个传教士，是马森巴赫的费尔特林，此人凭三寸不烂之舌，极会鼓动，经常在牧场上宣讲福音的自由。

这时从厄林根谋反者那里派来密使，催耶克莱因火速率增援部队前往，以他的突然降临而促使当地持踌躇态度的市民作出决

断。因此，他决定开赴霍恩洛厄领地；即使没有上述原因，他也早已想要拜访那里的伯爵们了。耶克莱因率领一千五百人开赴厄林根。到达后，该地起义者就与他的队伍会合。由于城内地方狭小，他们就留下一支强大的守军，其余悉数赶往舍恩塔尔，以便与仍驻在该地的强大的“基督教农军”会合。

382

第十八章　从舍恩塔尔向内卡河畔进军。弗洛里安·盖尔[①]和格茨·冯·贝利欣根[②]

奥伦巴赫农军在开赴许普弗尔格伦德的途中，得到了一位卓
472 越的首领。农军从坚固的吉伯尔施塔特城堡附近经过，该城堡是属于贵族世家盖尔·冯·盖尔斯贝格的。这个家族中的一名成员，像从前阿彭策尔的鲁道夫·冯·韦尔登贝格伯爵那样，脱去骑士外衣，加入农民队伍，自愿作为农民的兄弟。这个人就是弗洛里安·盖尔，他在整个战争中是最优秀的英雄。

虽然命运使他的事迹只有很少一部分载入史册，但是这些很少一部分的事迹已足以看到他的光辉形象。在他身上，颇有乌尔里希·胡滕的精神；新时代以其宗教和政治的动力吸引了他。他

---

① 弗洛里安·盖尔(Florian Geyer)，德国骑士，在1525年的起义中站在农民方面；曾指挥黑军，在战斗中牺牲。——译者

② 格茨·冯·贝利欣根(Götz von Berlichingen)，(1480—1562)，德国骑士，曾企图利用1525年农民起义以达到自私自利的目的；在紧要关头，出卖了农民。——译者

背弃了自己的阶级，站在人民一边，献身于争取自由的事业。他过去的经历已无法考证，但是他在为士瓦本联盟服役期间，曾在默克米尔和其他人一起，俘获了格茨·冯·贝利欣根；从这件事中使我们得知，他的青年时代是在戎马生涯中度过的。弗洛里安也许曾在雇佣兵旗队里一度担任过指挥官？他的部队在军事素养和训练方面都不同于其他部队；可以看出，他率领的这支自称为“黑军”的队伍是一支精锐部队，他也以他的黑军自豪，而称奥登瓦尔德农军为一群乌合之众。至于他曾参与西金根发起的行动并属于被放逐的法兰克尼亚骑士中的一员，这几乎是肯定无疑的。他也随同奥伦巴赫农军一起开赴舍恩塔尔。

还有一个贵族也友好地来到舍恩塔尔的农军营寨，这就是远近闻名的骑士格茨·冯·贝利欣根先生。

在内卡河畔的霍恩贝格，格茨·冯·贝利欣根住在自己的城堡。他是当时最勇于拦路抢劫者之一；他只有一只真手，另一只是配的铁手；他痛恨僧侣，痛恨限制骑士自由的诸侯，痛恨士瓦本联盟的秩序，用他自己的话说，他喜欢给某个联盟顾问找点麻烦；他对城里的富人也无好感；他像弗朗茨·冯·西金根一样，喜欢把受害平民的诉讼或者别的事情当做自己的事情，并借机抨击权贵，因 383
而平民对他交口称誉。可以看出，格茨先生兼备不少足以使农民感到满意的特点，而且能把农民吸引到自己身边。当他的几个兄弟受到农民胁迫的时候，格茨先生却毫不犹豫地骑马奔往农军营寨。他兄弟的佃农已经参加了农军。他的兄弟汉斯就住在距离舍恩塔尔修道院不过一小时路程的雅格斯特豪森的坚固宅院里；贝利欣根家的祖坟也在舍恩塔尔。格茨很轻易地使农军首领不再去

打扰他的兄弟。

格茨在这里就向农民作了自我推荐。他说:“我能使贵族靠拢农民,因为他们像农民一样也受着诸侯的压迫。”他在这里就和农军约定,如果农军开往他的家乡贡德尔斯海姆,他还到他们的队伍去。格茨和他的兄弟们也向法兰克尼亚的骑士们发出通告,要他们十四天后,全副武装起来参加一次全体大会。很明显,这是企图利用人民运动反对僧侣诸侯,重新执行西金根的计划。格茨也大概确是这样想的。从各地政府方面来看,人们也担心和估计格茨会挺身而出,领导这次运动。复活节后的礼拜三,符腾堡驻朔恩多夫的行政长官就曾向斯图加特的奥地利政府报告说:“格茨·冯·贝利欣根是农民的最高首领,虽然人们不便公开这样说。”这时,格茨同乌尔里希公爵仍然保持着原有的关系。

格茨·冯·贝利欣根
（依据当时人的一幅铜版画）

集会在舍恩塔尔的各村区农军首领和顾问们,这时商讨并制订了一份作战计划。各支队伍和旗队在这里联合组成“奥登瓦尔德-内卡河谷华美军”。

在这期间,霍恩洛厄伯爵们的书面答复送到了舍恩塔尔。伯爵们写道,厄林根市民所提的条款,凡是可行的,伯爵们将仁慈地加以考虑。他们说,农民不应以印发的十二条款作为依据,因为对圣经很有研究的人认为那些条款是毫无根据的。他们愿意按照罗马帝国等级会议或者莱茵兰、法兰克尼亚、巴伐利亚和士瓦本等行政区的规定施恩于农民。所有流亡离开伯爵领地的人，只要接受在厄林根由双方任命的二十四人的仲裁，他们愿意一律再予收容。农民向伯爵们要求权利，应按帝国惯例办理。只要农民归顺，他们愿意一概不咎既往。

很多市民对他们统治者的这番话感到满意，他们从来没有听
到统治者说过这样的话。他们认为，应该接受这些建议，但是，如 384
果两月后任何问题都得不到解决，他们有权再集合起来。对伯爵们的答复，农民却非常不满意。文德尔·希普勒和农民的首领也认为，伯爵给市民的建议只是企图争取时间，而且，这些建议即使出于真心实意，也与他们的更大计划不相符合。农民首领沃尔夫·格贝尔说："伯爵们必须接受十二条款和我们书面提出的其他问题，然后他们才能在改革以前得到和平，否则无须同他们多费唇舌。"农民表示赞成自己首领的看法。又派人往返谈判了几次，因为伯爵们不肯让步，全军便在礼拜一，4 月 10 日，开往阿尔布雷希特伯爵住地诺伊恩施泰因。

华美军约有八千人之众，占领了宫城和城市，取得了所有贮存物资。农军召唤阿尔布雷希特伯爵和他的弟弟格奥尔格来和农军进行和谈，否则放火烧掉这座小城和宫城，包括其中所有的一切，伯爵们的其他邸宅也不例外。在这种情况下，两个伯爵于第二天，
即复活节后礼拜二，在得到农军一份有法耳次印记的通行证之后 385
到农军这里来了。在瓦尔登堡和诺伊恩施泰因之间的一个小村，即霍恩洛厄领地首先发出起义号角的地点之一格林比尔，他们同农军首领会见于旷野中。阿尔布雷希特伯爵提出几条解决农民疾

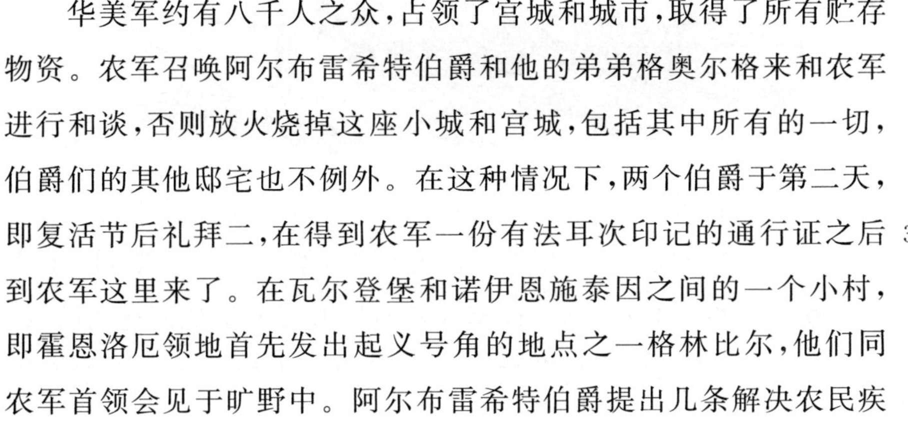

苦的办法，着重要求农民接受仲裁法庭的裁决。可是他们未得到农民任何答复。尼德恩哈尔的文德尔·克雷斯走到伯爵跟前说："来，阿尔布雷希特兄弟和格奥尔格兄弟，来向农民宣誓，以兄弟身份和农民在一起，绝不反对他们。因为你们不再是领主，而是农民，我们呢，已成了霍恩洛厄的主人；我们全军的意见是：你们应该宣誓遵守我们从舍恩塔尔带给你们的十二条款并且签字，和我们站在一边一百零一年。"两位伯爵考虑到，如果拒绝，可能给他们和他们家属带来很大损失和灾祸，迟疑了一下，就同农民签订了协议，有效期到将来实现改革为止，据他们自己说，他们打算与其他农民合作实行改革。在伯爵不得不脱下手套对十二条款举手宣誓时，农民却戴着手套。两位伯爵只得听着、看着和忍受着这类事情，"因此，老爷们热泪盈眶"。

伯爵不得不脱下手套对十二条款举行宣誓

华美军得知伯爵加入基督教兄弟会，便鸣枪两千响，以示庆祝。按照协议，伯爵必须立即释放所有因起义而被他们逮捕的人。

接着，格奥尔格·梅茨勒要求伯爵交出大炮和火药。他们以

协议未提到这点而予以拒绝。从哈耳地方自卫团来的人向华美军 386
控告了哈耳人，格奥尔格·梅茨勒像给亲爱的兄弟和好友写信那样，从厄林根（当时华美军正要从那里出发）给哈耳市民写了一封信，信中说，为了减轻和缓和某些万分沉重的疾苦，他们正着手集合民众，编制一支友好的、兄弟般的基督教部队，目前迫切需要枪支和火药，为此，他们友好地恳请哈耳市民接济四门精良的蛇炮和四吨火药，以完成这支部队的编制。在厄林根，他们还让人用绸子缝制一面黄、棕、绿三色条纹的新旗。从厄林根转移时，由陶伯尔河谷开到舍恩塔尔来的部队中有许多旗队离开华美军，按照既定计划返回陶伯尔河。弗洛里安·盖尔率领由法兰克尼亚人的精锐部分即久历戎行的士兵编成的“黑军”，同格奥尔格·梅茨勒和耶克莱因·罗尔巴赫指挥下的主力军一起，向内卡河谷前进。在恩舍塔尔时，文德尔·希普勒已被推选为华美军总监。

耶克莱因率领一支四百人的队伍，首先开往利希滕施特恩女修道院，向它索取免蹂躏费五百古尔盾，并声言，“缴了款才放过修道院”。可是，修道院人员已逃到勒文施泰因去了。华美军开进魏因斯贝格峡谷，抢掠了瓦尔德巴赫，吸收这个峡谷中符腾堡所属各村的农民，壮大了自己的队伍。在接待华美军的居民中，有一部分人感到惶惑不安，另一部分人则兴高采烈。

耶克莱因先抢掠了利希滕施泰因，然后开往勒文施特恩，打算强迫当地两位伯爵，路德维希和弗里德里希加入基督教兄弟会。这两人已经逃走，农军以破坏他们所有的财产相威胁，要他们几天内亲自到农军营寨来。

华美军主要注意的地点是德意志骑士团统治下的小城内卡苏

尔姆。耶克莱因·罗尔巴赫的部下很多是德意志骑士团的臣民，他们极欲夺取骑士团骑士的财产。总的说来，在开回法兰克尼亚去进行总攻击以前，必须把内卡河的农民吸收进来，然后转变方向，进入查伯尔部，将未设防的符腾堡邦纳入同盟。这次进军可以说一帆风顺，因为他们在这里与上士瓦本农军不同，没有遇到士瓦本联盟军队。

农军在魏因斯贝格峡谷时就传闻霍恩洛厄伯爵的骑兵到处游
387 击，并且截捕了几个想来参加农军的农民；伯爵还没有把农军要求的野战炮送到，似可说明伯爵仍持敌意。于是农军中有人叫喊，应回师烧毁诺伊恩施泰因，打死伯爵。市政委员阿尔布雷希特·艾森胡特和因格尔芬根的汉斯·维蒂希，心怀善意，骑马来访伯爵，以边警告边请求的方式要求他们至少供给农民两门蛇炮。耶克莱因坚持向内卡苏尔姆前进。他同该城市民早已取得谅解，所以毫不费力地占领了这座小城。4 月 14 日，他们从魏因斯贝格附近经过，但并未对它发动进攻。

第十九章　魏因斯贝格的流血复仇

内卡苏尔姆的市民是把农民当作朋友接待的，这里的市民对条顿骑士团骑士的憎恨，像其他地方一样；而骑士团在此储备的大批物资使农民感到无穷兴趣。部队的一部分驻在城里，另一部分则驻在城外草地周围。

内卡苏尔姆位于魏因斯贝格侧方，相距不过两小时的路程。在华美军开到这个符腾堡的小城池和宫城附近时，住在古老的韦尔芬宫城的行政长官路德维希·黑尔夫里希·冯·黑尔芬施泰因[①]，早已向斯图加特的奥地利政府紧急请求派出援军。冯·黑尔芬施泰因伯爵是一位二十七岁的青年骑士，自十五岁起，先后在德国和法国服兵役受训练，是斐迪南大公的宠儿；他的夫人是七年前去世的德皇马克西米利安一世的私生女，原是蒂罗尔领地已故护林官约翰内斯·冯·希伦的未亡人，闺名玛加丽特，人称冯·埃德尔斯海姆。她与路德维希·黑尔夫里希伯爵结婚后五年来，一直住在魏因斯贝格的宫城里。几天前，路德维希伯爵应召偕同迪特里希·冯·魏勒到斯图加特参加市府会议去了。4 月 12 日，给他增派的骑士和骑兵约七十人随他赶往魏因斯贝格，以便在其他援军到来以前，暂时阻止奥登瓦尔德农军的入侵。他刚回到魏因
斯贝格，立即写信给政府说，这样少的人马不能长期抵挡从奥登瓦 388
尔德和霍恩洛厄来犯的六千左右农军。

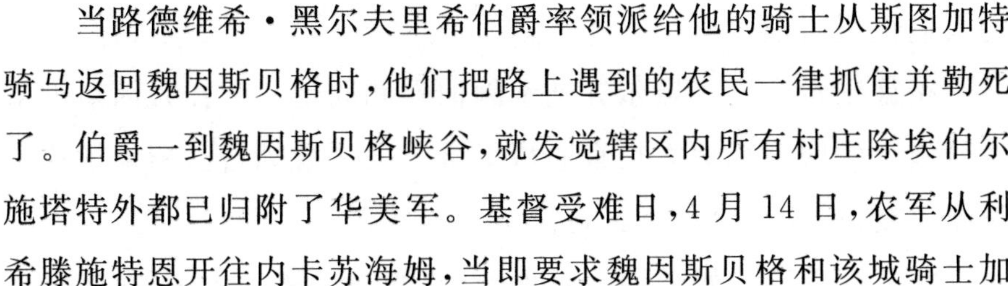

当路德维希·黑尔夫里希伯爵率领派给他的骑士从斯图加特骑马返回魏因斯贝格时，他们把路上遇到的农民一律抓住并勒死了。伯爵一到魏因斯贝格峡谷，就发觉辖区内所有村庄除埃伯尔施塔特外都已归附了华美军。基督受难日，4 月 14 日，农军从利希滕施特恩开往内卡苏海姆，当即要求魏因斯贝格和该城骑士加

① 路德维希·黑尔夫里希·冯·黑尔芬施泰因（Ludwig Helfrich von Helfenstein）（约 1498—1525），奥地利驻魏因斯贝格（属符腾堡）总督，以背信弃义和残酷无情地对待农民而臭名远扬。——译者

入基督教兄弟会。伯爵在他利用谈判争取时间以等待斯图加特援军到达期间，还不断偕同他的骑士“整日尽其所能以控制农民并予以伤害”。他曾离开魏因斯贝格去袭击农军后卫，刺死和打伤很多人，因此激怒全体农军，使他们行动起来。

与此同时，从多瑙河方面传来消息，说特鲁赫泽斯到处放火和杀死被俘农民，在莱普海姆处决雅各布·韦厄大师，并且溯多瑙河而上，在农民弟兄中进行大屠杀。他所到之处，对农民表现了肆无忌惮的嗜血好杀。关于乌尔察赫附近有七千人被杀的传闻，是由领主们作了有意的夸张后作为恫吓农民的捷报散布出来的，但这一传闻没有吓倒农民，反而激怒了他们。农军首领把自己的事业看作是人民反抗领主的正义战争，他们希望人们在作战时，按照战争公法和战争方式对待他们。然而，无论是特鲁赫泽斯，还是在谈判期间刺杀农民兄弟的黑尔芬施泰因伯爵，都无视战争公法。看来必须用报复手段才能强迫领主遵守战争公法，同时也为虔诚的韦厄，为在莱普海姆和朗格瑙被处死的首领们，为在乌尔察赫惨遭杀害的人们，为不久前在谈判期间行军经魏因斯贝格峡谷被刺死的人们报仇雪恨。

路德维希·冯·黑尔芬施泰因伯爵和同他一起在魏因斯贝格发号施令的博特瓦地方长官迪特里希·冯·魏勒自己招来了这一场流血复仇，这可以说是天意。

驻在内卡苏尔姆前面绿草地上的、激昂愤慨的农民，在基督受难日的夜里给魏因斯贝格市长和行政长官黑尔芬施泰因送去一封信。毫无疑问，这是农民的最后通牒。伯爵曾给农军营寨中他的辖区臣民送过一封威胁信，声称，如果他们不回家，他就要把他们

的妻子儿女打发到他们那里去，把他们的村子烧毁。布雷茨费尔 389
德的汉斯·科贝勒听到了伯爵给魏因斯贝格农军旗队的首领写了这样的信，便来到营寨柳荫下去找正在喝酒吃饭的农民，并把事情对他们说了。魏因斯贝格峡谷的农民听了就叫嚷起来，说应该让他们回家，要不然就与敌人讲和。

但与此同时，伯爵以傲慢轻蔑语气答复农民最后通牒的回信也来到了，与农民有联系的一些市民派遣的密使也同时到达农军营寨。这是一个妇女，沃尔夫·纳格尔的妻子。正当伯爵把魏因斯贝格的城门防守得十分严密时，她却机智地出了城。她从魏因斯贝格偷偷地溜到内卡苏尔姆农军营寨，挨次到各个帐篷说："魏因斯贝格的耶尔格·吕、烤面包的皮克尔、梅尔希奥·贝克尔和伯恩哈德·黑勒曼派我来找你们，要你们前去，他们愿意给你们打开城门，你们不该让他们遭受苦难而置之不顾。"诺伊恩施泰因的一个运盐工人泽梅尔汉斯，也来到内卡苏尔姆的营寨，原来他被囚禁在魏因斯贝格城堡，这次是从那里潜逃而来的。他告诉农军顾问施瓦巴赫的迪奥尼吉乌斯·施米德，宫城上面的守兵不过八名，其他的人都在城里。迪奥尼吉乌斯·施米德和农军顾问布雷茨费尔德的汉斯·科贝勒把这个消息向首领们作了报告，并且建议进军占领魏因斯贝格。泽梅尔汉斯还表示愿意把宫城最易突破的地方指给农军。全体农军对伯爵的答复表示极大的愤慨。"魏因斯贝格峡谷的农民听说要攻打这个城市和宫城，都很高兴，因为这样他们就可以永远不再服徭役了"，于是华美军"怒气冲天"，向魏因斯贝格进发。

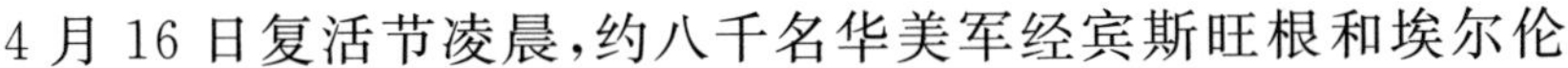

4 月 16 日复活节凌晨，约八千名华美军经宾斯旺根和埃尔伦

巴赫向前推进。在内卡苏尔姆农民营寨中作出进占魏因斯贝格和攻打贵族的决定的那天晚上，有一个出身名门望族的海尔布隆市民也在场。他听到这个决定以后，星夜秘密打发一个哨兵给伯爵报警。天明前，伯爵又接到侦察员的报告说，农军已经拔营出发，声称他们打算在魏因斯贝格过复活节。

根据这些消息，骑士和骑兵在拂晓前就已武装起来，马厩里的马匹已按上鞍子，还立即派五名骑兵到宫城以加强薄弱的守卫力量。黑尔芬施泰因的妻子儿女和财宝虽在宫城，但已无力再在那
390 里部署更多的人。伯爵也太轻视农民，以致他不认为农军能攻下这样一个坚固宫城。他认为重要的是，要使这个城市抵挡住第一次的攻击；他对各城门和壁垒的防御作了必要的部署。他把他的骑士和骑兵以及市民集合在市场上，鼓励他们勇敢作战，尽各人最大的努力。他们都表示了坚决的意志，伯爵自己也对他们作保证说，他把妻子儿女都留在宫城，决心表示同他们一起坚守城池，为他们竭尽全力；同时还有一队骑兵一定会在今天来支援他们。

391 所有城门、城墙、壁垒都按照伯爵的部署把守好了。农军还没有露面。要求牧师缩短的早礼拜时间快到了。很多市民和骑兵到教堂去领圣餐。伯爵和迪特里希·冯·魏勒也在教堂里做弥撒。

上午九时，礼拜还未结束，伯爵在教堂接到报告说农军来了，凳子山上发现小股农军，大队跟在后面。城楼守兵立刻要敲钟报警，伯爵为了不使居民受到更大的惊扰，阻止了他。伯爵鼓励在城墙上严阵以待的骑兵和市民说，要勇敢无畏。迪特里希·冯·魏勒和区长施纳贝尔负责动员妇女，把骑兵从石头路面上掘出的成堆石块运到城墙上。

凳子山坐落在魏因斯贝格正对面，是一块像凳子形状的高地。这里是农军从埃尔伦巴赫过来的必经之地。农军在这个小山上列好阵势，然后派两名军使，举一根长竿顶着一顶帽子作标帜，下山来到小城门前，要求献城投降。他们向城墙上喊道："给基督教华美农军开城吧，开宫城吧，要不然，你们千万把妇女和儿童放出来，因为自由的战士就要猛攻宫城和城市了，到那时谁都不会放过。"部署在城门的市民和骑兵不知道该怎样回答农军代表。他们就打

迪特里希·冯·魏勒在魏因斯贝格下令向农军军使开枪

发人去报告伯爵，伯爵听了立即亲自前往小城门。可是迪特里

希·冯·魏勒在他之前先已到达。

迪特里希·冯·魏勒是个傲慢的骑士，在他眼里，农民只不过是一群“马蝇”。他不相信这些“马蝇”在发觉他们坚决抵抗之后还敢发动真正的进攻；他把骑士与“马蝇”谈判看成是一种耻辱；他认为只有用子弹同他们说话才是唯一不失尊严和明智的办法。他一声令下，城墙上和城门楼里一齐向农军代表开了火。一个代表受重伤倒下，但他仍然奋力站起来，血流不止，他和另一人拼命奔回凳子山。这一逃跑使迪特里希·冯·魏勒特别高兴；他们奔回凳子山的行动使他确信，这次显示的实力已经把农民恫吓住了。他
392 高声大叫：“亲爱的朋友们，他们不会来了；他们只不过想吓唬我们，以为我们胆小如鼠。”同伯爵一起来的市长普雷策尔却有另外的想法。他对伯爵说出了他的顾虑：按现在的情况看来，农军很可能全力进攻，而如果这样，他们完全有可能从城门冲进来。应该把小城门用粪土堵死，为此要赶快从附近医院中用大桶把粪便秽物运到这里来。伯爵认为，这样做反而封锁了他时刻盼望来到的冯·哈贝恩骑兵队长麾下的法耳次骑兵的入城之路，因此他不同意，也不相信农军真的会进攻。

农军派代表去谈判时，已把部队分成三个军，列好阵势静待谈判结果。弗洛里安·盖尔率领的黑军在前面，在他后面的是第二军，农军的主力监视着埃尔伦巴赫和宾斯旺根方面。从城墙和城楼击倒一名军使的枪声成了开战的信号：弗洛里安·盖尔率黑军向城堡运动，他后面的农军迅速冲到城前；密切监视埃尔伦巴赫和宾斯旺根的农军主力以冲锋的步伐也火速赶到。

一个“黑女人”在埃尔伦巴赫的平原上为农军做了祝福祈祷。

这位伯金根女性以一种非常独特的形象在农军中巍然出现，全地区人人都认识这位被称为“黑主妇”的妇女。这个时代的人民战争也有它的女英雄们；虽然她身上沾着血污，凶悍异常，似乎失去了人性和女性，但由于妥善保存的关于这个伯金根黑女人的档案资料，连那些党派偏见也对于这位女英雄的声誉颂扬多于毁贬。

她所处的时代和周围环境的信仰赋予她以神秘的力量，如魔术、祝福祈祷、祛鬼咒语以及预言家的才能。她是雅各布·罗尔巴赫的女友、顾问和助手，也是激励他和劝勉他的人；在他动摇不定时，她常常使他坚定信心，并说：“你不该放弃自己的计划，这是上帝的意旨。”

她对贵族恨之入骨。在她没有亲眼看到农民武装起来以前，她总是不停息地活动。至于引起这位激昂热情的农妇所以怀有如此仇恨和渴望复仇的原因，就不得而知了。

她也痛恨城里人，特别痛恨那些傲慢的海尔布隆妇女。有人听她说过，她恨不得把那些贵夫人身上穿的衣服剪成碎片，让她们像拔了毛的鹅一样走路。伯金根和海尔布隆之间有一片历来共有的美丽草地，被海尔布隆人据为己有后，她总是对此感到难以容
忍。她大声控诉说：“海尔布隆人把我和伯金根一个穷村区的财产 393
强夺去了，现在我们应该要回来，而且必须把它夺回来。”

她对农民说：“海尔布隆人责骂你们或者伤害你们，那也是侵犯上帝，你们要敢于给他们点厉害瞧瞧，绞死或刺死这帮城里人。”
她常说：“定要把海尔布隆搅个天翻地覆，让它变成一个村庄，大家 394
一律平等。”

她随同耶克莱因·罗尔巴赫所部农军从宗特海姆出发。当时有人看到，这位黑女人走在武装队伍的前面，向采石场行进，实际上她率领着这支队伍。队伍开往厄林根、舍恩塔尔，又返回利希滕施特恩时，她也是这样走在前面。她常常用爽朗的声调安慰农军说，应该愉快，勇敢，高高兴兴地前进。她已经为他们祝福过了，他们能够刀枪子弹不入。

黑女人走在武装队伍的前头

还在海尔布隆运动初期，她已在市民中起过作用。有一次，市民要在市集广场举行反对市政会的市民大会，她曾混在市民当中，激励他们，鼓动他们。当时她曾向他们喊道："做的对，必须这样做，因为这是上帝的意旨。"她还曾预言说，谁支持市政会，谁就会被活着的上帝打死。

她能提出建议，也能体会农军核心人物和首领们的意图；她为了农民的事业进行活动，热心服务，劝诫别人，非常果断；谁也比不过她的事忙而话多；下面我们还要提到她。

她是内卡河畔一个受压迫的农家妇女，皮肤黝黑，性格坚强、粗犷而热情奔放，爱憎同样强烈，"上帝的意旨！"是她的口头禅，她富有争取自由的、战斗的、复仇的精神；假如她的事业胜利了，或者她的事业至少不只是农家的事业，那么她将在传奇和历史中、在诗歌和传说中永垂不朽！

487

她向进攻魏因斯贝格的人振臂高呼："敌人的枪伤不了你们！"这种言辞在当时人们是颇为相信的。

农军在进攻宫城的同时，把城市包围得水泄不通。第一次进攻的是小城门，农军带着梯子和火枪，从医院经过一条凹道向它靠近的。城里的市民大体上支持伯爵。一些市民和骑兵在城墙上争相守卫。宫城、城墙和壁垒的射击孔都保持着猛烈的火力，同时从城墙上投掷过来的石头像雨点般落下，企图阻止农军逼近。尽管如此，农军只有三人阵亡，不过轻伤或重伤的人却很多，这更加激怒了农军。在这里指挥进攻的正是耶克莱因。

这时候，站在城市这边的人突然看见宫城上升起了两面旗帜。那是农军的旗帜，是弗洛里安·盖尔和他所部黑军的胜利标志。

这支队伍多半是罗滕堡地方自卫团的农民和其他训练有素的、曾多次参加过攻克城市的战士，尤其是海尔布隆人。他们同魏因斯贝格峡谷的人和草地上的厄林根人一起，开到宫城前，在很短时间内就把宫城攻占了。

这时，城市的小门，虽由三道门构筑，但外面的两道门已被农军攻破。这种情况和宫城的失守，大大挫伤了市民的士气。防守城市从一开始也不是全体市民都很热心，真正热心的只是那些名门望族，也只是这些人在城门和小城门防守；在城的侧面靠近教堂的小城门，在施瓦巴赫的迪奥尼吉乌斯·施密德所率部队的攻打下，市民根本未予抵抗。耶克莱因和施密德的朋友们亚当·弗朗茨、文德尔·霍夫曼、梅尔希奥·贝克尔、耶尔格·施奈德亨斯莱因和耶尔格·吕，在这里接应农军；一个人从里面砸，另一个人从外面砸，准备把小城门砸开。这时候，也就是破城槌、木梁、铁锤、斧头一起在小城门的最后一道门上叮当作响而使危险大大增加的时候，连那些名门望族和最忠诚的市民也丧失了抵抗意志。一部分市民和骑兵已经放弃了壁垒，尽管迪特里希·冯·魏勒还在城里骑着马，来回奔驰，呼喊人们继续抵抗，但也毫无效果。同时，一群妇女包围了伯爵，向他呼喊、恳求，不要把事情做绝，因为农民威胁他们，如继续进行无益的顽抗就要杀人和放火。耶克莱因的这种恫吓对居民起了极大的影响，骑士们仍然号召抵抗，而市民却坚持以保证他们生命安全为条件愿意投降。市民和骑士分裂了，平民开始武力强制贵族离开壁垒和城墙。这主要是针对汉斯·迪特里希·冯·韦斯特施特滕的，因为他同头目黑斯利希和博特瓦的差役又上了城墙，而且刚又开枪打死了一个农民。市民威胁他，如

果他不下来，就把他弄死。

伯爵自己也看出，要继续支持下去，已不可能。黑尔芬施泰
因喊道：“你们魏因斯贝格人防守得不错，已经给了农民充分的
打击；我要在上帝和全世界的人面前为你们证实这一点。”他并
同意市民施瓦布汉内斯用一根长竿顶着一顶帽子，从小城门的
雉堞上向农民呼喊“和平！”同时提出，只要确保全城生命，愿意
纳城投降。教士弗朗茨和其他一些人也向城外农民呼喊：和平！
和平！农民把施瓦布汉内斯手持长竿上的帽子射了下来，并对
着上面喊道：“市民都可以活命，但骑士必须一律处死。”当施瓦 396
布汉内斯请求至少对伯爵例外处置的时候，黑尔芬施泰因伯爵
也站在旁边，他不得不亲耳听到这样的回答：即使他是金铸的，
也非死不可。

这时伯爵感到恐惧起来，决定逃走。他想号召市民再坚持抵
抗一个短时间，以便自己乘机从城门突围。他把这个决定告诉给
了几个亲信市民，要求他们帮助他和他的骑兵到城门去。可是他
们发现这里的市民大多数也把壁垒和城楼放弃了；当时城门也已
遭到农民攻击，只有市民在城墙上给他有力的支持，他才有可能从
城门冲出去。伯爵绝望地喊道：“我的勇敢的市民在哪儿呢？”可是 397
他的喊声被妇女们的哀号声和市民的喊叫声压下去了；妇女已经
把钥匙拿在手里，要开城门，市民则打算阻止守军逃跑。一些同农
民没有联系因而害怕攻城农民的市民，看到骑士和骑兵在市集广
场上跨上备好了的马匹想要逃跑，就对骑士们喊道：“你们想把我
们丢在火坑不管吗？”另一些人边骂边嚷：“本城的灾难都是你们招
来的，现在想逃命，来不及了。”

最后的时刻到了:农军潮水般地从四面八方涌进了城。首先被突破的是教堂附近的小城门。迪奥尼吉乌斯·施密德和从宫城下来的一群战士从这里蜂拥而入。在另一面,在养老院养老的"一个朴实人"汉斯·默斯林,帮助一个农军战士在养老院旁边越过城墙;其他人相继跟着登上城墙。正当骑兵跨上马鞍的瞬间,农军主力穿过被农军彻底砸破的小城门冲入城内,杀声震天。

攻克魏因斯贝格

人们听到对市民的叫喊声:"带着你们的老婆孩子回家去,这样就没有你们的事了!"市民纷纷跑回家,紧闭门窗和店铺。耶克

莱因所部却喊着要找伯爵和骑士，“一定要赶着他们穿过梭镖的行列”。[①] 这时大批农军也拥进了城门。至于这个城门是他们自己攻破的，还是市民给他们开的，根据证人供词还无法确定。所有骑士和骑兵都竭力逃到位于高地的教堂和教堂庭院，企图在这里负隅顽抗或在教堂内保全自己的性命。伯爵也逃到这里。一个教士向他和一些骑士指指教堂钟楼的螺旋盘梯，让他们到钟楼上去，在那里也许能逃出敌手。大约有十八个骑士和雇佣兵从螺旋盘梯逃上了钟楼。

农民中杀人最厉害的要算伯金根人、从魏因斯贝格峡谷来的人以及本市的一些市民了；这些市民中的五人在利希滕施特恩就加入了农军，三人随农军来到魏因斯贝格，并且参加了攻城和冲击宫城的战斗。有一个厄林根人在宫城上刺死了五个骑兵。他们把一个骑兵吊死在宫城庭院中。魏因斯贝格的克勒门斯·普法伊费尔从宫城走下来，喊道：“我把城堡教士沃尔夫刺死了；我要是遇到魏因斯贝格的克劳斯·米勒，我要马上刺死他。”塞巴斯蒂安·冯·奥夫、埃贝哈德·施图姆费尔德和鲁道夫·冯·埃尔特斯霍 398
芬在教堂庭院中被农民追上，立即被他们活活打死、刺死了。场地上携带武器的人，一经发现，当场被他们刺死或打死。在冲锋和破城过程中，连市民也有十八人丧命，四十人受伤。农军砸开了紧闭的教堂门以后，把躲在礼拜堂里的骑兵统统扎死。有几个隐藏在教堂地下室里。农民打开地下室，见一个杀一个。这时，他们也发现了盘梯，立刻响起了一阵狂热的欢呼：“我们在这儿抄着老窝了，

① 一种残酷的刑罚，详见作者本节以后的说明。——译者

把他们通通杀死!”大家都想一拥而上,可是推推挤挤,只能一个跟一个行进,接着由于他们把刀戳入一个被刺死在盘梯上的骑士身上,自己把通路一时堵住了。

这时,迪特里希·冯·魏勒完全绝望了。他登上钟楼的边缘,向下面的教堂庭院呼喊,说只要给他们留条活命,他们愿意束手就擒,并拿出三万古尔盾的钱。农民向上呼喊着回答他:“就是你们愿意给我们一吨金子,伯爵和所有的骑士也非死不可!”其他的人一齐呐喊:“要报仇!讨回我们兄弟的血债,为在乌尔察赫死难的七千人报仇!”就在这一刹那,迪特里希·冯·魏勒向后一仰,倒了下去;下面一枪正中他的咽喉要害。这时由盘梯走上来的农民也纷纷用刀戳他,然后把这个奄奄一息的人从钟楼边缘上扔到教堂庭院里。其他骑士也遭到了同样的命运,其中有护林官莱昂哈德·施梅尔茨;他和另外两个人是被马蒂阿斯·里特尔从钟楼上推下去的。布拉肯海姆的贝克尔汉斯用脚乱踏护林官的尸体,同时破口大骂。已被戳死的迪特里希·冯·魏勒的儿子,小迪特利希想用八个金古尔盾向贝克尔汉斯买条活命,可是贝克尔汉斯趁小迪特里希转身时,还是从后面开枪结果了他。

农军总指挥格奥尔格·梅茨勒和主要首领之一齐默恩的安德烈亚斯·雷米骑马赶来了。他们下令,不得再杀死骑士和骑兵,要一律活捉。于是黑尔芬施泰因伯爵和其他人一齐从钟楼被押解下来。走过教堂庭院时,一个农民用戟刺伤了伯爵的胁部;格奥尔格·冯·卡尔滕塔尔的头部也受了伤。俘虏们都上了绑绳。进攻、占领、捉俘,总共只用了一个多小时的时间。上午十时以后,一切都过去了。

农军虏获的鞍鞴齐全的战马比落在他们手中的骑兵要多，农 399
军根据这点正确地推断，一定还有骑兵藏在市民家中。他们当即击鼓告示，市民各自回家，把家里或仓房里匿藏的骑兵交出，否则处死，决不宽贷。利用房主人的善意而逃脱的骑兵只有少数。有一个骑兵藏在面包烤炉里，随后男扮女装逃跑了。迪特里希·冯·魏勒的年轻仆役马克斯·亨施泰因被几个妇女藏在干草堆里，他在夜间像前一个人一样逃跑了。从因格尔芬根来的农军旗手耶尔格·梅茨勒救走了第三个人，这人是他的朋友，他声称这人是厨师。负责看管俘虏的是耶克莱因。

这时农军想要动手抢掠。很多人硬说，因为魏因斯贝格是他们冒着生命危险占领的，现在它的一切都应归他们所有。首领们费了很多口舌才说服农民，只能抢劫与骑士有特别勾结的僧侣、酒库管理人、区长、市府书记和市长等人的住宅，对其余的市民住宅应予宽饶。为此向市民提出了以下条件：市民必须在农军停留在魏因斯贝格期间细心照料农军的众多伤员，并以酒饭招待农军。

教堂和圣器室内的所有箱笼也都被打开，把施舍物、圣体匣、教堂器皿抢掠一空。农民热衷于抢掠的想法表现得如此之甚，以致教师沃尔夫冈·舍费尔居然趁忙乱之机又把两只圣餐杯偷偷拿走。宫城酒库的大量存酒运到军营中去了。他们在宫城获得大批虏获品。这个人拿到一只伯爵用的漂亮银杯；那个人抱着丝绒毯、绸衣、锡器和麻布；迪奥尼吉乌斯·施密德一个人就抢到六十古尔盾，科贝勒在宫城抢到的物品特别多，他说连路加都没有写到这些。农民一见贵重物品，就争相抢夺，常常把最好的东西漏掉。虏获品负责人是音格尔芬根的汉斯·维蒂希，粮食和酒由他分配。

可是，农民对城里那些规定可以抢掠的人家进行抢劫也有分寸。当他们在一个小房间里发现一小箱钱币时，教师舍费尔说，这是魏因斯贝格贫苦儿童的，他们就听任他把这箱钱为孩子们保存起来。

整个上午，农军就这样在抢掠和吃喝中度过了。古老的韦尔
400 芬宫城付之一炬。首领们坐在一起，举行军事会议。弗洛里安·盖尔在会议上提出的原则是：坚固的宅邸应一律焚毁，贵族应像农民一样，只有一道门。不久前，其他人已经接受了这个原则，即取消一切寺院，修士必须与农民同样从事农业劳动。目前，他们打算先开往海尔布隆，使此城加入他们的兄弟会，以便从这一面确保内卡河谷农军的安全；然后他们想通过美因兹地区向维尔茨堡进军，如果占领了这个地方，就赶走所有主教座堂住持、教士和僧侣诸侯。弗洛里安·盖尔认为，事情做到这样还不够。他认为，要使民众得到自由，贵族和僧侣必须与农民完全平等，在德意志土地上只能有一个等级，即普通自由民等级。他认为，仅仅想消灭僧侣领主，那只是事情的一半。在他看来，有两株大树压着，民众自由的幼苗长不起来；他要把这两株大树一齐砍倒，而且不但砍倒，还要连根拔掉，使任何一株都不能再生根发芽。因此，他坚决主张把一切领主邸宅，无论是世俗领主的，还是僧侣领主的，统统捣毁。弗洛里安·盖尔是农军中少数能了解自己目标的人们之一；当他脱下骑士外衣、决心为平民而战的时候，他知道自己现在决心参加的这场演出必是一出悲剧；但他并不只想参加其中的一幕，而是要参加整个悲剧，他要推翻的不只是一方面的领主，而是整个贵族阶级。他这个自由等级的成员背叛了这个等级，他这个骑士背叛了这个骑士等级，不是为了别的，而只是为了争取整体的自由。

文德尔·希普勒的意见却不是这样。他打算把贵族，主要是骑士，拉到农民方面来。他也想把压迫平民自由的一切负担取消，但又主张，用没收教会财产来补偿世俗领主和贵族在关税、杂税、征税以及很多其他权利方面的损失，从而争取他们赞助和支持新的平民自由。在农军向魏因斯贝格进军以前，他在内卡苏尔姆就曾建议，农军应使贵族加入农民的联盟；因为贵族像农民一样，也有反对诸侯的原因，农民和贵族应当相互支援，以摆脱诸侯的束缚。文德尔·希普勒对于耶尔格·梅茨勒有特别的影响。

至于耶克莱因·罗尔巴赫，在他心灵深处萦绕着一些凶暴思想，不同于文德尔·希普勒，也与弗洛里安有程度上的差别。耶克莱因是农军中只占少数的恐怖人物的核心。复仇是他们的口号； 401
他们当前的企图是“使贵族感到特别恐惧不安”。耶克莱因在他宿营的磨房里同他的人举行过一次特别会议。他们独自举行了关于处理俘虏的军法会议，并一致同意，不给领主、贵族、骑兵以活路，而是马上或以后一律刺死；谁想保留俘虏，谁就受到同样处死。迪特里希·冯·魏勒的那个年轻仆役正好被妇女藏在这个磨房里，他听到了这番话，吓得魂不附体。

耶克莱因及其同伴为这项决议共同保守秘密。为了怕别人反对，他们就立即执行。耶克莱因本来掌管着俘虏，而且在城外。同他在一起的有安德烈亚斯·雷米以及一些厄林根人和海尔布隆人。

当绝大部分部队在城堡喝着从宫城酒库取来的酒，或“在施特勒、勒斯勒等旅店以及其他栈房或市民家中吃早饭”的时候，耶克莱因把俘虏押解到小城门附近园圃的一块草地上。其中有：路德维希·冯·黑尔芬施泰因伯爵、魏欣根和毛尔布隆的地方官汉斯·康拉德·申克·冯·温特施特滕、勇敢的鲁道夫·冯·埃因根的儿子布克哈德·冯·埃因根、弗里德里希·冯·诺伊豪森、耶尔格·沃尔夫·冯·诺伊豪森、诺伊芬的城防官汉斯·迪特里希·冯·韦斯特施特滕、格平根地方官雅各布·冯·伯恩豪森的儿子菲利普·冯·伯恩豪森、汉斯·施佩特·冯·赫普菲希海姆、布莱卡德·冯·里克辛根、鲁道夫·冯·希尔恩海姆、沃尔夫·劳赫·冯·黑尔芬贝格、耶尔格·冯·卡尔滕塔尔、费利克斯·艾根·冯·艾根赫芬和魏特布雷希特·冯·里克辛根。同这些人一起被押解来的还有一些年轻的雇佣骑兵。把这些俘虏站成一个圆圈,让他们听取对他们的判决。

有这样一种行之已久的刑罚:驱赶受刑者从刺杀着的梭镖行列中走过;然而,这种刑罚只用于那些行为违背了荣誉的人,而且也只习用于雇佣兵身上。现在对俘虏们宣布这种死刑是"对贵族的污辱和嘲弄,好像他们的行为违背了荣誉"。这时,黑尔芬施泰因伯爵夫人跑来了,她分担了丈夫被俘的痛苦。她抱着两岁的幼子马克西米利安,女仆跟在她后面。她在耶克莱因等人面前跪下,向他们举着孩子,哀求他们给孩子留下父亲,给她留下丈夫。但是,她的泪水,她的美貌,她的不幸丝毫也感动不了这些铁面无情的人。正当皇女伏倒在这些人脚下的顷刻间,站着的人群里,有许多人也许只是在想,他们的领主多少年来、多少回把他们只当作狗,唆使恶狗逼迫他们,对着他们因饥饿和徭役交迫变得骨瘦如柴
402 的脊背进行无情的鞭挞;只要稍一不慎,贵族就把他们的父兄子弟关进很深的地牢活活饿死、渴死,无论怎样哀告求饶,也无人理睬和怜悯;他们还不得不惶恐地匍匐在监狱墙周围度过多少个漫长

不眠之夜，希望最后听到地牢里囚禁着的亲人的声音，直到声音渐渐微弱，以最终的一口气诅咒虐待他们的人，从而结束了痛苦的一生。上士瓦本的血腥判决，黑尔芬施泰因及其同伙在谈判期间杀害山谷农民所欠下的血债，都还记忆犹新。现在，当黑尔芬施泰因伯爵夫人伏在他们脚下哀求和哭泣的时候，这些思想不免在许多农民的脑际浮现出来了。

多年来的非人待遇，使许多人变成了残酷无情的人。他们推开了她，有一个人用梭镖轻轻地戳了她怀中的“小贵族”的胸膛一下。黑尔芬施泰因本人愿出三万古尔盾赎命。“给我们两吨黄金，你也难逃一死!”农民异口同声回答说。血债要用血来还。耶克莱因命令农民站成两行，中间形成一条夹道。由奥登瓦尔德的汉斯·温特尔指挥这个夹道的农民。内卡加塔赫的汉斯·韦尔德纳按照这种自古留传下来的死刑方式击鼓。“耶克莱因的亲兵”走在前面。

夹道两旁的农民向前伸出梭镖，在鼓声中第一个被赶进夹道并从农民的梭镖行列里通过的是康拉德·申克·冯·温特施特滕的仆役汉斯。他顿时被扎死了。第二个轮到他的主人。第三个被命令进入夹道的是路德维希·冯·黑尔芬施泰因伯爵。曾在罗马受职的教士、起义爆发时任温策尔霍芬的代理牧师、现任农军战地秘书的雅各布·洛伊茨，听了黑尔芬施泰因的忏悔，还接受了伯爵的一串念珠，后来他把这串念珠套在自己的臂上。瓦尔德巴赫的乌尔班·梅茨格和拉帕赫的克劳斯·施密德的儿子这两人架着伯爵走到夹道前。加倍的痛苦在等待着他。伯爵在以前幸福的日子里，吃饭时总是奏乐的。伊尔斯费尔德的木笛吹奏手梅尔希奥·诺南马赫尔，从前特别为伯爵所宠爱，并曾多次在他吃饭时吹奏。

现在伯爵在自己临死时看到这个被解雇的诺南马赫尔在面前。当伯爵被架过来时，诺南马赫尔走到他面前，从他头上摘下他的帽子和羽饰，并说："这东西你戴得够久的了，我也想当一回伯爵！"说着
403 自己把帽子戴上了。随后他又说："从前为你跳舞和宴会奏乐，我吹够了，今天我才是真正为你的舞蹈吹奏。"于是，他走在伯爵前面。快活地吹着木笛，一直走到夹道口。瓦尔德巴赫的乌尔班·梅茨格把伯爵向梭镖推去。伯爵刚迈第三步，在梭镖乱刺之下就倒在地上了。他后面是他的侍从骑士布莱贝格和他的弄臣。接着陆续轮到各骑士，每个骑士走进夹道时，都听到复仇的喊声。贵族特别对违禁打猎的人犯下了罪。在查伯尔部，今天还有人清楚地记得：他们在奥克森堡的地牢中看到一只鹿角和许多野猪牙齿之间放着一具人的骸骨。三个少年骑兵被农民用梭镖挑着举起，然后就被戳死了。只有骑兵孔茨，被首领们释放了。

梅尔希奥·诺南马赫尔快活地吹着木笛

伯爵死后，尸体还受到侮辱和虐待。梅尔希奥·诺南马赫尔割取尸体的脂肪，用来滑润他的梭镖。黑主妇刀破尸腹，用流出的
404 油脂擦鞋，又亲手把尸体翻过去，用脚践踏，还说："这个混蛋！"还有一个人用梭镖挑着一个尸体的肉皮和头发到处走。齐默恩的安德烈亚斯·雷米把伯爵头盔上的羽饰插在自己的帽子上。耶克莱

因·罗尔巴赫自己穿上伯爵的缎料战袍，走到不幸的伯爵夫人面前对她说："夫人，我穿上这件缎子战袍，你们看怎么样？"伯爵夫人看到杀死她亲爱的丈夫的凶手穿着丈夫的贵族衣服站在面前，又害怕又难过，几乎昏了过去。耶克莱因又把战袍脱掉，赠给了诺伊恩施泰因的汉斯·泽克勒。

农民粗暴地摘掉伯爵夫人的首饰，剥去她的衣服，扯碎了她贴身的内衣，让她同她的孩子和女仆登上一辆粪车，送到海尔布隆去。农民高声嘲笑她说："你是坐一辆金碧辉煌的车进魏因斯贝格来的，现在坐一辆粪车出去。"她就是这样坐着粪车，抱着受了伤的孩子离开这里的，以后在这孩子身上还落下一个永久的伤疤。

他们在光天化日之下演出了这场血腥悲剧以后，时近中午了。这件事虽然是根据农军会议中多数人组成的军法会议的判决发生的，但执行的毕竟是耶克莱因自己和他的部下，而且参加执行的也只是少数人。事情过去很久以后，十分之九的农军才对耶克莱因等人对骑士进行的流血报复稍有所闻。

农军首领和顾问举行了一次会议。会上讨论了什么，大家对耶克莱因和其他一些首领的做法如何评价，都没有任何资料留下来。只有一点是事实，那就是从此以后，农军会议上不再提到弗洛里安·盖尔的名字，他率领所部黑军脱离了华美军。

弗洛里安·盖尔一直表现很有才干，即使在最近对魏因斯贝格宫城的攻击也证明了这一点；农军中真正有军事知识的就是他；华美军失去了他的黑军等于丧失了最精锐的战士，而失去弗洛里安不但失掉了唯一精通军事的首领，而且失掉了最有才能、最忠诚、最正直的、不可多得的领袖。他脱离农军以后，农军内部开始分裂，此后华美军和法兰克尼亚大军各行其是，终于给人民事业带来了不可估量的损失。

复活节的礼拜一，首领和顾问们还在魏因斯贝格商议是否推选格茨·冯·贝利欣根为最高领袖的问题。是因为弗洛里安先生为了耶克莱因的过火的血腥暴行才与他们龃龉并脱离，从而使首领们现在又想到格茨的吗？还是因为首领们想拥护格茨先生作领
405 袖，致使弗洛里安先生才离开的呢？他们想推选格茨做领袖的原因是值得注意的，也是关系重大的，那就是他在舍恩塔尔曾对他们说过："我能把贵族拉到农民这边来。"这说明，不是弗洛里安以其反对文德尔的意见在农军会议上失败了，就是指责耶克莱因的流血复仇决非政治手段的人这时在农军会议上占了上风，而且他们急于想在他们的事业和贵族的事业之间找到一个共同点。

不久，耶克莱因·罗尔巴赫也脱离了基督教农军，而且转到相反的方面去，不过这是他协同基督教农军占领海尔布隆以后发生的事[①]。

---

① 戚美尔曼对耶克莱因·罗尔巴赫及其行为的评论，是不正确的。他只把耶克莱因描写成一个暴徒，认为他的轻率行为给农民事业造成了损失。耶克莱因·罗尔巴赫是农民激进派的最坚决的领袖之一。他征募兵员的方法是想尽快地为起义奠定最广阔的基础。农民在魏因斯贝格所作的判决也是服务于同一目的。首先，黑尔芬施泰因对农民极其残酷和背信弃义，受辱而死是罪有应得；其次，严厉的处决可以使农民的敌人感到畏惧，并促使踌躇动摇的人迅速行动起来。事实上这样做也是收到了效果的。勒文施泰因的伯爵们作出了支持农民事业的誓言，霍因洛厄的伯爵们急忙把早已答应的大炮送来了。农民中温和派占了优势，表现为推选格茨·冯·贝利欣根为总指挥，是使那些坚决果断的首领们率部脱离华美军的原因；弗洛里安·盖尔和他的黑军就是这样做了。现在罗尔巴赫也带领一部分农民离开了华美军。耶克莱因·罗尔巴赫不光是一个强暴的人，还是一个坚定不移的农民代表人物，他完全知道，这场斗争必须毫无顾忌地进行到底。（弗里德里希·恩格斯也同意这种见解。）——编者

农民从魏因斯贝格以严重威胁的口吻向勒文施泰因的伯爵们发出了第二次传唤。两位年轻的伯爵迫不得已来到了农军营寨。当他们被引导通过魏因斯贝格时，其中一位伯爵向一个魏因斯贝格人打招呼，这人便向伯爵躬身施礼，这时有一个矮小的老农举着一支生了锈的大戟，厉声对那个鞠躬的人说："你鞠什么躬？我也跟他一样嘛。"两位伯爵为了使农民开心，也不得不连连向农民脱帽致意。

这时，霍恩洛厄的伯爵们也急忙把两门蛇炮和五十磅火药送给华美军，同时还附有一封非常客气的信。

华美军的部队从魏因斯贝格开往海尔布隆。勒文施泰因的伯爵路德维希和弗里德里希也被迫穿上农民衣服，手持白木棒跟在农军后面走着。有人在海尔布隆城前的动物园里看到他们坐在农民中间，"吓得简直像死人"。